인생의 기점과 종점

生과 死 그 비밀을 말한다

남회근 지음
송찬문 번역

마하연

人生的起點和終站
南懷瑾 講述
南懷瑾文化事業有限公司. 2016

생과 사 그 비밀을 말한다

초판 1쇄 2010년 3월 30일 제2판 1쇄 2012년 5월 25일
제3판 1쇄 2014년 1월 25일 제3판 2쇄 2014년 9월 20일
제4판 1쇄 2023년 2월 25일

지은이 남회근 | 옮긴이 송찬문 | 펴낸이 송찬문 | 펴낸곳 마하연 |
등록일 2010년 2월 3일 | 등록번호 제 311-2010-000006 호 | 주소 10266 경기도
고양시 덕양구 통일로 966번길 84-4 | 전화번호 010-3360-0751
이메일 youmasong@naver.com
다음카페 홍남서원 http: //cafe.daum.net/youmawon

ISBN 978-89-964001-0-3 03220

책값은 뒤표지에 있습니다. 잘못된 책은 바꿔 드립니다

역자의 말 2

제4판을 발행하며

이때 견정(見正)이라는 한 비구가 있었는데 새로 출가한 자였다. 그는 마음에 의심을 품고 혼자 이렇게 생각하고 있었다. '부처님께서는 내생후세가 있다고 말씀하시지만 사람이 죽고 나서는 돌아와 알려주는 이가 아무도 없으니 어떻게 알 수 있나? 이것을 부처님께 여쭈어 보아야겠다.'...(중략)...."저는 태어나서부터 이후로 사람이 죽는 것을 많이 보았습니다. 부자 · 형제 · 부부 내외나 혹은 서로 사랑하던 벗, 혹은 서로 미워하던 원수도 있었는데 죽은 뒤에 돌아와 얼굴을 마주하고 좋은지 나쁜지를 알려주는 식신(識神)은 끝내 없었습니다. 무슨 까닭입니까? 식신이 무언가에 막혀서 면전에 돌아와 사람에게 알려줄 수 없는 것입니까? 원컨대 저희들을 위해 분별하여 말씀해 주십시오. 저희들로 하여금 맺힌 의혹이 풀어져 진실을 빨리 볼 수 있게 해주십시오."

부처님께서 이어 제자들에게 말씀하셨다.

"사람은 이 세상에 태어나 몸의 형상을 받고 육안으로 보는 현재의 일과, 부모 친척은 훤히 보아 잘 알고 있지만, 전생에 어디서 왔는지를 보거나 알 수가 없다. 금생에 늙어 죽어 후세에 태어나 다시 몸을 받으면 금생의 일은 알 수가 없다. 왜냐하면 한번 태어났다가 한번 죽으면 식신이 변화하고 바뀌어 12인연을 거치는데, 그 중에 무명[痴]이 그 주요한 것으로, 멍청하고 어둡고 우둔하여 환생하면 과거세를 알지 못하기 때문이다.”

위의 경문은 인과윤회를 불신하는 원인에 대하여 설한 『생사변식경』에서 뽑아온 글입니다. 대부분의 사람들은 3세인과(三世因果)와 6도윤회(六道輪廻)를 믿지 않을 뿐만 아니라, 심지어 불교 신앙인 중에도 그런 분들이 있습니다. 그래서 이번 제4판에서는 동국역경원 번역본을 역자가 일부 개역하여 부록에 추가 하였습니다.

한편 독자들이 생사 문제에 대한 남회근 선생의 견해를 더욱더 깊게 이해하도록 선생의 저작 『선해려측(禪海蠡測)』 속의 「생과 사의 사이[生死之間]」라는 글 한 편을 뽑아 번역하여 부록에 실었습니다. 이를 통해 ‘생사 문제, 생명의 윤회, 인연과 업력, 체용(體用)과 공(空)과 유(有), 유가와 도가가 말하는 생사, 불법의 인생관, 좌탈입망(坐脫立亡), 입정(入定)과 사망의 구별, 귀신과 공덕’에 대해서 깊게 이해하게 될 것입니다.

그리고 선생의 깨달음과 서원을 보현보살이 증명한 사실에 대해서 만년에 선생 자신이 말한 내용을 번역하여 저자 소개에 더하였습니다.

또한 본문 속의 소제목을 중문 원서의 개정판에 따라 수정하였으며, 본문 속의 역주 방식을 각주 형식으로 바꾸고 주석을 증보하였습니다. 그 이외에는 예전 그대로입니다.

2023년 1월 중순
장령산 심적재에서
송찬문 삼가 씀

출판설명

태어남과 죽음의 문제에 관한 책들은 항간에 꽤 많은 종류가 나와 있습니다. 그 대부분은 밀교(密教)에 속한 것들입니다. 얼마 전 호송년(胡松年) 씨가 일부러 미국으로부터 상해에 와서 남회근 선생께 태어남과 죽음이라는 큰일에 관해 가르침을 청했습니다.

본서의 기록은 남선생께서 무작위로 호송년 씨 등에게 말씀하신 것으로 먼저 사망에 대해서부터 얘기를 시작하여 사람의 출생에 대해서까지 설명합니다. 내용은 모두 인간의 정상적인 생명의 윤회환생 변화를 기준으로 말씀하신 것이며, 불법의 원리에서 벗어나지 않지만 종교의식에 물들지 않고 순수하게 생명과학의 입장에서 하신 상세한 설명입니다.

이 밖에도 남선생께서는 그때그때 수행의 중점을 제시하고 다른 각도에서 해설함으로써 학인들로 하여금 관건을 쉽게 파악하여 수행의 바른 길로 들어가게 합니다. 그리고 개인의 수행 진도와 방향을 더욱 이해하게 함으로써 미로에 빠지지 않을 수 있게 합니다.

인간의 생명은 본래 각 종교마다 그 진상을 추구하는 목표가 되며 그 생사(生死)에 대해서는 종교마다 다른 설명을 하고 있습니다. 호송년 씨가 이번에 천리 길을 멀다하지 않고 온 것은 자기 개인을 위해서도 알고 싶을 뿐만 아니라 해외의 나그네나 친구, 그리고 같은 길을 걸어가는 사람들을 위해서도 잘 알게 하고 싶어서였습니다.

일반적으로 출가자는 생사를 마치기 위해 세간을 떠나 노력하지만 재가자도 마찬가지로 생사문제가 있으니 어찌 중시하지 않을 수 있겠습니까!

이 한 편의 기록은 재가 대중을 위해 말씀하신 것으로 청중들 중에는 남선생으로부터 여러 해 동안 배운 분들이 상당히 있었습니다. 그래서 강해 과정 중에 남선생께서 종종 언사(言辭)가 준엄하셨는데, 그 속에는 편달 격려하는 의미가 담겨 있는 듯합니다.

그리고 남선생께서는 이 기록을 책으로 인쇄하기를 원하지 않았습니다. 왜냐하면 말씀하신 내용이 간략하고 온전한 수준이 못된다고 느끼셨기 때문입니다. 그러나 여러 사람들은 이 기록 내용이 남선생이 생각하는 온전한 수준에는 미달이지만 남아있는 진귀한 자료로서 자세하고 명확하여 독자의 마음속에 있는 적지 않는 미혹의 덩어리를 풀어주어 이익을 얻은 것이나 다름없다고 생각했습니다.

이번 강의는 2006년 6월 14, 15일 양일간에 하신 것으로 허형산(許衡山) · 조운생(趙雲生) · 류욱서(劉煜瑞) 씨 등이 녹음 기록하고 마굉달(馬宏達) 씨가 초보적인 교정을 보고 엮었습니다. 그런 다음 굉인(宏忍) 법사가 여러 차례 컴퓨터상에서 수정 정리한 원고를 사금양(謝錦揚) 씨가 엄밀히 교정 대조했습니다. 그리고 내용의 개요는 편자가 더했습니다.

2007년 정월　묘항(廟港)에서

류우홍(劉雨虹) 씀

역자의 말

인생결론 세 마디

“여러분들이 인생문제를 제게 물으면 저는 늘 말하기를 사람이 사는 일생이란 바로 다음 세 마디라고 합니다. ‘영문을 모른 채 태어나, 어쩔 수 없이 살아가고, 까닭을 모른 채 죽어간다.’ 사람마다 다 그렇습니다. 자기 스스로 영문을 모른 채 태어납니다. 어떻게 태어났는지 왜 태어났는지를 모릅니다. 살아가는 것은 어떨까요? 어쩔 수 없이 살아갑니다. 사람들은 이것 추구하고 저것 추구하고... 한없이 추구합니다. 사람들은 늘 말합니다. 모두 쾌락 · 행복을 추구하기 위해서 라고요. 이렇게 보면 사람들은 사는 게 즐겁지도 않고 행복하지도 않다는 사실을 알 수 있습니다. 죽기는 싫고 살아가자니 아주 고통스럽습니다. 그렇게 살아갑니다. 최후에 죽을 때는 까닭을 모른 채 떠나갈 뿐입니다.” 이 책의 저자인 남회근 선생의 말입니다.

우리들 인생은 정말 그렇습니다. 우리는 생(生)과 사(死)의 장막 저편의 실상(實相)에 대해서는 거의, 아니 전혀 모릅니다. 살아가면서 그 비밀을 알고 싶어 하지만 대부분 영원히 풀지 못할 수수께끼로 그냥 포기하고 살아갑니다. 생명의 실상을 꿰뚫어 볼 지혜의 눈이 열리지 않았기 때문입니다.

생사문제는 회피할 수 없고 신중히 사유해 보아야할 중대한 문제입니다. 사람은 누구나 삶을 좋아하고 죽음을 두려워하며 즐거움은 추구하고 고통은 피하는 본성을 갖고 있습니다. 죽음에 대한 불안 공포는 저마다 속마음 깊고 깊은 곳에 도사리고 있습니다. 심리학에 의하면 죽음에 대한 불안을 무의식적인 상태에서 의식적인 상태로 끌어올려 적절히 해결하지 않는다면 틀림없이 갖가지 정신적 사회적 질병을 낳는다고 말합니다.

생사관은 인생관 · 인생에 대한 태도를 결정합니다. 태어남과 죽음이라는 인생의 기점과 종점에 대한 올바른 이해는 어떻게 인생을 적극적으로 살 것인가를 결정하는 전제가 됩니다. 『잡아함경』「권38제1076경」은 말합니다.

"사후의 세계를 생각하지 않는다면 하지 못할 악행이 없다[不計于後世, 無惡而不爲]."

사람들은 대부분 죽으면 그만이라는 생각입니다. 그래서 재물욕 · 색욕 · 명예욕 · 식욕 · 수면욕이라는 다섯 가지 욕망에 지배되어 뒷날의 과보를 돌아보지 않은 채 수단방법을 가리지 않고 끝없이 추구하면서 악행을 하는 사람들이 있습니다. 죽으면 끝일까요? 이 책은 그 답을 제시해줄 것입니다.

또한 죽음에 대한 무의식적 공포는 우울증 등 갖가지 정신심리 문제를 낳을 뿐만 아니라, 사교(邪敎)의 함정에 빠지게 하기 일쑤입니다. 이런 문제는 사회가 발전함에 따라 갈수록 심각해지는 추세입니다. 그런데 그 가장 심층의 원인을 규명해보면 생사 문제에 대한 정확한 이해가 없는 데 그 원인이 있습니다.

불교는 이미 2천5백여 년 전에 생과 사의 비밀의 진상을 자세히 말해 놓았습니다. 오늘날 생명과학·인지과학은 점점 그 이론을 연구하고 증명해가고 있습니다.

이 책은 남회근(南懷瑾) 선생의 저작인 『인생적기점화종참(人生的起點和終站)』을 완역한 것입니다. 선생의 저작은 『논어강의』·『대학강의』·『불교수행법강의』 등 이미 몇 종이 번역되어 국내에 소개되었습니다. 선생은 일생동안 특히 동서양의 종교와 철학을 깊게 연구하였을 뿐만 아니라 수행을 통해 높은 도(道)의 경지에 도달한 것으로 보입니다. 선생은 이 책에서 불교야말로 생명과학이라며 인간 생명의 정상적인 출생과 사망 과정을 들려주고 있습니다. 그리고 생명에 대해 인식하고 이해해야만 한 생각 무명[一念無明]을 알게 되고 자기를 인식할 줄 알게 된다고 말합니다. 그 대략 내용은 출판 설명과 차례가 말해주고 있으므로 생략합니다. 그리고 이 책을 이해하기 위해서는 불교에 대한 기본적 이해가 필요하므로 불교교리사상입문(송찬문 편역, 근간예정)을 참고하기 바랍니다. 아무쪼록 이 책이 인생을 진실하게 이해하고 올바른 인생관을 세워 행복한 삶으로 나아가는 첫걸음이 되기를 바랍니다.

2010년 2월 서울 녹번동

심적재에서

송찬문 삼가 씀

목 차

(부록)

일러두기

1. 이 책은 대만의 남회근문화사업유한공사가 발행한 2016년 대만 초판1쇄본의 『인생적기점화종참』을 완역한 것이며 강의마다의 큰 제목은 역자가 더한 것이다.

2. 인명 · 지명 · 책명 등 고유명사는 중국식 발음으로 표기하지 않고 우리식 한자음대로 표기하였다.

3. 독자의 이해를 돕기 위해 주석을 달거나 보충하였을 경우에는 각주로, 또는 역자보충이라고 표시하였다. 모르는 용어나 내용은 관련 서적들을 참고하고, 특히 남회근 선생의 다른 저작들도 읽어보기 바란다. 선생의 저작들은 전체적으로 서로 보완 관계에 있기 때문이다.

4. 부록 중 「생과 사의 사이」 이외의 글들은 모두 역자가 더한 것이다.

제 1 강

인류가 수천 년 동안 탐구해 온 생사 문제

뉴욕의 사원
종군했던 스님 현명법사
생사 문제와 인과의 과학성
변역생사와 분단생사
생명 문제
무엇이 오도성불인가
변화와 불변화
도리를 네 가지로 나누다

뉴욕의 사원

남선생 : 여러분! 오늘 하나의 문제에 대해서 얘기해 보려고 하는데 사실은 엄중한 문제입니다. 온 인류가 수천 년 동안 탐구해왔던 것으로 태어남과 죽음의 문제입니다. 이번 강의는 우리 호송년 학우 때문에 시작한 겁니다. 그는 미국 뉴욕에서 살고 있으며 불법을 여러 해 동안 배웠습니다. 뉴욕 얘기가 나왔으니 말인데 뉴욕에는 유명한 장엄사(莊嚴寺)라는 절이 있습니다. 심가정(沈家楨) 거사가 창건한 절입니다. 심가정 씨는 절강성(浙江省) 항주(杭州) 사람입니다.

호송년 : 그분은 이달에(2006년 6월/역주) 93세의 생일을 지냈습니다.

남선생 : 아, 벌써 93세군요! 그는 예전에 선박운수업계에서 대단한 사람이었습니다. 선박운수업계에서 유명했는데 홍콩의 동건화(董建華)의 부친인 동호운(董浩雲), 그리고 양린(楊麟)의 부친인 양관북(楊管北)과는 모두 같은 연배들입니다. 그는 미국으로 간 후에

한 가지 대단한 일을 했습니다. 많은 학자들을 모아서 중문 불경을 영문으로 번역했습니다. 이는 거의 사오십 년 전의 일로서 그 당시 저는 아직 대만에 있었습니다.

뒷날 뉴욕에 불교사원이 없는 것을 알고는 그가 나서서 대각사(大覺寺)라는 큰 절을 지었습니다. 대부분은 그가 돈을 내었습니다. 당시에 뉴욕에서는 아주 큰 절이었는데 대륙에서 대만으로 왔던 스님들을 많이 초청했습니다. 뒤에는 또 대륙의 스님들, 라마승들도 초청했습니다. 예전에 제가 양관북 거사의 집에서 수업을 할 때 양관북씨가 저에게 말하기를 "선생님, 당신이 가는 게 제일 좋습니다." 하기에 저는 웃으면서 이렇게 말했습니다. "저는 외국에 나가기를 좋아하지 않습니다. 그들에게는 인재가 많으니 제가 갈 필요가 없습니다."

심가정 씨는 그 뒤에 또 장엄사를 지었습니다. 북미주에 있는 큰 절인데 어떤 사람이 재삼 저더러 가라고 청했습니다. 저는 수십 년 동안 그와 만난 적도 없었습니다. 제가 미국에 가 있는 동안에도 그와 만난 적이 없습니다. 장엄사에는 지금 노스님이 한분 계시는데 현명(顯明)법사입니다. 동북지방 사람입니다. 이 법사님에게는 예전에 일본과의 전쟁 때 한 가지 실제 역사 이야기가 있습니다.

일본과 전쟁을 5~6년 동안 하고 있을 때 일본인들이 음모를 꾸미고 중국을 패배시킬 생각으로 항복법(降伏法)을 닦고 있는 것을 발견했습니다.[1] 불교의 밀종(密宗)은 동밀(東密)과 장밀(藏密)로 나뉩니다.[2] 인도의 밀종은 중국 당나라 왕조 때에 중국에 들어왔는

1) 중일전쟁(中日戰爭)은 1937년 7월 7일 일본의 중국 침략으로 시작되어 1945년 제2차 세계 대전이 끝날 때까지 계속되었다.

2) 동밀은 일본 밀교, 장밀은 티베트 밀교를 가리킨다.

데 명나라 때에 이르러는 중국인들이 그리 좋아하지 않아 일본으로 전해졌습니다. 일본의 고야산(高野山)은 온통 밀종만을 닦는 곳인데, 중국은 학술적으로 이 부분에 대해서 동밀이라고 총칭합니다. 우리 민간에서의 부적그리기[畵符], 주문외기[念咒], 귀신잡기[捉鬼] 이러한 것들은 대부분 밀종과 상관이 있습니다. 우리의 정통문화는 이런 것들을 싫어했습니다. 그러나 인도와 티베트 지역에서는 비교적 환영받았으며 일본도 이런 것들을 보존하고 있습니다.

일본 고야산의 밀종은 원래 남자 스님들만 있고 여자가 산에 오르는 것을 허락하지 않았습니다. 여성에 대한 차별대우인 것입니다. 뒷날 어떤 일본 여성이 고야산에 들어가 수행하고자 했습니다. 대만이 지금 그런 단계에 있듯이 그랬습니다. 그러나 고야산의 스님은 절대 허락하지 않았습니다. 이 여성은 몹시 못마땅하게 여기고 발분하여 산기슭에 토굴을 짓고 홀로 수행했습니다. 뒷날 깨달아 도를 이루었습니다. 보십시오, 천하의 여성은 정말 대단합니다! 그녀가 성공한 것을 보자 마침내 고야산은 개방되었고 여성도 들어갈 수 있게 되었습니다.

장밀은 티베트에 뿌리를 내린 것으로 일본의 밀종과는 약간 다릅니다. 당나라 때에 중국에 전해졌습니다. 티베트의 밀종에는 닝마파[寧瑪派]·사캬파[薩迦派]·카규파[噶擧派]·겔룩파[格魯派]가 있습니다. 이들을 홍교(紅敎)·화교(花敎)·백교(白敎)·황교(黃敎)라고도 부릅니다. 달라이 라마나 판첸 라마는 겔룩파에 속합니다. 여러분들이 들어 본적이 있는 흑교(黑敎)는 결코 불교가 아닙니다. 티베트의 원시 종교로서 뵌교[苯敎][3]라고도 하며 주술(呪術)을 위주로 하는데 불교가 티베트에 들어가기 전에 이미 있었습니다.

---

3) 샤마니즘의 하나인 토속신앙.

조금 전에 말하기를 중일 전쟁 때 일본인들이 한편으로는 전쟁을 하면서 한편으로는 고야산의 밀종으로 하여금 항복법을 닦도록 함으로써 중국인들을 패배시키려 하는 것을 발견했다고 했습니다. 그래서 항전 6년째 때 중경(重慶)에서 국민당 정부는 민간으로 하여금 호국식재법회(護國息災法會)를 동원하게 했습니다. 이는 큰 법사(法事)로서 자기의 국가를 보호하고 일본의 법력을 물리치기 위한 것이었습니다. 그 당시 두 분의 대사가 주관하도록 청했습니다. 한 분은 선종대사인 허운대사(虛雲大師 1840-1959)[4]인데, 현교(顯教)의 현단(顯壇)을 주관했습니다. 밀교의 단장(壇場)은 백교의 활불(活佛)인 공갈호도극도(貢噶呼圖克圖)께서 주관했습니다. 이 두 분은 모두 제가 귀의한 사부입니다. 사부에는 귀의(歸依) 사부가 있고 학법(學法) 사부가 있으며, 체도(剃刀) 사부가 있습니다. 여러 가지 사부가 많습니다. 귀의 사부로는 저 같은 경우는 아주 많습니다. 예전에 불법을 배울 때 어떤 스님이 도(道)가 있는 것을 보면 곧 귀의했습니다. 어떤 분들과는 인연만 맺고 따라 배우지는 않았습니다. 밀종의 결연(結緣) 관계와 다름없습니다. 밀종의 관정(灌頂)은 여러 가지로 나눕니다. 결연 관정, 전법 관정, 지혜 관정 등 각종의 관정들이 있습니다.

종군했던 스님 현명 법사

이상은 수업을 시작하기 전의 여담이었습니다. 장엄사의 현명

4) 『선정과 지혜 수행 입문』의 부록에 실린 「허운대사」를 읽어보기 바란다.

법사[5]는 아마 90여 세가 되었을 것입니다. 그분을 제가 미국으로 보내드렸습니다. 예전에 우리가 중경에 있을 때에 호국식재법회를 허운 노화상께서 주관하였기 때문에 우리가 허운 노화상을 뵐 때에 현명스님을 만났습니다. 저는 그를 보자마자 첫눈에 좋아했습니다. 이 스님은 스님답습니다. 훤칠한 키에 외모도 원만한 상입니다. 원만한 상은 어떤 모습일까요? 현장(玄奘) 법사의 대 제자인 규기(窺基) 법사 같은 경우입니다. 현장법사의 상 같은 경우도 아주 그럴싸합니다.

이때 일본인들은 태국까지 침략해 들어가 있었는데 영국인들은 일본의 공격에 낙화유수(落花流水)처럼 쓰러졌습니다. 중국은 청년군을 조직하고 "한 치의 산하가 한 치의 피요, 십만의 청년이 십만군이다[一寸山河一寸血, 十萬靑年十萬軍]." 라는 구호 아래 병력공급을 호소했습니다. 청년군들은 모두 중학교 이상을 배운 학생들이었는데 공부를 그만두고 일본인들을 타도하기 위하여 종군에 나섰습니다. 그래서 양린도 중경으로 와서 청년군에 참가했습니다. 역사상 아주 많은 작은 일들이 모두 큰일들이었지만 다들 사람들에게서 잊혀 져 버렸습니다.

그 당시 중경 사자산(獅子山)에서 호국식재법회를 거행 할 때에

---

5) 현명(顯明)법사는 1917년 요녕성 금서(錦西)에서 태어났다. 1928년 하얼빈 극락사에서 출가하여 불학양성소에서 공부하고 1931년 요녕성 영구시(營口市)의 능엄사에서 선정(禪定)노화상께 의지해 구족계를 받았다. 그후 절강성 영파의 관종강사(觀宗講寺) 관종학사(觀宗學社)에 가서 제한(諦閑)대사와 보정(寶靜) 법사를 모시고 천태교관을 전공하였다. 1939년 보정 법사로부터 천태종 제45대 법맥을 전해 받았다. 그 후 홍콩과 대만에서 홍법활동하다 1984년 미국으로 가서 홍법활동 했다. 미국불교회회장과 장엄사 제1대 방장을 역임하였으며 일생동안 불교에 봉헌하고 천태교관을 홍포하였다. 2007년 12월 미국에서 90세로 원적했다. 승랍 79세요, 계랍은 76세였다.

우리는 두 분의 사부께 짬이 있을 때면 그분들과 환담을 했습니다. 그 당시 함께 한담을 했던 사람으로는 대계도(戴季陶)가 있는데 그는 국민당 혁명 원로로서 손중산(孫中山, 즉 孫文/역주) 선생을 따랐던 분입니다. 허운 대사와 공갈호도극도 사부에게도 귀의했던 분입니다. 어느 날 저녁 한담을 했습니다. 저는 지금도 기억하고 있습니다만, 그분들은 말씀하시기를 "전국의 청년들이 나라를 구하기 위하여 그렇게들 호응해서 도처에 청년군에 참가하는 사람들이 있습니다. 천주교나 기독교에도 참가하는 사람들이 있지만 불교계의 청년 스님이 참가하러 간다는 얘기는 들어본 적이 없습니다. 이건 그리 좋은 일이 아니겠지요?" 했습니다. 그러자 현명 스님이 "불교계에서 가는 사람이 없다면 제가 가겠습니다."고 했습니다. 그래서 현명 스님은 청년군에 참가하러 갔습니다. 그 당시의 총정치부(總政治部) 주임은 장경국(蔣經國)이었습니다. 현명 스님은 총정치부에서 일을 했고 우리는 그렇게 헤어졌습니다.

세월이 얼마 지난 후에 저는 대만에서 학생들을 가르치고 있었습니다. 그런데 심가정 씨의 미국의 그 두 큰 절에서는 한 스님을 방장으로 초청하면 일 년이 못되어서 적합하지 않아 떠나버렸습니다. 또 다른 분을 초청하면 얼마 있지 않아 또 떠나버렸습니다. 무슨 인연이 맞지 않았는지 모르겠지만 모두 헤어져 버렸습니다. 그래서 몹시 힘들었습니다. 들리는 바에 의하면 심가정 씨의 부인은 돈이 많지만 몹시 절약한답니다. 어떤 분이 저에게 얘기 해 준건데 그녀가 절약하는 정도가 어느 정도인가 하면, 한 장의 종이물수건이라도 쓰고 난 다음에는 버리지 않고 창문 유리에다 붙여 말려서 다시 가져다 쓴다고 합니다. 그녀는 그렇게 절약하고 그렇게 돈이 있고 그렇게 좋은 일을 할 줄을 압니다. 뒷날 저는 대만에서 시방서원(十方書院)을 열어 강의를 했습니다. 어떤 사람이 저에게 말하기를, 동북지방 사람으로 뇌우정(雷雨霆) 거사라는 분이 있는데 외부에서 경전 강의를 하고 설법을 한다고 했습니다. 강의를 아주 잘 한다는 겁니다. 제가 말했습니다. "예전에 대륙에서 들어본 적이 없는데 여러분들이 어떤 사람인지 알아보세요." 뒷날 어떤 사람이 말하기를 그가 저를 안다는 것이었습니다. 제가 말하기를 "내가 대륙에서 있을 때에 뇌우정이라는 거사 친구는 없었는데 그가 나를 안다고 한 바에야 내가 그를 만나러 가거나 그가 나를 만나러 오면 되겠지." 했습니다. 그가 말하기를 그는 저를 만나러 오지 않겠다는 겁니다. 그는 저를 두려워한다는 겁니다. 제가 말했습니다. "왜 그러지?" 그는 말하기를 제가 그를 깔볼까 봐서 그런다는 겁니다. 제가 말하기를 어떻게 그런 일이 있겠느냐며 그럼 제가 가서 만나겠다고 했습니다.

마침내 어느 날 그가 찾아 왔습니다. 저는 보자마자 "아, 자네였구먼. 현명이 아닌가?" 예전에 허운 대사의 수좌로 대사를 도왔던 사람입니다. 교부주임에 해당했습니다. 저는 말하기를 "뇌 거사가 바로 자네인줄 몰랐네. 왜 자네는 나를 찾아오지 않았나?" 그는 말했습니다. "나는 감히 못 찾아왔지, 자네가 나를 꾸짖을까 봐서." 제가 말했습니다. "자네는 국가를 위해서 희생하려고 스님 노릇 그만두고 청년군이 되러 가지 않았나. 또 이제는 나서서 불법을 전파하는데 내가 마땅히 자네를 존중해야지 자네를 꾸짖겠는가?" 그러자 그는 저에게 말하기를, 양명산(陽明山)에 살지만 불교계와는 그리 내왕하지 않는다고 했습니다. 그의 생각으로는 그런 불교계 인사들이 자기를 이해하지 못하고, 승려가 되었다가 다시 환속해서 군인이 된 것을 깔볼 것이라고 생각했습니다. 사실 그는 나라를 구하기 위하여 간 것입니다. 그는 천태종(天台宗)의 법맥계승자입니다.

뒤에 제가 말했습니다. "우리 둘은 오랜 친구이니 자네는 빨리 내가 있는 이곳에 와서 공부를 가르치게." 그래서 그를 강의하도록 초청했습니다. 제가 그에게 앞으로 무슨 일을 하고 싶으냐고 물었습니다. 그는 말했습니다. "중국의 불교는 이미 어쩔 길이 없네. 대만도 안 되겠으니 나는 떠나가고 싶네." "자네는 어디로 가고 싶은가?" 라고 제가 묻자 그는 말했습니다. "태국으로 가겠네. 태국 불교는 비교적 흥성하네." 제가 말했습니다. "자네는 아직도 스님이 되고 싶은가?" "물론이지. 지금은 거사로서 이런 보통의 복장을 하고 있지만 태국으로 가면 나는 승려의 모습으로 회복하겠네. 그런데 태국으로 가는 수속이 쉽지 않구먼. 몇 년 동안 수속을 밟았지만 되질 않아." 제가 말했습니다. "태국이 뭐가 재미있다고... 미국으로나 가지." 그는 말했습니다. "미국으로 가고 싶지만 수속이 안 되누먼." 내게 방법이 있다고 말했습니다. 그에게는 아주 좋은 여제자가 한 사람 있었는데 지금까지도 그를 시봉하고 있습니다. 그는 갈 때에 그녀를 꼭 데리고 가고 싶어 했습니다. 여러분은 들으면 스님이 여자를 하나 데리고 있다니 문제가 있는 것 같을 겁니다. 저는 지금까지 이런 문제를 고려해 본적이 없습니다. 그를 그렇게 공경하고, 나이 차이가 마치 아버지가 딸아이를 하나 데리고 있는 것과 마찬가지입니다. 그 뿐만 아니라 그의 몸도 좋지 않은데 이 여자는 결혼도 하지 않고 돌봐 드리면서 그에게서 불법을 배우니 얼마나 좋은 일입니까? 제가 말했습니다. "두 사람 다 내가 수속을 밟도록 하지. 곧바로 두 사람이 출국하도록 해 보겠네. 기껏해야 돈 좀 쓸 텐데 뭐." 제가 한 마디 하자 친구들이 다들 찾아와 도와주어서 수속을 밟아 미국으로 가게 했습니다. 그는 지금까지 계속 장엄사에 머무르고 있습니다.

제가 왜 이런 얘기를 했을까요? 여러분들이 보면 저의 얘기는 이리 저리 어지럽게 한 바퀴 삥 돌았는데, 바로 이 호송년 거사로 말미암아 시작된 것입니다. 그는 장엄사의 상무위원입니다. 뉴욕의 화교들 중에는 불법을 배우는 사람들이 많습니다. 그는 어제도 얘기하기를 한 무리의 화교들이 준제법(準提法)을 닦고 있는데 제가 가서 그들에게 관정(灌頂)을 해 주셨으면 하는 생각을 한다고 했습니다. 지금 그대에게 답합니다. "내 나이도 이렇게 많고 하니 미국에는 다시 가지 않을 것입니다."

현명 법사를 돌아오라고 청해도 돌아오지 않습니다. 그는 원래 말하기를 감히 대륙에 돌아가지 않겠다고 했습니다. 대륙은 그를 국민당이라고 생각한다는 겁니다. 제가 말했습니다. "어디 그런 말이 있겠는가! 자네는 나라를 위해서 희생했어!" 그는 자신이 장경국의 정치부 밑에서 정치 교관을 했다고 했습니다. 제가 말하기를, "나도 정치 교관이었지. 자네는 무슨 국민당이니 공산당이니 그런 문제를 고려하지 말게. 역시 대륙으로 돌아가게. 천태종에 사람이 없네. 자네는 천태종을 전해주고 싶지 않는가." 그는 말했습니다. "자네가 가면 나도 가겠네." 저는 반드시 돌아가겠다고 했습니다. 그래서 지금은 돌아왔습니다. 저는 그도 돌아오도록 청하고 싶지만, 그러나 마음속으로는 정말 감히 그렇게 하지 못하고 있습니다. 90여세 된 사람을 돌아오라고 했다가 제 자신도 이미 늙었는데 노인이 노인을 돌본다는 게 얼마나 고통스럽겠습니까!

생사 문제와 인과의 과학성

여기 이 호송년 거사는 저와 여러 해 동안 서신을 주고받았습니다. 여러분, 저 사람 모습을 보십시오. 아주 예의 바르고 아주 성실한 모습입니다. 늘 어떤 문제들을 제기하며 문장도 좋고 견해도 좋습니다. 그는 어제 말하기를 그렇게 많은 횟수의 서신들을 쌓아놓으면 이렇게 책으로 한 권 낼 수 있는 분량이라며 어떤 것은 발표하고 어떤 것은 발표해서는 안 될지를 저더러 한 번 봐달라고 했습니다. 저는 아직 볼 시간이 없습니다. 그는 매년 돌아와서 저를 만나 많은 문제들에 대해 마주보며 담론했습니다. 그는 최근 서신에서 태어남과 죽음의 문제를 제기했습니다. 밀종의 『티베트의 사자의 서[西藏生死書]』[6]라는 책을 보았기 때문입니다. 또 오래된 책으

6) 중암(中庵) 선해(善慧) 스님 번역, 불광출판사 2020년 7월 출판, 국내 최초 티베트어 원전을 저본으로 한, 개정 완역본 『티베트 사자의 서』를 소개하니 참고하기 바란다.

『티베트 사자의 서』라는 제목으로 잘 알려진『바르도퇴돌』은 티베트불교 최고의 수행 지침서로, 티베트불교의 대성인이자 '제2의 붓다'로 꼽히는 빠드마쌈바와가 8세기에 저술한 경전이다. 티베트 사자의 서는 '바르도퇴돌'이라고 해서 티베트 불교 닝마파 경전이기도 하다. 한역에서는《서장도망경(西藏度亡經)》으로 알려져 있으며,《중음득도법(中陰得度法)》또는《중음구도밀법(中陰救度密法)》·《중음문교구도대법(中陰聞教救度大法)》이라고 한다.
『바르도퇴돌』은 '죽음과 환생 사이(바르도)에서 듣는 것만으로도 해탈에 이르는 법(퇴돌)'이라는 뜻이며, 빠드마삼바와가 깊은 수행으로 체험한 사후세계를 바탕으로 쓰여졌다. 죽음 이후 우리는 바르도의 상태에서 49일간 유랑하며 윤회하게 되는데, 이 바르도 상태에서 떠돌지 않고 해탈할 수 있는 방편이 핵심이다. 생전에 부족한 수행으로 완전한 깨달음에 이르지 못하고 죽음을 앞둔 이들에게는 희망과 위로를 전하고, 살아있는 이들에게는 삶과 죽음 그리고 윤회가 공존하는 자신의 참 모습을 보게 하며 어떻게 살 것인가 스스로 답을 찾게 한다.
그동안 국내에 소개되었던『티베트 사자의 서』는 영역본이나 일역본을 한

로 『중음구도밀법(中陰救度密法)』이라는 책이 있는데, 사람이 죽을 때에 어떻게 천도하며 도와 줄 것인가 하는 문제들에 대해서 말하는 책입니다. 이 두 가지 책은 현재 외국에는 영문본이 있지만 우리 여기 사람들은 국제 지식에 대해서는 별로 관심을 두지 않습니다. 오늘날 미국인들은 생사 문제 · 인지(認知) 문제를 연구하고 하고 있는데 모두 이런 책들로 인해 시작된 것입니다.

기독교에서는 사람이 죽으면 최후에 하나님의 심판을 받는다고 합니다. 불교에서는 그런 도리가 아닙니다. 중국인의 관념도 그렇지 않습니다. 영혼은 환생할 수 있다는 것을 원래 서양 문화에서는 인정하지 않았는데 지금은 바뀌었습니다. 비교적 보편적으로 인정할 뿐만 아니라 추적해보고 있습니다. 또 동남아 · 미얀마 · 태국 · 캄보디아 그리고 티베트 각지를 다니면서 연구하고 있습니다. 이와 같은 사례는 아주 많습니다. 어떤 아이는 태어나서 말하기를 "나는 어떤 집안의 노인이었는데 지금은 당신의 이곳으로 와서 태어났다."고 했습니다. 오늘날 미국인들도 함께 추적하고 있습니다. 이 아이를 찾아내 그를 안고서 전생에 살았던 집을 찾아 갔습니다. 그 아이는 자기 물건을 어디에 놓아두었다고 말했고, 결과적으로 다 찾아낼 수 있었습니다. 그 할머니가 오는 것을 보자 그녀는 자기

역한 반면, 이 책은 티베트어 원전을 국내 최초 우리말로 완역한 것이다. 역자인 중암 스님은 30여 년 동안 인도와 네팔에 머물며 토굴 수행과 티베트어 경론 번역에 매진해왔다. 특히 스님은 책의 번역을 위해 티베트어로 된 3종의 판본을 비교 · 대조하여 오류를 바로잡고, 원문을 더 정확히 이해할 수 있도록 번역어와 그 의미에 대해 자세히 각주를 달았으며 티베트불교의 수행법에 대해서도 자세히 안내한다. 오랜 수행에서 비롯된, 경전에 대한 깊은 이해와 체험이 담겨 있는 이 책은 『바르도퇴돌』에 관한 '가장 충실한 번역서'라고 할 수 있다. (인터넷)

마누라라고 했습니다. 할머니가 인정하지 않자 그는 할머니에게 귓속말로 두 부부가 침대에서 소곤소곤 했던 말을 해 주었습니다. 할머니는 와~ 하고 울면서 정말 자기의 남편이라고 말했습니다.

이런 이야기들을 영화로도 찍었는데 어떤 것들은 그리 정확하지 않고, 어떤 것은 아주 정확합니다. 오늘날 국제적 추세가 이렇다는 것을 말하는 것입니다. 미국인들의 경우 현재 생명과학, 인지과학을 연구하고 있습니다. 사람의 영혼이 전생과 후생, 삼세(三世)의 인과(因果)가 있는지를 연구하고 있습니다. 바꾸어 말하면 서양의 문화, 기독교 문화는 3세인과를 믿지 않았는데 지금은 온통 바뀌고 있는 중입니다. 지금 한참 이런 문제를 파고 들어가고 있는데, 밀종의 티베트의 사자의 서와 관계되기 마련입니다. 특히 밀종에다가 티베트라는 글자를 더하면 아주 신비한 것으로 압니다. 우리는 그게 맞는지 안 맞는지는 논하지 않고 단지 그게 문제라는 점만 말할 뿐입니다.

생사의 문제는 불교 · 도교 · 유가에서 이미 연구했던 문제입니다. 중국인은 수천 년 이래로 전생과 내생이 있다고 믿어왔습니다. 사람의 영혼은 불학(佛學)에서 중음신(中陰身)이라고 하는데 중유신(中有身)라고도 번역합니다. 이것은 수천 년 전에 이미 있었던 학문입니다. 왜 중음(中陰)이라고 부를까요? 우리가 죽으면 영혼이 이 육신을 떠납니다. 아직 또 다른 생명으로 환생하기 전 까지 그 사이에 한 단계가 있으므로 중음신이라고 부릅니다.

주의해야 할 점이 있습니다. 엄격하게 말하면 우리가 지금 살고 있는 것도 중유신입니다. 왜냐하면 이것은 우리들의 궁극적인 생명이 아니기 때문입니다. 이 점을 여기서 먼저 설명 드립니다. 불교에서 생사를 말할 때는 분단생사(分段生死)가 있고 변역생사(變易生

死)가 있습니다. 제가 늘 질문하는 것인데 불학의 기초는 어디에 있을까요? 3세인과(三世因果)와 6도윤회(六道輪廻)에 있습니다. 이것은 모든 불학의 기초입니다. 이것은 하나의 대 과학입니다. 많은 사람들이 기본적으로 불학을 이해하지 못하고 함부로 말하고 있습니다. 인과도 믿지 않고 여러분들은 그저 인과응보를 피상적으로 이해하고 있을 뿐입니다.7) 사실 언제 어디서나 모두가 인과입니다. 인과 관계가 없다면 이 세계의 일체는 성립하지 않습니다. 법률·정치·경제·의약·건축·음식남녀는 온통 인과 관계 속에 있습니다.

천주교·기독교·회교도 응보를 말합니다. 좋은 일을 한 사람은 천당에 올라가고 나쁜 일을 한 사람은 지옥에 떨어집니다. 그렇다면 인과는 누가 주관하는 걸까요? 누가 사건을 판단하고 당신으로 하여금 응보를 받게 할까요? 불교에서는 당신의 죄를 심판하는 어떤 자가 있다고 인정하지 않습니다. 당신을 지옥에 떨어지게 하고 천당에 오르게 하는 자가 있다고 인정하지 않습니다. 왜 인정하지 않을까요? 왜냐하면 그것은 인과의 도리로서 대 과학이기 때문입니다. 천당에 오르고 지옥에 떨어지는 등 6도에 윤회하며, 3세의 6도윤회와 3세의 과보는 모두 그 누가 그렇게 시켜서 그런 것이 아니라 우리 스스로가 그 주체로서 자주(自主)입니다. 우리들은 불법을 배우면서 생명은 자주적인 것임을 이해해야 합니다. 이 '자주'는 지금 당신이 그 주인노릇을 하고 싶다고 해서 할 수 있는 것이 아닙니다. 그러므로 수행의 중점은 여기에 있습니다.

7) 부록의 「인과윤회를 불신하는 원인을 설하시다」를 읽어보기 바란다.

변역생사 분단생사

저는 일생토록 철학과 종교를 연구했으면서도 왜 불법에 중점을 두는 것일까요? 중국의 유가나 도가는 불가와 마찬가지지만 그러나 부처님만큼 분명하게 설명하지 않았습니다. 부처님은 이미 수증오도(修證悟道)하여, 일체의 중생과 모든 생명, 온 우주에는 하나의 전체적인 공동의 생명이 있는데, 그 전체적인 공동의 생명은 생겨나지도 않고 소멸하지도 않으며[不生不滅] 영원히 불변한다는 것을 알았습니다. 이것을 철학에서는 '본체(本體)'라고 합니다. 일체 생명의 6도윤회, 분단(分段)의 생과 사는 이 본체의 변화 현상일 뿐입니다.

시간이 영원한 것이라고 가정한다면 과학적인 면에서 우리들이 '가정(假定)'이란 두 글자를 더하는 것은 엄숙한 것입니다. 왜 저는 '가정'이란 두 글자를 말하는 것일까요? 시간이 반드시 영원한 것은 아니기 때문입니다. 시간이 영원한 것이라고 가정한다면 어제·오늘·내일·과거·현재·미래는 시간의 분단입니다. 이것은 인위적인 지식생각으로 시간을 토막지어 놓은 것입니다.

우리의 생명도 이 원리와 마찬가지입니다. 소위 본체 입장에서 보면 시간은 영원히 불변하는 것입니다. 그러나 우리는 지금 남자로 변했고 여자로 변했습니다. 여자는 남편에게 시집가고 남자는 아내를 맞이합니다. 그런 다음 태어나고 또 죽습니다. 어제·오늘·내일·매분·매초마다 심신 생명은 언제나 변화하고 있습니다. 우주도 항상 쉬지 않고 변화하고 있습니다. 이것이 변역생사입니다.

예를 들어보겠습니다. 제가 늘 여러분들에게 하는 농담입니다만 사실 진담이기도 합니다. 수십 년 동안 만나지 못했던 학우가 저를 보러 와서는 "선생님, 20여 년 동안 뵙지 못했는데도 변함없이 여전하시네요."라고 했습니다. 제가 말했습니다. "내가 변하지 않았다면 늙은 요괴로 변한 것 아니야?" 사실 저는 벌써 변했습니다. 이미 같은 모습이 아닙니다. 이것이 변역생사입니다. 『장자(莊子)』에 나오는 공자가 안회에게 말한 '교비비고(交臂非故)' 라는 말을 저는 늘 인용합니다. 이 말은 무슨 뜻일까요? 오늘날의 여러분들의 교육은 고문(古文)으로부터 시작하지 않았기 때문에 보고 이해하지 못합니다. '교비'란 두 사람이 어깨를 스치고 지나가는 것입니다. 당신은 지나오고 나는 지나갑니다. 바로 그 잠깐 동안에 이미 원래의 당신과 내가 아닙니다. 일체가 변화했습니다. 대단히 심히 변화했습니다.

그런데 불법의 수지(修持)에서 소승 아라한의 경우는 생사를 마쳤다 해도 기껏해야 분단생사를 마친 것으로, 이 한 생에 수행에 성공해서 다시 오지 않겠다고 생각합니다. 하지만 대승보살은 그들을 옹졸하다고 비웃습니다. "오지 않겠다고요? 그렇게 못합니다. 설사 당신이 8만 4천 년 동안 선정에 들어 있더라도 최후에는 선정에서 나오지 않으면 안 됩니다." 그러므로 궁극[究竟]이 아니라고 말합니다. 대보살이라야 변역생사를 마칠 수 있습니다.

생명 문제

어제 저녁에 호송년 씨가 제게 물었습니다. "석가모니 부처님도 화신입니까?" "맞습니다." 무엇을 화신이라고 할까요? 불교의 입장에서 보면 시방삼세의 모든 부처님들, 모든 보살님들은 화신입니다. 우리 모든 중생도 화신입니다. 오직 불변하는 하나의 중심이 있는데 비로자나불(毘盧遮那佛)이라고 부릅니다. 일체의 부처님은 모두 비로자나 부처님의 화신입니다. 일체의 중생들도 그의 화신입니다. 바꾸어 말하면 모두 본체의 분화(分化)작용입니다. 그런데 그 불생불멸의 생명의 본체는 움직인 적이 없습니다. 그러므로 석가모니가 이 한 생애에 성불하여 교주가 된 것도 화신이며 아미타불도 화신입니다.

본 강의 주제를 얘기하기 전에 우리는 인류의 전체 문화는 동양이든 서양이든 그 모든 학문은 생명의 문제를 추구하기 위한 것이라는 것을 알아야 합니다. 오늘날 대학에는 그렇게 많은 학과들이 개설되어 있고 그렇게 많은 대학원들이 개설 되어 있습니다. 경제학 · 사회학 · 정치학 · 물리학 · 화학 · 응용과학기술 등등... 이 모두는 역시 생명문제를 위한 것입니다. 만약 생명 문제, 생존 문제와 상관없다면 학문은 성립하지 않을 것이며 자연히 도태될 것입니다. 또 생존 속에서의 현상을 우리는 생활이라고 부르는데, 생활을 위해서 장사를 하든지 공무원이 되든지 그렇게 많은 돈을 들여서 아이들을 교육을 시켜 학문을 추구하게 하고 학사 · 석사 · 박사학위를 받게 합니다. 제가 보기에는, 제가 틀릴지도 모릅니다만, 학문을 해서 돈을 벌거나 공무원이 되어 한바탕 법석을 떠는 것도 모두 생명 문제를 위한 것입니다. 일체의 종교도 마찬가지입니다.

인도에는 석가모니 부처님 이전에 종교가 있었습니다. 오늘날의 네팔, 파키스탄, 방글라데시, 아프가니스탄은 원래는 모두 고대 인도의 범위에 해당됐습니다. 불교가 뒷날 전파된 범위는 아주 컸습니다. 전체 인도 대륙을 포함했을 뿐만 아니라 동남아시아, 동아시아, 중앙아시아, 유럽도 그 안에 부분적으로 포함되었습니다. 인도의 국토는 대단히 컸습니다. 하지만 고대에는 통일이 되지 않았고 언어문자가 60여종이나 되었습니다. 오늘날까지도 통일되지 않았을 뿐만 아니라 그들 자신이 역사를 중시하지 않았습니다. 만약 인도도 중국처럼 진(秦)나라나 한(漢)나라의 통일, 문자의 통일과 같은 것이 있었다면 대단했을 겁니다.

그러기에 우리 문화가 소중한 것을 봅니다. 진나라 이후 우리의 문자는 통일 되었고 역사문화를 잘 보존해왔습니다. 물론 불교도 그 안에 포함됩니다. 오늘날도 우리가 옛 책을 읽을 경우 수천 년 전의 사상 문자는 보자마자 이해합니다. 그러나 오늘날의 백화문(白話文), 간체자(簡體字)의 유행은 역사문화의 보배창고 열쇠를 거의 내던져 버렸습니다. 이것은 큰 문제입니다.

인도는 문자도 통일 되지 않았고 역사도 중시하지 않았습니다. 그런데다 아랍인과 영국인들의 침입을 거쳤습니다. 인도에는 오늘날 불교가 없습니다. 오늘날의 산스크리트어도 고대의 산스크리트어가 아닙니다. 인도 불교의 진짜들은 불경을 따라서 중국으로 왔습니다. 그래서 저는 요가를 수련하는 일부 인도 친구에게 탄식하면서 말하기를 "내가 여러분들의 선조들이 중국에 남겨 놓은 보배를 그대들에게 돌려주고 싶다!"고 하면 그들은 "저희들도 그러고 싶지만 언어문자가 정말 안 됩니다." 라고 말합니다. 제가 말했습니다. "여러분들의 선조인 그렇게 위대한 한 분의 성인인 석가모니불의 것은 모두 중국에 남아있습니다. 중국이 보존하고 있지 않았다면 지금은 다 없어져버렸을 것입니다."

언어는 어떨까요? 2천 년 이후의 중국 각지의 방언은 아주 많습니다. 지금까지도 아직 대 통일이 되지는 않았습니다. 예를 들어

광동어(廣東語)나 민남어(閩南語)는 북방사람들은 알아듣지 못합니다. 오늘날 이른바 해협양안(海峽兩岸)의 문제에는 바로 언어 의사소통의 문제가 있습니다. 표준어를 보급하는 것이 특히 필요합니다. 표준어를 보급하면 방언이 필요 없다는 말은 물론 아닙니다. 두 가지는 병존할 수 있습니다.

무엇이 오도성불인가

제가 또 말을 많이 했군요. 세계의 문화가 모두 이 생명 문제를 위한 것인 이상 중국에도 당연히 같은 문제가 있습니다. 여러분들은 부처님을 배우고자합니다. 부처님은 도를 깨달았는데 무엇을 깨달았을까요? 왜 도를 깨달아 부처가 되고자 했을까요? 까놓고 얘기하면 역시 생명 문제를 위한 것입니다. 우주 만유 생명의 궁극적인 근본을 추구하기 위한 것이었습니다. 그 가운데는 자연히 생존의 문제, 생사 문제가 포함되어 있습니다. 부처님은 보리수 아래서 대철대오(大徹大悟)하고 아뇩다라삼먁삼보리(阿耨多羅三藐三菩提)를 얻으셨습니다. 이 말은 산스크리트어의 음역인데 중국어로 번역하면 무상정등정각(無上正等正覺), 무상정변지(無上正徧知), 무상정변도(無上正徧道)입니다. 무엇을 보리라고 할까요? 도를 깨닫고 알게 된 겁니다. 보리를 증득함은 이치를 알 뿐만 아니라 심신으로써 증득한 것입니다. '아뇩다라'는 지고무상(至高無上), 철저하다는 의미입니다. '삼먁삼보리'는 정변지, 정등정각인데 언제 어디서나 또렷이 알고 흐리멍덩하지 않는 것입니다. '삼'의 의미는 바를 정(正)입니다. '먁'은 평등의 의미입니다. 일체가 평등하다는 겁니다.

왜 『금강경(金剛經)』 등의 경전에서는 성불이란 보리를 증득한 것이라고 말할까요? 바꾸어 말하면 부처님의 대철대오란 우주만유 생명의 궁극을 철저하게 아는 것입니다. 그런데 중국 문화에 이르러서 선종은 그런 명사들을 모두 밀쳐버리고 '깨달았다[悟了]'는 말을 사용했습니다. 무엇을 깨달았을까요? 당나라 시대의 대선사는 말하기를 '이것[這個]'을 깨달았다 고 했습니다. 이것이란 무엇일까요? 마른 똥막대기[乾屎橛]입니다! 개똥[狗屎]입니다! '개똥'이라 해도 좋고 '이것'이라 해도 좋습니다. '아뇩다라삼먁삼보리'라 해도 좋고 '하느님[上帝]'이라 해도 좋습니다. '주재자(主宰者)'라 해도 좋고 '신(神)'이라 해도 좋습니다. 이 모두 다 별명 일뿐 입니다. 생명의 궁극은 말로 표현할 수가 없습니다. 별명을 써서 '보리'라고 부를 수밖에 없습니다.

석가모니 부처님은 이 일생에 이 세계에서 이른바 도(道)를 깨닫고 성불했는데 무슨 도를 깨달았을까요? 철저하게 아신 겁니다. 논리 이론상으로 아시는 것이 아니라 일체 생명의 본체는 태어나지도 죽지도 않는다는 것을 아셨습니다. 태어난 적도 없고 죽은 적도 없다는 것을 아셨습니다. 이것을 깨달아 성불한 것입니다. 예를 들어 석가모니 부처님 그분도 태어났다가 죽었는데, 이는 우리들과 마찬가지로 생명의 현상으로서 분단 작용입니다. 마치 어제 · 내일 · 모레 같거나 작년 · 금년 · 내년 · 과거 · 현재 · 미래와 같은 것입니다. 그래서 저는 당나라 때 류희이(劉希夷)가 지은 아주 유명한 시 두 구절을 말합니다.

해마다 꽃은 서로 같건만	年年歲歲花相似
해마다 사람은 같지 않네	歲歲年年人不同

이 두 마디로써 불학의 도리를 문학적으로 설명했습니다. 이 생명은 바로 이러해서, 해마다 봄이 있고 해마다 겨울도 있습니다. 이것은 생(生)과 멸(滅)이라는 양쪽의 현상입니다. 생각이나 세포, 일체의 물질도 생이 있고 멸이 있습니다. 영원히 이와 같습니다. 생명을 생겨나게 하고 소멸하게 할 수 있는[能生能滅] 그 근본을 찾으면 '성불(成佛)'이라고 하고 '보리를 증득했다'고 합니다.

바꾸어 말하면, 부처님은 일체 중생이, 사람뿐만 아니라 우주의 물리 물질세계와 정신세계를 포함하여, 모두 이 본체의 현상 변화이며 분단생사이며 변역생사라고 말합니다. 변화는 궁극이 아니며 근본이 아니라 현상입니다. 그러나 이 생명의 총체적인 기능[功能][8]은 불생불멸이어서 태어나지도 않고 죽지도 않습니다.

(역자보충)

우주만유 자성본체에 대한 인식

이때 파사닉 왕이 일어서서 부처님께 물었다. "제가 이전에 들으니 가전연(迦旃延), 비라지자(毘羅胝子)들이 말하기를, 이 물질적인 신체가 죽은 후 소멸하여 끊어지는 것을 불생불멸의 열반이라 한다고 했습니다. 그런데 제가 이제 부처님의 말씀을 듣고 나니 몹시 곤혹스럽습니다. 부처님께서 그 속의 도리를 다시 설명하여 주시기 바랍니다. 이 진심자성(眞心自性)은 확실히 불생불멸하는 것임을 어떻게 증명할 수 있는지요? 이 법회에 있는 초학자들도 꼭 그 도리를 알고 싶어 하리라 생각합니다."

부처님이 말씀했다. "지금 그대의 몸은 점점 변해가면서 파괴되고 있지

8) 공능(功能)은 특정한 구조의 사물이나 체계가 내부와 외부와의 연계와 관계 속에서 표현되는 특성과 능력, 기능을 의미한다,

않습니까?"

왕이 대답했다. "저의 이 몸은 지금은 비록 파괴되지는 않았지만 장래에는 반드시 나빠져 파괴될 것입니다."

부처님이 물으셨다. "그대는 아직 쇠잔해져 소멸되지는 않았는데 장래에는 반드시 쇠잔해져 소멸되리라는 것을 어떻게 아십니까?"

왕이 대답했다. "저의 이 몸이 지금은 비록 쇠잔해지지는 않았습니다만, 현재의 상황을 관찰해보니 시시각각으로 변해가면서 신진대사가 영원히 멈추지 않습니다. 그러므로 마치 불이 재가 되듯 점점 소멸해가 장래에는 당연히 쇠잔해져 소멸될 것입니다."

부처님이 물으셨다. "그대는 지금 이미 노쇠의 나이인데 얼굴모습을 어린 시절과 비교해보면 또 어떠합니까?"

왕이 대답했다. "제가 어린 시절에는 피부 조직이 부드럽고 윤기가 났습니다. 뒤에 나이 들어서는 혈기가 충만했습니다. 지금은 연로해서 쇠퇴해져 용모는 초췌하고 정신은 흐릿합니다. 머리털은 하얗게 새었고 얼굴은 쭈글쭈글해졌습니다. 죽을 날이 멀지 않은 것 같은데 어찌 장년 시기와 비교할 수 있겠습니까!"

부처님이 물으셨다. "그대의 형체와 용모는 당연히 단기간 내에 쇠잔해진 것은 아니겠지요!"

왕이 대답했다. "변화는 사실 점점 은밀히 이루어져 왔습니다. 저도 모르는 사이에 추위와 더위의 교류, 그리고 시간의 변천에 따라 서서히 지금의 상태를 형성하였습니다. 제가 스무 살 때는 비록 나이 어린 셈이지만 실제로는 얼굴 모습이 열 살 때 보다는 이미 노쇠해진 것이고, 서른 살 때는 스무 살 때보다도 많이 노쇠해진 것입니다. 지금 예순 두 살인데 회고해보니 쉰 살 때는 지금 보다도 훨씬 강건했다고 느껴집니다. 제가 살펴보니 이런 변화는 은밀히 이루어지고 있어서 10년 사이가 아니라 한 해, 한 달, 하루 사이의 변화가 아닙니다. 사실은 매분 매초 찰나 찰나 생각 생각 사이에 멈춘 적이 없이 언제나 변화하고 있습니다. 그러므로 장래에 반드시 쇠잔해져 소멸할 것입니다."

부처님이 물으셨다. "그대는 변화가 멈추지 않고 있음을 보고서 신체 생명은 반드시 쇠잔해져서 소멸하리라는 사실을 깨달았습니다. 그러나 변천 소멸해가는 과정 속에서도 불멸하는 자성 존재가 하나 있음을 아십니까?"

왕이 대답했다. "저는 그 영원히 파괴되지 않고 소멸되지 않는 자성 존재를 모릅니다."

부처님이 말씀했다. "내가 이제 그대에게 이 불생불멸하는 자성을 가르쳐 보여 드리겠습니다. 그대에게 묻겠습니다. 그대는 몇 살 때 갠지스 강의 물을 보기 시작했습니까?"

왕이 대답했다. "제가 세 살 때 어머니를 따라서 하늘에 제사지내러 가면서 갠지스 강을 지나갔는데, 그 때 갠지스 강임을 알았고 그 강물을 보았습니다."

부처님이 물으셨다. "그대는 조금 전에 말하기를 그대의 몸이 나이의 세월에 따라서 변천하면서 쇠잔해져 가고 있다고 했는데, 그대가 세 살 때 갠지스 강을 보았고 이미 예순 두 살이 되어 다시 갠지스 강을 보니 그 물이 어떻습니까?"

왕이 대답했다. "강물은 제가 세 살 때와 마찬가지입니다. 이미 예순 두 살이 된 지금에도 강물은 여전히 변한 모습이 없습니다."

부처님이 물으셨다. "그대는 이제 늙어서 머리털은 하얗고 얼굴은 주름이 졌으며 용모와 신체는 어린 시절보다 노쇠해졌으니 사람이 완전히 바뀐 것이나 다름없다고 스스로 슬퍼합니다. 그러나 그대가 강물을 보는 시각작용[見精自性]은 예전 어린 시절에 강물을 보았던 그 시각작용과 비교해보면 변동이 있고 노쇠하였습니까?"

왕이 대답했다. "이 시각작용은 결코 변동이 없습니다."

부처님이 말씀했다. "그대의 신체 용모는 비록 쇠잔해졌지만 이 능히 보는 시각작용[見精自性]은 결코 쇠잔해지지 않았습니다. 변천한다면 생멸이 있는 것이니 당연히 변천하여 파괴될 것입니다. 저 변천하지 않고 파괴되지 않는 것은 당연히 생멸하지 않고, 변천하지 않는다면 또 생사가 있을 수 없습니다. 그런데 그대는 어찌하여 일반적인 단멸의 관념을 인용하여 이 몸이 죽은 후에는 곧 일체가 완전히 소멸해버린다고 생각하십니까?"

(역자설명) 시력은 변화할 수 있지만 시각작용 자체는 변함이 없음을 말한다. 사람들에게 눈을 감으면 무엇이 보이느냐고 물어볼 경우 대부분은 아무것도 보이지 않는다고 대답한다. 그러나 깜깜함이 보이지 않는가. 마찬가지로 맹인들에게 물어보면 오직 깜깜함만 보인다고 대답하는데, 이것은 시각작용이 여전히 있으면서 시간적 신체적 변화에도 아무런 변동이 없다는 증거이다. 사람이 죽은 후 아직 다시 태어나기 전 단계의 몸인 중음신일 경우에도 보고 듣는 등 5신통이 있다. 부처님은 시각작용을 통해 불생불멸의 자성을 가르쳐 주고 있는 것이다. 다음 단락에서의 청각작용에 대한 대화도 마찬가지이다.

아난이 물었다. "부처님이 말씀하신대로라면, 정각(正覺)을 증득하겠다는 최초의 인지(因地)의 마음이 영원히 항상 있으면서 변하지 않기[常住不變]를 바란다면 반드시 자성정각을 증득한 과지(果地)의 명칭과 상응해야 합니다. ....(중략)....... 그러한대 무엇으로써 수행증득의 인지(因地)로 삼아 무상정각을 얻기를 구할까요? 부처님은 앞에서 말씀하시기를 자성 본체는 티 없이 맑고 순수하고 밝고 두루 원만하면서 영원히 항상 있다[湛精圓常] 하셨는데, 우리가 파악할 수 없는 이상 결코 진실한 말씀이 아닌 듯합니다. 마침내 어린애들의 장난 이론 같습니다. 도대체 어떤 것이야말로 부처님의 진실한 도리입니까? 부처님은 다시 자비를 내려 저희들의 우매함을 열어주시기 바랍니다."

부처님이 말씀하셨다. "네가 비록 박학다문(博學多聞)하더라도 아직 일체의 습루(習漏)[9]를 다 소멸하지 못해서 너는 뒤바뀐[顚倒] 원인이 하나 있다는 것을 단지 마음속으로 알뿐, 진정한 뒤바뀜이 너의 면전에 펼쳐져 있을 때 너는 정말 인식하지 못하고 있다. 나는 네가 비록 정성스런 마음이 있다할지라도 아직 내 말을 믿지 않을까 걱정된다. 나는 이제 잠시 세속적인 사실을 가지고 너의 의혹을 풀어주겠다."

이때에 부처님은 라후라(부처님의 아들)에게 종을 한 번 치라한 다음 아난에게 물으셨다. "너는 지금 들었느냐?"

아난과 대중은 모두 대답했다. "들었습니다."

조금 지난 후 종소리가 멎자 부처님은 또 물으셨다. "너는 지금 들었느냐?"

아난과 대중은 모두 대답했다. "이제는 들리지 않습니다."

이 때 부처님은 라후라에게 또 한 번 종을 치라 하시고는 물으셨다. "너는 지금 들었느냐?"

아난과 대중은 또 대답했다. "모두 들었습니다."

부처님은 또 아난에게 물었다. "너는 어쩌면 들을 수 있는 것이고 어쩌면 들을 수 없는 것이냐?"

아난과 대중은 모두 대답했다. "만약 종을 쳐 소리가 나면 우리가 들을 수 있고, 치고 난지 오래지나 소리가 사라져서 울림까지 모두 없어지면 들을 수 없다고 합니다."

이때에 부처님은 또 라후라에게 종을 한 번 치게 하고는 아난에게 물으셨다. "지금 소리가 있느냐?"

아난과 대중은 대답했다. "소리가 있습니다."

잠시 지나 소리가 사라지자 부처님은 또 물으셨다. "지금 소리가 있느냐?"

아난과 대중은 모두 대답했다. "소리가 없습니다."

다시 잠시 지나자 라후라가 또 종을 쳤다.

---

9) 사혹(思惑), 즉 현상[事]에 대한 미혹으로 81품이 있다.

부처님이 다시 물으셨다. "지금 소리가 있느냐?"

아난과 대중은 모두 대답했다. "소리가 있습니다."

부처님이 아난에게 물으셨다. "너는 어찌면 소리가 있다고 하고 어쩌면 소리가 없다고 하느냐?"

아난과 대중은 모두 말했다. "종을 쳐서 소리가 나면 소리가 있다하고, 종을 친지 오래지나 소리가 사라지고 소리와 울림이 모두 없어지면 소리가 없다고 합니다."

부처님이 말씀하셨다. "너희들은 지금 어찌하여 이렇게 말이 이랬다저랬다 하면서 기준이 전혀 없는 것이냐?"

대중과 아난은 부처님이 이렇게 말씀하시는 것을 듣고 물었다. "저희들이 어떻게 말이 이랬다저랬다 하면서 기준이 전혀 없다는 것인지요?"

부처님이 말씀하셨다. "내가 너희들에게 '들었느냐'고 물으면 '들었다'고 말하고, 또 '소리가 있느냐'고 물으면 '소리가 있다'고 말한다. '들었다'고 대답했다가 '소리가 있다'고 대답하는데, 이렇게 하면서 어떻게 말이 이랬다저랬다 하는 것이 아니겠느냐?

소리가 사라지고 울림이 없으면 들을 수 없다고 말하는데, 만약 실제로 들을 수 없다면 능히 들을 수 있는 자성이 이미 소멸해서 마른나무나 마찬가지가 된다. 그렇다면 다시 종을 쳐 소리가 날 때 너는 어찌하여 소리가 있는지 소리가 없는지를 또 아는 것이냐? 소리가 있거나 소리가 없음은 자연히 소리울림의 작용이지만, 소리울림을 능히 듣는 자성은 소리가 있거나 소리가 없거나 또 무슨 관계가 있느냐? 설마 그 능히 듣는 자성이 너의 필요에 따라 있기도 하고 없기도 하는 것이냐? 능히 듣는 자성이 만약 정말 절대로 없다면, 이 절대로 없다는 사실을 아는 그 것은 또 누구이겠느냐? 그러므로 너는 알아야 한다. 소리는 능히 듣는 자성의 기능 속에 있으면서 단지 소리가 스스로 생겨났다가 소멸한 것이다. 소리가 생겨나고 소리가 소멸하는 것을 네가 듣는다고 해서, 너의 그 능히 듣는 자성 기능을 그에 따라 있게 하고 없게 하는 것이 아니다. 어느 것이 소리울림이고 어느 것이 능히 듣는 자성인지 네가 아직 모르는 이상, 네가 혼미하여 깨닫지 못해 진실하면서 영원히 항상 있는 자성[眞常自性]이 장차 단멸할 것으로 여기는 것도 무리는 아니다. 너는 움직임과 멈춤[動靜], 막힘과 통함[通塞]을 떠나면 능히 듣는 자성이 없다고 말해서는 더더욱 안 된다. 왜 그러겠느냐?

예를 들어, 깊이 잠든 사람이 잠을 자고 있는 바로 그 때에 집안에서 어떤 사람이 다듬이질을 하거나 쌀 방아를 찧는다고 하자. 깊이 잠든 그 사람은 꿈속에서 이 쌀 방아 찧는 소리를 듣고서는 다른 물건의 소리로 환각하여, 북치는 것으로 여기거나 혹은 종을 치는 것으로 여겼다. 이 사람은 꿈을 꾸고 있는 중에 이 종소리가 충분히 우렁차지 못하고 나무나 돌의 소리 같다고 스스로 이상하게 여겼다. 그리고 깨어나서야 다듬이 소리인줄 알고 나서는 집안사람에게 이르기를, '내가 방금 꿈을 꾸고 있었는데, 이 다듬이 소리를 북 울리는 소리로 여겼다.' 라고 했다.

이 사람은 꿈을 꾸고 있는 중에도 설마 움직임과 멈춤, 열림과 닫힘[開閉], 혹은 막힘과 통함을 기억하고 있겠느냐? 이로써 알 수 있듯이 그의 몸은 비록 잠들어 있지만 그의 능히 듣는 자성은 결코 혼미하지 않는다. 한 걸음 더 나아가 말하면, 설사 너의 형체가 완전히 소멸하여 생명의 빛나는 본능이 변천했다하더라도 이 능히 듣는 자성이 너의 형체를 따라 소멸할 것이라고 어찌 말할 수 있겠느냐?

(『능엄경 대의 풀이』 제2장과 제5장 중에서 발췌)

변화와 불변

왜 불교가 중국에 들어와 아주 쉽게 흡수되었을까요? 중국 문화의 조상인 『역경(易經)』도 그런 이치를 이야기했기 때문입니다. 『역경』에는 몇 가지 요점이 있습니다. 즉, 변역(變易) · 불역(不易) · 교역(交易) · 간역(簡易)이 있습니다. 불역이란 불변하는 어떤 것이 하나 있는 것입니다. 영원히 불생불사 합니다. 근본적인 그 어떤 것은 변한 적이 없습니다. 변역은 변역생사인데, 변화할 수 있습니다. 우주만유 일체의 현상은 생멸이 있습니다. 언제나 변화하고 있습니다. 불변하는 것은 없습니다. 남녀의 감정, 부모와 자식 간의 감정도 변하기 마련입니다. 변하지 않으면 감정이라고 부르지 않게 됩니다. 교역은 변역 속에 교변(交變) · 교차(交叉)가 있는 것입니다. 감응(感應)이 있는 것입니다. 이 교변감응을 산스크리트어에서는 유가(瑜珈)라고 부릅니다. 상호감응으로서 상대적으로 서로 대응하여 변하는 것입니다(유식술기唯識述記 제2권에서 유가란 상응相應을 말한다고 했습니다). 또 간역이 있는데, 일체의 복잡한 변화는 간역에서 오는 것입니다. 복잡한 것만 이해하고 간역을 이해하지 못하거나, 간역만 이해하고 복잡한 것을 이해하지 못한다면 어느 쪽도 다 통하지 않습니다. 변역 · 교역 · 간역의 온갖 변화가 그 근본을 떠나지 않습니다[萬變不離其宗]. 오직 변하지 않는 하나가 있는데 그것이 불역입니다.[10]

중국에 이런 문화적 기초가 있었기에 도가 · 유가 · 제자백가 등이 인도의 불가인 부처님이 깨달은 이치와 결합시켜 흡수 융합함

---

10) 자세한 설명은 『역경잡설』과 『주역계사강의』를 참고하기 바란다.

으로써 동양 문화가 이루어졌습니다. 그러기에 저도 늘 서양인들에게 말합니다. "당신네들은 종교를 말하지만 세상 어디에 당신들의 종교가 있습니까? 다섯 분의 종교 교주는 모두 동양인입니다! 공자·노자·석가모니불이 동양인이고, 예수· 마호메트는 중동인이니 역시 동양인입니다. 당신네 서양인은 한 사람도 없어요. 당신네들 서양은 동양을 필사적으로 반대하지만 사실은 당신들의 문화 사상은 대부분 동양인이 준 것입니다." 이 다섯 분의 교주는 모두 이 이치를 알았지만 도(道)를 전하고 전파하는 방법이 달라 지역 상황에 맞추었을 뿐입니다. 물론 이치에는 정도의 깊이가 있으며, 그 중에서 가장 철저하게 말씀하신 분은 석가모니 부처님이십니다. 중국의 『역경』도 이 이치에 대해 알고 있었습니다.

예를 들어 『역경』의 64사괘(六十四卦)에는 변화하고 있는 법칙이 있습니다. 여러분들이 운명을 감정하고 점을 칠 때에 무엇을 계산합니까? 감정해도 소용이 없습니다. 당신이 어떤 일에 대해 말한 게 맞았더라도 맞고 난 다음에는 이미 맞지 않는 것으로 변화해 버립니다. 언제나 변해가고 있습니다. 그러므로 절대적으로 정확히 맞추는 일은 없습니다. 모두 각주구검(刻舟求劍)11)이나 마찬가지입니다. 저에게 이렇게 질문하는 친구들이 종종 있습니다. "선생님, 제가 장사를 하려고 하는데요, 점 좀 봐 주십시오." 저는 말합니다. "성공 아니면 실패예요. 중간적인 건 없어요." 그대는 장사를 해서 돈을 벌겠다고 밑천을 가지고 나왔는데, 만약 벌지도 못하고 밑지지도 않았다 하더라도 그대는 시간과 정신을 소모했으니 이미 밑

11) 미련해서 사태의 변화를 무시하는 어리석은 행동을 하다. 융통성이 없어 사태의 변화를 모르다. 옛날, 초(楚)나라 사람이 강을 건너다가 물속에 칼을 빠뜨리자, 칼을 빠뜨린 자리를 기억하려고 배에다 표시를 하고 나서 배가 정박한 뒤에 칼을 찾으려 했다는 고사에서 유래한다.

진 겁니다! 벌었다고 하지만 번 것은 이미 지나가 버렸습니다. 역시 없습니다. 사실은 벌지 않은 겁니다. 일체가 모두 변화하고 있습니다. 생명의 이치는 바로 이와 같습니다. 이것이 하나의 대원칙입니다. 부처님을 배워서 도를 닦아 참선하여 대철대오한다 것은 그 본래 불생불사하는 것을 증득하는 것입니다. 이것이 불학이며 중국 도가의 신선수련학(神仙修鍊學)이기도 합니다.

제가 늘 말합니다만, 세계의 동서양 문화는 한참동안 이야기해 보고나면 중국인에게는 다른 문화에 없는 문화가 하나 있는데, 그것은 바로 생명은 장생불사할 수 있다고 감히 말하는 겁니다. 오직 중국의 도가만이 감히 이렇게 말합니다. 그 본체가 불생불사임을 안 이상 우리는 본체와 마찬가지로 살 수 있도록 수련 할 수 있습니다. 죽음이라는 한쪽을 없애버려 영원히 살 수 있습니다. 도가는 이를 "천지와 수명을 같이 하고, 해와 달과 함께 쉰다[與天地同壽, 與日月同休]."고 하며, "우주가 손안에 있고 온갖 변화가 마음에서 비롯된다[宇宙在手, 萬化由心]"고 합니다. 오직 중국인만이 이렇게 담력이 크게도 감히 이러한 과학적인 가정을 하고는, 생명은 천지 우주의 수명과 마찬가지로 장구할 수 있다고 생각하는 것입니다. 우주는 살아 움직이고 있습니다. 이 허공에서 영원히 정지하지 않고 활동하고 있습니다. 휴식한 적도 없습니다. 우리들의 생명도 역시 영원히 살아 있으면서 휴식하지 않게 하는 겁니다.

부처님은 달랐습니다. 부처님은 본체가 불생불사라는 것을 알았습니다만 이 생사를 보류할 수 있다는 것을 말씀하시지 않았습니다. 중국의 선종이나 밀종은 비록 이런 말을 하지 않았지만 이런 함의가 있습니다. 하지만 석가모니 부처님은 도를 얻었으면서도 왜 떠나가셨을까요? 부처님은 말씀하셨습니다. "나는 떠나가지 않았다. 나는 여전히 여기에 있다." 뿐만 아니라 아주 재미있는 것은 부처님은 81살에 떠나가셨는데, 떠나가시기 전에 출가한 사촌동생 아난에게 자신이 죽지 않고 이 세상에 머무르기를 원하느냐고 물었지만 아난은 대답을 하지 않았습니다. 최후에 부처님은 떠나가시겠다고 선언하셨습니다. 아난은 통곡하면서 무릎을 꿇고 말했습니다. "당신은 떠나가셔서는 안 됩니다!" 부처님은 말씀했습니다. "나는 의도적으로 네게 세 번이나 물었다. 너의 입을 빌려서 인연을 살펴보기 위해서였다. 나는 이 세상에 머물러서 죽지 않을 수 있다. 네 생각엔 내가 머무는 게 좋겠느냐 죽는 게 좋겠느냐? 고 네게 세 번이나 물었지만 너는 그때 마귀에게 사로잡혀서 머리가 얼떨떨해 모두 답하지 않았다. 만약 네가 나더러 머무르라고 했다면 나는 머물렀을 것이다. 네가 말하지 않았기 때문에 이제 그 기회는 지나가 버렸다. 뿐만 아니라 마왕은 나더러 더 이상 머물러서는 안 된다고 요구한다. 나도 마왕의 원을 들어주고 떠나가겠다." 그러나 경전 기록에 의하면 부처님은 그의 네 제자인 가섭존자(迦葉尊者), 라후라(羅睺羅)―라후라는 부처님의 아들입니다, 빈두로존자(賓頭盧尊者), 또 그 밖의 한 사람인 군도발탄존자(君屠鉢嘆尊者), 이 네 사람에게는 분부하시기를 "유형주세(留形住世)하라", 신체를 머무르게 하여 세상에서 계속 살아가라고 했습니다. 전해오는 바에 의하면, 가섭존자는 지금도 운남(雲南)의 계족산(鷄足山)에서 선정에 들어있다고 합니다. 이것을 '유형주세'라고 합니다. 이런 것들은 모두 생명문제를 연구하는 자료가 됩니다. 생명의 문제, 생명의 도리는 그렇게 엄중합니다.

도리를 네 가지로 나누다

여기서 도리(道理)에 대해 먼저 설명을 좀 하겠습니다. 불학에서 도리를 얘기하는데, 오늘날 중국의 기독교가 전도할 때도 도리를 얘기합니다. 도리는 중국 문화 고유명사인데 불학과 기독교가 들어와서 번역에 차용한 것입니다. 『해심밀경(解心密經)』은 도리를, 관대도리(觀待道理)·작용도리(作用道理)·증성도리(證成道理)·법이도리(法爾道理)로 나눕니다.

관대도리란 일체의 물질, 물리현상이나 정신현상을 그 범위로 합니다. 인연으로 이루어진 모든 상대적인 현상을 말합니다. 예컨대 화초나 나무나 흙·돌·물·불, 각종의 생명체 내지는 자연계의 일체, 그리고 사람이 지은 집, 가구, 각종 전기기구, 국가·민족·사회·법률·정치·경제·윤리·도덕·군사·의학 등 우리들의 생각관념, 정서, 하는 말, 쓰는 문장, 자연과학과 인문과학을 포함한, 이 일체는 모두가 관대도리입니다. '대(待)'란 상대적인 것이요, 인연에 의해서 일어났다 소멸하며, 인과로써 생멸하는 것입니다.

작용도리란 일체의 물리·정신 현상에는 각각 저마다의 작용이 있는 것입니다. 예를 들어 안식(眼識)·이식(耳識)·비식(鼻識)·설식(舌識)·신식(身識)·의식(意識)은 저마다의 작용이 있습니다.[12)]눈·귀·코·혀·몸·대뇌 등 이런 생리기관도 저마다의 작용이 있고, 지(地)·수(水)·화(火)·풍(風)·공(空)·각(覺)·식(識)도 저마

12) 이 여섯 가지 식(識)은 생리학적 명사로 말하면 시각·청각·후각·미각·촉각·지각이다. 앞의 다섯 가지 식은 심리학에서 말하는 감각에 해당하고 의식은 지각에 해당한다.

다의 작용이 있습니다.[13]

관대도리란 다른 각도에서 말한 것으로, 현상의 입장에서 말한 것입니다. 일체의 물질 현상이나 정신 현상은 모두 인과 현상입니다. 인연으로 일어났다 소멸하는 것이요 상대적입니다. 단독적이 아니요 절대적인 것도 아닙니다. 바꾸어 말하면 매 현상마다 필연적으로 인연변화에 따라서 변해 가는 것입니다. 작용도리란 작용의 각도에서 말한 것입니다. 일체의 현상 · 일체의 요소는 저마다 각각의 작용이 있습니다. 바꾸어 말하면 저마다 각각의 변화 작용이 있습니다.

세 번째는 증성도리입니다. 자기가 공부하여 증득(證得)[14]을 추구하는 것입니다. 과학적으로 증득을 구하는 것입니다. 무엇을 증득하기를 구할까요? 법이도리(法爾道理)를 증득하기를 구합니다.

---

13) 『능엄경』에서 지 · 수 · 화 · 풍 · 공 · 각 · 식을 7대(七大)라고 한다. '대'란 이 일곱 가지가 진리에 들어맞고 원융하여 모두 여래장(如來藏)이기 때문에 각종의 사상(事象)에 두루하지 않음이 없고 함용(含容)하지 않은 것이 없다는 것을 말한다. '지 · 수 · 화 · 풍 · 공' 5대는 감각인식 대상인 6경(六境)을 말하며 여기서의 공은 허공을 말한다. '각대'는 눈 · 귀 · 코 · 혀 · 몸 · 의식[眼耳鼻舌身意]이라는 감각인식 기관인 6근(六根)을 말한다. '식대'는 감각인식 작용인 안식 · 이식 · 비식 · 설식 · 신식 · 의식이라는 6식(六識)을 말한다. 육경은 일반적으로 색 · 성 · 향 · 미 · 촉 · 법[色聲香味觸法]을 말한다. 색은 형태와 색깔, 성은 소리, 향은 향기, 미는 맛, 촉은 신체에 접촉되어 지각되는 것, 법은 사고(思考)의 대상을 말한다. 경(境)은 인식작용의 대상을 말하는데 특히 6근의 대상경계로서의 색경(色境)은 눈에 의한 색깔, 성경(聲境)은 귀에 의한 소리, 향경(香境)은 코에 의한 향기, 미경(味境)은 혀에 의한 맛, 촉경(觸境)은 신체에 의한 접촉, 법경(法境)은 의식에 의한 사고 대상을 말한다. 육체와 사고의 작용대상을 총괄하여 6경이라고 하고 거기에다 전5식도 의식에 의해 인식되어진다고 하는 것이 불교의 특색이다.

14) 몸으로 실현하는 것, 스스로 분명히 알아 의심이 없는 것, 체험 체득하는 것, 얻는 것, 완성하는 것, 가까워지는 것, 체득하여 직관적으로 보는 것, 깨닫는 것 등의 의미가 있다.

본래의 진리를 증득하기를 구하는 것입니다. 한 생각이 청정해질 수 있으면 생각 번뇌가 없어지고 신체의 장애를 받지 않는데, 이것이 공부입니다. 이는 증득을 해야 하는 것이며 과학적인 것입니다. 이것을 증성도리라고 합니다.

네 번째는 법이도리입니다. 법의 그러함이 이와 같다는 것[法爾如是]입니다. 인연·인과의 변화를 따라서 변하지 않는 것으로 본래 이와 같습니다. 생겨나지도 않고 소멸하지도 않습니다[不生不滅]. 더럽지도 않고 깨끗하지도 않습니다[不垢不淨]. 늘어나지도 않고 줄어들지도 않습니다[不增不減]. 여기서 '법이(法爾)'란 불학이 중국에 들어와서 비로소 처음 만들어진 말입니다. 그 의미는 우리가 보통 말하는 '자연(自然)'의 의미이며 '본래 그렇다'는 의미입니다. 그러나 왜 자연도리라고 하지 않았을까요? 자연이라고 하면 유물(唯物)관념에 떨어질까 걱정되고 또 도가(道家)에 떨어지거나 인도의 외도(外道)의 자연관에 떨어질까 걱정되었기 때문입니다.[15] 그래서 따로 법이도리라는 명사를 하나 새로 만들었습니다. 법이도리란 하나의 영원히 불변하는 진리가 있다는 것이며, 당연한 것으로 뒤엎을 수 없는 것입니다.

우리가 일반적으로 말하는 것, 자유롭게 얘기하는 것 모두가 관대도리, 작용도리에 해당합니다. 상대적인 관찰이요 논리요 작용입니다. 물론 논리에 부합하지 않는 말도 많지만 역시 관대도리요 작용도리입니다. 과학 연구도 관대도리요 작용도리입니다. 증성도리나 법이도리에 대한 연구도 관대도리요 작용도리입니다. 그런데 증

15) 만물의 변화, 사람의 고락의 운명은 자연에 의해 일어난다는 인도 외도의 설. 일체의 법은 모두 자연적으로 생기고 누군가가 만든 것이 아니라고 말한다.

성도리는 자신의 생명으로서 수행 실천하여 증득을 추구하는 것입니다. 정념(正念)으로 증득을 구하여 성공한 것입니다. 예를 들어 도를 얻어 아라한이 되거나 보살이 되거나 부처가 되는 것은 증성도리인데, 증득을 추구하는 가운데에도 관대도리 · 작용도리가 있습니다.

이러한 도리들의 배후로서 최고의 도리는 바로 법이도리입니다. 이것은 진리로서 불변하는 것입니다. 증성 이전에는 그것이 존재하지 않는다는 말이 아니라 그것은 처음부터 변한 적이 없었다는 것입니다. 변한다면 도(道)가 아니게 됩니다. 당신이 진정으로 법이도리를 증득하였다면 도를 얻은 것입니다. '도를 얻었다' 함도 비유를 들어 한 말로서 관대도리 입장에서 하는 말입니다. 왜냐하면 도는 당신을 떠난 적이 없었고 한 푼이라도 늘어나거나 한 푼이라도 줄어든 적이 없었기 때문입니다. 선종의 말로 비유하면 바로 본래면목(本來面目)으로 되돌아 간 것입니다. 그런 다음 갖가지 묘용(妙用)[16]을 일으키는데, 그때는 법이도리 · 작용도리 · 관대도리가 원융무애(圓融無碍)[17]하게 됩니다. 이상의 몇 가지 도리들에 대한 분석도 관대도리요 작용도리로, 당신으로 하여금 미혹에서 해탈케 하는 방편 방법일 뿐입니다.

---

16) 뛰어난 작용.

17) 각각의 것이 그 입장을 유지하면서 완전하게 일체가 되어 서로 융합하여 장애가 없는 것.

제 2 강

사람이 죽어가는 과정

수종정침(壽終正寢)

유물에 유심이 더해진 생명

죽어가는 과정

죽기 전에 일어나는 4대의 변화

윤회가 미리 나타나는 상황

5종의 무심지(無心地)

남선생 : 우리는 이제 이번 수업부터 정식으로 생사 현상의 문제를 얘기 하겠습니다. 유의하기 바랍니다. 사람의 정상적인 생사의 부분에 대해서만 얘기하는 겁니다.

저는 일생동안 생사문제에 대해서 대체로 여러 차례 강의한 적이 있습니다. 그래서 저는 어떤 교과목을 반복해서 강의하는 게 귀찮고 몹시 좋아하지 않습니다. 저는 학교에서 가르칠 때에 같은 과목을 가르쳐도 수업할 때마다 강의 내용이 다 달랐습니다. 저의 개성은 중복되는 말을 하기를 몹시 원하지 않습니다. 학생들에게 가르치면서 똑같은 말을 한다는 게 대단히 고통스럽습니다. 이번 강의를 위해서도 한번 생각해 보았더니, 원래 다 녹음테이프가 있는 건데 찾아 들어보지 않고 지금 또 다시 물으니 하는 얘기가 또 중복됩니다. 아마 이번 강의는 비교적 좀 상세한 얘기가 되겠지요!

하지만 생사문제를 어떻게 얘기해야할까요? 영혼이 모태에 들어가 태어나는 과정인 환생[投生]부터 얘기할까요? 사망부터 얘기할까요? 저는 거꾸로 하기로 결정했습니다. 먼저 현유(現有)[18]의 사망으로부터 이야기하기 시작해서 그 다음에 사람이 어떻게 태어나게 되는지를 얘기하고, 그런 다음 생사문제 전체를 얘기하겠습니

18) 현재의 육신 존재.

다. 생명 문제가 아니라 생사 문제입니다. 이것은 두 가지 논리적 개념인데, 생명 문제는 생사 문제와는 차이가 있습니다. 생명 문제는 큽니다. 생명에는 그 안에 우주만유의 생명이 포함되고 생사 문제도 포함됩니다.

이제 생사 문제를 얘기함에 있어 논리적 개념을 하나 두어 먼저 그 범주를 정하겠습니다. 사람들의 일반적인 정상적 생사 문제만을 얘기하겠다는 겁니다. 인도(人道)19) 중에는 비정상적인 사망이 많습니다. 그것은 횡사에 속합니다. 사람의 생명이 왜 횡사하는 일이 있을까요? 불학의 도리에서는 그 사람의 인과응보라고 말합니다. 정상적으로 죽는 사람도 각자의 인과응보입니다.

수종정침(壽終正寢)

저는 연세가 많은 친구들이 많습니다. 저처럼 나이가 90인 사람들은 연세가 많은 친구들의 사망 소식을 종종 듣습니다. 친구가 전화를 걸어와 말합니다. "모씨가 떠났습니다! 잘 가셨다고 제가 얘기하기가 거북합니다! 감히 말씀드리지 못하겠습니다." 어떤 때는 전화를 받으면 묻습니다. "선생님, 별일 없으시죠?" 제가 말합니다. "안 죽었어요. 안 죽었으니 당신 전화를 받지요. 목소리 들었으니 이미 좋은 거지요." 게다가 8, 90세 된 사람들은 수시로 죽을 수 있습니다. 뭐 좋고 나쁠 것도 없습니다.

최근에 노년 친구들이 죽은 사람들이 많습니다. 내가 한 노년 친

---

19) 6도중의 하나로서 인간계 · 인간의 세계.

구에게 말했습니다. “고대에는 누가 죽었다는 부고를 보내면서 ‘수종정침(壽終正寢)’이란 말을 썼습니다. 남의 부친이 돌아가신 걸 얘기할 때에 ‘누구 어르신네는 좋은 사람이야. 수종정침했으니…’ 했는데 ‘정침’은 자기 집에서 자기가 일생동안 잠잤던 침대에서 정상적으로 죽었다는 것입니다. 이것을 수종정침이라고 합니다. 고대에는 집을 지을 때 중국인들은 대부분 사합원(四合院)[20]을 지었습니다. 정방(正房)은 어른들이 주무시고 자녀들은 편방(偏房)에서 잤습니다. 어른들의 정방 옆에는 대청당(大廳堂)이 있었는데 그것을 중당(中堂)이라고 합니다. 어른이 사망하면 문판(門板)을 가져다가 중당에 놓습니다. 그리고 그 유체(遺體)를 중당의 문판에 놓고 시신을 3일 동안 모셔놓습니다.

중당으로 옮겨 오자마자 시신이 아직 부드러울 때를 이용해 옷을 입힙니다. 고대에는 소위 부귀한 집안에서는 죽은 사람에게 여섯, 일곱 겹의 옷을 입혔습니다. 사위 한 사람마다 이불 하나씩으로, 사위가 열 명이라면 열 개의 이불을 망자에게 덮었습니다. 죽은 사람에게 어떻게 일곱 벌의 옷을 입혔을까요? 망자의 아들을 그 옆에 서있게 하고 먼저 일곱 벌의 옷을 겹겹이 입게 한 다음 통째로 벗게 합니다. 그리고는 시체를 일으켜서 시체가 아직 부드러울 때 그 일곱 벌의 옷을 통째로 한 번에 입혀 정청(正廳)에다 모셔놓고 다들 곁에서 지키고 있었습니다. 왜 그랬을까요? 사람에게는 일종의 가사병(假死病)이 있을 수 있어 3~4일이 지나 다시 살아나는 경우가 있기 때문입니다. 이러한 사례는 아주 많았습니다. 그러므로 중국의 고대 예법에는 오늘날처럼 숨이 끊어졌다고 곧바로 장

---

20) 사각형 마당을 둘러싸고 지은 주택. 정방(正房)은 사합원에서 정면에 위치한 남향의 방이며 편방(偏房)은 정방 곁의 방이다.

의사 냉동실로 보내서는 안 되고, 시신을 3일 동안 모셔놓고 사람이 밤낮으로 그 영(靈)을 지키고 있었습니다.

여기서 여러분들은 알아야 합니다. 왜 사람더러 영을 지키라고 하는 걸까요? 과거 농촌의 집들은 고양이나 쥐가 돌아다녔습니다. 방금 사망한 사람의 시체를 놓아두면 고양이나 쥐가 그 시신을 뛰어넘어 지나갈 경우 시체가 일어나 앉곤 했습니다. 과학적으로 말하면 일종의 전감(電感)[21] 탓이었습니다. 그래서 고양이나 쥐들이 다가가지 못하도록 영을 지켰습니다.

시신을 3~4일 동안 모셔놓은 다음엔 대렴(大斂)을 합니다. 입관을 한 다음 이불을 덮습니다. 시신은 목욕을 시키는데 만약 모친일 경우에는 딸들과 며느리들이 씻어드리고 몸을 깨끗이 닦아줍니다. 부친일 경우에는 아들과 사위들이 씻어드립니다. 고대 예법에는 많은 세부적인 절차가 있었습니다. 이게 수종정침입니다.

오늘날은 지위가 높을수록 돈이 많을수록 수종정침할 수 없다고 저는 말합니다. 병원에 보내봐야 죽을 게 분명한대도 산소 호흡기를 꽂아놓습니다. 몸은 이미 죽었지만 뇌세포만 아직 죽지 않아 살아있을 가능성이 있기에 호흡기를 꽂아놓으면 뇌세포가 서서히 죽어 갑니다. 산소 호흡기를 꽂아놓는 것은 본래 목숨을 구하고 싶어서인데 지금은 관례로 변해버렸습니다. 병자들이 입원하면 산소 호흡기를 꽂는 경우가 많습니다. 최후에는 가족들이든 친구들이든 그 누구도 감히 호흡기를 떼자고 말하지 못합니다. 그가 떠나가게 하면 그만이란 식입니다. 결과적으로 환자 자신이 고통을 받는 겁니다. 때로는 1~2년 동안이나 그런 상태로 끌거나 식물인간으로 변

21) inductance, 인덕턴스, 회로 안을 흐르는 전류가 변화했을 때 생기는 역기전력과 전류의 변화량과의 비율.

합니다. 많은 돈을 쓰게 되어 집안 망하고 사람 죽는 일이라고 할 수 있습니다. 그래서 저는 지금 사람들의 이런 인과응보는 정말 좋지 않다고 말합니다.

그러므로 수종정침은 아주 어렵습니다. 지금은 수종의원(壽終醫院)이지 정침이 아닙니다. 병원에서 죽어 호흡이 끊어지자마자 냉동실로 보내집니다. 그 다음에 차가 와서 장례식장으로 옮깁니다. 장례식장에서는 곧바로 냉동실에 넣습니다. 냉동실이라면 그런대로 좋은 편입니다. 그보다 못할 경우는 당신의 옷을 홀딱 벗겨서 남녀노소 할 것 없이 방부제 욕조 속에다 집어넣습니다. 마치 죽은 물고기마냥 시체 하나하나마다 약물 속에 담겨져 떠있습니다. 들어가서 보면 정말 그 냄새는 역겨워 맡기 어렵습니다. 그런 후 출상하기 전에 욕조 속에서 건져내어 물 뿌리고 화장(化粧)을 한 다음 옷을 입힙니다. 이러고 나면 시신은 아주 완전해진 것 같습니다만 사실은 정말 고생합니다. 마치 우리들이 작은 물고기나 새우들을 사와가지고 물속에다 집어넣고 마구 다루는 것이나 다름없는데, 그렇게 하는 게 생명에 대해 무슨 도리가 있겠습니까? 정말 조금도 도리가 없습니다.

저의 한 친구에게 있었던 일입니다. 그는 아직도 대만의 입법위원(立法委員)[22]입니다. 대륙의 정치협상회의 위원이나 인민대표대회의 대표에 해당하는 사람인데, 그는 대 학자이면서 저를 선생님이라고 부릅니다. 그런데 저는 남들이 선생님이라고 부를 경우 모두 가족으로 변한 것처럼 아주 친근합니다. 그런데 그의 부인이 죽었습니다. 그 친구도 집에 없었고 또 애들은 미국에 있었습니다.

22) 우리나라 국회의원에 해당한다.

그 병원에서 한참동안 조사해보고 의사가 전화로 저를 찾았습니다. 저더러 시신을 확인하고 친구 대신에 서명을 해달라는 겁니다. 저는 남들의 이런 일로 끌려 다니는 일이 흔히 있었습니다. 갈 수밖에 없었습니다. 그때가 저녁이었는데 병원에 도착해서 어디에 있느냐고 물으니 임시 안치실에 있다고 했습니다. 시신임시안치실에 들어가 보니, 아이구! 수십 명의 남녀노소가 위아래로 놓여있었습니다. 그 다음에 시신관리인을 보았는데 그때가 겨울이었습니다. 신선로를 설치해 놓고는 큼지막한 고기들을 채소와 함께 끓이면서 밥그릇을 들고 먹고 있었습니다. 제가 "모모 부인은 몇 호에 있습니까?" 하고 묻자 그는 음식을 먹으면서 바로 저 것이라고 가리켰습니다. 저 것이니 가보라는 뜻으로 가리켰습니다. 저는 정말 이 사람한테 감탄했습니다. 이렇게 많은 시신들이 있는데 그런 분위기에서 그는 큼직한 물고기와 육고기를 먹고 있다니! 제가 "이 사람입니까?" 라고 말했습니다. 시신이 이불로 얼굴까지 덮여 있어서 제가 걷어 보기가 좀 그랬습니다. 그는 "내가 하죠." 하면서 젓가락을 놓더니 이불을 걷어서 한번 보고는 "그녀 맞습니까?" 했습니다. 제가 맞다 고 하면서 확인서명을 해주었습니다. 아이구, 마음속으로는 많은 감상이 일어났습니다.

수종정침이란 말에서, 설 쇨 때 어떤 사람의 대문 입구에 '오복림문(五福臨門)'이라고 걸려있는 게 또 생각납니다. 오복은 수(壽)·부(富)·강녕(康寧)·유호덕(攸好德)·고종명(考終命)입니다. 『상서(尙書)』의 「홍범(洪範)」 편에 나옵니다. 그중 제일 첫째가 '수'입니다. 돈이 있는 것은 '부'이고 벼슬이 높은 것은 복이 아닙니다. 오복 중에는 귀(貴)자가 없습니다. 맨 마지막이 고종명인데 여기서의 '고' 자는 무슨 의미일까요? 여러분이 고서를 넘겨보면 '고자노야(考者

老也)', '고'란 늙음입니다. 70세를 '노(老)'라고 합니다. 그럼 '노'란 무슨 뜻일까요? 자전에 보면 '노자고야(老者考也)'라고 되어있습니다. 이러한 주해(註解)들을 흔히 보는데 사람을 화나게 합니다. 멋대로 떠들어대고 있습니다. 말하지 않는 거나 마찬가지입니다. '고종명'의 의미는 좋은 죽음을 뜻합니다. 좋게 죽었다는 겁니다. 좋게 죽기는 몹시 어렵습니다! 장수하는 거야 물론 좋지만 좋게 죽어야 합니다. 그러므로 중국의 고례에서 80세 이상으로서 수종정침한 사람은 장례에서 흰색 천을 쓰지 않고 빨간색 만련(輓聯)과 붉은 휘장을 써서 경사(慶事)로 여기고 치렀습니다. 왜 그랬을까요? '수이고종명(壽而考終命)'이라, 오래 살고 좋은 죽음을 했기 때문입니다.

오늘날 이 사회는 수종정침도 할 수 없습니다. 물론 제일 좋은 것은 병 없이 죽는 겁니다. 몇몇 친구들의 어르신네는 저녁밥을 먹고 자녀들과 담소하는 중에 "나는 피곤하다"고 하면서 기댄 채 떠나버렸습니다. 저의 모친도 100세에 세상을 떠나셨는데 여기 이소미(李素美) 씨와 이전홍(李傳洪) 씨도 갔었습니다. 설 쇠며 저녁 식사를 하는데 자손들이 모두 한 자리에 모여 앉아 있는 가운데 밥을 두 그릇이나 자시고 나서는 "나 잠자러 간다."고 하셨답니다. 그 다음날 정월 초하루 아침에 제 아내가 보니 돌아가셨더랍니다. 이렇게 병 없이 떠나버리는 게 제일 좋습니다.

그래서 불학은 생명의 무상(無常)을 말하면서 인생의 경계에는 다음의 네 가지 관점이 있다고 합니다.

쌓이면 모두 흩어져 사라지고 積聚皆消散
높아지면 떨어지기 마련이며 崇高必墮落

모이면 마침내 이별하고 合會終別離
목숨이 있으면 다 죽음으로 돌아간다 有命咸歸死

'쌓이면 모두 흩어져 사라지고', 어떤 사람이 가난뱅이 출생이라면 악착같이 돈을 법니다. 하지만 아무리 많은 재부를 모았더라도 마침내는 흩어지기 마련입니다. 예컨대 돈이 아주 많은 가정은 주인이 죽고 난 후 자녀들과 부인이 재산 다툼으로 소송을 해서 한 무더기의 헛된 이름과 우스개 이야기만 남길 뿐입니다. '높아지면 떨어지기 마련이며', 지위가 높아지면 반드시 내려오기 마련입니다. 무대에 오르면 반드시 내려와야만 합니다. '모이면 마침내 이별하고', 모두들 함께 있지만 언젠가는 헤어질 날이 있습니다. '목숨이 있으면 다 죽음으로 돌아간다.', 이 생명이 있으면 최후에는 역시 죽어야 합니다.

불학은 왜 무상을 말할까요? 세상일은 영원한 것이 없기 때문입니다. 사람의 욕망은 영원을 탐해서 추구합니다. 존재를 영원히 유지하고 싶어 하지만 그것은 영원히 불가능합니다. 바보 같은 짓입니다. 무상의 도리를 보지 못한 사람이나 그렇게 합니다. 그러므로 부처님은 말씀하시기를, "쌓이면 모두 흩어져 사라지고, 높아지면 떨어지기 마련이며, 모이면 마침내 이별하고, 목숨이 있으면 다 죽음으로 돌아간다."고 했습니다. 그것은 필연적인 도리요 대원칙입니다.

유물에 유심이 더해진 생명

그럼 먼저 이해해야 할 것은 우리들의 이 생명은 두 가지가 결합되었다는 것입니다. 하나는 생각 정신이요, 하나는 신체입니다. 그러기에 『역경(易經)』은 음(陰)과 양(陽)의 결합만을 말하는 것입니다. 이 몸에 대해서는 2천5, 6백 년 전에 석가모니 부처님이 아주 분명하게 그 구성요소를 분류하여 놓았습니다. 물리세계의 4대류(四大類)는 지 · 수 · 화 · 풍입니다. 실제로는 여기다 허공[空]을 더해 5대류가 됩니다. 허공은 말할 필요도 없이 틀림없이 존재합니다. 중국에서는 오행(五行)을 말하는데 금목수화토(金木水火土)가 그것입니다.

4대란 4대류의 작용을 말하는 부호입니다. 구체적인 물질을 가리키는 것이 아니라 많고 많은 작용을 나타냅니다. 많고 많은 구체적인 현상들이 모두 다 4대작용의 표현들입니다. 마찬가지로 오행도 5대류 작용의 부호이지, 구체적인 어떤 종류의 물질적 현상을 가리키는 것이 아닙니다. 만약 그것을 구체적 현상으로 본다면 틀린 겁니다. 4대는 무엇을 나타낼까요? 지대(地大)는 견고성 · 응고성을 나타냅니다. 수대(水大)는 축축한 액체성을 나타냅니다. 화대(火大)는 차고 따뜻한 온도성을 나타냅니다. 풍대(風大)는 운동 · 행동 · 운행을 나타냅니다. 기류 · 전류의 에너지는 풍대의 현상에 속합니다. 전류의 열량은 화대의 현상에 속합니다.

자연계의 현상으로는, 물리세계인 지 · 수 · 화 · 풍 · 허공 이외의, 소리 · 빛 · 전기 · 변화 · 일체의 물질적 운동은 모두 지 · 수 · 화 · 풍의 변화작용 현상입니다. 인간의 신체적인 현상으로는, 골격 · 근육 · 신경 · 혈액 · 체액 · 내분비 · 체온, 그리고 모든 기관기능의 운행입니다. 과학적 연구 면에서는 현대물리학 · 화학 · 의학 · 약학 · 지리학 · 생리학으로 파생되고 여기에 성학(聲學) · 광학(光學) · 전기학 · 역학(力學) · 화학 등등이 포함됩니다.

조금 전까지 이 생명을 구성하는 두 가지 중에서 먼저 신체에 대해 말했습니다. 그런데 우리들의 정신 생각이라는 이 부분은 4대의 작용에 속하지 않습니다. 그러나 4대의 작용과 결합되어 있습니다. 4대의 조합인 이 신체는 유물적이지만 정신 · 정서 · 생각은 유심적인 것입니다. 두 가지가 하나로 결합된 혼연일체로서 이 생명이 있게 됩니다.

죽어가는 과정

어떻게 태에 들어가는지, 영아가 출생하는지에 대해서는 뒤에 가서 말씀드리기로 하고 이제 먼저 사망의 과정을 얘기하겠습니다. 사망은 어디서부터 시작할까요? 제가 항상 말하듯이 신체건강은 두 다리의 활동에 주의해야합니다. 여러분 보세요, 건강한 갓난아이는 손이 틀림없이 주먹을 쥐고 있고 엄지손가락은 주먹 안에 쥐어져 있습니다. 이것도 밀종에서의 호신권(護身拳)입니다. 여러분이 보면 갓난아이는 침대에 누워있으면서 주로 활동하는 게 두 다리입니다. 손은 그리 움직이지 않습니다. 갓난아이는 생명력이 넘치기 때문에 다리 움직이기를 좋아합니다. 저도 늘 말하지만 인생이란 태어나자마자 쥡니다. 세상에서 뭐든지 다 쥐려고 합니다. 애정 · 인정 · 자녀 · 돈을 쥐려하지만 죽을 때에 이르러서는 놓아버리지 않으면 안 됩니다. 사람이 죽으면 쥘 수가 없게 됩니다. 놓아버립니다. 그때 가서야 모두 다 크게 깨닫지요, "하! 쥘 수 없구나..." 하고 말입니다.

어린아이는 태어난 지 1년 동안에 '칠좌팔파구장아(七坐八爬九長牙)'입니다. 이는 옛날말로서 농촌에서는 다 아는 것입니다. 7개월이면 앉을 줄 아는데 요즘의 어떤 아이들은 좀 더 빠릅니다. 8개월이면 기어 다닐 줄 압니다. 9개월이면 치아가 나옵니다. 말은 한 돌이 지난 이후에 합니다. 중국인들은 어린아이가 돌이 되면 만 한 살이 되었다면서 몹시 기뻐하면서 조주(抓周)라는 의식을 행합니다. 『홍루몽(紅樓夢)』에도 조주에 대해 기록하고 있습니다. 돌이 된 아이를 안고 와서 가까이 놓아둔 문방사우(文房四友)나 갖가지 장난감을 아이더러 집어 들게 합니다. 지금은 자동차 · 기차 · 금 · 은 · 보배 · 돈 등 갖가지를 늘어놓습니다만 『홍루몽』에 보면 주인공 가보옥(賈寶玉)이 집어 든 것은 여자들의 화장품이었습니다. 연지화분(胭脂花粉)이었습니다. 그래서 가보옥은 일생동안 남녀 간의 방탕한 삶이었습니다. 우리가 보면 『고승전(高僧傳)』에 나오는 어떤 사람들은 돌잔치 때 집어 들었던 게 바로 불경(佛經)이었고 다른 것은 싫어했습니다. 어떤 아이는 책을 집어 들었습니다. 어린아이가 좋아하는 것이 무엇인지를 통해 그의 일생을 판단했습니다. 이것은 그의 습기(習氣) · 습관 · 성격취향에 근거한 것입니다.

돌 때에 갓난애의 정수리의 창문(囟門)이 아직 뛰고 있고 말을 할 줄 모른다면 제6의식이 아직 완전히 성장한 것이 아닙니다. 즉 의(意, 제7식이라고도 하고 말라식末那識이나 구생아집俱生我執이라고도 합니다)는 있지만 제6의식(분별의식)은 없어서 분별심이 크지 않습니다. 창문이 자라 완전히 채워진 다음에는 말하기 시작하고 후천적 분별의식도 작용하기 시작합니다.

아이는 다리를 움직이기를 좋아합니다. 조금 더 크면 마구 뛰어다니기를 좋아하고 7~8세 되면 개들조차 어린아이를 싫어합니다. 개가 잠자고 있으면 어린아이는 한사코 뛰어가 한 번 걷어차기 때문입니다. 양다리가 움직이기를 좋아하기 때문입니다. 그래서 초등학교 중학교 시절이면 공놀이 하면서 운동하기를 좋아합니다. 그리고 사장이 되면 지금 여러분들 중년인들처럼 두 다리가 문제가 생겨 다리를 꼬고 앉습니다. 예전에 양관북씨는 사무실에 가면 담배 피우면서 두 다리를 책상 위에 올려놓고는 직원들에게 지시했습니다. 그러므로 여러분들의 건강이 좋은지 안 좋은지는 두 다리에 달려있습니다. 늙으면 여러분은 두 다리가 이렇게 걷습니다(남선생께서 뒤뚱 뒤뚱거리면서 어렵게 걷는 모습을 보임). 자기의 두 다리가 제대로 말을 듣는지 안 듣는지만 보면 자신의 신체 상황을 시험해볼 수 있습니다.

그러므로 노쇠 · 사망은 가장 먼저 발바닥에서부터 시작합니다. 옛말에 "차가움은 발바닥으로부터 생긴다[寒從足底生]."고 했는데 노인이 겨울에도 발바닥에서 여전히 열이 난다면 장수할 것이라고 했습니다. 그래서 저는 여러분들에게 옷을 더 끼워 입으라고 늘 말합니다. 특히 여성들은 바지를 좀 두텁게 입어야합니다. 우리가 어렸을 때 보면 할머니는 바지의 두 목을 묶어 놓은 채 지내셨습니다. 그래서 부인과 병이 적었습니다. 오늘날은 삼각팬티를 입고 거기다 치마를 입습니다. 아름답고 싶어서 추위도 두려워하지 않습니다. 그래서 부인과 병이 유난히 많습니다. 차가움은 발바닥으로부터 생기고 정기(精氣)도 발바닥으로부터 생깁니다. 두 다리 · 두 발이 대단히 중요합니다.

제가 한 가지 여담을 자주 하는데 우스개 얘기라고도 할 수 있습니다. 출가자 여러분들은 아침저녁 예불하고 경전을 읽을 때 '귀의불양족존(歸依佛兩足尊)' 이라는 말이 나옵니다. 부처님이 양족존인데 왜 양족존일까요? 도리대로 해석한다면 복덕(福德)이 구족(具足)[23]하고 지혜가 구족하기 때문에 양족존이라고 합니다. 이 세상은 일반적으로 돈이 있는 사람은 학문이 없고, 학문이 있는 사람은 돈이 없습니다. 복보(福報)는 있지만 지혜가 없고, 지혜는 있지만 복보가 없습니다. 인생에서 부귀공명도 있으면서 지혜도 있고 학문도 훌륭하다면 대단한 것입니다. 그렇다면 양족존입니다. 교리적으로는 그렇게 해석합니다.

실제 공부에 있어서는 두 다리와 두 발이 가장 중요합니다! 만약 어떤 사람이 길 걷는 자세가 활발하지 못하면, 허리 아래가 문제가 있는 것이며 그것은 노쇠했다는 증거입니다. 나이 많은 사람이 자신의 다리를 머리위에 올려놓을 수 있고 요가를 할 수 있으면서 몸시 가뿐하다면 대단한 것입니다.

사람의 사망을 말할 것 같으면 사실 사람은 날마다 시시때때로 죽고 있습니다. 한 해마다 한 달마다 노쇠할 뿐 아니라 매 시간, 매 분, 매 초 마다 노쇠해 가고 있습니다. 장자(莊子)는 더 철저하게 말하기를, "방생방사 방사방생(方生方死, 方死方生)."이라고 했습니다. 당신이 태어날 때가 바로 사망의 시작이라는 겁니다. 즉생즉사(卽生卽死), 시시각각으로 삶과 죽음이 동시에 일어나고 있습니다. 장자가 생명에 대해 말한 더욱 의미 있는 말 한 마디가 있는데 제가 늘 인용합니다. '불망이대진(不亡以待盡)'이라, 죽지 못해 이 생명이 다하기를 기다리며 살아가고 있다는 말인데, 장자가 내린 인생의 가

---

23) 갖추어 꽉 차있는 것, 빠진 것이 없다는 의미다.

치, 생명의 가치에 대한 하나의 정론(定論)입니다. 어떤 사람이 100세를 살거나 150세를 사는 것을 봅니다. 저도 지금 90살까지 살았는데 보기에는 살아있는 것 같지만 실제로는 '불망이대진'입니다.

당신은 태어난 첫날 이미 사망하기 시작합니다. 여러분들은 말하기를 "이 아이는 몇 살이지요?" "세 살입니다." 할 때 지나간 부분은 이미 죽었고 앞으로의 세월 동안은 시시각각 죽어가면서 쇠약해지고 사라져가고 있습니다. 그러므로 태어나면 늙고 병들기 마련입니다. 늙음은 분명히 일종의 병입니다. 최후에는 사망입니다. 늙음과 병은 중간 단계로서 사망의 전주(前奏)입니다. 생과 사는 상대적인 것으로 대대(對待)도리요 관대도리입니다. 태어남이 있으면 반드시 죽음이 있습니다. 단지 일찍 죽느냐 늦게 죽느냐의 차이일 뿐입니다. 그러므로 사람이 수련을 해서 청춘에 항상 머물고 영원히 청춘 같은 건강을 유지하기를 바란다면 그건 불가능한 일입니다. 그러나 가능성도 있습니다만 그건 비밀입니다. 『능엄경』에서는 말하기를, 비결이 있는데 당신이 어떻게 공부하느냐에 달려있다고 합니다. 그러나 역시 영원히는 아니며 노쇠가 좀 느리게 진행될 뿐입니다.

죽기 전에 일어나는 4대의 변화

우리가 이것을 이해했으니 이제 다시 사망의 문제를 말해보겠습니다. 조금 전에 사람이 자기 집에서 수종정침한 죽음에 대해 말했습니다. 병자가 죽기 전에 지수화풍 4대가 먼저 변화를 일으킵니다. 가장 먼저 지대에 장애가 발생하고 변화합니다. 인체의 지대는 골절·근골입니다. 그러므로 나이가 많아진 사람이거나 중풍으로 반신불수가 된 사람은 반쪽이 지각이 없습니다. 근골 신경들이 죽어버린 겁니다. 다시 말해 지대의 절반이 이미 죽어버린 겁니다. 우리는 의학적인 면에 대해서는 지금 말하지 않겠습니다. 의학적으로 말한다면 더욱 자세하게 됩니다.

죽기 이전에 신체를 움직이지 못하는 상태가 됩니다. 우리가 유가의 책을 보면 공자의 제자 증자(曾子)는, 즉 『대학(大學)』을 쓴 증삼(曾參)이 죽기 전에 곁에 있는 제자들과 아들에게 말합니다.

"내 발을 펴 보아라. 내 손을 펴 보아라. 시경에 이르기를 '전전긍긍하기를 깊은 못 가에 서 있듯, 얇은 얼음판을 밟고 지나가듯 한다.' 고 하였다. 이제부터는 내 잘못을 면하게 되었음을 알겠다. 제자들아!"

啓予足, 啓予手。 詩云 戰戰兢兢, 如臨深淵, 如履薄冰」而今而後, 吾知免夫! 小子。

증자는 죽음에 임박해 왜 "내 다리를 펴라 내손을 펴라"고 시켰을까요? 움직일 수 없게 되었기 때문에 학생들에게, "내 다리를 잘 놓아라. 내 손을 잘 놓아라, 나는 가고자 한다." 그리고 곧 숨이 넘어갈 지경이 되었습니다. 그렇게 해드리고 나서 제자들은 말했습니다. "선생님 이미 바르게 놓았습니다." 증자는 말했습니다. "내 이제 너희들에게 말한다. 내 일생동안 사람됨이 항상 조심하고 전전긍긍(戰戰兢兢)했다." '전전'은 덜덜 떠는 모습이고 '긍긍'은 밟지 못하는 모습입니다. "여림심연(如臨深淵)," 발아래는 만 길의 심연이라서 한 번 실족하면 천고(千古)의 한(恨)이 될 수 있는 높은 벼랑 끝에 서있는 것 같았다는 겁니다. "여리박빙(如履薄氷)," 초겨울 얼음이 얇게 막 얼었을 때나 이른 봄 해동(解凍)하려할 때 강을 건너려면 공부와 재간이 있어야 합니다. 한번 소홀히 하여 빠졌다가는 목숨이 날아갑니다. 일생동안 사람이, 맹자가 "우러러보아 하늘에 부끄럽지 않고, 굽어보아 사람들에게 부끄럽지 않다[仰不愧於天, 俯不怍於人]"고 말했듯이, 죽음에 이르러서도 아무런 유한(遺恨)이 없을 정도로 수양하고자 한다면 그것은 정말 위대한 공부입니다.

"사람이 사람을 속이는 것은 흔히 있는 일이다. 가장 묘한 것은 사람이 모두 자기를 속이기를 좋아한다는 것이다. 하지만 자기가 죽을 때가 되어서는 자신을 속일 수 없다. 내심으로 남에게 거리낌이 없고 싶다면 깊은 못 가에 서 있듯, 얇은 얼음판을 밟고 지나가듯 해야 한다. 인생은 이처럼 어렵다. 특히 이해(利害)의 대목에 이르면 더욱 그렇다. 충신이 되느냐 그렇지 못하느냐, 효자가 되느냐 그렇지 못하느냐는 바로 이 한 생각에 있다. 만약 자기가 손해 볼 것을 두려워한다면 떨어져 버리느니라. 지금 나의 손과 발이 지각을 잃어버렸으니 이미 절반은 죽었다." '이금이후 오지면부! 소자! (而今而後 吾知免夫 小子)', 이 지경에 이르러서야 나는 감히 큰 소리 친다. 나는 다시는 잘못을 범하지 않게 될 것이다. '소자들아!', 하고 부른 의미는 "너희 젊은이들은 유의하라!" 는 말입니다!

이 몸이 당신의 뜻대로 되지 않아 때로는 몸을 뒤집는 것조차도 어려운 것은 지대가 먼저 사망하기 때문입니다. 하지만 의약으로 다스릴 수 있습니다.

두 번째 단계에는 수대가 분산합니다. 이때는 정말로 죽어갑니다. 두 눈의 동공이 확대 되어버리면 당신이 비록 그 사람 면전에 있더라도 그가 보기엔 당신과의 거리가 아주 멀어 한 개의 그림자와 같습니다. 그에게 큰 소리로 말을 해도 그에게는 마치 모기 소리만큼이나 작게 들리므로 "뭐라고? 안 들린다."고 말합니다. 몸에서는 식은땀이 나는데 땀나는 게 끈적끈적하고 차갑고... 하는데 수대가 분산하는 현상입니다. 우리들의 이 신체는 70%가 물입니다. 수대가 분산하면 이런 땀이 납니다. 이런 현상이 나타나면 거의 구할 길이 없습니다. 정말로 죽을 때가 온 겁니다. 이어서 항문이 열리고 최후의 대변이 나오고 마지막 한 번의 정액이 흘러나옵니다. 아주 잠깐 동안의 성적 쾌감을 느끼며 어찌해볼 길이 없습니다. 이것은 신체의 아랫부분에서 일어나는 현상입니다.

신체의 윗부분에서 일어나는 현상은 어떨까요? 목구멍에서는 어...어...어... 하면서 호흡이 몹시 곤란합니다. 수대가 사망한 다음에는 이어서 풍대가 분산하고 기(氣)도 곧 사라지게 됩니다. 이때는 말을 하지 못하게 되고 기가 올라오지 못합니다. 오늘날 의사들은 목 부분의 기관(氣管)을 열어 호스를 꽂고 담을 뽑아냅니다. 수분이 유동하지 못하면 담으로 변합니다. 의사는 담을 뽑아낼 수밖에 없습니다. 그렇지 않으면 폐에 심각한 염증이 발생하거나 기관지가 담으로 막혀버립니다. 담을 뽑아내고 나면 호흡의 기가 조금 씩 조금 씩 올라오면서 어...어...어...합니다. 마지막에 기가 울대뼈 부분에 이르러 어...어...하다가 만약 한 번의 기가 올라오지 못한다면 기가 끊어지고 사망합니다.

예전에 노년 친구들이 세상을 떠날 때 저는 그의 아들에게 등초(燈草)가 있느냐 고 물었습니다. 오늘날은 전등을 켜므로 등초가 없다면 닭털을 가져와서 콧구멍에 놓았을 때 움직이지 않거나 아주 얇은 종이로 시험해서 호흡이 없다면 떠나간 것입니다.

다시 돌아가 얘기하겠습니다. 사람이 죽으려 할 때는 신체가 무엇에 꽉 눌린 듯 움직일 수 없습니다. 지대가 사망하기 시작한 겁니다. 죽음이 임박한 사람의 감각은 꿈을 꾸는 것 같습니다. 자기가 어떤 곳으로 가려하는데 몹시 깜깜하거나 약간의 빛이 있거나 하면서 무엇에 꼭 눌려있다고 느낍니다. 그런 고통은 꿈에서 가위 눌리는 것 보다 더 견디기 어렵습니다. 꿈속에서는 단지 눌려서 견디기 어렵지만 죽을 때에는 마치 두 개의 산이 자신을 가운데 놓고서 합쳐지는 듯 견디기 어렵습니다.

수대가 분산할 때 의식이 분산하는데 마치 꿈의 경계에 들어가 물속이나 바다로 떨어진 것 같습니다. 그리고는 그 속에서 나는 물소리를 듣습니다. 바다소리 같은데 사실은 신체내부의 변화입니다.

풍대가 분산할 때는 기가 목구멍 부분에 이르고 혼미합니다. 그런 경계에서 태풍이 불어와 자기를 날리는데 얼고 추움을 느끼면서 최후에는 어! 소리를 한번 하고는 기가 끊어집니다.

이 풍대의 사망이 한 걸음 한 걸음 올라옴과 동시에 화대의 분산으로 이어집니다. 체온은 풍대의 분산을 따라서 점점 상실되면서 신체도 점점 식어갑니다. 위의 목구멍 부분에서는 어...어...하다가 최후의 한 기(氣)가 오지 않으면 몸 전체도 얼음처럼 차가와 집니다.

윤회가 미리 나타나는 상황

불학은 이때에 망자가 어느 곳으로 윤회하여 갔는지 시험해 볼 수 있다고 말합니다. 이 사람이 만약 사람됨이 좋고 도덕이 좋고 과보가 좋아서 내생에 다시 사람으로 태어날 것이라면 전신의 다른 부위는 먼저 식고 가슴 부분의 따뜻함이 최후에 식습니다. 인간으로 다시 태어나 오는 겁니다. 물론 여전히 윤회 속에 있습니다. 이런 사람이 죽으면 왕왕 하나의 현상이 있는데, 죽기 전에 의식이 또렷하면서 집안일을 다 분부하고 얘기합니다. 그리고 죽을 때의 얼굴 모습이 자상하고 아주 보기 좋습니다. 인간으로 다시 태어나올 과보가 이미 나타난 것입니다.

만약 죽은 뒤에 다른 부분은 다 식었지만 이마나 얼굴 부위나 눈 부위가 최후에 식었다면 천상세계로 가서 태어난 것일 수 있습니다. 그러나 여기에는 차이가 있는데, 망자가 여전히 몹시 성내는 모습이라면 아수라로 변합니다. 아수라도 천인의 복보로서 잘 태어난 것이며 승천한 것입니다. 어떤 사람들은 품행이 단정하고 정직한 사람으로 변하되 성깔이 대단합니다. 천인과 아수라는 동등한 복보를 가지고 있습니다. 그러나 아수라는 살생의 습기가 무겁고 성깔이 대단하면서 이기기를 좋아합니다. "이 어르신이 너를 두들겨 패주겠다. 이, 제미럴..." 이렇다면 아수라입니다. 천인은 자상합니다.

만약 다른 부분이 모두 차가워졌는데 정수리 부분이 아직 따뜻하다면 틀림없이 천상세계에 태어납니다. 만약 불교를 배운 사람이라면 좋은 태어남입니다. 만약 수행을 잘했다면 아미타불을 보고 극락세계로 가거나 관세음보살이 영접 인도 하는 것을 볼 수도 있습니다.

천인 · 아수라 · 인간을 상삼도(上三道)라고 합니다. 위로 향하여 간 것입니다. 왜 위로 향하여 갈 수 있을까요? 『능엄경』에 다음과 같은 두 마디 말이 있습니다. '순상즉비 순정즉타(純想卽飛 純情卽墮)', 정신 수양의 길을 걸어서 수양이 있고 불법도 배웠다면 정신이 상승합니다. '순정즉타', 정서적인 길만 걸어 간데다 나쁜 일들을 했다면 추락하여 하삼도(下三道)로 떨어질 것입니다.[24]

하삼도는 축생 · 아귀 · 지옥입니다. 온 몸이 식을 때 무릎이 최후에 식은 사람은 축생으로 변합니다. 온 몸이 식을 때 복부가 최후에 식는다면 아귀도로서 아귀로 변합니다. 지옥에 떨어지는 사람은 온 몸이 위로부터 아래로 식어 발바닥을 향해 내려가 발바닥이 최후에 식습니다. 하지만 하삼도에 떨어진 사람의 죽은 모습은 틀림없이 보기 흉합니다. 시험할 길도 거의 없어서 어느 부분이 최후에 식는 지를 당신이 만져볼 기회조차도 없습니다. 특히 현대인들이 어디 그럴 기회가 있겠습니까! 상삼도에 태어날 사람에 대해서는 경전의 말에 따라 그런대로 시험해볼 수 있습니다.

5종의 무심지

사람은 죽은 후에 완전히 혼미 상태에 들어가 알지 못하게 됩니다. 『유가사지론(瑜伽師地論)』에서 미륵보살이 특별히 5종무심지(五種無心地)를 제시하면서 5위무심(五位無心)이라고 부릅니다. 수면무심(睡眠無心) · 극민절무심(極悶絶無心) · 무상정무심(無想定無心) · 무상천무심(無想天無心) · 멸진정무심(滅盡定無心), 이렇게 다섯 가지인데 여러분 아직 기억하시지요? 여기서 말하는 심(心)은 제6의식을 말합니다. 말라식과 아뢰야식을 말하는 게 아닙니다. 견문각지(見聞覺知)에서 '지(知)'는 아는 작용인데 제6의식[意識] 작용을 말합니

24) 부록에 실린 「능엄경이 말해주는 중생의 생사윤회 인과 대원칙」을 읽어보기 바란다.

다. '견(見)'은 보는 작용으로 안식(眼識) 작용이며, '문(聞)'은 듣는 작용으로 이식(耳識) 작용입니다. '각(覺)'은 비식(鼻識)·설식(舌識)·신식(身識) 작용입니다. 무심지에 이르면 제6의식이 닫혀져 작용을 일으키지 않습니다.

제1종은 극수면무심지입니다. 진짜 잠든 것으로 무심지입니다. 여러분은 아셔야 합니다. 사람들이 여섯 시간이나 열 시간 잠잤다고 말하는 것은 옳지 않습니다. 진정으로 잠자는 시간은 15분 정도입니다. 가장 길어야 30분입니다. 그 나머지 시간 동안은 모두 꿈을 꾸고 있는 겁니다. 당신이 꿈꾸지 않았다고 느끼는 것은 깨어나서 잊어버렸기 때문이지 실제로는 당신의 뇌는 휴식한 적이 없습니다. 좌선할 경우 상념이 완전히 없어지고 혼침하지도 않은 상태로 15분 동안 좌선했다면 당신은 그 힘으로 열 시간 동안 일을 할 수 있으며 정신이 충만합니다. 진정한 수면은 무심지여서 상념이 없습니다. 만약 꿈을 꾼다면 여전히 생각을 하고 있는 것입니다.

제2종은 극민절무심입니다. 기절을 말합니다. 예를 들어 후뇌를 남에게 얻어맞아 뇌진탕으로 기절했거나, 수술하기 위해 마취약을 투입해 기절했거나, 혹은 빈사 경험이 있는 경우입니다. 우리 여기에 계시는 두 분이 모두 자신들이 죽었었다고 말했지만 사실 두 분은 진짜 죽었던 게 아닙니다. 하지만 참고로 삼을 수는 있습니다.

제3종은 무상정무심입니다. 무상정은 진정으로 생각이 정지한 상태에 이른 일종의 공부입니다. 정말로 무상정에 이르렀다면 대단한 것으로, 무심지에 해당합니다.

제4종은 무상천무심입니다. 무상정의 장래 과보는 색계천(色界天)으로 올라가는 것입니다. 아주 높은 천인으로 사선천(四禪天) 중의 무상천은 생각을 닫아 정지시켜버립니다. 물론 부처가 된 것도 아니며 아라한이 된 것도 아닙니다. 일종의 선정으로 외도의 선정의 힘에 속한다고도 말할 수 있습니다. 하지만 수행이 무상정(無想定)까지 이르렀다면 대단한 겁니다. 일반인들은 그렇게 할 수 없습니다.

제5종은 멸진정무심입니다. 멸진정을 멸수상정(滅受想定)이라고도 합니다. 대아라한은 생각과 감각을 다 소멸시킵니다. 생각과 감각을 모두 소멸시켜 심리와 물리를 초월한 상태를 멸진정이라고 부르는데, 대아라한 경계입니다. 생각 · 이성 · 정서 · 망념 · 분별생각을 소멸시키고 신체적으로는 감수 작용이 사라져 버립니다. '수(受)'는 바로 감각입니다. 지각 · 감각을 닫아버립니다. 이런 것들을 평소에 자기 뜻대로 닫아버리고 일종의 공정(空定) 경계에 들어가는 것이 바로 대아라한의 멸진정입니다.

이 다섯 가지를 5위무심이라 부릅니다. 생각이 없고 의식이 없는 겁니다. 여기서의 '심'은 제6의식을 가리킵니다. 말나식이나 아뢰야식이 아닙니다. 이 다섯 가지 무심에는 태어남과 죽음 이 두 단계의 무심을 포함하지 않습니다.

조금 전 일반적인 정상적 사망에 대해 얘기했는데, 죽는 찰나에도 무심의 경계에 들어갑니다. 수행이 없는 일반인들은 죽을 때 그 무심 경계가 어느 정도 지속될까요? 식사하고 나서 다시 얘기하지요.

제 3 강

어떻게 중음신이 생겨날까

여러 가지 다른 안장(安葬) 방법

묘지 풍수설의 비과학성

풍(風)과 체온 · 수명 · 의식(識)의 관계

4대의 분리 변화

염불은 어떻게 염하는 것일까요

생각의 속도는 얼마나 빠를까

중음신이 생겨난 뒤의 광명과 신통

중음신의 생사

여러 가지 다른 안장(安葬) 방법

남선생 : 우리가 식사하기 전까지 생사의 문제를 말하면서 사망 과정에서 기(氣)가 완전히 끊어져 버리고 나면 제6의식이 혼미해진다고 말했습니다. 바꾸어 말하면 이런 완전한 혼미는 마치 밤에 잠잘 때 완전히 잠들어 무심 상태에 진입하는 것으로 제6의식 일체가 작용을 일으키지 않는 상태가 된 겁니다.

이 부분에서 한 가지 문제가 갈라져 나오는데, 바로 그대가 묻고자 한 것으로 시체를 화장하는 게 옳은가 옳지 않은가라는 것이지요? 이 문제이지요?

호송년 : 이런 질문을 하는 사람이 있습니다. "사람이 사망한 후에는 땅을 가려서 묻습니다. 중국인의 습속에 따르면 풍수설에서 묘 자리는 그 후대 자손의 운세와 상당히 관계가 있다고 하는데 그런 도리가 있는지 모르겠습니다. 만약 있다면 화장하고서도 풍수원칙에 따라서 매장을 해야 하는지요?"

남선생 : 그러니까 미국에서 불교를 배우는 학우 중에, 아니 미

국뿐만이 아니지요 어디나 다 있어서 중국에도 있는데, 풍수 보는 사람은 말하기를 죽은 사람을 좋은 곳에 선택해서 묻어야 한다고 그런다는 것이지요? 그 후대 자손들과 관계가 있기 때문이라는 것이지요?

이것은 하나의 큰 문제와 관계됩니다. 시체 처리에 대해서 전 세계의 풍속에는 여러 가지 방법이 있습니다. 중국과 인도의 일부, 그리고 아랍인들은 토장(土葬)을 중시합니다. 토장은 그 방식이 많습니다. 중국인은 과거에 부모의 안장을 몹시 중시했습니다. 생명을 몹시 중시해서 사람이 죽으면 자손들이 매장을 했습니다. 진시황이나 한(漢)나라 이전, 그러니까 2천4, 5백 년 전에는 오늘날처럼 풍수를 중시하지 않았습니다. 그러나 달리 중시하는 게 있었는데 그것을 고서에서 복장(卜葬)이라고 했습니다. 점복(占卜) 방법으로 선택하는 겁니다. 때로는 엄중해서 제왕이 몸소 점을 쳐서 묘지가 좋은지를 결정했습니다.

중국의 유가는 안장(安葬)을 중시해왔습니다. 유가는 인생을 중시하고 춘추전국 시대 전후에는 어른 세대들의 양생송사(養生送死)[25]를 중시했습니다. 죽으면 자손들은 효순하기 위해 반드시 좋은 곳을 선택해서 유골이 편히 쉴 곳을 마련했습니다. 자손 후대가 부자 되고 벼슬이 높아지도록 보우해 달라는 목적은 결코 아니었습니다. 고대에는 오직 효심, 효도의 감정에서 사후에 그를 위해 좋은 곳을 골라 토장함으로써 그 시체를 보호했습니다.

동한 시대 이후 위진 시대가 시작되자 중국인들은 땅을 선택하기 좋아하고 더 이상 복장을 하지 않았습니다. 이렇게 땅을 선정하는 데는 지리를 알아야 했습니다. 오늘날 말하는 지하 환경의 선택

---

25) 살았을 때 잘 모시고 죽은 후에 잘 안장한다는 뜻.

인데 후대 자손의 운이 좋고 나쁨에 관계된다고 생각했습니다. 이런 학문은 위진 시대 이후에야 크게 유행하기 시작했습니다. 형만(形巒), 즉 지리의 형세 환경을 선택해야 했습니다. 형만 이외에도 이기(理氣)를 보아야 했습니다. 음양오행의 풍수나 운기(運氣)가 좋고 안 좋고 등등은 지금까지 줄곧 전해오고 있는데, 묘혈(墓穴)이 후대에 영향을 미친다고 생각한 겁니다. 중국인은 이런 영향을 깊이 받아와서 지금까지도 이런 관념을 벗어나지 못하고 있습니다.

유골이 정말로 후대에 대해 영향을 미칠까요? 이는 미신이라고 할 수 있습니다. 그런 이치는 없습니다. 세계의 기타 민족 기타 지역 사람들은 이런 풍수적인 장례를 하지 않아도 후대가 잘 살아가고 잘 뻗어나가고 있습니다!

아랍인들의 회교식 장례도 토장입니다. 하지만 중국과는 다릅니다. 중국에서 장례를 가장 엄중하게 중시한 사람들은 유가(儒家)로서 의(衣)·금(衾)·관(棺)·곽(槨) 네 글자가 있습니다. 매장 전에 망자에게 옷을 잘 입혀드렸습니다. '금'은 이불인데 잘 싸주는 것입니다. '관'의 재목을 마련하고 관의 재목 겉에 또 덮개가 있는데 그것을 '곽'이라고 합니다. 그리고 여기에다 분묘까지 더하니 돈을 많이 썼습니다. 춘추전국 시대 공자(孔子) 전후의 단계에서 유가는 다 그랬습니다.

'의금관곽'은 후한 장례였습니다. 그러나 반대한 사람들도 많았는데 도가가 이를 반대했습니다. 공자와 동시대인인 묵자(墨子)는 더더욱 절대 반대했습니다. 묵가(墨家)는 박장(薄葬)을 주장했습니다. 공자도 『역경』의 「계사전(繫辭傳)」에서 말하기를, 상고인들은 죽으면 후인들이 묻을 곳을 찾아 매장하되 '불봉불수(不封不樹)'했다고 했습니다. '불봉'이란 관을 덮지 않는다는 게 아니라 따로 땅을 구획지어 분묘를 써서 자기 집안의 소속으로 하지 않았다는 것입니다. '불수'란 비석을 하나 세우거나 나무를 하나 심는 일도 없었다는 겁니다.

후세 사람들이 의금관곽을 중시한 것은 효도를 중시한 사상 때문입니다. 부모가 돌아가신 후 아쉬운 나머지 이렇게 후장을 한 것은 유가의 주장이었습니다. 도가는 이를 우스운 일로 여겼습니다. 죽음이란 자연스런 일이라는 겁니다. '삶이란 여관에 기숙하고 있는 것이요, 죽음이란 집에 돌아가는 것이다[生者寄也, 死者歸也]', 죽음은 집에 돌아가는 것이나 마찬가지이므로 죽은 후에는 편할 대로 하더라도 상관없으니 그런 형식을 중시하지 말고 그저 망자를 거두어 묻어주면 된다는 것이었습니다. 묵가는 어떠했을까요? 묵자 일파의 영향은 매우 컸습니다. 후장을 반대하고 박장을 주장했습니다. 간단명료하게 할 것을 주장해서 그냥 묻어주기 만하면 된다고 했으며 후대 자손들도 상관하지 않았습니다. 풍수가 후대 자손들에게 영향을 미친다는 것은 후대 사람들이 더한 사상이었습니다.

회교인들의 장례도 간단합니다. 그들은 죽음에 대해 말하기를 꺼려합니다. 이슬람교에서는 인간세상을 떠나는 것을 사람의 최후의 필연적 결말로 여기며 육체의 소멸과 정신의 승화는 인생의 복명귀진(復命歸眞)이지 생명의 종결로 이해하지 않기 때문입니다. 그들은 세상을 떠남을 무상(無常), 혹은 마우트(maut), 귀진(歸眞)으로 부릅니다. 마우트는 페르시아어로 세상을 떠나다는 의미입니다. 귀진은 종교인의 죽음에 대해 일컫는 말입니다. 회족에게 있는 속담으로 "천하의 땅은 천하의 회회(回回)를 묻는다." 는 말이 있는데 땅속으로 들어감을 편안한 것으로 주장합니다. 인간이란 무상한 존재이니 어느 곳에 있든, 즉 어느 곳에 묻히든 고향으로 돌아가 안장될 필요는 없다고 합니다. 그리고 삼일 이내에는 반드시 묻어야 한다고 주장합니다. 일반적으로 아침에 죽으면 오후에 묻고 저녁에 죽으면 다음날 오전에 묻되 삼일을 초과해서는 안 됩니다. 시체를 깨끗이 닦고 나서 흰 천으로 싸서 관속에 넣고는 파 놓은 무덤구덩이로 메고 갑니다. 관 아랫부분의 고정되지 않은 판자를 빼내고 시체를 파 놓은 구덩이로 떨어뜨려 넣습니다. 평평히 눕히고 얼굴은 메카 성지 방향으로 향하게 합니다. 그리고 무덤구덩이 입구는 흙벽돌을 쌓고 빈 널은 메고 돌아옵니다. 회교인들은 죽은 후 화장을 꺼려하고 토장을 주장합니다. 그리고 영위(靈位) 설치를 꺼려하고 화환이나 만장(挽幛)을 보내오는 것을 꺼려합니다. 장례 기간에는 연회를 차리고 손님을 초청하지 않으며 출상(出喪) 의식이 간단하고 조용합니다. 일반적으로 차량을 이용하지 않고 취악대를 쓰지 않으며 어떠한 겉치레에도 신경 쓰지 않습니다. 매장에는 순장물을 쓰지 않으며 무슨 종이로 만든 수레나 말이나 동남동녀(童男童女) 같은 것을 하지 않습니다. 장례식 과정에서 어떤 제물의 진열도 금지하며 제사의식도 거행하지 않습니다. 이렇게 하는 것은 묵자가 말한 박장이나 마찬가지인데 간단하면 된다는 겁니다. 신체도 지·수·화·풍인 물질이 변한 것으로 물질은 물질로 되돌아가는 것이니, 몸이 대지로 되돌아가면 그만이기 때문입니다.

다른 민족들도 다른 장례법이 있는데 티베트에서 유행하는 것은 주로 천장(天葬)입니다. 날을 선택하고 또 천장인(天葬人)이 시체를 분해하여 한 조각 한 조각씩 놓아두면 독수리들이 와서 쪼아 먹습니다. 중생에게 공양함으로써 자연으로 돌아가는 겁니다.

또 동남아 지역은 수장(水葬) 풍속이 있습니다. 시체를 물속에 놓아 흘러가게 합니다. 서양의 일부 나라들도 수장 풍속이 있는데 시체를 특별히 만든 배 안에 놓아둡니다. 생화를 함께 놓아두어 흘러가게 하는 경우도 있습니다.

그러므로 지수화풍은 어느 것이나 시체를 깨끗이 처리할 수 있습니다. 흙속에 묻으면 자연히 흙으로 변하고 바람 속에 두어도 풍화됩니다.

화장은 부처님이 제창한 것으로, "한 번의 화장이 삼세의 업을 태워버릴 수 있다[一火能燒三世業]."고 했습니다. 한 번 이 몸을 불태워 버리면, 이 몸은 3세인과(三世因果)의 산물인데 불로 깨끗이 처리되어 버린다는 겁니다.

불학은 말하기를, 선업(善業) · 악업(惡業) · 무기업(無記業) 이 세 가지 업이 있다고 합니다. '한 번의 화장이 3세의 업을 태워버릴 수 있다.'는 말에서의 '업'은 나쁜 짓만을 말하는 게 아닙니다. 나쁜 짓은 완전히 악업에 속합니다. 우리의 일생 동안의 행위는 세 가지 종류만 있습니다. 어떤 경우에는 착한 일을 하고 생각의 행위가 선합니다. 어떤 경우에는 악합니다. 무의식적으로 한 것이 있는데 자신이 모르고 하는 행위입니다. 의식적으로 좋은 일이라거나 나쁜 일이라는 생각이 없이 하는 행위가 무기업입니다. 예컨대 밤에 잠이 들었는데 모기가 물었다고 합시다. 당신은 무의식적으로 손바닥으로 치고 난 다음 또 잠이 들었습니다. 그런데 아침에 일어나 보니 핏자국이 보였습니다. 알고 보니 모기를 죽인 겁니다. 이것은 고의로 죽인 것에 속하지 않고 살생업 중에서 무기업에 속합니다. 법률적으로 살해 동기가 없습니다. 또 우리가 여기 앉아 있으면서 칼 한 자루를 조심하지 않고 내던졌는데 결과적으로 아래층에서 사람이 다쳤다면 이것도 무기업에 속합니다.

'한 번의 화장이 3세의 업을 태워버릴 수 있다.' 란 신체적인 겉모습 면에서 3세의 업을 태워버렸다는 겁니다. 이 몸도 과거 · 현재 · 미래라는 인과의 한 작은 부분입니다. '한 번의 화장이 3세의 업을 태워버릴 수 있다.' 란 말을 어떤 인과라도 갚을 필요가 없게 되었다는 말로 여겨서는 안 됩니다. 당연히 갚아야 합니다! 인과응보는 불로 태울 수 없기 때문입니다. 이런 유심(唯心)의 도리에 따르면 아뢰야식에는 당신이 한 일의 종자(種子)가 모두 머물러 있다가 때가 되면 응보로 나타나기 때문입니다. 신체[身] · 언어[口] · 생각의식[意]의 일체의 행위는 모두 아뢰야식에 기록되어 종자로 변하고, 그 인연이 성숙하였을 때 현행(現行)[26]의 과보로 변합니다. 몸은 아뢰야식의 지극히 작고 작은 부분의 작용과 현상에 불과하며, 3세인과 중의 한 작은 토막이요 하나의 작은 현상에 불과합니다. 지금은 유물적인 신체 측면을 얘기하고 있는 것이니 특별히 주의하기 바랍니다. '한 번의 화장이 3세의 업을 태워버릴 수 있다.'는 말은 몸을 말하는 것이지 유심 측면을 얘기하는 것이 아닙니다.

묘지 풍수설의 비과학성

묘지가 후대의 자손들의 발전 여부에 영향을 미칠 수 있다고 말한다면, 이는 언설적 도리로서 그저 말해본 것일 뿐입니다. 말하자면 사람들 자신의 관념이 만들어낸 도리로서 풍수가 후대 자손에 영향을 미칠 것이라고 관념상 생각하는 것입니다.

---

26) 현재 작용하고 있다는 의미다.

만약 온 나라 사람들에 대해 통계를 내 본다면 어떤 사람들은 후대가 좋아도 선조들의 묘지 풍수가 결코 좋지 않을 수도 있습니다. 어떤 묘지는 좋지만 후세가 나쁠 수도 있습니다. 그러므로 이것은 진리가 아닙니다. 우리가 방금 제기했듯이 이는 언설적 도리로서 일반인들이 그렇게 생각하고는 의식적으로 하나의 이론을 구성한 것입니다. 그것이 맞다고 한사코 얘기하지만 사실은 그런 이치는 없습니다.

풍수란 무엇일까요? 장지가 빗물에 잠기지 않고 바람에 날려가지 않게 하는 것입니다. 이는 효도정신입니다. 마치 우리가 여기 앉아서 여러분들의 뒤에 있는 창문을 잘 닫아 바람을 피하라고 하는 것과 같습니다. 바람이 불고 빗물이 들어오면 해로우니 옷을 잘 입고 무릎을 잘 덮어 체온을 보호하라는 그런 도리일 뿐입니다. 오늘날은 화장을 제창하고 있으니 효도를 위해서 꼭 매장지를 찾아 토장을 할 필요도 없습니다.

그러므로 풍수가 좋은 곳에 묻으면 후세 자손들에게 어떤 큰 영향을 미치게 되느냐는 당신의 질문에 대한 답은 "영향이 없다."는 것입니다. 불학 도리로 보면 우리의 조상들이나 후손들, 그리고 친구들 여러분의 조상들의 후대들을 포함한 모든 유골들은 온통, 하나의 본체인, 하나의 생명 기능[生命功能]의 현상입니다. 이 '생명 기능'을 아뢰야식이라고 부르는데 동체(同體)적인 것으로 각자의 인과응보가 있습니다. 내가 좋으면 그 사람은 안 좋고, 그 사람이 좋으면 내가 안 좋다는 말이 아닙니다. 그런 도리가 아닙니다. 이에 대한 학문이론을 말하자면 매우 많지만 『능엄경』에 있는 말 한마디를 인용한다면 '불작성해(不作聖解)'입니다. 이것을 대단한 이론으로 여기지 않으면 된다는 겁니다.

그런데 부모를 위해서 좋은 묘 자리를 하나 찾아 묻어드리면 자식으로서의 마음이 편한 것은 옳은 일이요 효도정신의 발로이지만, 만약 묘지가 내 자신을 위하고 내 자신의 후대가 좋기를 위한다면 옳지 않습니다. '약작성해(若作聖解)', 자기가 이런 이론이 있다고 여긴다면 '즉수군사(則受群邪)', 그것은 미친 겁니다. 마구니에 붙들린 생각이지 진리가 아닙니다.

이상은 이 문제에 대해 관련시켜 말해보았습니다.

풍(風)과 체온 · 수명 · 의식의 관계

우리가 식사 전에 말했듯이 사람이 죽어서 아직 그대로 놓여있지만 지수화풍은 떠나버렸습니다. 다시 보충해서 말씀드리면 사람의 정상적인 죽음에서 4대 가운데 어느 것이 먼저 문제가 발생할까요? 지대가 분산되지요? 그렇지요? 그 다음 단계는요? 수대가 분산합니다. 세 번째 단계에서는 풍대와 화대가 함께 분산합니다. 이른 바 풍대와 화대가 함께 옵니다.

이 부분에서 불학을 연구하는 여러분은 주의해야 합니다. 우리는 지금 살아 있으면서 생각이 있을 수 있는데 이 심의식(心意識)은 어디에서 올까요? 그러므로 유식법상학(唯識法相學)은 우리들에게 한 가지 중점을 일러주는데, 그것은 바로 난(暖) · 수(壽) · 식(識)이라는 세 가지 조건입니다. '난'은 온도가 있는 것입니다. 육체 생명이 살아있으려면 반드시 온도가 있어야 합니다. 이는 화대와의 관계입니다. '수', 온도가 있으면 수명이 있습니다. 그러므로 이 지구상을 보면 온대 열대 지방일수록 생물의 발전이 무성하고 한대 지방에 이르면 얼어서 생물의 종류가 아주 적습니다. 그러므로 '난'과 '수'가 있어야 정신의식이 작용을 일으킵니다. '난 · 수 · 식'은 삼위일체입니다.

하지만 난 · 수 · 식과 우리가 말하는 기(氣, 선천의 기炁를 포함합니다)인 풍대와는 무슨 관계일까요?

이 기의 작용은 생명의 근본의(根本依)입니다. 난 · 수 · 식은 근본적으로 무엇을 의지할까요? 기의 작용에 의지하고 풍대에 의지합니다. 후천적인 호흡만이 아니라 선천의 기를 포함합니다. 그러므로 사망할 때 최후의 한 호흡의 기가 멈춤은 풍대가 작용을 멈춘 것입니다. 멈춘 것입니다! 풍대가 존재하지 않는 것이 아닙니다. 풍대는 여전히 존재합니다. 하지만 호흡이 오고가는 생멸작용이 정지한 것입니다. 오고감은 생멸입니다. 이어서 화대도 그 작용을 멈춥니다. 이것을 사망이라고 합니다.

죽은 후에는 체온이 식어갑니다. 우리 살아있는 사람은 남녀가 서로 사랑하기에 부모형제를 안아보거나 업어볼 수 있는데, 그럴 경우 상대의 몸이 가볍지만 그의 기가 끊어져 버리면 몹시 무거워서 안고 움직이기 어렵습니다. 기가 없어지면 가볍지 않습니다. 그러므로 우리가 살아있을 때의 신체가 날렵하고 동작이 민첩 활발하면서 마음대로 활동하는 것은 바로 이 기의 작용 때문입니다. 나이가 많아지면 몸이 무겁습니다. 심지어는 움직여지지 않는데 이는 이미 기가 약해졌기 때문입니다. 수대가 많아지면 수대가 모두 병으로 변하고 불의 힘도 충분하지 않게 됩니다. 요즘 사람들이 우스갯소리로 늙은 채 죽지 않고 있는 노인들을 도적이라고 말하는데, 이 분들은 신체적으로 이미 반 이상이 죽은 상태로서 다들 몸이 제대로 말을 듣지 않습니다.

여기서 과학적인 문제가 하나 있습니다. 신체가 냉각되고 사망했다면 영하 몇 도에서도 여전히 따뜻함이 있을까요? 만약 과학적인 답을 한다면 여전히 따뜻함이 있다고 말해야 합니다. 하지만 영하 몇 도의 따뜻함도 우리에게는 아주 차갑지만 화대가 없다고는 말할 수 없습니다.

4대의 분리 변화

지수화풍 4대는 어느 대나 그 자체 속에 4대의 기능을 갖추고 있습니다. 예를 들어 화대 속에도 수대 · 풍대 · 지대 · 공대가 있습니다. 어느 대마다 다 그렇습니다. 본체 면에서 모두 이런 기능[功能]들이 있습니다. 그리고 불학은 아주 과학적으로 우리들에게 사대성리(四大性離)라고 말해줍니다. 지수화풍 사대의 작용은 저마다 각자의 성향 범위를 가지고 있다고 합니다. 그러나 무자성(無自性)입니다. 그 네 가지는 각각 범위가 있어서 각자 성립합니다. 예컨대 불이 타면 화대가 일어나는데, 물을 끓일 때 물이 불의 힘보다 클 경우 불은 꺼져버립니다. 극(剋)해버립니다. 만약 불의 힘이 크고 물의 힘이 작다면 물이 다 끓어 말라버립니다. 그러므로 '사대성리 무자성'이라고 합니다. 각자의 작용이 분리되고 각각 저마다의 작용 범위가 있습니다. 그런데 그들의 작용은 상생상극(相生相剋)합니다. 어느 것의 성분이 비교적 많으면 성분이 적은 것을 이겨 제압[剋制]합니다. 이 도리를 여러분에게 아주 간단하게 말했습니다만, 만약 과학적인 이치로 말한다면 아주 많게 됩니다.

그러므로 '사대성리' 란 대단히 과학적이라고 말합니다. 4대는 4

대류(四大類)의 작용과 현상으로 독립적인 자성(自性)이 없습니다. 그 자성은 공(空)하고 무아(無我)라고 말할 수 있습니다. 그것들은 모두 심물일원(心物一元)이라는 본체의 기능입니다. 그러므로 4대의 현상으로서 태어나서 죽음·훼멸에 이르기까지의 변화는, 양적인 변화에서 질적인 변화에 이르는 질과 양의 상호변화입니다.

4대 기능의 작용에다 공대(空大)·각대(覺大)·식대(識大)를 더해 7대(七大)가 되는데, 이 7대의 작용은 태어나거나 죽은 적이 없습니다. 증감하는 일이 없습니다. 4대는 모두 본체의 작용이면서 각자 독립적인 자성이 없습니다. 자성이 없음이란 무엇을 말하는 것일까요? 진정한 자아 독립적인 존재가 없다는 것을 말합니다. 비유를 하나들어 보겠습니다. 우리 신체의 각 기관들인 심장·간장·비장·폐장·신장은 각자 저마다의 작용이 있지만 매 기관은 실제로는 독립되어 있지 않습니다. 작용은 비록 다르지만 모두 이 신체에 속하며 신체를 떠나면 그 존재 형식과 작용이 바뀌게 됩니다.

7대의 본성도 우리 생명의 본성의 도리와 마찬가지로 생겨나지도 소멸하지도 않으며[不生不滅], 늘어나지도 줄어들지도 않습니다[不增不減]. 이른바 생겨남과 소멸함[生滅]·모임과 흩어짐[聚散]·늘어남과 줄어듦[增減]·더러움과 깨끗함[垢淨]·높음과 낮음[高下]·착함과 악함[善惡]·옳음과 그름[是非]·원인과 결과[因果] 등등 우주 일체의 물질현상·정신현상 작용은 모두 7대의 기능의 변화현상·변화작용입니다. 『능엄경』을 인용하면 7대는 모두 "청정하면서 본래 그러해 우주 사이[法界]에 충만하여 두루 있으면서, 온갖 중생의 마음의 힘의 작용을 따르고 지식학문의 아는 바의 양(量)에 따르느니라. ..... 어찌 고정된 방향과 장소가 있겠느냐? 단지 심신의 개성 업력에 따라 작용을 발생할 뿐이니라[清淨本然, 周遍法界,

隨衆生心, 應所知量....寧有方所, 循業發現].”입니다. 7대의 작용은 본래 생겨나지도 소멸하지도 않으며, 늘어나지도 줄어들지도 않으며, 더럽지도 깨끗하지도 않는 것으로, 모두 심물일원의 본성이요 본체의 작용입니다. 뿐만 아니라 중생의 지혜의 차별로 인하여 개체와 집단의 행위 차이가 발생하며 그 결과도 천차만별입니다. 이런 행위들의 결과는 사실 모두 중생 자신들이 지은 것이지 다른 사람이 당신 대신 마음대로 한 것이 아닙니다.[27)]

지수화풍은 무자성이라고 말했는데 무자성이란 단독적으로 존재하는 영원히 변하지 않는 성질이 없다는 말입니다. 4대는 모두 본체의 작용입니다. 마치 사람의 사지가 저마다 작용이 있지만 독립적으로 존재하지는 않듯이 말입니다. 물도 불도 바람도 어느 것이나 수시로 변화 작용하고 공(空)으로 돌아갑니다. 또 공이기 때문에 이런 변화를 일으키는 것입니다. 이 과정은 완전히 물리과학으로 가장 심오한 질적 변화와 양적 변화의 관계입니다. 오늘날 자연과학의 연구도 이 방향으로 추진하고 있습니다. 우리의 친구인 과학기술대학 주(朱) 총장님께서는 양자역학(量子力學) 과학 방면에 대해 일반대중용 저작을 쓰고 있는데 완전히 과학을 말하고 있습니다. 그가 원고를 봐달라고 제게 보내왔는데 저는 보고나서 몹시 감복했습니다.

우리 다시 본 얘기로 되돌아갑시다. 그 죽은 사람은 아직도 그곳에 누어있습니다! 방금 죽음을 얘기했는데 죽음은 이제 완전히

---

27) 이상 7대의 기능작용에 대해서 보다 자세한 풀이는 『능엄경 대의 풀이』 「제4장 물리세계와 정신세계는 둘 다 자성 기능의 나타남이다」를 참고하기 바란다.

지나갔습니다. 조금 전에 보충설명을 하겠다고 말씀드린 것은 죽기 이전에 대해서입니다. 먼저 지대가 변화해서 사람이 먼저 노화하고 신체를 모두 움직이지 못하게 되어 말을 듣지 않는다고 느껴집니다. 여러분은 다들 나이들이 적지 않으신데 제가 보니 저와 마찬가지로 모두 다 늙었습니다. 신체들이 젊은 시절처럼 그렇게 날렵하지 않습니다. 하지만 여러분은 자신들이 아직 천 살쯤 살 것처럼 생각합니다. 자신이 이미 노쇠하여 감당하기 어렵다는 것을 알지 못하고 있습니다. 서글픈 일입니다. 지혜와 생각이 그렇게 낮습니다. 사실 여러분은 십대 때와 비교해 보면 차이가 많이 납니다. 하지만 저는 지금도 자신을 시험해보면 십대 때의 모든 동작들을 그대로 할 수 있습니다. 왜 그럴까요? 제가 그런 동작들에 주의를 기울이고 단련해 왔기 때문입니다. 여러분은 이런 것들을 중시하지 않았기 때문에 길을 걷는 것이나 눈이든 뭐든 몹시 노화되어 있습니다. 제가 회상해보니 우리가 열 살 남짓 먹었을 때 만약 여러분 같은 사람들 앞에서 여러분을 보면 전 벌써 그 자리에서 도망가 버렸습니다. 이렇게 다 늙어빠진 할머니나 영감님들과 함께 있는 게 몹시 싫었기 때문입니다. 에이, 그런데 여러분은 지금 매우 활기 있게 살아가고 있고 앞날이 무궁하다고 여전히 느끼고 있습니다. 제가 좀 생각해보면 몹시 우스울 때도 있습니다. 저런! 어리석은 사람들 같은 이라고... 하하! 부처님이 말씀하셨듯이 우치(愚癡)한 중생으로 멍청하기도 하고 어리석기도 합니다. '우치'에서의 '치'는 지혜가 없는 것입니다.

우리는 이제 사람은 노쇠해졌고 제6분별의식은 갈수록 완고해집니다. 노인들의 주관적인 고집은 갈수록 심해집니다. 그러므로 노년 세대들과 젊은 세대들 사이에는 세대차가 있어 얘기가 안 통합니다. 노인들은 입만 열면 젊은이들을 꾸짖습니다. "내가 수십 년의 나이를 살았는데도 너를 이해 못하겠느냐?" 고 합니다. 그런데 이 말은 성립될 수 없습니다. 노인들의 교만입니다. 우치한 중생, 당신이 수십 년을 살았으니 제6분별의식의 지식은 아주 많이 오염되었어요. 당신의 지혜는 결코 높지 않아요. 오히려 늘 못해져가고 있어요. 하지만 경험이 좀 많을 뿐입니다. 그런데 본래 있는 지혜를 드러내는 입장에서 보면 경험에 의지함은 늘 장애로 변하고 오염으로 변합니다. 청년들, 특히 어린이들의 지혜는 학문에 바탕을 두지 않고 후천적 경험을 통해서 나오는 것이 아닌데, 그게 지혜이며 당신보다도 높아요! 하지만 노인들은 한사코 고집하고 분별심도 많습니다.

사망이 지대의 변화에 이르고 수대의 변화에 이를 때 제6의식은 서서히 흩어지고 혼미해집니다. 자기 생각을 자기 뜻대로 할 수 없게 되고 생각하는 것도 귀찮아집니다. 사람은 늙음에 이른 후에는 무슨 일이든 그에게 말해주면 이렇게 말합니다. "에이, 나는 모르겠어. 생각하기도 귀찮아." 노인 세대들이 생각하는 것은 온통 젊은 시절의 일들입니다. 목전의 일은 말해주어도 그는 수시로 잊어버립니다. 책을 보아도 기억하지 못하고 읽지 않으려합니다. 보고서는 음~ 하면서 일리가 있다고 느끼지만 한 글자도 기억하지 못합니다. 그의 뇌는 이미 사망하고 있습니다. 그러므로 여러분은 지금 책을 읽어도, 우리처럼 이렇게 나이 많은 사람이 기억하려고 하면 역시 깊게 기억이 되는 게 젊은 시절이나 다름없는 그런 상태가 아닙니다. 여러분은 기억하려고 하지 않습니다. 아니 여러분이 기억하려고 하지 않는 것이 아니라 여러분의 의식이 이미 많이 사망해버렸기 때문입니다. 여러분은 자신이 아직 살아있다고 생각하지 말기 바랍니다. 노년은 의식과 지식의 오염이 갈수록 많아집니다. 살아갈수록 늙어지고 일은 갈수록 귀찮아집니다. 맑고 밝은 두뇌, 그리고 그 지혜는 갈수록 오염이 덧칠해져 덮여집니다.

그러므로 좌선수행은 당신더러 일체의 망념을 놓아버리게 합니다. 즉 덧칠해진 색깔을 조금 씩 조금 씩 제거하여 모두 제거되어 깨끗해지면 원래의 생명을 회복합니다. 하지만 여러분은 그렇게 하지 못합니다. 그러므로 죽을 때 보통 사람들처럼 수대가 한 번 흩어질 때 제6의식이 흩어져버리고 자기 뜻대로 하지 못합니다. 남아있는 것으로서 뜻대로 되는 것이 하나 있는데, 그것은 안다는 것입니다. "아이고, 가련한 내 신세야, 하나님, 제가 죽어갑니다!" 그것은 제7식인, 의근(意根)입니다. 분별의식은 이미 또렷하지 않습니다.

목구멍에서 어 어...어...어...하다가, 근본의인 그 한 기(氣)가 마지막 어! 하고는 끊어지고, 이 한 번의 기가 흩어져버린 후에는 화대도 사라집니다. 그 때 제7식인 의근은 완전히 분리됩니다. 이렇게 분리된 후에는 정말로 죽은 것입니다. 하지만 일반 유물론 학자들은 사람이 죽고 나면 모든 게 없어져 버리는 것으로 생각합니다.

죽은 후 4대는 생명의 작용을 일으키지 않습니다. 생명의 근본의는 흩어져 버렸습니다. 그럼 이 몸은 어떨까요? 놓여 있는 채 어떻게 썩어갈까요? 이게 바로 부정관(不淨觀) · 백골관(白骨觀)에서 말하고자 하는 것입니다.[28)]

---

28) 부정관이란 관법의 하나로서, 육체의 더러움을 관상하여 번뇌 욕망을 없애는 방법이다. 몸의 더러움을 관하여 탐욕을 버리는 관법. 특히 시체가 점

죽은 시체는 곧 바로 썩는 게 아닙니다. 정말 썩기 시작하는 때는 10여 시간 후부터 서서히 시작합니다. 육체는 먼저 눈에서부터 썩기 시작합니다. 그러므로 법의학자는 시체를 검사할 때 시체의 눈꺼풀을 열어 살펴보고 이 사람이 죽은 지 얼마나 되었는지 압니다.

한 호흡의 기가 끊어진 후 신체는 아직 부드러우므로 얼른 서둘러 옷을 입힙니다. 몇 시간 지난 후에는 신체가 뻣뻣해져서 옷을 입히기 어렵고 뼈마디도 움직이지 않게 됩니다.

대개 10여 시간 지난 후에 뻣뻣하던 것이 부드러워지기 시작하고 부드러워진 후에 피부 외면이 푸르러집니다. 그 다음 썩으면서 사대가 서서히 분해합니다. 수는 수로 돌아가고, 지는 지로, 화는 화로, 풍은 풍으로 돌아갑니다. 한 동안의 시간이 지나고 나면 모두 변화해서 공(空)으로 돌아갑니다.

염불은 어떻게 염하는 것일까요

지수화풍으로의 변화는 우리들과 무슨 관계가 있을까요? 이는 제8식인 아뢰야식 부분에 속합니다. 만약 죽은 지 20여 시간이 넘지 않았을 때 법사를 초청하여 경전을 읽어주거나 곁에서 염불을 해주는 일은 또 다른 문제인데 다음에 말씀드리겠습니다.

예컨대 작년 우리들의 학우 한 분이 죽었을 때 다들 가서는 그의 정수리 머리털을 잡아당기면서 말했습니다. "누구 씨, 미련을 갖지

차로 부패하여 없어져 결국 백골로 변하기까지의 모습을 마음속으로 관찰하고 생각하는 것이다. 『선정과 지혜 수행입문』을 참고하기 바란다.

마세요, 얼른 떠나세요, 염불하세요! 우리 모두 당신과 함께 염불할게요." 모두들 그의 곁에서 함께 나무아미타불 염불하면서 그가 떠나도록 인도하고 일깨워 주었습니다. "당신 들었지요? 당신은 염불소리 따라 부처님의 광명을 따라 가세요."

요즈음은 좋은 염불기(念佛機)가 있으니 여러분은 얼른 켜 놓고 망자에게 일러주십시오. 망자에게 주의를 기울이라고 수시로 일러주십시오. 왜냐하면 망자는 그때 이미 주의를 기울일 수 없는 상태에 있기 때문입니다. 많은 사람들이 일생동안 불법을 배웠지만 죽음이 닥쳐왔을 때는 염불이 되지를 않습니다. 염불을 하지 못합니다. 염불을 하고 싶지만 염불이 되지 않습니다. 그 사람이 평소에 지혜가 없어서 입으로 나무아미타불을 해야 염불인 것으로 생각했기 때문입니다. 옳지 않습니다! 진정한 염불이나 진언을 외움은, 임종 때에 이르면 비록 입으로는 외울 수 없어 한 글자도 외워지지 않지만 마음속에서는 여전히 부처님이나 준제(準提)보살님을 생각합니다. 이런 생각이 있으면, 이것을 바로 염불이라고 합니다. 여러분들이 주의하도록 말씀드립니다. 이 한 생각을 정념(正念)이라고 합니다.

곁에 있는 사람이 그 사람을 이렇게 일깨워줍니다. "누구 씨, 당신은 부처님을 잊지 마세요. 이곳으로부터 떠나가세요." 그러면서 그의 정수리의 머리털을 잡아당기면서 일깨워 일러줍니다. "당신은 지금 어떤 경계가 보이든 상관하지 마세요. 정좌했을 때처럼 무슨 경계라도 상관하지 마세요. 무서운 귀신이든 염라대왕이든 천신이든 어떤 무서움도 두려워 마세요. 어떤 좋은 것에도 유혹되지 마세요. 당신은 그저 일심으로 부처님을 생각하세요. 바로 이렇게..." 망자가 이렇게 할 수 있으면 이 생명을 뛰어넘을 것이고 다음 생의 생명은 달라지게 됩니다.

이 단계에서 그 곁에 있는 우리들이 말하더라도 망자는 기가 끊어지기 전에 우리들이 이렇게 큰 소리로 하는 말이 그에게는 모기소리 만큼이나 작게 들립니다. 그러므로 이 단계에서는 청정한 범음(梵音)을 이용하되 경쇠를 치는 게 제일 좋습니다. 이렇게 경쇠를 치는 소리는 그가 주의를 기울이도록 일깨우기 쉽습니다. 그리고 이렇게 일러줍니다. "당신은 마음속으로 염불해가세요. 그렇게 염불하면서 보이는 일체의 경계에 대해서는 좌선할 때 그랬듯이 어떤 무서움이나 희로애락 등 어떠한 현상이라도 상대하지 마십시오. 상대하면 곧바로 속아 넘어가 또 하나의 생명에 속아 태어나게 됩니다. 오로지 마음속으로 염불하십시오." 한편으로 경쇠를 치고 한편으로는 그를 일깨워 주면서 망자와 함께 염불합니다.

그러므로 여러분들더러 선정을 닦아 익히면서 일체의 생각이나 느낌들에 상관하지 말라고 하는 겁니다. 더 나아가 일체 경계에 상관하지 않으면서 걷고 머물고 앉고 눕는 속에서 선정의 힘을 서서히 배양하라는 겁니다. 『금강경』은 당신에게 말합니다. "모든 현상은 다 허망하다[凡所有相 皆是虛妄]" 당신은 그렇게 할 수 있습니까? 이 부분에서 시험을 해 볼 수 있는데, 진정으로 수지(修持)가 있는 사람은 기가 끊어지기 전에도 그는 여전히 정념(正念)이 있습니다. 예컨대 밀종을 닦는 사람이거나 정토종을 닦는 사람으로 아미타불을 관하는 사람은 이때에 이르면 기력도 흩어졌고 의식도 흩어져버려 입으로는 염불하지 못하지만, 그의 의식은 자기가 죽든 말든 상관하지 않고 불상을 하나 생각하기만 하면 마음속에서 부처님을 생각하고 있는 이 정념이 존재합니다. 기독교로 말하면 그는 틀림없이 구원받아 상승합니다. 이것을 염불이라고 합니다. 입으로 외우는 게 아닙니다.

그러기에 일반적으로 그런 염불의 원리를 알지 못하는 사람에게 말하기를, "누구 씨, 당신은 이때에 염불하세요!" 하면 불법을 배운 많은 사람들이 제게 이렇게 대답합니다. "에... , 서...서...선....새... 앵..니임... , 여...엄...부...울...이....아아안......되에에에..요" 제가 말합니다. "당신은 정말 바보네요! 당신은 어째서 내게 말할 수 있습니까? 당신이 내게 말하는 게 바로 염이예요! 염불이란 생각 속에 부처님의 관념이 있는 거예요. 입으로 아미타불을 외우는 게 아니예요." 그러나 그는 이미 알아듣지 못하는 상태에 있습니다. 의식의 힘이 부족한 상태가 되어버렸습니다. 그러므로 불법을 배운 많은 사람들을 보면 밀교를 배웠든 선종이나 정토종을 배웠든 최후에 이르러서는 모두 자신이 없고 자기 뜻대로 하지 못합니다. 우리가 이를 네 글자로 비평하면 '낭사허생(浪死虛生)'이라고 합니다. 출가자나 재가자가 불법을 배웠거나 다른 종교를 믿었지만 일생을 헛살아, 죽음에 이르러서는 자기 뜻대로 하지 못합니다. 그러므로 종교를 믿고 불법을 배우는 많은 사람들이 결코 좋은 점을 얻지 못했습니다.[29)]

이제 다시 사망한 사람 얘기로 돌아가겠습니다. 제가 방금 말했듯이 그는 이미 기가 끊어지고 혼미 상태로 들어갔습니다. 무심 경계로 들어갔습니다. 이 기가 끊어질 듯 말듯 하는 단계에 있을 때 곁에 서 있는 우리들은 장차 죽으려고 하는 분을 도와주어야 합니다. 그를 일깨워 그를 이끌고 염불해주어야 합니다. 이것도 하나의 관대도리요 작용도리입니다.

29) 염불 법문에 대해서는 역자가 편역한 『나무아미타불이 팔만대장경이다』를 참고하기 바란다.

생각의 속도는 얼마나 빠른가

그럼 정말로 죽은 사람은 어떻게 중음신이 생겨날까요? 조금 전 소개하기 시작하였듯이 생명이 죽고 나서 아직 또 다른 생명으로 태어나기 전까지 존재하는 중간단계를 중음이라고 부릅니다. 우리는 보통 그것을 영혼이라 부릅니다. 중음신은 귀(鬼)가 아닙니다. 귀는 아귀도[鬼道]의 생명으로 이미 다른 생명이 하나 된 겁니다. 중음신은 비록 귀는 아니지만 귀보다는 대단합니다. 중음신은 신통이 있으니까요! 사람이 죽은 후 중음신으로 변하면 공간적인 장애가 없습니다. 자기의 친척이나 애인이 미국에 있더라도 생각만 하면 즉시 그들 곁으로 갈 수 있습니다. 그리고 미국 친구에게 자신이 이미 죽었으니 괴로워 말라고 말하지만 상대방은 듣지 못합니다. 그러나 우리 살아있는 사람이 하는 말은 중음신이 모두 들을 수 있습니다. 중음신은 다섯 가지 신통이 있습니다. 신선과 같은 신통이 있어서 어느 곳이든 갈 수 있습니다. 산하와 장벽, 시간 공간이 장애가 되지 않습니다. 그 빠르기는 빛의 속도보다도 더 빠릅니다. 그러므로 우리는 그것을 염속(念速)이라고 부르는데 정말 빠릅니다.

사실 여러분들 한 무리가 제 앞에 있는데, 눈앞에 앉아 있는 요 몇 명의 불법을 배우는 사람들은 아예 진정으로 수행하고 있지 않고 공부하고 있지 않습니다. 그 그림자조차도 이해 못합니다. 요 젊은이들도 그 안에 포함됩니다. 그러기에 여러분이 선정을 수행할 때 제가 늘 여러분에게 주의를 기울이라고 일러드립니다. 여러분은 알아야 합니다. 한 번 내쉬고 한 번 들이쉬는 동안에는 아주 많은 찰나가 있습니다. 손가락 한 번 퉁기는 사이에 6십 개의 찰나가 있습니다. 한 찰나 사이에 의식은 9백6십 번의 변동이 있습니다. 여러분은 발견하지 못하는데 여러분의 마음이 진정한 선정의 평정 경지에 도달하지 못하기에 자기의 생각이 그렇게 빠른 속도로 변동하고 있는지를 보지 못합니다. 이렇게 빠른 속도는 광속보다도 몇 배나 빠른지 모릅니다. 당신은 볼 수 없지만 정말로 선정을 얻게 되면 볼 수 있습니다. 낮부터 밤까지 24시간 동안 의식이 13억 번이나 변동하는데 이 숫자가 두려울 정도이지요! 우리의 생각변화는 그렇게 빠릅니다. 마치 손오공이 근육 한 번 펴면 10만 8천리이요 이리 뛰고 저리 뛰면서 안온한 때가 없듯이 그렇습니다.

그러므로 생각이 진정으로 청정함에 도달하고 지관(止觀)[30]을 닦아야 이런 잡념들이 비로소 변화합니다. 이런 변화는 무엇일까요? 행음(行陰)의 변화, 행동의 변화로서 청정해져야 선정 경계에 진입하고 선정을 얻습니다. 그러므로 여러분은 말합니다. "이 사람이 선정을 얻었어, 저 사람이 선정을 얻었어, 그래그래! 선정을 얻었어...." 하지만 완전히 자기를 속이고 남을 속이는 겁니다. 말하며 재미있어 하지만 어느 사람이 선정을 얻었을까요? 당신 자신의 생각이 움직이고 있는 것조차도 또렷이 보지 못합니다. 예컨대 저와 모모 씨가 얘기를 하면서 제가 말했습니다. "당신 함부로 얘기하지 말아요." 그가 말했습니다. "선생님, 저 함부로 얘기하지 않았습니다. 몇 마디 했을 뿐입니다. 보세요, 제가 뭘 함부로 얘기했는지, 제가 이렇게 얘기하는 것은 모모 씨와는 농담을 해도 되지만 남은 농

30) 마음을 단련하여 일체의 외부의 대상경계나 어지러운 생각에 움직이지 않고 마음을 특정의 대상에 쏟는 것을 지(止)라 하고, 그것에 의해 바른 지혜를 끌어내어 대상을 관찰하는 것을 관(觀)이라고 한다. 계정혜(戒定慧) 3학에서 정(定)은 지(止)에, 혜(慧)는 관(觀)에 해당하며 지관은 모든 수행법을 포괄한다.

담할 수 없기 때문입니다." 좀 생각해보세요. 얼마나 두렵습니까. 이런 생각은 분명히 자신을 속이고 있는데도 자신은 아직 모르고 있습니다.

중음신의 생각은 매우 빨리 돌아갑니다. 중음신의 5신통인 신족통(神足通) · 천안통(天眼通) · 천이통(天耳通) · 타심통(他心通) · 숙명통(宿命通)이 나타납니다. 그러므로 사람이 죽은 후에 그가 깨어나는 것은 바로 중음신이 태어나는 것입니다. 그는 우리가 울고 있는 것을 보고 곁에 서서 우리들 더러 울지 말라고 합니다. "나는 이미 떠났어요. 나도 괴로워요, 당신 울지 말아요." 그는 우리를 끌어당기면서 권하지만 우리는 듣지 못합니다. 그런데 중음신은 우리들의 말을 들을 수 있습니다. 당신이 무슨 일들을 하는지 수시로 와서 봅니다. 산이나 강, 장벽이 그를 가로막지 못합니다. 이런 물리세계는 그에게 조금도 장애가 되지 않습니다.

보통 사람이 죽으면 철저하게 혼미한 무심 상태로부터 중음신이 형성되기까지 얼마의 시간이 걸리는지 확실하게 말하기는 어렵습니다. 당연히 시간이 있지만 정확하게 말하기에는 오늘날의 과학적 계산방법으로는 대단히 어렵습니다. 우리 보통 사람은 한 번 자고 일어나는 데 대개 5~6시간이나 6~7시간입니다. 완전한 사망에서 중음신이 깨어나기 까지 대개 10여 시간 걸립니다.

중음신이 깨어나는 것은 마치 우리가 잠에서 깨어남과 비슷합니다. 여러분들이 수행을 말하는데 여러분에게 한 번 물어보겠습니다. 여러분은 모두 수십 년 동안 잠을 자왔는데 잠에서 어떻게 깨어날까요? 자기가 잠에서 어떻게 깨어나는지를 아는 분이 계십니까? 아마 아무도 모를 겁니다. 만약 어떤 분이 안다고 한다면 불가능한 일입니다. 당신은 이미 깨어난 다음 회상하고서야 알기 때문입니다. 그것은 분별의식의 작용입니다. 그것은 아닙니다.

바꾸어 말하면 우리가 저녁에 침상에 누어 잠이 들었습니다. 다들 수십 년 동안 잠을 잤지만 자신이 어떻게 잠이 드는지 아는가요? 역시 모릅니다. 만약 안다고 말한다면 이미 알고 있는 바이니 잠들지 않았다는 것을 알 수 있습니다. 그렇지요? 정말 잠이 들면 모릅니다. 마치 우리가 지금, 엄마가 낳기 전에 자신이 어떻게 왔는지 모르는 것과 마찬가지입니다. 죽은 뒤에는 어떻게 갈까요? 역시 모릅니다. 잠들고 깨어남과 태어남과 죽음이라는, 이 두 가지 문제는 같은 것이지만 크기가 다를 뿐입니다.

관대도리의 입장에서 보면 사람이 깨어있음은 살아있음에 해당하고 잠듦은 죽음에 해당합니다. 잠에서 깨어난 후에는 또 하나의 생사입니다. 그러므로 진정으로 생사를 말할 경우 부모가 낳았을 때를 생이라고 부르고 죽었을 때를 사라고 부르는 것이 아닙니다. 사실은 우리는 날마다 낮과 밤이 모두 하나의 생사입니다. 더 자세히 얘기하면 생각 생각이 모두 태어나고 죽고 태어나고 죽고 하는 반복 과정 중에 있습니다. 이 점은 여러분이 더욱 모릅니다.

우리가 방금 식사하기 전부터 지금까지 생각관념의 반복적인 생멸 내지는 신체의 신진대사는 그 사이에 이미 많은 생사가 일어났습니다. 식사 전에 우리는 앉아서 휴식하는 동안 얘기를 하면서 식사를 기다렸습니다. 식사 후에는 다들 모여 모씨에게 보통 사람이 보지 못하는 초능력을 보여 달라고 했습니다. 허허, 어떻던가요? 그는 그런 것을 보았다고 하고 그의 신체가 그러함을 보았다고 하는데, 모두 다 멋대로 말한 겁니다. 한 생각 한 생사가 다 지나갔습니다.

현재는 바로 한 생각이며 한 생각마다 한 생사임을 당신이 보지 못했습니다. 이 생각 생각이 생사하는 과정을 또렷이 보지 못하고서 당신은 어떻게 수행합니까? "예, 저는 염불하고 있습니다! 저는 정좌하고 있습니다! 저는 진언을 외고 있습니다! 저는 관상(觀想)을 하고 있습니다!" 하지만 모두 자기를 속이고 남을 속이는 겁니다.

수행은 지혜를 배우는 것입니다. 그저 그렇게 좋을 대로 신앙하는 것을 수행이라고 하지 않습니다. 제가 오늘 여러분들에게 말해줄 수 있는 것은 저의 지혜가 말해드리는 겁니다. 제가 불경을 보고나서 말씀드리는 게 아닙니다. 불경에 들어 있기는 있지요! 그러나 여러분은 보더라도 이해 못합니다. 여러분은 지금 제가 말하는 것을 들으며 지금 알았다고 생각하겠지만 알기는 뭘 알아요! 제가 아는 것입니다! 여러분은 좀 들어볼 뿐입니다. 이것을 성문중(聲聞衆)이라고 합니다. 소리를 듣고서 자신이 이해했다고 생각하지만 증득하지는 못했습니다. 저의 말이 일러주는 것을 당신이 듣는 것은 관대도리입니다. 당신은 증성도리에 도달하지 못했습니다. 당신이 증득을 추구하여 도달하지 못했으니 들은 게 무슨 소용이 있겠습니까! 자기를 속이지 마십시오.

우리의 요 친구들은 날마다 저녁에 오기를 좋아하면서 말합니다. "선생님, 당신을 한 번 보기만 해도 좀 편안합니다." 편안하기는 뭐가 편안해요! 여기 앉아서 제가 허풍 치는 것을 듣는 것이지. 찻집에 가면 돈 써야 하고 나이트클럽에 가면 현금 내야 하니까 여기 와서 차 마시고 또 제가 떠들어 대는 것을 듣는 것이지요. 한바탕 허풍 듣고 나면 마음이 후련하겠지요! 돈 한 푼 안 드니 당연히 즐겁게 와서 저를 보지요. 자기를 속이고 남을 속이는 겁니다! 모두 속이고 있으면서 자기도 수행하고 있다고 생각하는데 무슨 행을 닦는다는 겁니까?

그러기에 제가 늘 말하는데, 여러분이 진정으로 수행하려면 영명연수(永明延壽)대사의 두 마디 말을 이해해야 합니다. "생인(生因)으로 말미암아 생기하는 것이 아니라 요인(了因)을 통해 비춰보고 깨닫는 것일 뿐이다[非生因之所生, 唯了因之所了]."31) 이는 지혜로운 해탈을 말하지 공부하는 것을 말하는 게 아닙니다. 이 도리를 정말로 이해하려면 당신은 지혜로 해탈해야 합니다. 무턱대고 수행하는 게 아닙니다. 그러기에 수행은 과학이라고 말합니다. 먼저 이 도

---

31) 생인(生因)이란 제8식인 아뢰야식이 일체의 종자를 본래 갖추고 있어서 일체의 사물을 생겨나게 할 수 있음을 가리킨다. 마치 풀씨에서 뿌리가 나고 싹이 남과 같다. 요인(了因)이란 지혜로써 진리를 비추어 봄을 가리킨다. 마치 등불 빛이 사물을 비추면 또렷이 알 수 있음과 같다.

이 두 마디 말은 『종경록(宗鏡錄)』「제1권 제1 표종장(標宗章)」에 나오는데 관련부분을 옮기고 풀이하면 다음과 같다.

이것이 바로 여래장속의 법성의 본체인데, 그 본성은 본래부터 원만 구족하여 더러움에 처하여도 더러움에 물들지 않고 도야(陶冶)로 말미암아 깨끗해지지도 않는다. 그러므로 자체가 청정하며 광명이 시방세계를 널리 비추어서 두루 덮지 않는 곳이 없다. 그러므로 말하기를 원만히 빛나면서도 파도를 따르고 흐름을 좇음이 마치 더러움을 받은듯하지만 처음처럼 깨끗하다. 인연을 따르면서도 자재하므로 더러움을 없애서 깨끗하지 않음이 없다. 성인에 있어서도 늘어남이 없고 범부에 있어서도 줄어듦이 없다. 비록 드러나고 숨는 다름이 있지만 본질 면에서는 차이가 없다. 만약 이것을 번뇌가 덮고 있으면 숨고 지혜가 비춰보면 분명히 드러난다. 그것은 생인으로 말미암아 생기(生起)하는 것이 아니라 요인을 통하여 비추어 드러내 깨닫는 것이다. 이것이 중생 자심의 본체이다. 이는 영지영각(靈知靈覺)을 갖추고 있으며 고요한 체[寂]와 비추는 작용[照]이 함께 하여 빠뜨림이 없다. 이것이 화엄종의 근본일 뿐만 아니라 일체 교문(教門)의 핵심이다."

此即是如來藏中法性之體.。從本已來性自滿足。處染不垢修治不淨。故云自性清淨。性體遍照無幽不矚。故曰圓明。又隨流加染而不垢。返流除染而不淨。亦可在聖體而不增。處凡身而不減。雖有隱顯之殊。而無差別之異。煩惱覆之則隱。智慧了之則顯。非生因之所生。唯了因之所了。斯即一切眾生自心之體。靈知不昧寂照無遺。非但華嚴之宗。亦是一切教體。

리를 알고서 그 다음에 증득을 추구해야 합니다. 증득하지 못하면 안 됩니다.

우리가 한참 얘기하는 동안, 저 죽은 사람은 여전히 사망의 무심경계 속에 있으며 중음신은 아직 깨어나지 않은 상태입니다. 중음신에 대해 말하고자 하면 먼저 알아야 할 서로 관련된 도리가 많이 있기 때문에 한참 동안 얘기가 벗어났습니다.

중음신이 생겨난 뒤의 광명과 신통

이제 본 얘기로 되돌아가겠습니다. 사람이 죽어 중음신이 생겨나려고 할 때는 홀연히 사람이 깨어난 것 같습니다. 이때에는, 그러니까 깨어나려고 할 때 입니다, 불경에 의하면 한 줄기 강렬한 밝은 빛이 나타나는데 대단히 강렬합니다. 그런데 여러분 주의해야 합니다. 불경에서 그렇게 말하고 있다고 해서 속아서는 안 됩니다. 이 빛은 태양빛이 아니요 달빛도 아닙니다. 전등 빛도 아니고 일체의 빛이 아닙니다. 지혜의 빛입니다. 제가 여러분에게 묻기를, 우리는 저마다 잠에서 깨어나는 그 첫 번째 순간에, 깨어나는 지를 어떻게 아느냐고 물으면 다들 모르고, 깨어나서야 안다고 하는데, 그렇게 아는 것이 지혜의 빛이듯 중음신이 깨어남도 그렇습니다. 우리가 보통 잠에서 깨어나서 아직 눈을 뜨지 않았을 때 깨어났다고 느끼는 것은 이미 두 번째 생각입니다. 첫 번째 생각은 우리가 잠을 충분히 자고 난 후 탁! 하면서, 이는 비유입니다, 전등이 켜지듯이 탁! 하는데, 이것은 광명에 속하며 지혜의 빛으로, 형상(形相)이 있는 것이 아닙니다. 하지만 형상이 있는 경우도 있습니다. 예컨대 우리가 아침에 잠에서 깨어나거나 한낮에 한 잠 자고 깨어나서는, "아, 내가 깨어났네!" 할 그 때 실눈을 뜨고 있는 상태에서도 밝은 빛이 좀 있습니다. 때로는 그런 우연한 경험이 좀 있지요. 그렇지요? 그 밝은 빛은 어슴푸레한 것입니다.

그러므로 죽은 후 중음신이 생겨날 때까지는 마치 잠에서 깨어나는 것 같습니다. 이 단계를 중음신이라고 하는데, 마치 살아있는 것 같아 자신이 몸도 있고 볼 수도 들을 수도 있다고 느낍니다. 그러나 어? 그들이 다 울고 있는 것을 발견하고는 "아아, 내가 죽었구나!" 하면서 자신도 웁니다. "아이구, 여러분 울지 말아요!" 하면서 와서 당신을 끌어당기고는 "이제 울지 말아요. 나는 가겠어요. 당신 슬퍼하지 말아요." 그럽니다. 이곳에서 들을 수 있을 뿐만 아니라 외국에서 어떤 사람이 울더라도 그는 다 듣습니다. 동시에 들으면서 한 편으로는 당신더러 울지 말라고 타이르고 한 편으로는 외국으로 가서 그 다른 사람에게도 울지 말라고 권합니다. 한 생각 사이에 빠져나가는데 그 신통은 정말 넓고 큽니다.

이런 몸을 중음신이라고 부르는데 꿈속의 몸이나 마찬가지입니다. 여러분 생각 좀 해보세요, 꿈속에서 몸이 있든가요 없든가요? 있습니다. 당신이 맛있는 것을 보면 역시 그 향기를 느낄 줄 알고 울 줄도 웃을 줄도 압니다. 불이 타면 데일 것이라고 느끼기도 합니다. 물에 젖으면 춥기도 하고 칼로 당신을 내리찍으면 피를 흘리고 아파하기도 합니다. 이게 바로 중음신의 도리입니다. 중음신은 몽환과 같습니다. 꿈속에서 두려운 것을 보면 몹시 두려워하고 뛰기도 합니다. 그렇지요? 중음의 도리도 마찬가지입니다. 왜 몸 신(身)자를 쓸까요? 안식 · 이식 · 비식 · 설식 · 신식 · 의식의 작용, 그리고 생각이 여전히 있기 때문입니다. 이것은 유심(唯心)으로 생겨난 것이지만 중음에는 이런 작용이 있습니다. 바꾸어 말하면 중음신은 진정한 눈·코·혀·귀·대뇌·신체가 없지만 일체를 볼 수 있습니다. 색(色: 형태와 색깔)·성(聲: 소리)·향(香: 향기)·미(味: 맛)·촉(觸: 신체에 접촉하여 지각되는 것)·법(法: 의식의 사고 대상), 이 모두에 감응할 줄 압니다. 이것을 중음신이라고 합니다.

자, 지금은 중음신이 생겨나는 것만 말했습니다. 그런데 오늘 수업 시작 부분에 여러분에게 말했듯이 불법의 기초는 3세인과와 6도윤회에 있습니다. 6도에는 아주 많은 생명의 작용이 있습니다. 오늘 제가 여러분에게 말씀드리는 것은 인도(人道) 속의 생명 작용입니다. 그리고 정상적인 생사입니다. 그렇지요? 기타 생명의 생사는 말하지 않았고 사람의 횡사에 대해서는 더더욱 말하지 않았습니다. 여러분 기억해야 합니다. 수업을 들을 때 이런 논리가 없으면 저의 수업을 들으러 오지 말아야 합니다. 잘못 듣거나 치우쳐 듣지 말아야 합니다. 지금은 사람의 정상적인 죽음을 말하고 있다는 점을 기억하고 있기 바랍니다.

사실은 사후에 중음신이 있기가 쉽지는 않은 일입니다. 일생동안 좋은 일을 많이 한 크게 착한 사람이나 수행이 있는 사람은 사후에 중음신이 없습니다. 이런 사람은 기(氣)가 끊어지자마자 승천하거나, 수행에 성공한 출가자나 재가자는 극락세계에 왕생하거나 기타의 불국토에 왕생합니다. 기가 끊어질듯 말듯 할 때 이미 그런 세계에 왕생하고 중음신을 거치지 않고 중간에 정류하지 않는 경우도 있습니다. 나쁜 사람은 곧 바로 아귀나 축생으로 변하거나 지옥에 떨어지는 경우도 중음신이 없고 바로 가버립니다. 그러므로 중음신이 어찌 말처럼 쉽게 머무를 수 있겠습니까?

제가 불법을 배우기 시작할 때 일부 사람들은 모두 대 선배들로서 밀교를 닦는 분이거나 선종을 배우는 분들이었는데 모두들 저를 아껴주었습니다. 아마 연(緣)이 좋았나 봅니다. 저는 그분들에게 인정(人情)의 빚을 지고 있습니다. 우리는 함께 한담했는데 대 선배께서 내게 물었습니다. "사형, 중음신이 지나가지 못하는 곳이 두 곳이 있는데 자네 아는가?" 저는 알고 있다고 답했습니다. 일부 대 선배들은 저를 시험해보려 물었지만 정말 몰라서 묻는 분들도 있었습니다. 지나가지 못하는 두 곳이란 어느 곳일까요? 첫째, 보리도량(菩提道場)에 들어가지 못합니다. 즉 깨달은 곳에 들어가지 못합니다. 예컨대 석가모니불이 보리수 아래에서 정좌했는데 그의 그 경계에 중음신은 들어가지 못합니다. 들어가면 그도 깨닫고 성불합니다. 바꾸어 말하면 어떤 선당에서 우리들처럼 지금 그 안에서 이런 문제를 얘기하고 있는 경우 중음신은 역시 들어오지 못합니다. 우리가 마음속에서 말하기를 "모든 호법신들이여, 그가 들어와 좀 들어서 착한 연을 맺게 하십시오." 하는 경우에는 들어올 수 있지만 그렇지 않으면 지혜의 광명인 그 중음신은 들어오지 못합니다.

둘째, 산문(産門)에 들어가지 못합니다. 산문이란 여인이 임신 출산하는 부위로 아이가 태어나는 곳입니다. 즉 여자의 음부입니다. 왜 중음신은 산문에 들어가지 못할까요? 에이, 여러분들은 어떻게 그리 멍청합니까! 산문에 들어가면 그는 곧 환생하여 영아로 변합니다. 중음신은 첫째 보리도량에 들어가지 못하며, 둘째 산문에 들어가지 못합니다. 들어가면 중음신이 아닙니다. 그 이외에는 불리한 곳이 없으며 막지 못합니다.

사실 우리 살아있는 사람들의 중유신(中有身)도 마찬가지입니다. 우리의 마음이 뭔가를 생각하고 싶을 경우, 예컨대 당신이 한 여자를 생각하고 여자는 한 남자를 생각하면서 상대와의 성교를 생각하면, 당신은 성교하고 있는 것처럼 모두 상상할 수 있습니다. 마치 진짜로 그런 것처럼 말입니다. 그렇지만 실제로는 그렇게 할 수 없는데 왜 그럴까요? 이는 의념(意念)과 관계가 있기 때문입니다.

중음신의 생사

중음신은 생사가 있을까요 없을까요? 생사가 있습니다. 7일마다 한 번씩 변화하면서 의식을 잃었다가 깨어납니다.

제가 수십 년 동안 보았는데 금년 이 나이까지 살면서 얼마나 세상의 풍파를 겪었는지 모릅니다! 많은 친구들을 보았는데 정말 괴로웠습니다. 어떤 현상들을 보고나면 제가 보기에는 아이고, 그 사람은 벌써 절반이나 축생으로 변해있는데도 그 자신은 아직 모르고 있습니다. 어떤 친구들은 지옥에 이미 절반은 떨어져 있으면서도 이 세상에서 아직 살고 있습니다. 특히 여러분들이 어떤 도살장들에 가보면 그들은 수십 년 죽이다 보니 일부 사람들은 그 자신이 이미 축생을 닮은 모습인데도 그 자신은 모르고 있습니다. 많은 사람들이 아직 중음신의 시기에 이르지 않았어도 이미 변해있습니다. 이것은 바로 인과입니다.

또 불경에서 말하는 것을 읽어보세요. 아마 이 사람은 6도(六道) 중의 어느 도에서 왔을 것입니다. 어떤 사람들은 곧 저 나쁜 도로 들어가게 됩니다. 어떤 생명들은 나쁜 도에서 나와 투태(投胎)하여 사람으로 변하였지만 그의 남은 습기, 남아있는 그의 습관이나 외모가 모두 드러나는데 여러분이 알아채지 못할 뿐입니다. 그러므로 신통이란 무엇일까요? 지혜가 진정한 신통입니다. 이 사람이 어느 도에서 온 지를 알아볼 수 있습니다. 왜냐하면 그의 남은 습기가 끊어지지 않고 지니고 왔기 때문입니다.

중음신은 7일마다 한번 씩 태어나고 죽습니다. 일반 책에서는 중음을 틀에 박힌 식으로 7주 동안, 그러니까 49일 동안에 생명이 7일마다 한 번씩 전변하는 것으로 말하는데 사실은 일정하지 않습니다. 중음이 아주 짧은 기간도 있습니다. 고정적으로 7일마다 한 경계인 것은 아닙니다. 우리가 말하는 7일은 우리들의 시간으로 계산한 것입니다. 중음경계에서의 시간 공간의 관념과, 천인 경계나 지옥 경계의 시간 공간 관념은 모두 상대적입니다. 한결같지 않습니다. 예컨대 우리가 살면서 바라던 대로 되어 의기가 올랐을 때는 불과 몇 초가 지나간 것 같지만 실제는 몇 시간이 지나갔습니다. 고통스럽게 병에 걸렸거나 시달리거나 고통을 겪을 때는 1분1초가 아주 긴 시간이나 다름없습니다. 그러므로 시간은 상대적입니다. 득의(得意)할 때의 느낌은 시간이 짧고 고통스러울 때의 시간이 길다고 느낍니다.

그러므로 중음의 단계는 7일마다 한번 씩 나고 죽는다고 하더라도 이른 바 7일이란 인간세계의 틀에 박힌 시간 계산이 아닙니다. 이 7일 동안에 무슨 경계가 나타난다느니, 무슨 보살님이 당신을 맞으러 온다느니, 무슨 하느님이 와서 당신을 인도한다느니, 무슨 알라신이나 부처님 등등이 나타난다느니 하지만, 사실은 이 모두가 관대도리요 방편법문입니다. 고정된 것이 아닙니다. 이에 대해서는 다음에 더 보충해서 말씀드리겠습니다.

그런데 중음의 존재는 왜 7일마다 한번 씩 크게 변화할까요? 우리는 아직 태어남에 대해서는 말하지 않았습니다! 생명이 엄마 태속에 있을 때도 7일마다 한 번씩 변화가 일어납니다. 우리가 지금 살아가면서 이 인간세상도 7일마다 한 번씩 큰 변화가 일어나는데 다들 모르고 있을 뿐입니다. 그러므로 진정으로 중의학이나 서양의학을 배우려면 이를 알아야 합니다. 예컨대 어떤 사람이 감기에 걸렸다면 3주간인 21일 동안에 완전히 뿌리가 끊어지지 않는 일은 없습니다. 약을 먹는 것은 단지 도와주는 것일 뿐입니다. 당신을 좀 가뿐하게 해주는 것이지 실제는 역시 7일마다 한번 씩 변화합니다.

중음은 아무리 길어도 7주, 그러니까 49일 동안 머문다는 말도 억지 설입니다. 지금 민간에 어떤 이들은 과음(過陰)이나 주음(走陰)이나 영고(靈姑) 등과 같은 영매(靈媒)를 통해 조상의 영혼을 불러내 당신과 대화하게 하는 일이 있습니다. 또 도신(跳神)[32]하는 이도 있는데, 그런 게 정말로 중음이라고 생각합니까? 아닙니다. 그것은 완전히 아뢰야식입니다. 저 주음이나 영고의 아뢰야식, 의식이 당신이 묻는 사람의 아뢰야식과 짝이 되어 나누는 대화는 완전히 하나의 환상 경계이지 진실한 것이 아닙니다. 불법을 배우는 사람이 이런 것을 들으면 우스워 죽을 지경이 될 겁니다만 일반인들은 도리어 믿습니다.

불교가 중국에 들어온 이후 천도법(薦度法)에서는 7주간인 49일이 필요한데, 이는 중음을 천도하기 위한 것입니다. 이 도리가 말하는 것은 중음은 그렇게 많은 날수를 머무르는 경우가 아주 드물다는 것입니다. 사실 정말로 그 기준의 규정대로 떠나갈까요? 그런 일은 없습니다.

오늘은 우선 여기까지 얘기하겠습니다. 아직 환생에 대해서는

---

32) 신들린 무당이 노래하고 춤추는 것.

말하지 않았습니다. 여러분 무슨 문제가 있으면 자유롭게 토론해보세요. 제가 들어보겠습니다.

제 4 강

빈사경험과 이혼증, 음신과 양신

빈사(瀕死)와 혼절(昏絕)

몽유증 환자

독영경(獨影境) · 음신(陰神) · 양신(陽身)

왕양명의 고사

빈사(瀕死)와 혼절(昏絶)

남선생 : 서 모씨 당신 잘 오셨어요. 오셔서 먼저 당신의 죽음 경험을 얘기해주세요. 제가 좀 쉬었다 다시 강의 할 테니. 이 분은 아주 재미있습니다. 이 분은 상해 사람인데 익살스럽습니다. 그는 죽음을 좋은 일로 생각합니다. 자신이 경험해 보았기 때문에 그의 친척이 죽었다고 다른 사람이 전화로 알려 왔을 때 이렇게 말했답니다. "죽었어요? 잘 했네요!" 그의 모친은 화를 몹시 내어 그를 크게 꾸짖었답니다.

서 모씨 : 제가 몸소 한 경험에 대해 2년 전에 일부러 남선생님께 말씀드리고 가르침을 청했더니 선생님은 듣고 재미있다고 생각하셨습니다.

남선생 : 특별해요.

서 모씨 : 그 일은 이렇습니다. 아마 제가 40여 살 때인데 한 번은 손님접대 하느라 식사하고 술을 마셨습니다. 저는 평소에 대체

로 황주(黃酒)를 한 근에서 두 근 정도 마십니다. 그 날은 조금 밖에 마시지 않았지요. 그날은 몹시 피곤했습니다. 갑자기 가슴이 답답해지고 식은땀이 났습니다. 사람이 견디기 어려웠습니다. 즉시 식탁에 엎드렸습니다. 휴식을 취하듯이.

그 때 저의 의식은 또렷이 알았습니다. 제 자신이 탁! 하고는 위로 솟구쳤습니다. 저는 "이게 바로 영혼이구나." 라고 생각했습니다. 3분의 2는 산이요 3분의 1은 하늘인 그런 환경 위에 둥둥 떴습니다. 그리고 생각해보니 예전에 감각이 그렇게 분명한 적이 없었습니다. 당시 몹시 조용해서 조금도 소리가 없었습니다. 잡음도 없었습니다. 그저 그렇게 둥둥 떠 있었습니다. 그 산의 색깔도 모호하면서 약간 검은 녹색이었습니다. 하늘도 약간 색깔을 띠었는데 일종의 비교적 모호한 수묵화 같았습니다. 저는 그저 그렇게 둥둥 떠 있었습니다. 저 자신도 자신의 형상을 보지 못했지만 저는 깨어 있었습니다. 둥둥 떠 있었는데 편안했습니다. 마치 모든 세포마다 철저하게 가뿐해진 듯 했습니다. 사람이 살아있는 동안 이런 미묘한 감각을 형용할 방법이 없습니다. 일종의 철저한 해탈이면서 사유도 분명하고 집중적이었습니다. 마치 비할 바 없이 높은 명주솜 이불위에 누어있는 듯이 둥둥 떠 있었습니다.

저는 평소에 딸아이를 몹시 사랑했지만 이때는 그 애 생각을 하지 않았습니다. 우연히 생각이 났더라도 그저 아는 정도이듯이 하고 저와는 이미 감정적 연계가 없었을 겁니다. 이미 몇 세대나 거리가 있는 듯한 감각이었을 겁니다. 이렇게 둥둥 떠 있다가 갑자기 돌아가야겠다고 의식하였습니다. 잠깐사이에 후회하고는 탁! 하더니 돌아왔습니다.

돌아온 후 고개를 들어 보니 아무 일도 없었고 내가 오늘 왜 여기 와서 앉아있는지 생각나지 않았습니다. 그런 다음 보니 저는 식사를 하고 있었습니다. 저는 "미안합니다. 조금 전 몸이 좋지 않았습니다."라고 말했습니다. 그들도 이상하게 여기지 않았고 내가 피곤한 것으로 생각했습니다. 그렇게 잠시 동안 쉬었습니다. 나중에 저는 옆 사람에게 내가 얼마동안이나 의식을 잃고 있었느냐고 묻자 1~2 분 정도였을 것이라고 말했습니다.

저는 예전에는 무슨 영혼이니 귀신이니 하는 것을 믿지 않았습니다. 어렸을 때부터 유물주의 교육을 받으며 성장했습니다. 그런데 이 번 일이 있은 후부터는 영혼이 틀림없이 있다고 생각합니다. 그리고 그런 편안함의 정도는 아예 인간세계에서는 형용할 수 없는 것입니다. 배가 고파서 밥을 한 입 먹고 고기 한 덩이를 먹고 소금에 절여 말린 물고기를 한 마리 먹은 것 같은 그런 감각이 아니라 일종의 영원한, 철저한 해탈과 행복입니다. 이런 행복감은 무슨 유쾌함이나 껄껄 웃음이 아니라 일종의 고요하고 편하고 한가롭고 솟아오르는 행복감입니다. 이런 경험을 했기 때문에 저는 환상이 아니라는 것을 인정합니다. 저의 경험은 오늘날 흔히들 하는 해석인, 이른 바 죽음은 무슨 신경적인 잠깐 동안의 환상이다, 사람이 고통스러울 때 의식을 잃으면 반작용이 있어 일종의 편안한 느낌이 있다는, 그런 게 아니라는 것을 인정합니다. 그렇지 않습니다. 그 때 저의 사유는 몹시 또렷했으며 온전했습니다.

그 때 저는 "서모는 나의 이 영혼의 이름이다."고 인식했습니다. 저는 육체를 이탈했고 나의 사유는 대단히 온전하고 조금도 모자람이 없이 또렷했기 때문입니다. 저는 그렇게 둥둥 떠 있었습니다.

저는 제가 확인한 것들이 많다고 생각합니다. 하나는 영혼이 있다는 것을 인정하게 되었습니다. 많은 것을 설명해주는 영혼이 있다는 것을 인정합니다. 다시 말해 신(神)이란 게 있고 귀(鬼)라는 게 있고, 그것들은 일종의 동류의 것으로 그것을 무슨 이름으로 부르든 틀림없이 존재한다는 겁니다.

여러 교의(教義)를 대략 보니 별 차이들이 없었습니다. 기독교는 사람에게 원죄(原罪)가 있기 때문에 금생에는 어떻게 선행을 해야 한다고 말합니다. 불교도 허물을 반성하고 고치면 곧 고통에서 벗어날 길이 열린다고 하면서 어떻고 어떻다고 합니다. 제 생각에는 종교의 주요 출발점과 귀착점은 실제로는 모두 사람들더러 대자대비(大慈大悲)하라, 그러면 이 영혼이 구원받는다는 가르침입니다. 구원을 받는다고 하든 어떻든 간에 결국 승천할 수 있다고 가르치는데 그 하늘은 어디에 있을까요? 모릅니다. 또 하나의 다른 공간으로 갔을까요? 아니면 도대체 어디로 갔을까요? 저도 모릅니다.

저는 뒷날 『빈사연구(瀕死研究)』라는 책을 읽어 보았습니다. 미국에는 수만 가지 사례가 있는데 대동소이한 것으로 보입니다. 전체적으로 보면 행복감으로 일종의 해탈입니다. 그리고 각자마다 개인적 경험이 있습니다. 어떤 이들은 터널에 들어갔고 어떤 이들은 미묘한 음악을 들었으며 어떤 이들은 자신이 보고 싶은 친척들을 보았다고 합니다. 각양각색입니다. 저는 그들의 경험담이 다 진실한 것임을 체험했습니다. 최종적으로 관건이 되는 한 가지 점은 그들 모두 일종의 해탈감, 일종의 영원감을 가지고 있었는데, 그것이 진실한 것이라고 긍정합니다. 제 자신이 경험해 보았기 때문입니다. 체험한 후에는 저는 유물론과 유심론은 실제로는 모두 한 가지 것임을 발견했습니다. 실제로는 모두 유물론인데 또 하나의 공간존재의 유물론이며 객관적으로 존재하는 것으로 허구적인 것이 아님을 발견했습니다. 우리의 현재는 3차원의 공간에 시간을 더한, 이른바

4차원의 세계입니다. 양성(陽性)세계에는 틀림없이 많은 차원의 공간이 존재합니다. 그리고 영혼이 존재하지만 우리의 양성세계가 측정해내지 못할 뿐입니다.

나중에 제가 발견했는데 남선생님도 생로병사를 결론지어 놓으셨더군요. 살아서 헤어지고 죽어서 이별하고, 고통스러운 일은 그렇게 많지만 행복한 일은 그렇게 적습니다. 즐거운 일들은 짧지만 고통스러운 일들은 흔히 발생할 뿐만 아니라 영원토록 반복되고 있습니다. 예를 들어 말하자면, 배고프면 견디기 어렵다가도 빵 한 조각 먹고 나면 좀 편해짐을 느낍니다. 그렇지요? 그리고 많이 먹고 나면 또 행복해지지 않음을 느낍니다. 고통스런 일은 아주 많습니다! 길을 걸어가다 발을 삐면 아픕니다. 사람이 살아가는 것은 바로 노동개조(勞動改造)로서 사람이 즐겁도록 놓아두지를 않을 것이라는 것을 저는 알게 되었습니다.

그러므로 저의 외삼촌 한 분이 돌아가셨을 때 저는 "아이구, 좋은 일이야 좋은 일!" 이라고 말했습니다. 그분은 당뇨병이 상당히 심각했습니다. 나중에는 감염까지 되어 이삼 일 사이에 돌아가셨습니다. 저는 이 일이 잘된 일이라고 생각했습니다. 사람이 죽을 무렵에 받는 고통은 일생동안 겪었던 고통을 합하더라도 그 보다는 못할 겁니다. 그런데 이렇게 시원스럽게 죽은 것은 그가 수행한 덕입니다. 그래서 저는 "잘된 일이요, 잘된 일!"이라고 했던 겁니다. 제가 이런 얘기를 남선생님께 들려드렸더니 선생님은 웃으셨습니다.

남선생 : 서 모씨, 당신 더우니 겉옷을 벗어서 어깨에 걸치세요. 지금 앉은 자리에서 책상다리하고 앉든 그렇지 않든 상관없습니다.

잠시 쉬면서 방청하시기 바랍니다. 정좌하고 안하고는 편할 대로 하세요. 우리는 우리 얘기할 테니 당신은 일체를 자유로울 대로 하십시오.

오늘은 어제 다 말씀드리지 못했던 수업을 계속하겠습니다. 이번 수업은 호송년이 바랐던 것입니다. 조금 전에 제가 일을 했습니다. 설을 맞아 많은 연하카드를 받았는데 한 무더기나 되어 어떻게 처리해야 할 지 모르겠습니다. 연하카드를 받거나 편지를 받으면 골머리가 아프답니다. 제일 좋은 방법은 친구 여러분들이 저를 도운 셈 치고 편지를 안 보내오고 연하카드를 부치지 않는 것입니다. 제가 회신하는 것도 안 좋고 회신 안하는 것도 안 좋기 때문입니다. 대부분은 회신하지 않기로 했습니다. 그렇게 하다가는 얼마나 시간과 정신을 낭비해야 할지 모르기 때문입니다.

연하카드는 아마 중화민국 10 몇 년경에야 시작되었을 겁니다. 중국은 고대에서부터 청나라 시대에 이르도록 연하엽서라는 것이 없었습니다. 그 당시는 농업사회였고 교통도 불편했기 때문에 지식인들이 편지를 써서 새해 인사를 했습니다. 뒷날 인쇄가 발달하여 연하카드가 있게 되었고 지금은 갈수록 많아지고 있습니다. 제가 보기에는 낭비가 몹시 심합니다. 처음에는 저도 회신을 했지만 나중에는 생각해 볼수록 회신하지 않았습니다. 국민적 낭비라고 생각합니다. 예의 바른 것 같지만 조금도 도리가 없는 일입니다. 중국인들은 지금 설 쇠는 게 정말 번거롭습니다. 뒤죽박죽입니다. 독자적인 한 체계의 풍속예절이 없습니다. 이것은 얘기 나온 김에 말씀드린 겁니다.

오후 날씨가 좋지 않으니 정말 얘기하고 싶지 않습니다. 정신적으로 별로입니다. 아무래도 늙었습니다. 하지만 약속했으니 얘기해

가겠습니다.

서 모씨나 왕 모씨 이 두 친구는 다 죽음의 경험이 있습니다. 저는 그들의 경험에 대해 두 글자를 더하겠습니다. 호칭, 즉 명목상으로는 죽음의 경험이 있다고 불립니다. 왜 그렇게 말할까요? 그들 자신들은 이게 죽었던 것이라고 생각합니다. 잠시 후에 설명하겠지만 저는 그들이 죽었었다고 인정하지 않습니다. 정말로는 죽지 않았습니다. 단지 빈사상태에 가본 경험이 있을 뿐입니다.

이것은 어제 말했듯이 불학에서의 몇 가지 무심위(無心位) 중의 민절 상태입니다. 죽음 같지만 죽음이 아닙니다. 의식이 신체를 완전히 떠나지 않았고 뇌와도 완전히 분리되지도 않았습니다. 바꾸어 말하면 이것은 우리가 굳이 말한다면 과학적인 실험을 해보아야 비교 설명할 수 있습니다. 과학도 가정(假定)에 해당합니다. 왜냐하면 지금은 이와 같지만 장래에도 꼭 그런 것은 아니기 때문입니다. 진짜라고 믿어서는 안 됩니다. 제가 말하는 것도 가정입니다. 의식을 백분비로 가정하면 서모씨가 방금 말한 자기의 경험은 의식이 100분의 60%만이 신체를 떠난 겁니다. 많아야 70%인데 그 나머지 의식 부분은 아직도 신체 안에 있었던 겁니다. 바꾸어 말하면 뇌 속에 의식이 갇혀있으면서도 모르는 상태로서 기절해버린 겁니다. 그러나 떠난 의식 부분은 깨어있었습니다. 신체의 장애가 없었기 때문에 유달리 깨어있었습니다. 마치 새가 새장을 떠나서 해탈하고 자유롭고 평안하듯이 말입니다. 이것도 그의 복보가 좋기 때문에 그렇지 사람마다 다 그런 것은 아닙니다.

유사한 상황에서 장래에 어떤 과학적 기구로 실험을 할 수 있다면 제일 좋을 겁니다. 그의 의식은 뇌 부분에서 완전히 벗어나지 않고 아직 뇌와 후뇌에 머무르고 있으면서 또렷한 꿈 경계와 유사

합니다. 그럼 그의 생명의 입장에서 보면 이것은 앞서 말했던 다섯 가지 무심위에서 민절위에 해당합니다. 무상정이 아닙니다. 무상천도 아닙니다. 멸진정은 더더욱 아니며 진짜 사망도 아닙니다. 이 5위무심에 유의해야 합니다.

무엇을 무심위(無心位)라고 할까요? 의식생각이 움직이지 않는 겁니다. 극수면(極睡眠), 극민절(極悶絶), 무상정(無想定), 무상천(無想天), 멸진정(滅盡定) 이 다섯 가지입니다. 사망과 출생 시에는 각각 무심의 단계가 있습니다. 무상정은 일종의 공부 경계인데 정통의 선정은 아닙니다만 공부가 높습니다. 석가모니불도 무상정을 배운 적이 있는데 그는 수련하여 도달한 후에 옳지 않다고 판단하고는 버렸습니다. 무상정의 경지는 색계천의 높은 층에 해당합니다. 생각을 닫아버렸지만 도가 아니며 열반도 아닙니다.

예를 들어 서모씨는 방금 얘기하기를 자신이 기절했었다고 했는데 이것은 무상정일까요? 아닙니다. 여전히 생각에 속합니다. 무상정은 더더욱 아닙니다. 그러나 그의 그 생각은 제6의식이 신체와 부분적으로 나누어진 현상입니다.

만약 의학적으로 대충 얘기해보면 중국 고대에서는 이를 이혼증(離魂症)이라고 했습니다. 제가 '만약'이란 말을 한 것도 과학상의 가정에 해당합니다. 대단히 좋은 문학적 이야기를 해주는 고서가 한 권 있는데 『천녀이혼(倩女離魂)』이라는 책입니다. 중국문학상 대단히 유명한 책인데, 외사촌간인 오빠와 누이 사이에 연애를 하지만 가정에서 반대하는 내용입니다.

예를 들어 육방옹(陸放翁)과 당완(唐琬)도 내외종간의 오빠와 누이가 결혼한 경우입니다. 결과적으로 결혼한 이후 육방옹의 모친은 이 며느리를 좋아하지 않았습니다. 며느리로는 본래 그녀가 선택했고 그녀의 조카딸이었습니다. 최후에는 육방옹더러 이혼할 것을 강요하였습니다. 그러므로 유명한 채두봉(釵頭鳳)이라는 사(詞)는 육방옹이 쓰고 당완이 그에 회답하는 사인데 중국문학사에서 전해오는 대단히 유명한 사입니다.

(역자보충)

육유(陸游 1125-1209)는 남송대의 시인으로, 자(字)는 무관(務觀)이고 호(號)는 방옹(放翁)이다. 월주(越州) 산음현(山陰縣), 지금의 절강성 소흥시(紹興市) 사람이다. 북송과 남송의 교체기에 태어났으며, 남송 조정이 중원 지역을 금(金)나라에 내어주고 굴욕적인 화친책을 통해 겨우 명맥을 유지해 가던 시기에 일생토록 금나라에 대한 항전과 실지(失地) 회복을 주장하며 살았던 시인이다. 그의 불굴의 기상과 강인한 투쟁의식은 그의 수많은 우국시(憂國詩)를 통해 끊임없이 표출되었으며, 그 헌신성과 진정성으로 인해 오늘날까지 중국을 대표하는 최고의 우국시인(憂國詩人)으로 추앙받고 있다. 그리고 도합 1만 수에 달하는 시를 남기고 있어 중국 최다작 작가로서의 명성 또한 지니고 있다.

당완은 남송시대 월주 산음사람이다. 재주가 뛰어난 여성으로 육유의 외사촌 누이동생이며 소꿉동무였다. 서로 의기가 투합하여 부부로 결합했으나 뒤에 육유의 모친이 반대하였다. 육유는 모친의 명령에 내몰렸다. 모친의 마음을 바꾸기 위해 온갖 방법을 다 써 보았지만 어쩔 수 없어, 끝내 아픔을 참고 당완과는 이별했다. 나중에 모친의 뜻에 따라 왕 씨에게 새 장가를 들었다. 당완도 부친의 명령에 어쩔 수 없이 같은 군(郡)에 사는 조사정(趙士程)에게 시집갔다. 이 한 쌍 청춘남녀의 아름다운 혼인은 이렇게 찢겨져 버렸다.

그렇게 헤어진 지 십년 후 어느 봄날, 육유는 가슴 가득 우울한 심정으로 홀로 산음성(山陰城)의 심원(沈園)을 거닐며 구경했다. 그리고 홀로 앉아 술을 마셨다. 술을 빌려 시름을 달래고 있는 바로 그 때, 뜻밖에 당완과 그녀의 새 남편 조사정을 보았다.

당완과는 헤어진 지 이미 많은 해가 지났건만 당완에 대한 감정은 가슴속에서 결코 완전히 떠나지 않았었다. 생각해보니 지난 시절 당완은 자신의 사랑하는 아내였는데 지금은 이미 남의 아내가 되어있는 게, 마치 궁전 안의 버드나무를 밖에서 바라볼 수는 있으나 다가갈 수는 없는 것과 같았다.

생각이 여기에 이르자 비통한 감정이 울컥했다. 그래서 막 술잔을 내려놓고 빠져나와 떠나려고 하는데 뜻밖에 그때, 당완이 조사정의 동의를 얻어 육유에게 한 잔의 술을 보내왔다. 그는 당완의 이런 거동을 보고 그녀의 깊은 정에 가슴이 뭉클했다. 슬퍼서 두 줄기 뜨거운 눈물이 흘러내렸다. 육유는 당완이 보내온 그 한 잔의 쓰라린 술을 마셨다. 그리고는 붓을 치켜들고 흰 벽에 채두봉이라는 이 천고절창(千古絶唱)의 사를 써내려갔다.

채두봉(釵頭鳳)

육유(陸游)

불그스레한 부드러운 두 손으로 받혀 보내온 잘 익은 황등주 한 잔	紅酥手。黃藤酒
봄빛은 성에 가득하고 궁전 담장 안은 버들이 푸르구나	滿城春色宮牆柳
꽃 떨어지게 하는 봄바람 너무하고 남녀 간의 정은 종이처럼 얇구나	東風惡。歡情薄

가슴 가득 시름과 원망을 품은 채
헤어져 외롭고 적막한 지 몇 해 이던가 　一懷愁緖，幾年離索
잘못이었고... 잘못이었지... 그래서는 안 되었을 일... 　錯錯錯
봄빛은 예전 같건만
이별한 사람 덧없이 수척해졌고 　春如舊。人空瘦
눈물은 연지와 뺨에 자국 남기며
명주 손수건을 적시누나 　淚痕紅浥鮫綃透
복숭아 꽃 시들어 떨어지고
화원의 연못의 누각 적막하여라 　桃花落。 閒池閣
산처럼 변치 말자던 그 맹세 지금도 있건만
사랑의 편지 전해주라 부탁하기 어려워라 　山盟雖在，錦書難託
그러지 말자... 그러지 말자... 그래서는 안 되지... 　莫莫莫

그 다음 해에, 당완은 홀로 또 다시 심원을 찾았다. 옛 꿈을 다시 꾸려는 것이었을까? 아니면 또 한 번의 뜻밖의 상봉을 갈망하는 것이었을까? 그렇지만 그녀에게 남겨져 있는 것에 뜻밖은 없었다. 오직 육유가 써 놓은 그 한 수의 사가 있을 뿐이었다. 구슬 눈물이 하염없이 떨어졌다. 당완은 사를 읽고 육유의 글자는 한 자 한 자마다 피요, 그의 목소리는 소리소리마다 눈물이라는 것을 알았다. 이에 당완도 육유의 사랑의 부름에 이렇게 사랑으로 대답하고 있다.

채두봉

당완(唐婉)

세속의 정은 종이처럼 얇고
인정은 너무 하여라 　世情薄。人情惡

내리는 비가 황혼을 배웅하니
꽃은 쉬이 떨어지네 雨送黃昏花易落
젖었던 화초는 새벽바람에 말랐건만
이내 눈물자국은 아직도 남아있네 曉風乾。淚痕殘
이내 심사를 편지 써 하소연 하고파도
난간에 기대어 홀로 중얼거릴 뿐 欲箋心事，獨語斜欄
어렵고... 어렵고... 어려워라... 難難難
서로 헤어져 남이 되었으니
이제는 지난날이 아니네 人成各。今非昨
지쳐버린 병든 영혼 언제나
그네 줄처럼 쳐져 있네 病魂常似秋千索
들려오는 호각소리 쓸쓸하고 차가운데
밤이 다 지나도록 잠 못 이루네 角聲寒。夜闌珊
남이 그 까닭 캐물을까 두려워
눈물 삼키며 즐거운 척 怕人尋問，咽淚裝歡
속이고... 속이며... 속이는 이내 마음.... 瞞瞞瞞

두 마음, 두 수의 사는 바로 이 때 서로 녹아 완전히 하나가 되었다. 지금은 혼인이 아니지만 애정만은 여전히 시들지 않았다. 좋은 여인의 인생은 여름 꽃 같았다. 결국 당완은 역시 시름과 원망으로 죽었다.

어제에 이어서 천녀이혼 얘기를 하겠습니다. 당나라 때의 이야기인데 외사촌관계인 오빠와 누이동생 사이의 결혼을 부모가 반대합니다. 결과적으로 이 누이는 이 오빠에게 시집가지 않으면 안 되었습니다. 어느 날 누이가 오빠가 있는 곳으로 도망 와 두 사람은

결혼하고 함께 삽니다. 완전히 진짜로 그랬습니다. 그런지 10여 년, 오래 동안 떨어져 살다보니 누이동생은 아무래도 부모가 생각나 친정에 한 번 가보자 했습니다. 친정에 돌아오니 집안사람들이 모두 놀라 기절할 지경이었습니다. 왜 그랬을까요? 이 딸이 침대에 누워 잠든 채 10여 년 동안 죽지도 살지도 않은 상태였기 때문입니다. 그저 그렇게 잠들어 있었습니다. 딸도 이런 말을 듣고 멍해졌습니다. 집안사람들이 그녀를 데리고 방으로 들어갔습니다. "너는 여기서 잠자고 있지 않느냐?" 어, 그러자 이 여자가 갑자기 사라져버리고 침대에 누어있던 사람이 깨어났습니다. 그런 다음 오빠와 누이동생인 이들도 부부가 되었습니다.

몽유증 환자

중의학에는 몽유증(夢遊症)이란 것도 있는데 이 병에 걸린 사람이 많습니다, 제가 어렸을 때 직접 보았습니다. 우리는 그 병에 걸린 사람을 무슨 형씨라고 부른 시골 양반이었습니다. 우리 집의 물은 그 사람이 길러 날랐습니다. 우리는 모두 그가 밤이면 물을 길러 나르러 가는 줄 알고 있었습니다. 그는 지식이 없는 사람으로 자다가 밤중이 되면 옷을 입고 이곳저곳 다니면서 남에게 물을 길러다 주었습니다. 남의 집 문을 열고 물을 길러다 채워주고는 다시 잠자러 갔습니다. 다음날 그 자신은 전날 밤 남에게 그렇게 물을 길러다 채워주었던 사실을 몰랐습니다. 이게 몽유증에 속합니다.

제가 나중에 군대를 지휘할 때 가장 주의를 기울인 것이 바로 이 일이었습니다. 육군부대에서 병사들을 이끌면서 가장 두려운 게 무엇일까요? 사령관인 사람은 '요영(鬧營)'을 가장 두려워합니다. '경영(驚營)'이라고도 하는데, 예를 들면 어떤 부대가 외진 곳에 이르렀을 때 머물 만 한 곳이 없으면 사당(祠堂)에서 머물렀습니다. 그럼 저는 몸소 먼저 조사해보고 어느 곳이 제일 위험한지 가장 두려운 곳인지를 살펴보았습니다. 그리고는 곧 불을 피우거나 건초를 가져다 연기를 피웠습니다. 의식 속에는 이런 옛날 관념이 좀 있었지요. "제가 당신을 위해서 향을 피웠으니 외로운 귀신이나 들 귀신 당신들은 나가시기 바랍니다." 그런 곳은 병사들에게는 잠자지 못하게 하고 제 자신이 잤습니다. 마음속으로는 무서웠지만 병사들을 이끄는 자신의 위엄으로 눌렀습니다. 그런 곳에서 잠자다 보면 어떤 병영들은 수백 명인데 밤에 갑자기 어떤 사람이 일어나 총에 실탄을 장전한 채 뛰어나가면 모든 병사들이 따라서 일어나 총에 실탄을 장전하게 됩니다. 이때에 가장 중요한 것은 상관이 침착해야 하며 지혜가 필요하다는 겁니다. 그리고는 곧바로 병사들에게 이렇게 외칩니다. "나팔을 불어! 집합!" 병사들이 모두 총을 지니고 집합하면 "차렷, 뒤로돌아! 잠자러 간다, 걸어 갓!" 총을 놓아두고 잠을 자게 하면 됩니다. 당신이 만약 이런 경험이 없다면 총을 마구 쏘아댈 수 있습니다. 앞에 적이 나타난 것으로 알고 큰일 납니다. 군대를 이끌던 어떤 분이 예전에 이런 일을 당해 사령관이 재수 없게도 전쟁에 질 수밖에 없었던 일이 있었습니다.

이와 같은 경우의 일들을 오늘날 군사교육에서 말하는지 저는 모르겠습니다만, 예전에 우리의 구식 군사학교에서도 말하지 않고 모두 비밀이었습니다. 다들 스스로 알아서 군대를 통솔하려는 사람은 다 알아야 합니다. 그것은 전체에 영향을 미칠 수 있기 때문입니다. 몽유병에 걸린 병사는 실탄을 장전한 총을 들고 있는 게 깨어있을 때나 마찬가지입니다! 그러나 그는 여전히 꿈속에 있는데 이런 게 바로 몽유증이라는 겁니다.

오늘날 병원의 진료부를 보면 많은 사람들이 사회적으로 말하기를 정신병이라고 하는데 의학에서는 정신분열증이라고 부릅니다. 그러나 정신분열증이란 말을 듣고 두려워할 필요는 없습니다. 그것은 뇌신경과 생각과의 분리 작용임을 알아야 합니다. 이건 뇌를 연구해야 합니다. 제가 또 수다를 떨어야겠군요. 하지만 여기서 약간의 경험을 좀 말씀드리겠습니다. 여러분이 병원에 진단받으러 가보면 이비인후과라는 한 과가 있습니다. 이비인후의 신경계통은 서로 연결되어 있지만 눈은 이비인후과에 들어가지 않습니다. 그 신경노선이 다릅니다. 당신이 정좌한 채 기맥수련을 해보면 좌뇌 · 우뇌 · 전뇌 · 후뇌의 신경이 다르고 사유의식이 가는 노선이 다릅니다. 그래서 정신분열이라는 명칭을 들으면 정신병이라고 생각하지 말기 바랍니다. 진정으로 수도에 대해 알고 의학에 대해 알고서 사람들을 보면 정상적인 많은 사람들, 심지어 많은 사장님들이나 학자나 윗사람, 많은 대단한 사람들이 실제로는 그 들의 사유생각에도 정신분열적인 현상이 있습니다. 예전에 우리가 육군대학에서 수업할 때 학생들에 몹시 주의를 기울였습니다. 예컨대 어떤 학생이 소장이라면 우리는 암암리에 그에 대해 기록하기를, 그의 정신에 문제가 있으니 군대를 통솔할 수는 없고 참모만 될 수 있다고 했습니다. 그런 사람이 군대를 통솔하면 문제가 발생할 수 있습니다. 그의 정신 의식 사유가 다르기 때문입니다. 이것은 하나의 과학으로서 많은 것과 관련이 됩니다.

독영경(獨影境) 음신(陰身) 양신(陽身)

서 모 씨는 조금 전 자기 경험이 진짜라고 했지만 그는 코가 안 통해 비염이 심각해서 그의 뇌에 영향을 미친 것입니다. 하지만 저는 그의 왼쪽 코인지 아니면 오른쪽 코인지는 자세히 연구해보지 않았습니다. 신경은 교차하는 것이라서 오른쪽 코가 통하지 않으면 좌뇌에 영향을 미치고 왼쪽 코가 통하지 않으면 우뇌에 영향을 미칩니다.

그래서 제 생각은 이곳 묘항(廟港)33)에 온 이후 뇌에 관한 전문 실험실을 만들고 기구를 구입하고 싶습니다. 정좌하여 선정 경계를 얻는 것은 뇌신경과 절대적인 관계가 있습니다. 사람의 건강의 핵심은 뇌에 있으며 뇌가 정말로 성숙한 시기는 60세에서 65세 사이에 이르러야 합니다. 이것은 뇌만을 얘기한 겁니다! 유물적으로 말하면 마치 사과가 익는 것 같습니다. 제가 말했듯이 사람의 생명은 가련합니다. 태어날 때는 뇌근(腦筋)이 건전하지 않고 늙어서야 성숙합니다. 동서양의 문화를 보면 과학이 그렇게 발달했고 종교철학이 그렇게 발달했지만 우리가 일생동안 사용하는 뇌의 부분은 불과 백분의 몇 %도 되지 않고 그저 조금밖에 사용하지 못합니다. 이는 사유의식을 얘기하는 게 아닙니다. 사유의식은 뇌신경을 빌려 작용을 일으키는 것이며 전기회로를 빌려 작용을 일으키는 것입니다. 그러므로 수도하면 왜 신통이 있게 되는지를 비로소 알게 됩니다.

서 모씨가 또 다른 공간을 본 것은 평소에는 사용하지 않던 어느

---

33) 중국 강소성 무석(無錫) 태호(太湖) 변 오강(吳江)에 소재한 태호대학당(太湖大學堂).

부분의 뇌신경이 그 때에 조금 열렸기 때문이라고 말할 수도 있습니다. 그러므로 진정한 신통이나 지혜의 오도(悟道)를 유물적인 관점에서 보면 뇌와 모두 관계가 있으며 아주 밀접한 관계가 있습니다.

그러므로 도가의 경험을 말해보면 소위 '환정보뇌, 장생불로(還精補腦, 長生不老)'란 신체 입장에서 볼 때 중점이 뇌에 있습니다. 뇌는 사유의식과 관계가 있는데, 예를 들어 조금 전 서모씨가 말한 영혼 이탈과 방금 제가 말한 정신분열, 몽유증, 이혼증은 뇌와 모두 관계가 있습니다. 그러나 여러분이 특히 주의하셔야 할 점은 사유의식은 뇌에서 발생하는 것이 아니라는 사실입니다. 하지만 살아있는 사람은 사유의식이 뇌의 전로에 의지하여 작용을 일으킵니다. 그래서 뇌의 상황은 사유의식에 대해 영향력을 미칩니다.

이혼증을 예로 들어 보겠습니다. 총명한 사람들이 이 자리에 많이 계시는데, 그 자신이 어떤 일에 대해 생각하느라 자신조차도 잊어 버렸다가 갑자기 앗! 하고 느끼고 돌아오는 경우가 있습니다. 이미 작은 부분이 이혼증에 있었던 겁니다. 그 의식이 이탈해 나가서 생각하고 있었던 겁니다. 이런 도리를 유식학(唯識學)에서는 독두의식(獨頭意識)이라고 부릅니다. 그것은 단독적이면서 그 의식이 마치 뇌신경을 이탈한 것 같지만 완전히 이탈한 것은 아닙니다. 독두의식은 유식학에서는 독영경(獨影境)이라고도 하는데 단독적인 영상(影像)의 경계입니다. 조금 전 서모씨가 말한 것도 그 자신이 이런 상황에 들어갔던 것입니다.

어떤 사람들은 정좌할 때 그가 불가를 배우든 도가를 배우든 그런 경계에 들어갈 수 있는데 아주 편안합니다. 그것도 영혼이 나간 것인데 도가의 수련에서는 그것을 '음신출규(陰身出竅)'라고 부릅니다. 왜 음신이라고 할까요? 조금 전 서모씨의 얘기를 예로 들어보겠습니다. 과학 논리적으로 말하면 우리는 서모씨의 그런 경계는 그의 진짜 경험이라고 완전히 인정합니다. 그도 속인 것이 아닙니다. 하지만 과학적으로 가정적인 진실입니다. 서모씨는 말하기를 몸을 벗어난 자신이 공중에 있으면서 돌아보니 산이 담담한 수묵화 같으면서 또렷하지 않고 모호했다고 했습니다. 바꾸어 말하면 그 자신이 마치 위에 있는 한 특별한 공간인 또 다른 세계에 있는 듯 아주 안락하고 마음속에 번뇌가 없었다고 했습니다. 그는 조금 전 말하기를 딸을 가장 사랑한다고 했습니다. 그러나 딸을 생각했을 때 데리고 있는 것만 의식했을 뿐 마치 그 딸과 그 자신과의 관계는 몇 생이 지난 일로서 거의 관계가 없는 것 같았다고 했습니다. 지금 살아 있을 때처럼 그런 감정이 아니었다고 했습니다. 그럼 당시의 서모씨는 진짜 형상이 있었을까요? 없었습니다. 그것을 음신(陰身)이라고 부릅니다.

무엇을 양신(陽身)라고 할까요? 만약 선정을 닦아 공부가 된 후에 의식적으로 하나 혹은 여러 개의 자기로 변화해낼 경우 다른 사람도 그 화신을 볼 수 있습니다. 도가에서 말하는 '백일 동안 기초를 쌓고, 열 달 동안 태를 품으며, 삼 년 동안 젖을 먹이고, 구 년 동안 면벽해야[百日築基 十月懷胎 三年哺乳 九年面壁]' 비로소 양신출규(陽身出竅)의 경지까지 닦을 수 있습니다. 도가에서 말하는 '정(精)을 수련하여 기(氣)로 변화시키고, 기를 수련하여 신(神)으로 변화시키고, 신을 수련하여 허(虛)로 돌아간다[練精化氣, 練氣化神, 練神還虛].' 이 부분은 불가와 차이가 없습니다. 하지만 도가가 말하는 것은 유물적인 면으로 착실히 경험해서 보여준 것입니다. 불가가 말해주는 원리는 비교적 좀 많습니다. 양신이란 무엇일까요? 또 다른 한 사람으로 변한 겁니다. 예를 들어 어떤 사람이 집에 있는 채 사무실에 가서 사무 처리를 하고 그러면서도 집에서는 어린 애들과 말을 하고 있습니다. 동시에 또 하나의 그 사람이 여기에 앉아 있습니다. 우리는 그를 보고 악수도 하고 그는 우리들에게 말도 합니다. 이게 바로 분신(分身)으로 형상이 있는 겁니다. 공부가 이 경지에 이른 사람이 있습니다. 당신이 그에게 물어보면 그렇다고 하지 않고 웃으면서 말하기를 “그런 일 없습니다. 당신이 잘못 보신 겁니다.” 하면서 인정하지 않을 것입니다.

예컨대 저는 유가의 인물을 늘 언급합니다만, 송대 이후에 이르면 불가의 선종과 도가의 수지(修持)방법을 자신들의 저작 속으로 가져오는데 역시 높은 성취가 있었습니다. 그러나 이 부분을 오늘날 학자들은 읽어보기조차도 하지 않습니다. 이런 종류의 책들은 많고 경험도 많습니다. 어떻게 사람이 되고 일처리를 해야 하는지 수양은 어떻게 해야 하는지를 말하고 있습니다. 여러분이 명대 유가의 『명유학안(明儒學案)』을 읽어보면 나근계(羅近溪, 1515-1588) 선생이라는 분이 있습니다. 강서 남성(南城) 사람인데 유명한 대 유학자였습니다. 그는 유불도(儒佛道) 삼가에 모두 통달했으며 수양이 대단히 훌륭했습니다. 그는 자기가 언제 죽을 지 미리 알았습니다. 죽은 지 한 달 남짓 뒤에 같은 고향사람이 강소(江蘇) 일대에서 그를 보았고 서로 말도 했습니다. “아, 나 선생님 당신 여기 계시는군요?” “그래요 그래요, 당신도 여기에 계십니까?” 두 사람은 서로 말하고 집안의 안부도 물었습니다. 고향에 돌아와 그런 말을 했더니 마을 사람들이 이렇게 말했습니다. “당신 허튼 소리 말아요, 나 선생은 죽은 지 이미 여러 달이 되었어요." 이런 게 바로 양신입니다.

음양(陰陽)이라는 두 글자는 부호일 뿐입니다. 특별한 의미가 있는 것은 아닙니다. 형상이 있는 것을 양신이라고 부르고, 형상이 없는 것을 음신이라고 부릅니다. 이런 이야기들은 도가에 특히 많습니다.

왕양명의 고사

도가에 "단지 명(命)만 닦고 성(性)을 닦지 않는 것, 이것이 수행에서의 첫째 병이다[只修命不修性, 此是修行第一病]."이라는 말이 있습니다. 불가의 좌선하거나 염불하는 일반 사람들을 비평하는 말입니다. 물론 도가의 일반 수행인들도 그 안에 포함됩니다. 어떤 수행인들은 기맥 수련에 열중합니다. 임맥(任脈) · 독맥(督脈)을 통하게 한다면서 공부하고 신체를 단련합니다. 이런 것은 명을 닦는 것이지 성을 닦는 것이 아닙니다. 명심견성(明心見性)을 모릅니다. 이것이 수행에서의 첫째 병이라는 겁니다. 이런 수행은 잘못된 길로서 신견(身見)[34]에 빠져 있는 겁니다. 또 한 마디는 "단지 조성(祖性)만 닦고 단(丹)을 닦지 않으면 만겁에도 음령(陰靈)이 성(聖)에 들기 어렵다[但修祖性不修丹, 萬劫陰靈難入聖]."라는 말입니다. 예를 들어 불법을 배우는 많은 사람들이 학문이론만 말해서 구두선(口頭禪)으로 흐르는 경우가 많습니다. 신체적으로는 조금도 변화가 없

34) 자기와 자기의 소유물이 있다고 생각하는 견해. 자신을 아(我)로 간주하는 견해. 몸속에 실체로서의 아(我)가 있다고 생각하는 견해. 영원히 변하지 않는 주체가 있다고 생각하는 견해. 아견(我見)과 같다.

습니다. 약간 명심견성한 사람은 생각 생각마다 미혹하지 않을 수 없으며, 이 신체의 전환변화를 상관하지 않습니다. 그래서 정·기·신(精氣神)이 하나로 응결되지 못합니다. 이래가지고는 기껏해야 그 절반 만 닦은 것으로 음신만 낼 수 있지 양신은 낼 수 없습니다. 중음에 이르러야만 비로소 성취할 수 있습니다. 현세에는 보신(報身)·화신(化身)을 성취하지 못합니다.

보신성취란 이 업보의 몸을 전환변화[轉變]시키는 것입니다. 양신을 내는 것은 화신성취로서, 모태를 통하지 않고 자신이 또 하나의 생명을 낳을 수 있습니다. 다른 사람도 그 화신을 볼 수 있습니다. 우리는 일반적으로 여인의 음부를 통해서 태어납니다. 양신성취까지 수련하면 정수리로부터 또 다른 자기를 화생(化生)합니다. 도가와 밀교의 수련법은 거의 동일한 노선입니다. 이에 대해서는 이 수업 주제 상 말해서는 안 되는데 오늘 얘기 나온 김에 한 겁니다. 서모씨가 자신의 빈사경험을 말했기 때문에 줄곧 이야기보따리를 풀어 여러분에게 말한 겁니다.

예컨대 이 자리에 있는 여러분 중 어떤 분은 늘 이런 놀이를 해봅니다. 음신놀이를 통해 남의 이런 저런 것을 말해줍니다. 그렇게 오래하다 보면 자신에게 불리합니다. 아귀도로 걸어 들어가게 되어 장래에 영귀(靈鬼)로 변합니다. 왕양명(王陽明, 1472-1528년)[35]은 대 유학자였습니다. 불가도 배웠고 도가도 배웠으며 신통이 있었습니다. 왕양명의 학안(學案)을 보면 그도 신통을 부려보았습니다. 그러나 마지막엔 다 버렸습니다. 왕양명은 여러분의 그런 음신놀이

---

35) 이름은 수인(守仁)이고 자는 백안(伯安)이며 양명은 호이다. 중국 명대의 유명한 철학가·교육가·정치가·군사가로서 심학(心學)의 창시자이다. 왕양명의 4구교에 대한 남회근 선생의 비판을『역사와 인생을 말한다』부록에 실어놓았으니 참고하기 바란다.

재주보다도 대단했습니다. 그의 친구가 먼 곳에서 그를 만나러 찾아오리라고 미리 알았습니다. 그 날이 되자 왕양명은 밖에 나가 몇 리 밖에서 기다렸습니다. 친구가 말하기를 "자네는 왜 여기 있는가?" 하니 "자네를 맞으러 왔네." 라고 답했습니다. 친구는 이상해서 말하기를 "자네는 내가 올 줄 어떻게 알았는가?" 하니 "나는 벌써 알고 있었다네." 라고 말했습니다. 하지만 왕양명은 훗날 이것을 버렸습니다. 그는 "이것은 정신을 가지고 노는 것이다." 라고 말했습니다. 그러므로 왕양명의 학안을 보면 그는 유가의 노선을 걸어간 사람이었습니다.

왕양명은 당시 아주 흥미로운 인물이었습니다. 전방에 나아가면 장수요 조정에 들어오면 재상이었습니다. 일본인들의 명치유신(明治維新)은 그의 학문 영향을 받은 것입니다. 이를 양명학(陽明學)이라고 하는데 장개석(蔣介石)도 양명학을 연구한 사람이었습니다. 왕양명은 강서지방에서 순무(巡撫)를 한 적이 있었는데 그 당시의 순무라면 오늘날의 정당 · 정권 · 군대를 다 장악하고 있는 직위로 성장(省長)보다도 권력이 있는 자리였습니다. 이야기가 하나 있습니다. 왕양명의 다른 전기에 보면 왕양명이 강서성의 어떤 절에 갔더랍니다. 그가 보니 그 사당이 몹시 좋았습니다. 그러나 어떤 방 하나가 문이 잠겨있었습니다. 그는 스님에게 물었습니다. "이 방은 왜 잠겨있습니까?" 스님이 말하기를 "과거에 노스님 한 분이 폐관(閉關)을 한 채 열반했는데 죽으면서 방문을 잠그고 열지 말라고 분부했습니다." 고 했습니다. 왕양명은 듣고 보니 문제가 있었습니다. 그는 지방의 최고 수장인데 이 절에 괴이한 일이 있다니 그 안에 무슨 간첩이 있을지도 몰랐습니다. 아니면 스님이 무슨 나쁜 일을 하고 사람을 속이고 있는지도 모를 일이었습니다. 왕양명은 말했습니다. "열어보시오! 내가 보아야겠소." 그 스님은 말했습니다. "절대 열 수 없습니다. 우리 2, 3대의 조사들도 이 방은 열어서는 안 된다고 분부했습니다." 왕양명의 성격은 들을수록 이상하다 생각되어 열어보지 않으면 안 되었습니다. "당장 열어요!" 그의 위엄이 발동하여 명령을 하자 스님은 할 수 없이 열었습니다. 열어보니 한 해골이 정좌하고 있고 그의 앞의 탁자 위에는 한 쪽지가 있는데 이렇게 쓰여 있었습니다. "오십 년 전의 왕수인이 문을 열 것이니 그가 바로 문을 닫은 자이다[五十年前王守仁, 開門卽是閉門人]" 왕양명의 이름은 왕수인이고 양명은 그의 호입니다. 그는 갑자기 멍해졌습니다. "어? 알고 보니 그가 바로 나이구나! 전생의 몸이 여기서 열반했구나." 공부가 이 경지에 이르렀습니다. 그는 자기가 몸을 바꿔 다시 와서 이 방문을 열리라는 것을 미리 알았습니다. 그러나 유가는 이 공안(公案)을 채용하지 않았고 기록하지 않았습니다. 유가는 많은 고사(故事)를 버렸습니다. 너무 미신적이라고 생각하고 사람들이 비난할까 두려워했습니다.

조금 전 서모씨가 여러분들에게 그 자신의 빈사경험을 얘기해 드렸는데 그의 친구인 왕씨도 죽은 적이 있다고 하니 서씨 당신이 그 사람의 이야기를 들려줄 수 있습니까?

서 모씨 : 왕 모씨는 그 때 위장병이 났습니다. 위에 구멍이 뚫려 많은 피를 흘렸습니다. 혈압이 40 밖에 안 되어 갑자기 기절을 했는데 제가 느낀 것과 거의 같습니다. 영혼이 나간 겁니다. 왕씨는 말하기를 자신이 화원을 보았으며, 햇볕이 밝고 경치가 아름다우며 정자와 누각이 있고 음악이 들리는 듯 했는데 자신은 나무 끝에 둥둥 떠 있었답니다. 마지막에는 둥둥 떠 앞으로 나아가니 흐릿한 작

은 건물 하나가 있고 그 안은 어둡더랍니다. 그는 거기서 기다리면서 들어가지 않으려 하는데 어떤 소리와 힘이 그를 꼭 들어가도록 밀어 넣더랍니다. 그 때 자네는 무슨 소리를 들었느냐고 제가 물어보니, 분명하게는 생각나지 않는데 아마 단순한 소리만은 아니었을 것이라고 했습니다. 그 말의 의미는 어떤 사람이 "들어가라, 들어가라, 꼭 들어가야 한다."고 말하더라는 겁니다. 그는 들어가자마자 깨어났답니다. 그의 지속된 시간은 비교적 길었습니다.

남선생 : 그 왕 씨란 분은 전기기사입니다. 그들의 연령대는 모두 이 시대의 유물론 교육을 받은 사람들로서 본래 이런 것은 믿지 않았던 사람들입니다.

제 5 강

혼백과 중음경계, 환생과 12인연

혼과 백

중음 경계의 행음(行陰)과 상음(想陰)

중음 경계의 다생 업식(業識)현상

세 가지 꿈

12인연이란 도대체 무엇인가

등류(等流)와 이숙(異熟)의 생명

선종 · 밀종 · 성종

파산 해명 선사의 고사

삼합일(三合一)의 명색(名色)

십일체입(十一切入)

남선생 : 우리는 어제 사람의 정상적인 사망 과정을 얘기했습니다. 그런데 다들 꼭 주의해야 할 점이 한 가지 있습니다. 제가 늘 발견하는데, 일반인들이 얘기를 들을 때 머리가 논리적인 면이 부족해서 주제가 어디에 있는지 파악할 줄 모르고, 다들 중간에 하는 말들에 끌려가 버립니다. 그래서 학문을 추구하려면 과학적인 두뇌가 필요하며 먼저 논리를 알아야 합니다. 어제 얘기한 것은 인도(人道) 중의 정상적인 사망으로 지수화풍 4대가 분산하는 상황을 잘 파악하고 있어야 합니다. 논리를 이해하고 나면, 이것이 생사라는 큰 제목속의 하나의 작은 제목이며 오직 사람의 정상적인 사망에 국한되는 것임을 알게 됩니다. 동시에 여러분들의 지혜는, 사람의 비정상적인 사망과 다른 중생들의 사망도 그러한가 하고 생각해보아야 합니다. 왜냐하면 이번에는 시간상 미처 다룰 수 없고 본 주제의 범위도 아니기 때문입니다. 모든 중생의 사망이 모두 그렇게 정상적이라고 생각해서는 안 됩니다. 진정으로 정상적인 사망은 너무 어렵습니다.

남을 오랜 기간 가르쳐 본 사람들은 알 것입니다. 한 선생님이 앞에서 수업을 하면 많은 수강생들은 들으면서 자신들의 느낌이나 터득한 바를 쓰고 하지만 모두다 선생님이 말한 내용들이 아닙니다. 학생들은 저마다 작은 점을 하나 붙들고는 샛길로 빠져버립니다. 그러므로 제가 현재 한 가지 결론을 가지고 있는데 그것은 바로 교육무용론입니다.

보통 학교에서 수업하는 것도 그렇습니다. 초등학교에서부터 왜 같은 반중에서도 어떤 학생들은 성적이 좋고 어떤 학생들은 좋지 않을까요? 그 이유는 어떤 학생들은 생각에 논리가 부족하여 똑 같지가 않기 때문입니다. 주제를 파악하지 못하고 한편으로는 들으면서 한편으로는 자신의 주관에서 만지작거리고 있기 때문입니다. 이것은 엄중한 일입니다만 지금은 곁들여 여러분의 주의를 일깨웁니다.

혼과 백

어제는 4대가 분산된 후 중음신이 일어나는 것까지만 얘기 했습니다. 제가 이렇게 하는 것도 언어문자를 이용하여 여러분에게 말하는 것이니 이른바 언설도리에 해당합니다. 어제 수업에서 여러분들에게 네 가지의 도리를 얘기했습니다. 즉, 언설도리 · 관대도리 · 증성도리 · 법이도리입니다. 언설도리는 언어로써 표현하는 것입니다. 예컨대 조금 전 서모씨의 빈사경험을 청해 들었는데 이는 관대도리에 해당합니다. 과학적으로 말하면 자료와 개별사안의 통계에 해당합니다. 그러므로 어떤 것을 하나 연구하는 것은 관찰하는 것으로 모두 상대적인 것입니다. 절대적인 것이 아니요 틀림없는 것이 아닙니다.

중음은 불학 명사입니다. '중지(中止)'라는 명사도 있는데 중국에서 『수행도지경(修行道地經)』을 번역할 때 최초로 사용한 용어입니다. 당시에는 중음이라고 번역하지 않고 중유(中有)라고 번역했습니다. 그러나 수지(修持)를 말하기 위해서 제일 첫 번째 번역에서는 '중지'라는 용어를 썼습니다. 그 의미는 생명은 마치 흐르는 물처럼 분단적(分段的)이어서 과거에서 현재로 흐르고 현재는 그것을 중간에 정지시켜 놓았다는 것입니다. 어제는 어제고, 내일은 내일이며, 오늘의 존재는 여기에 정지해 있다는 겁니다. 그래서 중지라고 불렀습니다.

과거에 '중지'라고 번역하여 사용하기에 괜찮았지만 후인들에 의해 바뀌었습니다. 뒤에 12인연(十二因緣)에서 정식으로 유(有)를 말했기 때문입니다. '유'는 현실의 세계에 현재 존재하는 것을 말하기 때문입니다. 또 사람의 관념도 '유'라고 불리기 때문입니다. 이것이 그 이유의 하나입니다. 다시 본체의 도리, 불법의 관념의 입장에서 보면 현실 세계도 허환(虛幻)한 것이지 진실한 것이 아니기 때문에 12인연이 '유'를 확정했습니다. 그래서 중지라는 용어는 중유로 고쳐 불렀습니다.

그럼 왜 또 중음이라고 부를까요? 방금 말했듯이 중국어로 보면 이 '유'도 관대도리입니다. 어떤 사물도 모두 상대적입니다. 상대적인 사물로서, 뚜렷해서 볼 수 있고 만질 수 있는 것을 양성적이라고 부릅니다. 만질 수 없고 볼 수 없는 것은 음성적이라고 부릅니다. 그러므로 중유를 중음이라고도 부릅니다. 우리는 그것을 보통 영혼이라고 부릅니다. 조금 전 서모씨가 얘기했듯이 그 영혼이 나갔다고 말한 것은 어떤 것이 나갔다고 느낀 겁니다. 그는 중국인이기 때문에 그의 의식상 받은 교육적 관념의 영향으로 그것을 영혼이라고 부르는데, 역시 가정적 명칭입니다. 이는 중국에서 보통 부르는 법이지 결코 불교문화가 아닙니다. 영혼이란 영민해서 거의 모르는 것이 없고 깨닫지 못하는 것이 없습니다. 감각이 있고 지각이 있습니다. 하지만 그것은 또 실체적인 것이 아닙니다.

그러므로 중국 글자의 유래를 얘기해보면 魂(혼)이라는 글자는 云(운)자와 귀신 鬼(귀)자가 결합된 글자입니다. 鬼(귀)는 음(陰)적인 것으로서 보이지 않는 것입니다. 神(신)은 양(陽)적인 것으로 보이는 것입니다. 엄격히 이 두 글자를 연구해보면 귀와 신자는 모두 땅과 관계가 있고 田(농토전)자와 관계가 있습니다. 鬼란 田자가 지면 아래로 걸어가는 것으로 음성적인 전류가 아래로 내려가는 것입니다. 그 머리에 머리털 하나를 더한 것 같은 털은 귀라는 것을 나타냅니다. 神자의 오른 쪽 중간은 田자이고 왼쪽은 위 하늘에 속한다는 의미인 示(보일시)자입니다. 田자의 위아래로 통해 申(신)자로 변했습니다. 이 示자와 申자를 합하여 神이라고 부릅니다. 田자는 토지를 나타내고 머리가 하나 나온 것을 由(유)자라고 부릅니다. 즉 맹아(萌芽) · 유래(由來)라는 의미로서, 농토에서 사물이 자라나되 위로만 자라는 것을 由라고 합니다. 위아래가 통한 것을 申이라고 부르는데 뻗어 나와 사면팔방으로 통한 것입니다. 그 옆에 다시 示자를 더해 하늘을 표시한 것을 神이라고 부릅니다.

魂(혼)자의 오른쪽은 鬼자인데 아래로만 통하고 위로는 통하지 않습니다. 그런데 왜 云자를 하나 더했을까요? 이 云자는 雲(구름운)자의 약자입니다. 바꾸어 말하면 구름과 안개처럼 있는 듯 없는 듯 어슴푸레해서 알 수 없는 것입니다. 그래서 魂이라고 부릅니다.

혼(魂)과 백(魄)은 구별이 있습니다. '백'은 물질적인 것이며 생리적인 것입니다. 우리는 생리상 기(氣)가 있습니다. 우리가 북방 추운 곳에서 호흡을 하면 내쉴 때 코에서 나오는 하얀 김 같은 것입니다. '백'은 실질적인 것이며 실체가 있는 것입니다. 혼은 그런 실질이 없으며 보이지 않습니다. 마치 구름안개처럼 알 수 없는 것입니다. 혼백은 두 가지이므로 우리가 놀람을 당한 것을 문학에서는 이 사람이 혼비백산(魂飛魄散)했다고 묘사합니다. 혼이 날아가 버렸다는 겁니다. 의식정신이 신체를 떠나버린 것이나 같습니다. '백'인 신체가 놀람을 당했을 경우에 똥오줌을 누면서 사람이 덜덜 떱니다. 이는 신체상의 물질적인 작용인 4대(지수화풍)가 조화를 이루지 못하여 분산되어버리는 것입니다. 그런 것을 '혼비백산'이라고 합니다.

그러므로 보세요, 중국의 고문을 살펴보면 글자마다 그 자체의 과학적 도리가 있습니다. 오늘날 간체자를 제창해서 엉망진창이 되었습니다.

중음 경계의 행음(行陰)과 상음(想陰)

우리 화제를 딴 데로 돌리지 맙시다. 다시 말하면 중음은 바로 영혼입니다. 현재 생명과학이 한참 연구 중인데 3세인과의 도리에 근거하는 많은 자료를 찾아냈습니다.

중음은 여러 생의 일을 기억할 수 있습니다. 중문으로는 간단히 일령불매(一靈不昧)라고 하는데 이 영혼은 그런 작용이 있습니다. 어둠이 없고 가려짐이 없이 스스로 기억할 수 있는 것을 '일령불매'라고 합니다. 일반인들이 사망한 후에 혼비백산하는데 만약 중음이 있다면 설사 일령불매하더라도 인간세상의 하루를 못 채우는 것이나 다름없습니다. 몇 시간이후에는 다시 무지(無知)해져 버립니다.

또 잠들어 버린 것이나 기절한 것이나 마찬가지가 되면서 잊어버립니다.

그러므로 왜 수행에서 선정을 닦아야 할까요? 만약 문학적으로 말하면 자기가 '일령불매'하도록 닦는 겁니다. 유가는 이를 '소소령령(昭昭靈靈)'이라고 합니다. '소소'는 빛나는 것이며 '령령'은 아는 것입니다. 혼미함이 없이 보고 듣고 깨닫고 알아서 일령불매한 것입니다.

선정을 얻었다함은 무엇을 말할까요? 산란(散亂)하지도 않고 혼침(昏沈)하지도 않는 것입니다. 바꾸어 말하면 유학자나 성리학자들이 말하는 '소소령령'입니다. 일령불매의 상태로서 또렷이 깨어있으면서 망상이 없고 잡념이 없는 것입니다. 부처란 각(覺)입니다. '각'이란 잠으로부터 깨어남입니다. 깨달았음이며 깨어있음입니다. 우리가 수각(睡覺), 즉 잠잔다고 할 때 이 '각'자는 바로 각오(覺悟)입니다! 수(睡)는 혼미입니다. 깨어난 것을 각오라고 합니다. 부처는 영원히 깨어있는 사람입니다. 일령불매하고 소소령령하면서 산란하지 않고 혼침하지 않습니다. 그러나 일반인들은 그렇게 하지 못합니다. 그러므로 정좌하여 선정수련을 함으로써 그렇게 되어야 합니다. 이 점을 곁들여 설명 드렸습니다.

중음이 생겨나고 깨어난 후에는 약간 영명(靈明)합니다. 그러므로 다른 수행 서적에서는 묘사하기를 '한 줄기 영광(靈光)이 일어나 번쩍하면서 지나갔다.'고 합니다. 실제로는 중음신이 일어난 것은 마치 꿈에서 깨어난 것이나 마찬가지입니다. 어제 여기까지 얘기했지요? 이 단계에서 기절했다가 깨어날 때를 중국에서는 이렇게 말합니다. "살아서는 혼을 몰라보고, 죽어서는 시체를 몰라본다[生不認魂, 死不認屍]." 우리가 살아있으면서는 자기의 영혼을 모릅니다.

오직 정좌하여 공부해서 일령불매의 경지에 이르러 또렷이 보아야 비로소 자기의 심념이 변해서 이루어진 영혼 경계가 어찌 된 일인지 알게 됩니다. 일반인은 죽은 후 중음신이 자신의 시체를 보아도 알아보지 못합니다.

불학에서 영혼이라는 작용은 상음(想陰)과 행음(行陰)의 범위에 속합니다. 상음은 생각입니다. 행음은 생명동력의 범위입니다. 중음이 생겨남은 행음의 작용입니다. 행음은 한 가닥의 업력(業力)으로 대단히 빠릅니다. 이때는 눈앞에 영화를 상연하듯이 일생의 행위가 좋은 것이든 나쁜 것이든 선한 것이든 악한 것이든 모두 기억나는데 대단히 빠릅니다. 텔레비전 장면 바뀌는 것 보다 얼마나 더 빠른지 모릅니다. 당신이 평생 동안 무의식속에 억눌러 놓았던 속였던 일도 모두 나타나면서 선악이 각각 그 과보가 모두 나타납니다. 남에게 미안한 일, 떳떳한 일, 억울함을 당한 일, 남을 억울하게 했던 일 등, 모조리 출현합니다. 그럴 뿐만 아니라 전생에 했던 일들도 모두 나타납니다. 이때에 행음이 생각추억을 발동하는 이런 힘을 업보(業報)작용이라고 부르고 업력이라고 부릅니다. 이 힘은 모두 거듭하여 나타납니다. 어떻게 증명할 수 있을까요? 우리 나이 많은 사람들은 목전의 일은 다 잊어버리지만 과거의 일은 또렷이 떠오르듯이 그렇습니다. 살아있을 때 이렇습니다! 중음의 때에 이르면 그 보다도 더 엄중합니다. 어렸을 때의 일뿐만이 아니라 몇 전생 내지는 수많은 전생의 일들도 출현합니다.

이제 우리 한 가지 문제를 제기해봅시다. 이때에 천당과 지옥이 있을까요 없을까요? 있습니다. 천당과 지옥의 경계도 출현합니다. 귀(鬼)가 있을까요? 있습니다. 모두 다 출현합니다. 꿈속에서 보다도 빠르고 영화나 텔레비전이나 컴퓨터보다도 몇 배나 더 빠른지 모릅니다.

그러나 부처님은 말씀하시길 천당도 없고 지옥도 없다고 하십니다. 그런 것은 없으며 모두 다 유심(唯心)의 작용이라고 합니다. 일체의 현상은 유심이 나타나는 것[唯心所現][36]라고 하십니다. 중음의 경계만 그럴 뿐만 아니라 우리가 살아있는 동안의 심신 내외의 모든 것, 정신적인 것 물질적인 것 모두가 유심이 나타나는 것입니다. 여기서의 '유심'은 심물일원(心物一元)의 마음으로 철학에서 말하는 '본체'에 해당합니다. 본체 밖에 독립적으로 존재하는 현상은 없습니다. 모두 다 본체의 작용과 변화현상입니다. 우리가 있다고 생각하거나 없다고 생각하는 것은 모두 다 상대적이며 우리의 의식이 가정한 것입니다. 관대도리요 작용도리이지 법이도리가 아닙니다.

중음 경계에서의 다생의 업식(業識)[37] 현상

현상(現象)면에서 관대도리의 입장에서 보면 중음 경계에 각종 현상이 출현하는 것은 의식 속에 그런 종자들이 있기 때문입니다. 이때에 종자가 모두 폭발합니다. 우리 사람의 이 한 생이 왜 남자로 태어났고 여자로 태어났으며 또 저마다의 신체와 운명, 그리고

36) 모든 것은 마음의 표출일 뿐 이라는 것, 마음을 떠나서는 모든 것은 존재하지 않는다는 것.

37) 진여의 법이 본래 평등일미(平等一味) 무차별(無差別)이라는 것을 있는 그대로 지각할 수 없는 무명(無明) 때문에 불각망상심(不覺妄想心)에 가동하는 것을 말한다. 숙업의 인(因)에 의해 감득(感得)한 심식(心識)을 말하는 것으로 범부의 마음을 말함. 선업 악업에 의해 초래된 과보로서의 식(識).

환경이 저마다 다를까요? 이는 지난 많은 전생의 과보로 그렇게 된 것으로 종자가 현행(現行)한 것입니다. 과거의 다생누겁(多生累劫)에 우리의 행위인 선업과 악업 그리고 무기업, 이 세 가지 업력이 종자를 형성했고, 그 종자는 인연이 성숙했을 때 현행으로 변합니다. 이 일생이 어떤 모습을 이룰 지, 일생의 유명 · 불행 · 생각 · 정서 · 습관은 바로 종자가 현재의 행위, 현상으로 변하는 겁니다. 우리의 이 일생의 행위에다 제6의식이 누적되어 또다시 아뢰야식속의 미래 생명의 종자로 변합니다. 그러므로 현행이 또 종자를 낳고....인과는 이렇게 온 것입니다. 그런 과정 속에서 많은 원인요소는 인연으로 생겨난 것입니다. 인과는 너무나 복잡해서 가장 정밀한 계산기라도 계산하지 못합니다.

그러므로 현상 면에서 관대도리의 입장에서 보면, 부처님도 말씀하셨는데, 중음일 때 천당과 지옥이 있을까요 없을까요? 있습니다. 모두 있고 모두 출현합니다.

만약 어떤 사람이 기독교를 신앙하는 사람이라면 그가 보는 것은 기독교가 묘사하는 현상입니다. 왜냐하면 그의 의식 속에는 그런 인상이 존재하기 때문입니다. 기타 종교의 신앙인이 보는 현상은 기타 종교의 경계입니다. 만약 신앙이 없는 사람이라면 그가 보는 현상은 자기의 습관적인 의식속의 현상입니다. 그러므로 중음이 일어나면 첫째 7일 동안 무슨 보살이 나타나고 둘째 7일 동안에는 어떻고 어떻고....라고 말하는 대로가 아닙니다. 그건 불법을 배웠거나 다른 어떤 종교를 믿은 사람에 대해서 한 말입니다. 왜냐하면 그는 어려서부터 성장하면서 그런 것만 보아왔기에 그의 환경이 그래서 습관이 되었기 때문입니다. 만약 그가 그런 종교를 배운 사람이 아니며, 그런 화상(畵像) · 소상(塑像)이나 그런 환경조차도 경험한 적이 없다면, 보이는 것은 그런 것들이 아닙니다. 미국인 같은 경우라면 백의(白衣)의 천사가 나타나고 성모 마리아가 나타나거나 그들의 이상세계속의 경계가 나타날 것입니다.

이 과정에는 문제가 하나 있습니다. 부처님은 말씀하시기를 "주재자가 없고, 자연이 아니다[無主宰, 非自然]"라고 했습니다. 무슨 염라대왕이나 하느님 · 보살 · 부처님이 당신의 주재자가 되는 일이 없다는 것입니다. 당신의 생명은 완전히 당신 자신의 인연 성숙과 업보가 어떠냐에 달려있다는 겁니다. 이 속의 중점은 3세인과(三世因果)입니다. 그러므로 부처님은 가장 중요한 분부를 한 가지 하셨는데, 이 3세인과는 바로 당신의 심리행위와 당신의 평소의 사람됨과 일처리, 과거에서부터 현재에 이르기까지 무수한 생애의 행위가 누적되어온 것으로, 이것이 동력(動力)이라는 것입니다. 요즈음 말로 하면 유물도 아니요 유심도 아니지만, 그러면서도 유물과 유심의 힘을 그 속에 포함하고 있습니다. 이것을 '업력'이라고 부릅니다. 앞서 말했듯이 업을 지음[造業]에는 선(善) · 악(惡) · 무기(無記) 이 세 가지 종류의 업이 포함됩니다. 무기업은 중성적인 것으로 기억에 없을 때도 있습니다. 기억에 없다고 곧 없다고 생각해서는 안 됩니다. 있는 것, 존재한 것은 그 응보가 있기 마련입니다.

그래서 불법을 배울 때 왜 계정혜(戒定慧)를 배워야 할까요? 한 가지 기본 원칙이 있는데 다들 유의해야 할 게송입니다.

설사 백겁을 지나더라도 假使經百劫
지은 업은 없어지지 않아 所作業不亡
인연이 모여 만날 때 因緣會遇時
과보가 돌아와 자기가 받는다 果報還自受

'설사 백겁을 지나더라도[假使經百劫]', 당신이 생을 살아가되 얼마나 많은 시간, 백천만억 년이 지나더라도, '지은 업은 없어지지 않아[所作業不亡]', 당신이 한 행위는 없어지지 않고 사라지지 않습니다. '인연이 모여 만날 때 과보가 돌아와 자기가 받는다[因緣會遇時 果報還自受]', 우리가 한 행위는 그것이 물리세계 영역이든 정신세계 영역이든, 했던 일체의 일은 모두 기록되어 있습니다. 예컨대 우리가 젊은 시절에 겪었던 아주 고통스러웠던 일, 가장 좋아했던 일은 영원히 잊혀 지지 않습니다. 설사 평소에는 그런 것을 생각하지 않더라도 무의식속에 다 존재하고 있습니다. 이게 바로 설사 백겁을 지내더라도 지은 업은 없어지지 않고 영원히 존재한다는 의미입니다. 그러므로 이것을 '일체유(一切有)'라고 부릅니다. 일체공(一切空)이 아닙니다. 인연이 만날 때 그 과보를 받습니다. 생사란 그렇게 해서 온 것입니다.

불학에는 또 하나의 게송이 있습니다.

전생의 일을 알고 싶은가	欲知前生事
금생에 받는 것이 그것이요	今生受者是
내생의 일을 알고 싶은가	欲知來生事
금생에 지은 것이 그것이다	今生作者是

'욕지전생사(欲知前生事)', 당신 자신에게 당신의 전생이 어떤 사람이었으며 무슨 일을 했는지 물어보십시오. '금생수자시(今生受者是)', 당신의 이 일생의 자신의 행위 · 운명을 관찰해보면 자기의 전생이나 몇 생 이전에 무엇을 했기에 금생에 이런 과보가 있는지를 알게 된다고 말합니다. 과보의 입장에서 과거의 원인을 살펴보는

겁니다. '욕지내생사(欲知來生事)', 당신이 내생이나 그 후 몇 후생이 어떨지를 알고 싶으신가요? 역시 아주 쉽습니다. '금생작자시(今生作者是)', 당신이 이 일생에 무엇을 했는지에 달려있습니다. 당신이 남을 속였다면 내생에는 반드시 속임을 당할 것입니다. 남을 죽였다면 내생에 당신은 반드시 그 목숨 빚을 갚지 않으면 안 됩니다. 일체의 일체가, 애정이든 무엇이든 간에 모두 인과가 있습니다.[38]

이상의 두 게송은 삼세인과와 육도윤회를 설명했습니다.

세 개의 꿈

그러므로 중음의 경계가 일어날 때 발견할 수 있는데, 현생의 것뿐만 아니라 과거의 많은 생의 일체의 일이 한 장면 한 장면 아주 빨리 지나갑니다. 그런데 그 빠르기가 어느 정도일까요? 여러분이 알아야 할 과학상식이 한 가지 있습니다. 이 자리에 계시는 여러분께 물어보겠습니다. 사람이 꿈을 꾸는 시간은 얼마의 시간이 지날까요? 가장 긴 꿈이라도 5초가 못됩니다. 이는 우리가 깨어있을 때의 시간으로 계산한 것이지 꿈속의 시간이 아닙니다.

역사상 유명한 황량몽(黃粱夢)과 남가몽(南柯夢)이라는 큰 꿈을 예로 들어보겠습니다. 황량몽으로는 두 가지가 있는데 그 하나는 여순양(呂純陽)의 황량몽입니다. 한종리(漢鍾離)가 장안(長安)에서 여순양을 깨우쳐주는 내용입니다. 또 하나의 황량몽은 하북(河北)의 한단(邯鄲)에서 여순양이 도를 얻은 후 노생(盧生)을 깨우쳐주는

38) 부록의 『업보차별경』을 읽어보기 바란다.

고사입니다.

우리는 이제 여순양의 이야기를 해보겠습니다. 여순양은 왜 출가하게 되었을까요? 그는 과거시험을 보러갔습니다. 섬서(陝西)의 장안에서 배가 고파 식당에 들어갔는데, 맞은편에 한 늙은 도사가 스스로 황량미(黃粱米) 밥을 짓고 있었습니다. 여순양은 피로해서 의자에 기대자마자 잠이 들어 꿈을 꾸었습니다. 꿈에서 자신의 일생 수십 년의 일들을 보았습니다. 어떻게 과거시험에 합격하고, 어떻게 장가를 가고, 아이를 낳고, 어떻게 뜻을 이루어 벼슬을 하여 재상에 이르고, 그리고 마지막에는 죄 때문에 집안이 몰수를 당해 모두 유배가고, 남은 것은 오직 늙은 자신 혼자만이 남아 눈보라가 몰아치는 가운데 말을 세우고 무상(無常)을 개탄하는 꿈이었습니다. 깨어나자마자 수십 년의 지난 일이 또렷했습니다. 머리를 들어 보니 맞은 편 늙은 도사는 그에게 한 번 웃으면서 말했습니다. "재미있었지요?" 늙은 도사는 그의 꿈 내용을 다 알고 있었습니다. 다시 보니 늙은 도사가 짓고 있는 밥은 아직도 익지 않았습니다. 잠에서 깨어나 보니 황량미 밥은 아직 익지 않았는데 몇 초 사이에 수십 년의 일을 꿈꾼 것입니다. 이게 여순양, 즉 여동빈의 황량몽입니다.

(역자보충)

여동빈(呂洞賓. 797~?)은 이름은 암(巖)이요 자(字)가 동빈(洞賓), 자호(自號)는 순양자(純陽子)이다. 당나라 경조부(京兆府), 즉 오늘날 섬서성(陝西省) 장안현(長安縣) 사람이며, 세상에서는 그를 여조(呂祖) 또는 순양조사(純陽祖師)라고 부르는데 그는 도교 8선(八仙) 중에서 가장 유명하며 그에 관한 전설이 많다. 민간에 전해 내려오는 말로 “개가 여동빈을 물다니, 좋은 사람의 마음을 몰라 본다[狗咬呂洞賓, 不識好人心].” 라는 말이 있다. 여동빈이라는 이름 석 자는 세상을 두루 돌면서 중생을 구제한 신선도사의 대표적 명칭이 되었다.

여동빈의 호쾌함이 돋보이는 시 한 수가 있다. 당나라 시대, 어느 날 동정호(洞庭湖)에 달이 휘영청 밝은 밤, 여동빈이 홀로 악양루(岳陽樓)에 올라 읊었다.

홀로 높은 누각에 올라 천지팔방을 바라보니	獨上高樓望八都
검은 구름 흩어진 뒤 달만이 외롭구나	黑雲散後月輪孤
망망한 우주에 사람이 무수하건만	茫茫宇宙人無數
몇 명의 남아가 장부일까	幾個男兒是丈夫

그의 시가 또 한 수 있는데, 사람들이 5욕(재물욕 · 색욕 · 명예욕 · 식욕 · 수면욕)에 빠져 허우적거리다 헛되이 죽어가는 것을 경계하고 있다.

사람으로 태어나기 어려운데 지금 이미 태어났고	人生難得今已得
대도는 알기 어려운데 지금 이미 알았으니	大道難明今已明
이 몸을 금생에 제도하지 못하면	此身不向今生度
다시 어느 때를 기다려 제도하리요	再等何時度此身

오늘날의 과학은 가장 긴 꿈이라도 5초도 못 된다는 것을 알아냈습니다. 슬프고 고통스런 꿈, 심지어 꿈속에서 가위눌리면 시간이 길다고 느낍니다. 물론 흔히 하룻밤에 여러 가지 꿈을 꾸지만

대부분은 깨고 나면 다 잊어버립니다. 꿈마다 시간이 아주 짧지만 꿈속에서는 길다고 느낍니다. 때로는 수십 년만 되겠습니까! 그러므로 시간은 상대적이라고 말하는 것입니다.

또 남가몽이라는 게 있습니다. 당나라 시대의 이야기인데 어떤 사람이 무위도식(無爲徒食)하기를 좋아했답니다. 그러면서도 마음으로는 큰 부귀를 누리고 싶었습니다. 어느 날 배불리 밥을 먹고 나서 마당의 홰나무 아래 누워 낮잠을 잤습니다. 꿈에 보니 자기가 괴안국(槐安國)이라는 곳에 가서 공주를 만났습니다. 자신이 어떤 재간이 있다고 허풍을 치고는 마침내 공주를 속여 결혼하고 태수(太守)도 되었습니다. 얼마 지나지 않아 적국이 공격해왔습니다. 결국 몇 번 싸우지 못하고 패배했습니다. 공주는 자살하고 국왕은 그를 국경 밖으로 추방했습니다. 그가 꿈에서 깨어보니 괴안국이 있기는 어디에 있어요. 단지 홰나무 아래 두 개의 개미구멍이 있을 뿐이었습니다. 이 꿈을 남가일몽(南柯一夢)이라고 하는데 황량몽이나 마찬가지입니다. 또 하나로는 장자(莊子)의 호접몽(胡蝶夢)[39]이 있습니다. 이런 유명한 꿈 이야기들은 모두 인생은 꿈과 같고 꿈은 인생과 같다는 것을 말합니다.

---

39) 『장자 강의』 (상) 「제물론」 편에서 관련 부분을 전재한다.

예전에 장주(莊周)가 꿈에 나비가 되었다. 훨훨 날아다는 나비로서 유쾌하면서 마음에 맞아 자기가 장주임을 알지 못했다. 갑자기 잠에서 깨어보니 자기는 놀랍게도 장주였다. 장주가 꿈에 나비로 된 것인지, 나비가 꿈에 장주로 된 것인지를 알 수가 없었다. 이와 같은 장주와 나비 사이에는 틀림없이 하나의 구분이 있으며 주재자가 있고 이치가 있는 것이다. 이것을 만물의 변화인 물화(物化)라고 한다.

昔者莊周夢爲胡蝶，栩栩然胡蝶也。自喻適志與！不知周也。俄然覺，則蘧蘧然周也。不知周之夢爲胡蝶與，胡蝶之夢爲周與？周與胡蝶，則必有分矣。此之謂物化。

여기서 우리 잠깐 주제에서 벗어나 한 가지 고사를 얘기해보겠습니다. 다들 문학적으로 인생은 황량일몽(黃粱一夢)이라고 탄식합니다. 청나라 때 어떤 서생이 과거급제에 실패하고는 한단(邯鄲)에 이르렀더랍니다. 거기서 여순양이 노생을 깨우쳐준 황량몽이 생각나서 탄식하며 시를 한 수 이렇게 지었습니다.

이십 년 동안 공과 후의 벼슬	二十年來公與侯
비록 꿈이더라도 풍류이어라	縱然是夢也風流
나는 지금 실의한 채 한단 길에 있나니	我今落魄邯鄲道
선생께 베개 빌리고 싶다오	要向先生借枕頭

'이십 년 동안 공과 후의 벼슬(二十年來公與侯)', 황량일몽에 보면 공(公)과 후(侯)의 벼슬을 얻었는데 그건 대단한 겁니다! 오늘날 말하는 개국공신(開國功臣)에 해당하는 지위입니다. '비록 꿈속의 일이더라도 풍류이어라(縱然是夢也風流)', 인생이 꿈같다고 말하면서 탄식하지만 나는 그런 꿈을 꾸고 있답니다! '나는 지금 실의한 채 한단 길에 있나니(我今落魄邯鄲道)', 나는 남방 사람인데 오늘 한단에서 밥조차도 못 사 먹는 처지이니 가련하고 과거에도 합격하지 못했습니다. '선생에게 베개 빌리고 싶다오(要向先生借枕頭)', 여보시오, 여순양, 당신이 그 노생에게 빌려주었던 베개를 내게도 빌려주시오, 나도 그런 꿈을 한 번 꾸고 싶구려. 그러면 이 일생이 만족하겠소.

보세요, 이 시는 문학적으로 몹시 훌륭하고 그 경지도 유달리 높으면서 인생을 함축적으로 말하고 있습니다. 이 사람은 이 한 수의 시로 인해 알아주게 되어 뒤에 정말로 벼슬아치가 되었습니다. 그러나 최후에는 역시 비극적인 결말을 맞습니다. 그는 뜻대로 되어 그 자신이 한 바탕 황량몽을 체험했습니다.

우리는 지금 인생이 꿈과 같음을 뻔히 알면서도 그런 좋은 꿈을 꾸고 싶어 합니다. 그러므로 제가 철학 수업할 때 늘 '선생에게 베개 빌리고 싶다오' 라는 구절을 인용합니다. 중국 문학에 두 마디의 명구가 있는데 역시 청나라 시대 때의 것입니다.

정이 많으면 예로부터 부질없이 한을 남기고	多情自古空遺恨
좋은 꿈은 원래부터 가장 쉽게 깨 버리네	好夢由來最易醒

황량몽이나 남가몽처럼 잠깐 사이에 깨어나 버립니다.

다시 되돌아가 중음의 경계를 얘기하겠습니다. 주의해야합니다. 어떤 책들이 얘기하듯이 첫째 주에는 어떤 보살들이 나타나고 무슨 경계가 있으며, 둘째 주에는 어떤 보살이 나타나 당신을 맞아 인도하고.... 중음의 경계는 모두 그렇게 틀에 박힌 듯이 고정적인 것이 아닙니다. 그런데 그런 말은 맞을까요 맞지 않을까요? 완전히 맞습니다. 그것은 어떤 종교 어떤 습관의 범위이기 때문입니다. 그런 사람들은 그 밖의 지식과 세계를 접해보지 못하고 어려서부터 늙을 때 까지 영원히 그 전당(殿堂) 속에 있으면서 보는 게 오직 그런 것들뿐이기 때문입니다. 만약 그런 것으로 일체 중생을 제도하고 그런 학문이론으로 사람들에게 말한다면 그건 맞지 않습니다.

예를 들어 북극지방의 에스키모 인들도 종교 신앙이 있습니다. 그 밖에 만주족이나 몽고족 등에게도 샤머니즘이라는 오랜 종교가 있습니다. 일본의 경우 다들 불교국가라고 생각하지만 사실은 일본의 국교는 신교(神教)입니다. 불교는 일본의 종교들 중의 하나에 불과합니다. 일본이 신앙하는 것은 천조대신(天照大神)으로 다신교입니다. 진정한 전 국민의 신앙은 신교입니다.

이 세상에는 종교가 수백 개가 있는데 사람마다 중음경계가 일어날 때 나타나는 형상은 그가 잘 알고 있는 그런 것입니다. 중국인의 경우 근 수십 년이래로 마르크스사상인 유물론 교육을 받았습니다. 종교철학을 전혀 접촉해보지 못한 사람의 중음 경계와 꿈속 경계는 마르크스 레닌의 사상적인 것입니다. 그러므로 제가 보니 연로한 공산당원이 죽으려 할 때 말하기를 "아이구, 나는 죽는다, 마르크스 보러간다." 하는데 그런 것도 맞습니다. 왜냐하면 그의 관념 속에는 다른 것이 없으며 다른 종교를 부정했기 때문입니다. 그러나 유물론 학자나 기타의 사람들의 사후의 중음에는 불보살님이 출현하는 일이 없을까요? 있을 수 있습니다. 그 이유는 우리가 그 사람의 전생이 불교 신앙인이었거나 다른 종교의 신앙인이 아니었다고 보증하지 못하기 때문입니다. 제가 방금 말했듯이 중음에 일어나는 장면들은 금생만이 아니라 많은 생에 걸쳐 누적된 것이며 꿈보다 빠릅니다.

사주팔자나 관상은 일리가 있느냐고 묻는데 저는 있다고 말합니다. 그것은 과거의 정업(定業)[40]으로, 금생에서 응당 받아야할 과보를 나타낸 것입니다. 예를 들어 어떤 사람들은 일생동안 아주 부귀를 누려서 돈이 있고 지위가 있습니다. 하지만 운명이 항상 좋지 않으며 건강도 좋지 않습니다. 또 제가 아는 사람으로 예전에 손문(孫文) 선생을 따라 혁명을 했던 대단한 몇 사람들 중에 한 사람은 이름이 쟁쟁한 역사상의 명인이지만 타고날 때부터 발기불능의 음

40) 전세(前世)로부터 정해져 있는 업보.

위(陰痿)였습니다. 뒤에 그는 수양딸을 하나 키웠습니다. 선천적으로 음위인 사람들이 많습니다. 제가 사천(四川)에서 지낼 때 큰 재산가 친구는 자류정(自流井)에서 살았는데 그곳은 사천에서 가장 부유한 곳으로 소금이 납니다. 이 친구는 일생동안 누리고 살았지만 역시 타고난 음위였습니다. 그는 이런 공명부귀가 있는 반면 신체는 그랬습니다.

다시 고대의 많은 영웅재자(英雄才子)들을 보면 운명이 좋고 부귀공명을 누렸지만 온 몸이 병 덩어리였습니다. 옛사람의 시에 이런 것이 있습니다.

'백 년 삼만 육천 일(百年三萬六千日)', 일백 세까지 살아도 3만6천 일일뿐입니다. '근심 속 아니면 병중에 있네[不在愁中卽病中]', 확실히 그런 사람들이 있습니다. 저도 그런 친구들을 직접 만나 보았습니다. 무슨 말일까요? 인생의 명운은 불학으로 해석하면 다생누세의 인과입니다. 즉 이 말은 "설사 백겁이 지나더라도 지은 업은 없어지지 않아, 인연이 모여 만날 때 과보가 돌아와 자기가 받는다."는 겁니다.

방금 제가 말했듯이 첫째 주에는 반드시 보살님 등이 출현하고 둘째 주에는 또 어떻고 셋째 주에는 또 어떻고.... 하는데 꼭 그런 것은 아닙니다. 예컨대 티베트인들은 어려서부터 절에서 출가하고 일생동안 절에서 불법을 닦기 때문에 그는 그런 경계가 출현할 가능성이 있으니 굳이 말한다면 그와 같이 말할 수 있습니다. 그러나 그의 경계 속에 출현하는 게 꼭 신이나 보살인 것은 아닙니다. 가족이 출현할 수도 있습니다. 왜냐하면 그도 가족에 대한 정감이 있거나 애정적인 정감 등등이 있기 때문입니다. 그러므로 출현하는 게 저마다 다릅니다. 그렇게 틀에 박힌 것이 아닙니다.

그럼 천주교나 기타 이교도들은 영원히 이교도일까요? 꼭 그렇지만도 않습니다. 매 생마다 꼭 그런 것은 아닙니다. 어떤 불교도가 만약 전생에 다른 사교(邪教)를 믿었던 사람이거나 기타 종교를 믿었던 사람이라면 중음경계에 전생의 일이 나타나는 것도 그런 것일 수 있습니다.

인과응보는 분명하게 얘기하기 어렵습니다. 너무 복잡해서 계산기라도 정확히 계산하지 못합니다. 6도윤회란, 제가 늘 수행인들에게 말씀드립니다만, 『능엄경』을 보면 인도(人道)에서 6도로 전생하는 단락은 간단명료하면서 비교적 과학적입니다. 출가하여 수행을 말하고 공부하는 여러분들에게 또 한 부의 중요한 경전이 『수행도지경(修行道地經)』인데 역시 6도윤회의 과보를 말하고 있습니다. 그러나 이 두 부분을 저는 번역해서 여러분에게 보여주기를 좋아하지 않습니다. 여러분들이 보고나서는 다른 사람을 관찰하고, 이 사람은 전생 과보 속에 지니고 온 것이 무슨 성분인지, 이 사람이 내생에 무엇으로 변할지를 말하기 좋아할까 봐서 입니다. 다들 이런 잘못된 인식이 있을 수 있고 자기반성을 잊어버리고 그저 남의 잘못만을 볼지 모릅니다. 이 자리에 있는 어느 분처럼 눈을 감은 채 함부로 말하는데 그렇게 하는 것은 인과에 크게 어긋납니다. 그런데도 그는 자기가 함부로 말하는 게 입의 허물을 범한 것 인줄 모릅니다.

12인연이란 도대체 무엇인가

당신(호송년)이 물은 문제들 중 어떤 것들은 이미 얘기 나온 김에

답변했고, 그 나머지 문제들은 답할 수도 답하지 않을 수도 있는데 나중에 말하겠습니다. 당신이 알듯이 내 이곳은 아주 바쁩니다.

그럼 죽은 후 환생[投生]은 어떨까요? 이제 방향을 돌려 이 문제에 대해 얘기해 보겠습니다. 앞에서 여러분들에게 설명하면서 저는 말하기를 이번에 여러분들에게 생사에 대해 얘기하면서 원인과 결과를 서로 바꾸어 말하겠다고 했는데 아직 기억들 하시지요? 어떻게 죽어가는지부터 먼저 말하겠다고 그랬지요? 이제 그렇게 대략 말했으니 아시겠지요? 우리가 이제부터 얘기하려는 부분은 어떻게 태어나 오느냐는 것입니다. 역시 보통 사람의 정상적인 환생입니다.

이에 관해서는 불학에 아주 많은 자료들이 있습니다. 가장 중요한 자료로서 우리가 정식으로 불법을 배우는 데 쓸 수 있는 것은 『수행도지경』입니다. 사실 뒷날 위진남북조 시대에서 당나라 시대에 이르기까지 번역된 『대집경(大集經)』 같은 경전 속에 많이 흩어져 있습니다. 여기 한 토막 저기 한 토막 그런 식으로 흩어져 있으므로 연결시켜 연구해야 합니다. 그 다음으로 『능엄경』인데 생사의 대원칙만을 말하고 있습니다.[41]

생의 문제를 말하기 전에 여러분들이 12인연을 모두 암기하시기 바랍니다. 특히 재가거사 여러분은 물론이요 출가자는 더욱 엄중합니다. 12인연은 모든 불법의 수지와 중요한 관계가 있습니다. 그러나 일반인들은 다들 기억하지 못하고 있습니다.

무명연행(無明緣行) : 무명을 조건으로 행이 생겨나고,

41) 부록의 「능엄경이 말해주는 중생의 생사윤회 인과 대원칙」을 읽어보기 바란다.

행연식(行緣識) : 행을 조건으로 식이 생겨나고,
식연명색(識緣名色) : 식을 조건으로 명색이 생겨나고,
명색연육입(名色緣六入) : 명색을 조건으로 육입이 생겨나고,
육입연촉(六入緣觸) : 육입을 조건으로 촉이 생겨나고,
촉연수(觸緣受) : 촉을 조건으로 수가 생겨나고,
수연애(受緣愛) : 수를 조건으로 애가 생겨나고,
애연취(愛緣取) : 애를 조건으로 취가 생겨나고,
취연유(取緣有) : 취를 조건으로 유가 생겨나고,
유연생(有緣生) : 유를 조건으로 생이 생겨나고,
생연노사(生緣老死) : 생을 조건으로 노사가 생겨난다.

늙어서 죽고 죽어서 다시 오고... 이렇게 수레바퀴 돌듯 윤회하여 또 다시 무명에서 시작합니다. 이 12인연을 1, 2, 3, 4...하고 표시해도 좋습니다.

이른바 수행하여 생사를 마치기 위해 정좌하고 선정을 닦습니다. 특히 출가자는 출가해서 무엇을 하자는 것일까요? 여러분들은 잘못 알아서는 안 됩니다. 정좌가 신체를 단련하고 정신을 기르는 것이라고 생각하고 평소 그렇게 말하는데, 저는 웃을 수밖에 없습니다. 저는 꾸짖지도 않습니다. 엄격히 말하면 당신이 그렇게 말하는 것은 허튼 소리를 하는 것이요 불법을 모르는 겁니다. 불법은 생사를 마치기를 구하는 겁니다. 이른 바 '요생탈사(了生脫死)', 라는 네 글자입니다. 이 태어남을 끝내버리고 늙음과 죽음, 병고로부터 벗어나는 것을 '요생탈사'라고 합니다. 반드시 먼저 12인연을 알아야합니다. 이것은 이론이 아니라 과학입니다. 만약 자세히 해석하면 10여 시간을 풀이해도 제대로 풀이 못합니다. 현대 과학과

관련되는 내용이 아주 많습니다. 하지만 오늘날의 불교는 재가자든 출가자든 현대 과학을 모르고 현대 지식을 모릅니다. 저처럼 형편없습니다! 이건 심각한 문제입니다. 그래서 저는 말하기를 불교 불학은 어쩔 수가 없다고 합니다. 왜냐하면 일반인들은 현대 자연과학을 모릅니다. 평소에 유의도 하지 않고 그저 불학에만 매달린 채 가장 고명한 것으로 여기고는 그 자신이 한 범위 안에만 갇혀서 그게 전부라고 생각합니다.

반야사상·유식사상·화엄사상을 포함한 대소승의 수행의 학문상의 원리는 온통 12인연을 근거로 발전한 것임을 여러분은 알아야합니다. 부처님은 자신을 따라 출가한 소승 제자들에게 설하여 들려주었고 그 제자들은 완전히 그의 지도를 따랐습니다. 제자들은 기타의 지식·이상(理想)을 더하지 않고 오로지 부처님만 배웠는데 이런 사람을 성문중(聲聞衆)이라고 합니다. 성문중은 와서 교육을 받았을 뿐 그 자신은 독립적인 사상이 없었으며 탐구하지도 않았습니다. 부처님이 가르치는 대로 선생님이 가르치는 대로 그대로 했을 뿐 그 자신들은 참구(參究)할 재간이 없었습니다. 대보살은 그렇게 하지 않고 자신의 의견을 제시하여 부처님과 논변하면서 연구하는 게 가능했습니다.

등류(等流)와 이숙(異熟)의 생명

12인연은 첫째가 무명(無明)입니다. 이는 부처님이 맨 처음 세운 이론입니다. 무명이란 광명이 없는 것입니다. 문자적으로 해석하면 그늘진 것이요 흐리멍덩한 것이요 아무것도 모르는 것인데, 불학적으로는 이 명사를 상용합니다. 어제 제가 말했듯이 우리는 어떻게 잠이 들었는지 어떻게 깨어났는지를 모르는데 흐리멍덩하기 때문입니다. 그게 바로 한 생각 무명입니다. 우리가 여기 앉아있으니 좋은데, 홀연히 아주 먼 일이 생각이 납니다. 이 갑작스런 생각은 어떻게 온 것인지 모릅니다. 그게 바로 여러분들이 말하는 머리를 쓴다는 것입니다. 장사하기를 좋아하는 사람은 여기서 정좌하고 있으면서 홀연히 생각하기를, 미국에 날아갈 기회가 있는데 하마터면 잊을 뻔했군...했다면 그게 바로 한 생각 무명이라는 겁니다. 그런 생각은 어떤 동기로 왔을까요? 왜 수십 년 전의 일이나 전생의 일이 갑자기 생각이 날까요? 때로는 우리들의 생각이 전생과 관련된 경우가 있습니다. 예컨대 전혀 생각하지도 않았고 겪어본 적도 없는 어떤 일이 우리들의 생각 속에 느닷없이 그 환상이 떠오른다면, 우리는 그것을 환상(幻想)이라고 부르지만 사실은 전생의 인연이 있는 것입니다. 즉 한 생각 무명이 온 것입니다.

이 무명은 유심(唯心)의 도리를 말하며 심의식(心意識)의 한 생각 무명[一念無明]을 말합니다. 알고 나면 어떨까요? 아뇩다라삼먁삼보리를 얻고 대철대오합니다. 이미 자신의 근본을 찾아낸 것입니다. 이 무명의 반면인 명(明)으로 바뀌면 바로 대광명(大光明) · 대지혜(大智慧) · 대원경지(大圓鏡智)[42]가 됩니다. 하지만 중생은 알지 못하고 여전히 생각 생각마다 무명 속에 있습니다.

---

42) 대원경(大圓鏡)이란 비유이다. 그 지혜의 체가 청정하여 유루잡염(有漏雜染)의 법을 떠났으며 중생의 선악의 업보로부터 온갖 공덕의 경계를 드러내는 것이 마치 크고 둥근 거울과 같으므로 대원경지라고 이름 한다. 범부의 제8식인 아뢰야식은 성불에 이르렀을 때 대원경지가 된다. 『원각경 강의』 '역자의 말'에 실려 있는 「진여 · 불성 · 열반 · 원각 등 절대적 최고 진리의 이름들」을 참고하기 바란다.

과학적인 문제가 하나 나타나는데 방금 말했던 이 무명은, 즉 우리가 여기 잘 앉아있는데 지금까지 생각하지 않았던 일이 홀연히 생각나는 것은 무엇이 온 것일까요? '행(行)'이 온 것입니다. 하나의 동력이 있는데 하나의 힘으로서, 행은 바로 업력입니다. 이 업력은 아주 커서 영원히 유동(流動)하고 있습니다. 천생만겁토록 시간과 공간의 제약을 받지 않습니다. 그러므로 부처님이 생명의 요점을 해석한, 한 부의 가장 깊고 가장 비밀한 경전인 『해심밀경(解深密經)』이라는 경에 게송이 하나 있는데, 이 한 생각 유심의 생명근본을 말해주고 있습니다.

아타나식은 심히 깊고 미세하여
일체의 종자가 폭포처럼 흐르느니라
내가 어리석은 범부에게는 설하지 않았나니
저가 분별하여 나로 집착할까 두려웠기 때문이다

阿陀那識甚深細
一切種子如瀑流
我於凡愚不開演
恐彼分別執爲我

'아타나식은 심히 깊고 미세하여(阿陀那識甚深細)', 부처님은 최후에 일체의 종교 일체의 철학을 부정했습니다. 하느님도 없고 염라대왕도 없으며 신도 없다고 했습니다. 부처라고 불리는 하나의 인격화된 신도 없다고 했습니다. 처음부터 하나의 주재자가 없다고 했습니다. 이 생명의 본체에는 어떤 것이 하나 있는데, 그것을 부호를 써서 '아타나식'이라고 부르기도 하고 '아뢰야식'이라고도 부릅니다. 부처님은 말씀하십니다. "이것에 대해 여러분에게 분명히 말하지 않는데 여러분은 이해하지 못한다. 아타나식은 심오하면서 미세하며 대단히 비밀스러워 이해하기 어렵다. 실제 증득해야 이해할 수 있다."

'일체의 종자가 폭포처럼 흐르느니라(一切種子如瀑流)', 우리가 말하는 과거 · 현재 · 미래는 실제로는 시간과 공간의 제한이 없는 심물일원적인 것입니다. 예컨대 황하의 호구(壺口) 폭포의 흐르는 물이나 장강의 삼협(三峽)을 흐르는 물의, 그러한 힘은 쏟아지는 소리를 내며 흐르고 있습니다. 이런 흐름을 불학의 유식학에서는 등류(等流)라고 부릅니다. 평등하게 유동하고 있다는 의미입니다. 보세요, 황하 폭포속의 일체의 물 분자를, 그리고 그 물속에는 진흙 · 나무 등 일체의 좋은 것 · 나쁜 것 · 선한 것 · 악한 것 · 선하지도 악하지도 않은 것, 일체의 유물적인 종자나 유심적인 종자가 와르르 쏟아지면서 구분 없이 함께 유동하고 있습니다. 이 우주생명에는 하나의 동력이 있어서 일체 종자로 하여금 평등하게 함께 유동하게 합니다. 심물일원적인 이 동력은 행음이며 근본동력입니다.

그럼 중국 고유문화에는 그런 게 없을까요? 있습니다! 『역경(易經)』은 당신에게 말해주는데, 건괘(乾卦)로써 나타내며 '천행건(天行健)'이라는 세 글자입니다. 여기서의 '천'은 과학물리적인 개념으로서의 천이 아니라 이론관념적인 천으로 본체를 나타냅니다. 즉, 우주에는 하나의 힘이 있어 영원히 움직이고 있습니다. 물질적 정신적 기능작용에는 영원히 하나의 동력이 있어서 움직이고 변화하고 있습니다.

이 행음(行陰)은 가장 이해하기 어렵습니다. 수행이란 바로 이것을 닦는 것입니다! 일반적으로 수행을 말하면서 이것을 알지 못한다면 무슨 행을 닦겠습니까! 그러므로 『역경』은 '천행건'이라고 일러주고 있습니다. 그 다음에 이어지는 한 마디 말은 '군자이자강불식(君子以自强不息)'입니다. 이 말은 주공(周公)이 더한 것입니다. 문왕(文王)은 당시 『역경』을 연구하여 도를 깨달았습니다. 통했습니다. 그는 건괘에 대해 '천행건' 이라는 세 글자만 말했는데 그의 아들인 주공은 『역경』을 연구하여 '군자이자강불식'이라는 한 마디를 더했습니다. 우리는 사람으로서 건괘의 도리를 알아야 합니다. 우주 일체는 언제나 변화하고 있다는 것을 알아야 합니다. 그러기 때문에 자기가 자강(自强)할 줄 알아야 합니다. 수시로 반성하면서 학문수양에 노력해야 합니다. 영원히 전진하면서 머물러 있어서는 안됩니다. 그러기에 사서(四書) 중 『대학(大學)』에는 '하루 새로워진다면, 하루하루 새로워지나니, 또 하루 새로워지라[苟日新, 日日新, 又日新]' 는 말이 있는데, 이 말은 이렇게 해서 나온 것입니다. 후세의 "학문은 물을 거슬러 배를 운행하는 것과 같아 정진하지 않으면 퇴보한다[學如逆水行舟, 不進則退]." 라는 말도 이렇게 해서 나온 것입니다. 『금강경』은 말하기를 "응당 머무른 바 없이 그 마음을 내야한다[應無所住而生其心]." 라고 하는데 역시 우주의 이런 상태에서 나온 도리입니다. 일체의 현상은 언제나 변하고 있는데도 당신은 뭘 붙들어 쥐려고 합니까?

'내가 어리석은 범부에게는 설하지 않았나니, 저가 분별하여 나로 집착할까 두려웠기 때문이다(我於凡愚不開演, 恐彼分別執爲我)', 부처님은 『해심밀경』과 『능엄경』을 설하셨는데 가장 늦은 시기에 설하신 것입니다. 『해심밀경』은 부처님이 만년에 이 세상을 떠나가시기 전에 설한 것입니다. 부처님은 말씀하십니다. "나는 지혜가 없는 일반인들에게는 전혀 설하지 않았다. 그런 어리석고 지혜가 부족한 사람들에게 설해주고 나면 그들은 우주 중의 어떤 하나의 동력을 본래 있는 생명으로 여기고, 또 무아(無我)인 것을 하나의 아(我)가 있는 것으로 여겨 의식분별을 일으키고, 생명의 본래가 하나 있는 것으로 붙들어 쥐고 있기 때문이다."

생명은 본래(本來)가 없습니다. 마치 바람처럼 단지 유동적인 현상만이 있을 뿐입니다. 바람은 어느 곳에서 올까요? 서북쪽에서 올까요? 그렇다면 서북쪽 이전에는 어떨까요? 그 후면은 공(空)입니다. 『금강경』은 말합니다. 일체의 현상은 모두 '어디로부터 옴도 없고 어디로 감도 없다[無所從來, 亦無所去].' 라고. 모든 유위법[有]이 그대로 공(空)이요, 공이 그대로 모든 유위법입니다[卽有卽空, 卽空卽有]. 그런데 부처님이 이런 과학적인 이치를 설하시자 다들 하나의 총체적인 그런 것이 존재하는 것으로 여기서 틀려버립니다. 그래서 부처님은 "저가 분별하여 나로 집착할까 두려웠기 때문이다." 라 하시며 감히 설하시지 않았습니다.

이 아뢰야식 속의 종자는 등류작용을 합니다. 그러나 이 등류작용과 함께 그 과정에는 이숙(異熟)이라는 작용이 하나 있습니다. 이것은 인과법칙입니다. 어떤 중생마다의 종자 속에는 선・악・무기가 있습니다. 예컨대 다들 게으름 피우기 좋아하고 세속을 떠나 정좌수행하기 좋아하며 일을 하고 싶어 하지 않는 것은 무기업에 속합니다. 무기업의 과보는 엄중합니다. 그러므로 여러분들에게 인과의 법칙은 몹시 두렵다고 지적해 드리는 겁니다. 사람이라는 생명은 등류와 이숙작용이 변해서 나온 것으로, 성숙하는 게 마치 과일 하나가 익는 것이나 다름없습니다.

사람으로 변하고 남자나 여자로 변하고 바보나 총명한 사람으로 변하고 좋은 사람이나 나쁜 사람으로 변하는, 이 모두는 인과의 이숙입니다. 우리가 산동지방의 사과를 미국으로 옮겨 심으면 그 맛은 완전히 변해버리고 그 열매도 아주 큽니다. 온통 다릅니다. 과일이나 채소, 나무를 심는 방법으로 '가접(嫁接)'이라는 것이 있는데 한 그루의 나무에 다른 종류의 나무를 접을 붙여 과실의 맛을 바뀌게 하고 모양도 바뀌게 하는 겁니다. 이것도 인과의 이숙입니다.

아뢰야식에는 등류작용과 이숙작용이 있습니다. 그래서 『능엄경』은 말해줍니다. "어떤 사람은 타고날 때부터 범부로서 수행하고 싶어 하지 않으며 어떤 사람은 태어날 때부터 수행하고자 한다. 어떤 사람들은 소승 수행을 좋아해서 오로지 자기의 성문(聲聞)만 상관한다. 어떤 이들은 대승보살의 노선을 걸어가 최후에는 성불한다." 부처님은 말씀하시길 근기(根器)는 이숙의 과보가 다름이라고 하셨습니다. 이를 '근기(根基)의 다름', '종성(種性)의 다름'이라고 합니다. 『능가경』에서는 근기라고 부르지 않고 종성이라고 부릅니다. 예컨대 어떤 사람의 성은 왕씨이고 어떤 사람의 성은 이씨로서 저마다 가족이 다릅니다. 이 사람은 소승의 종자이고 저 사람은 대승의 종자입니다. 이 사람은 문인의 종자이고 저 사람은 무인의 종자이고 군인의 종자입니다..... 종성은 다생다세에 누적되어온 인과로서 이숙에 속합니다.

'무명을 조건으로 행이 생겨난다[無明緣行]', 순서를 거꾸로 얘기하겠습니다. 이 한 생각 무명은 어디에서 올까요? 생명의 그 동력에서 옵니다. 마치 폭포의 흐르는 물처럼 밤낮으로 구르며 움직이고 있습니다. 우리가 전등을 켜 놓으면 밝은 빛이 움직이지 않는 것으로 보이지만 실제 그 속에서는 항상 움직이고 있습니다. 단지 우리가 전등속의 전기가 어떻게 접속되는지를 볼 수 없을 뿐인데,

이게 바로 무명입니다. 우리는 밝은 빛이 영원히 켜져 있는 것만 보이지만 실제로는 그 분자마다 항상 변화하고 있으며 이숙하고 있습니다. 생명은 그렇게 미세한 하나의 과학입니다.

12인연은 당신이 어떻게 이해하느냐에 달려있습니다. 옛날의 고승은 먼저 보통의 학문을 잘 배우고 나서 다시 불학을 말했기에 곧 말이 통했습니다. 오늘날 일반적으로 불법을 배우는 사람들은 보통의 책들도 읽지 않았습니다. 그리고 이 시대는 고문(古文)만 하면 소용이 없고 현대 과학도 알아야 합니다. 불학이란 그렇게 심오합니다!

선종 밀종 성종

다시 12인연으로 돌아가겠습니다. '무명(無明)을 조건으로 행(行)이 생겨난다.', 이 한 생각 무명이 생명의 동력을 일으켜 움직이고 있습니다. 그 속에는 이숙작용과 등류작용을 지니고 있지만 이 행의 움직임 속은 심물일원입니다. 물리세계도 영원히 움직이고 있으며 무명 속에서도 심물일원에 포함된다는 것을 알아야 합니다. 행음은 마음과 물질이 함께 움직이는 것입니다! 등류에서 오는 것입니다!

이제 사람의 생명의 근원을 얘기하고자 일부러 이 12인연을 뽑았습니다. 무명이란 본체의 어리석음 · 밝지 않음의 작용을 말합니다. 행음과 제7식인 의근(意根)은 연대관계가 있습니다. 불학에서 말하는 심의식(心意識)에서 '심'은 심물일원의 본체를 나타냅니다. 즉 아뢰야식입니다. '의'는 제7식으로 아집(我執)과 법집(法執)의 근본입니다. 생각하고 분별할 수 있으며 사유할 수 있는 식은 제6식이라고 하며 그 뿌리는 제7식입니다. 이것이 이른 바 '심의식'입니다.

오늘날 사람들은 흔히들 선종 얘기들을 하는데 예로부터 선종의 조사들에게는 한 가지 교육법이 있었습니다. 우리는 그것을 사람을 속이는 방법이라고 부르는데, 바로 당신을 겁주면서 말하기를 "심의식을 떠나서 참구하라!" 고 했습니다. 심의식을 떠나서 또 무엇을 참구하라는 겁니까! 그렇게 되었다면 이미 성불 오도한 것이니 참구할 필요도 없습니다. 하지만 그는 사람을 속이는 교육법을 썼습니다. 심의식을 떠나서 참구하라! 이 말을 오늘날 많은 사람들이 멋대로 사용하면서 그 자신도 모릅니다. 만약 심의식을 떠남을 알았다면 이미 도달한 것입니다. 무명도 없어졌고 행음도 정지한 겁니다. 그럼 성불한 겁니다. 내가 이미 성불했는데도 선당에 들어가 참구해야할까요? 흥!

선당(禪堂)을 참당(參堂)이라고도 부르는데, 들어가 연구하는 곳이지 어떤 것 하나를 죽어라고 붙들고서 일생동안 죽은 듯이 그저 앉아있는 것을 말하지 않습니다. 그게 뭘 하는 것이겠습니까! 무슨 업을 짓는 것이겠습니까! 그러나 짓는 것은 그래도 좋은 업인 셈입니다. 내생에는 학자가 될 겁니다. 천지간에서 나 홀로인 학자가 될 뿐입니다.

'무명을 조건으로 행이 생겨나고, 행을 조건으로 식이 생겨나고[行緣識]', 여기서의 '식(識)'은 사유 의식인데 음양으로 나뉩니다. 왜냐하면 행의 동력은 양(陽)적인 것과 연결되어 있기 때문입니다. 즉, 영혼의 일령불매(一靈不昧)로서 양적인 동력이 각종 사유를 일으킬 수 있기 때문입니다. 유식학은 12인연 중 '식'의 부분을 전문적으로 확충해서 말하는 것입니다. 일체의 현상을 통해서 본체를 이해하는 겁니다. 그래서 법상학(法相學)이라고 부릅니다.

법상학과 상대적 입장인 반야(般若)는, 예컨대 『금강경』은 성종(性宗)인데, 상(相)을 논하지 않습니다. 현상(現象)을 막아버립니다. 일체의 현상을 뒤집어서 곧 바로 저 무명의 본체를 광명자성(光明自性)으로 변화시킵니다. 그게 바로 반야입니다. 이것이 성종인데 직접적이며 선종은 성종의 노선을 걸어갑니다.

유식법상학은 과학의 노선을 걸어가며 현상을 철저하게 연구하여 최후에는 역시 성종, 반야성종으로 돌아옵니다.

선종과 밀종의 대수인(大手印)은 모두 먼저 성종의 노선을 걸어갑니다. 깨닫고 나서는 하나를 깨달아 천 가지를 깨닫듯이 다시 이런 법상학을 모조리 이해하여 알지 못하는 것이 없고 깨닫지 못하는 것이 없음이, 바로 부처님의 대철대오입니다. 만약 아직도 모르는 것이 있고 이해하지 못하는 것이 있으며, 불경이 말하는 도리조차도 알지 못하면서 그저 향판[43]이나 지킨 채 부처라고 여기고 있다거나, 요령(搖鈴)이나 지키고 있는 채 짤랑 짤랑거리면서 진언을 부처로 삼고 있다면, 그런 것들은 모두 옳지 않습니다. 그런 것은 범부들에게 방편의 문을 하나 주는 것으로, 길을 하나 찾아 걸어가

---

43) 향판(香板)은 중국에서 불교승단의 규범과 질서를 유지하기 위해 사용하는 목판으로 보검 모양이다. 사용목적에 따라 여러 가지 명칭이 있다. 공부를 열심히 하도록 경책하는 데 사용할 경우는 경책향판(警策香板), 규범 위반자를 징계하는 데 사용할 경우는 청규향판(清規香板), 참선 중에 혼침에 빠진 자를 일깨우는 데 사용할 경우는 순향향판(巡香香板), 참선정진법회 중의 사용자에 대해서는 감향향판(監香香板)이라고 한다. 일반적으로 방장(方丈)·수좌(首座)·서당(西堂)·후당(後堂)·당주(堂主)·유나(維那)·규찰(糾察) 등의 직무 담당자가 지니고 사용한다.

게 하는 것일 뿐입니다. 범부는 다들 뭔가 하나를 붙들어 쥐기를 좋아하기 때문에 그더러 붙들고 놀도록 한 가지 것을 주는 겁니다.

부처님은 『반야경』에서 말씀하시기를, "나는 49년 동안 한 글자도 설하지 않았다. 여러분들은 내가 무슨 법을 전해주었다고 생각하지 말라. 전해준 게 없다."고 했습니다. 『법화경』에서 부처님은 말씀하셨습니다. "불법에는 오직 일승(一乘)만 있다. 이렇게 저렇게 말한 것은 빈주먹으로 어린아이를 속이는 데 불과하다." 그것은 하나의 교육 방법으로, 여러분에게 본체의 법이도리(法爾道理)를 진정으로 이해시키기 위한 겁니다. 이는 마치 어린아이가 울 때 어른이 주먹을 쥐고서는 말하기를 "울지 마라, 울지 마라, 내 여기 사탕이 있어 줄 테니 먹어라." 해놓고는, 어린아이가 울지 않자 주먹을 펴 보이니 결코 사탕이 없는 것과 다름없습니다. 이것을 '황엽지아(黃葉止兒)' 라고도 합니다. 어린아이가 울자 방법이 없어 노란 나뭇잎을 하나 가지고 말합니다. "이거 얼마나 예쁘냐! 이것은 황금이란다. 너 울지 마라, 금을 네게 줄게, 너 또 울면 주지 않는다." 어린아이가 말합니다. "주세요, 주세요, 울지 않을게요." 했는데 결과적으로 준 것은 노란 나뭇잎 하나 일 뿐입니다. 이것이 이른 바 '황엽지아'입니다.

예전에 제가 사천(四川)의 한 절에 갔을 때 대련(對聯) 한 폭을 보았는데 이렇습니다.

산은 돌고 돌아 물은 졸졸
조각조각 흰 구름은 송아지를 돌아가라 재촉하고
바람은 쌩쌩 비는 쏴아쏴아

한들한들 노란 잎으로 아이의 울음 그치게 하네

山迴迴　水潺潺
片片白雲催犢返
風瀟瀟　雨灑灑
飄飄黃葉止兒啼

대련도 좋고 글씨도 훌륭했습니다. 이것은 누가 썼을까요? 파산 해명 선사(破山海明禪師, 1597-1666)[44]가 쓰고 지은 대련입니다. 그러므로 저는 진단노조(陳摶老祖, 871-989)[45]가 쓴

우람하고 씩씩한 외모는 천마요	開張天岸馬
기이하고 초탈한 품격은 사람들 중 용이로다	奇逸人中龍

라는 대련 글씨와, 장삼풍[46]이 쓴 글씨, 그리고 파산 조사가 쓴 글

44) 명말청초의 저명한 불교계의 거장 · 시인 · 서예가이자 선종 대사.

45) 오대(五代)와 송나라 시대 초기의 저명한 도교학자. 한(漢)나라 시대 이래의 상수학(象數學)의 전통을 계승하고 황로(黃老)의 무위(無爲)사상과 도교의 수련방술, 그리고 유가의 수양, 불교의 선관(禪觀)을 하나로 융합하여 송나라 시대 이학(理學)에 비교적 큰 영향을 주었음. 후인들이 그를 진단노조, 수선(睡仙) 등으로 부른다.

46) 장삼풍(張三豊)의 생졸 연대는 미상이다. 도교계의 추측에 따르면 그의 활동 시기는 대략 원(元)나라 연우(延佑 1314-1320)년간에서 명(明)나라 영락(永樂) 15년(1417년)으로 원명(元明)시대의 저명한 도사다. 중국도교사에서 장삼풍은 원래 두 사람이다.
　한 사람은 송나라 때 인물이며 무당산에서 수행 시 까치와 뱀이 싸우는 걸 보고 뱀의 형상과 새의 동작을 응용한 독특한 권법을 창안 했다고 한다. 그래서 무당의 무술은 불가의 소림사 무술이외의 도가 무술의 대표를

씨들을 보고나서는 다시는 그런 법첩(法帖)이란 것들을 배우지 않기로 했습니다. 저런 선불(仙佛)들의 글씨는 정말 달랐습니다! 이대련도 좋았는데 지금은 안타깝게도 없어져버렸습니다.

"산은 돌고 돌아 물은 졸졸, 조각조각 흰 구름은 송아지를 돌아가라 재촉하고", 불법의 교육을 말하는 겁니다. 어떤 방법이든 그것은 당신으로 하여금 본래의 집으로 돌아가 성불하도록 인도하는 겁니다. 송아지가 멋대로 내달립니다. 그 소를 끌어 돌아옵니다. 이 심념을 끌어 되돌려 본체의 온통 광명인 자성청정[光明自性淸淨]으로 돌아옵니다. 그 문자 경계가 정말 좋습니다. 파산 조사는 대철대오한 사람입니다.

파산 해명 선사의 고사

이루고 현재의 태극권 · 팔괘장 · 형의권 · 대성권 등이 모두 무당파에서 나온 것들 이라고 한다.

또 한사람은 원나라 말기 명나라 초기의 인물로 요동 사람이다. 도호(道號)는 현현자(玄玄子)라고 했으며 기골이 장대하고 큰 귀와 둥근 눈과 송곳같이 뻗친 수염을 갖고 있었다고 한다. 또 독서를 좋아해 경서에 능통했고 더우나 추우나 검술 수련에 힘썼다고 한다. 내공이 신묘했고 하룻밤에 천리를 걷고 ,한 끼 식사에 몇 말의 쌀을 먹거나 또 안 먹을 때는 쌀 한 톨로 몇 달을 버티기도 했다고 한다. 그래서 사람들은 진선(眞仙)으로 불렀다. 명나라 태조 주원장도 그를 초빙하기도 했다.

서기 1412년 영락제(永樂帝)는 장삼풍이 수련한 곳에 사당을 짓고 명나라 역대 황제들이 대대로 봉양 하도록 했다. 지금도 무당산 우진궁(遇眞宮)에는 장삼풍의 금동 좌상이 모셔져 있는데 중국인들은 현재까지도 진인(眞人) · 진선(眞仙) · 진군(眞君)으로 받들고 있다.

장헌충(張憲忠, 1606-1647)[47]은 살육을 저지르며 사천까지 이르렀습니다. 마침내 파산 조사가 장헌충을 만나러 오지 않으면 안 되었습니다. 그의 제자 중에서 가장 호법(護法)에 힘쓴 자는 진량옥(秦良玉)이었습니다. 사천의 저명한 여장군이었는데 천동(川東)에서 장헌충과 대항했습니다. 오늘날의 중경(重慶)지역입니다. 천동에서 장헌충은 사람을 너무 많이 죽였습니다. 파산 해명 사부는 말했습니다. "안되겠다. 내가 가서 그를 만나야겠다." 진량옥은 말하기를, "안됩니다. 사부님, 당신은 출가자입니다. 그는 당신을 죽일 겁니다." 고 했습니다. 파산 해명 사부는 말하기를, "설사 나를 죽일지

47) 장헌충(張獻忠)은 중국 명나라 말기의 농민 반란군 수석 부 수장이었으며 명나라 말기 지방 왕조였던 서(西)나라의 창건자이다. 장헌충은 1606년에 태어났고, 섬서성 연안 사람이다. 가난한 집안에서 태어나서, 포도청의 포쾌(捕快), 변경을 지키는 변병(邊兵)을 지냈다. 숭정3년, 미지현 18채의 가난한 자들을 모아서 반란을 일으켰고, 팔대왕(八大王)이라는 별명으로 불리웠다. 그는 황릉을 불태우고, 봉건통치를 무너뜨리는 피바람 속을 계속 달렸고, 이자성(李自成)과 반란군을 나누어 (하나는 동북으로 하나는 서남으로), 명나라를 철저하게 궤멸시키는데 일조했다. 장헌충은 성도에서 2년여간 존속한 농민정권인 대서국(大西國)을 건립한다. 1646년말, 청나라의 철기군이 사천북부의 조천관(朝天關)을 넘어오고, 반도인 유진충(劉進忠)의 배반을 당해, 장헌충은 서충(西充) 봉황산(鳳凰山)에서 한을 품고 일생을 마감한다. 그의 의자(義子)인 이정국(李定國)은 그의 유업을 이어서, 대서군을 이끌고 끝까지 청나라에 항거하며 다시 16년간 혈전을 벌이다가 결국 전장터에서 목숨을 잃고 만다.

많은 기록에서 장헌충은 잔학한 살육을 즐겼으며 「도촉」(屠蜀) 또는 「도천」(屠川)이라 불리는 무차별 학살로 사천의 인구를 급격히 감소시켰다고 적고 있다. 만력 6년(1578년) 인구 310만 2073인이었던 사천은 청 강희 24년(1685년)에는 18,090인으로 인구가 줄어 있었다. 때문에 청 왕조 초기 1671년에서 1776년까지 호북성(湖北省)·호남성(湖南省)·광동성(広東省) 등지에서 수백만 명의 주민을 사천성으로 이주시켰다. 이를 호광전사천(湖広填四川)이라 한다. 오늘날의 쓰촨 지역 사투리인 서남관화(西南官話)가 베이징(北京)의 푸퉁화(普通話)에 가까운 것도 이때 장헌충에 의해 사천 지역의 인구가 거의 절멸 직전에 몰렸기 때문에 고대 사천인들이 괴멸되어 버렸기 때문일 가능성이 크다고 해석되고 있다. (위키백과 등)

라도 나는 가서 그를 만나 사람을 죽이지 말라고 하겠다." 고 했습니다. 결과적으로 그 혼자 갔습니다. 장헌충은 보자마자 이렇게 말했습니다. "당신 왔구려! 좋습니다! 무슨 일이요, 대화상?" 스님은 말했습니다. "사람을 죽이지 마시오!" 장헌충이 말했습니다. "그럴 수 있소. 그런데 조건이 하나 있소. 당신이 고기를 먹으면 내 살인하지 않으리다." 그러자 파산 해명은 말했습니다. "고기 가져오시오!" 당장에 먹었습니다. 장헌충은 말했습니다. "이젠 사람을 죽이지 않겠소."

파산 해명 선사는 스물세 살 때 도를 깨닫기 위해 황매(黃梅)의 파두산(破頭山)에서 3년을 지냈습니다. 3년 동안에 혼신의 힘을 다 했지만 역시 오도하지 못했습니다. 최후에는 7일을 기한으로 정하고 증득하기로 결정했습니다. 나흘 닷새 후에 두 다리의 기맥은 비교적 통했습니다. 길을 걷는 게 마치 구름 속에서 둥둥 떠 있는 듯했습니다. 그는 두려워하지도 개의치도 않았습니다. 하지만 아직 도를 깨닫지는 못했습니다. 그러자 그는 독한 마음이 일어났습니다. 벼랑에 가서 서서 말했습니다. "깨닫느냐 못 깨닫느냐 목숨은 오늘에 있다. 오늘 못 깨달으면 죽어도 그만이다!" 그 후 그는 사람과 경계가 다 사라져버린[人境雙亡] 혼연일체(渾然一體)의 경계에 진입하여 눈앞이 평탄한 대지임을 보았습니다. 벼랑은 아예 없었습니다. 다리를 들어 경행하려다 결과적으로 갑자기 허공에 발을 내디뎌 벼랑 아래로 떨어졌고 다리가 하나 부러져 절름발이로 변했습니다. 벼랑은 어디까지나 벼랑이었습니다.

그는 나중에 도를 깨닫고 오늘날의 중경에다 쌍계당(雙桂堂)을 지었는데 저는 그곳에 가본 적이 있습니다. 이 한 폭의 대련은 그가 지은 것이며 글씨도 그 자신이 쓴 것입니다. 이 대련을 보노라면 문학이나 좋아하는 우리들은 지어내지 못합니다. 이 글씨의 시원스러움! 정말 대단합니다! 이 분은 고승입니다. 오늘날 멋대로 써대는 그런 서예가가 아닙니다.

제가 지금 얘기하는 본 주제가 무엇이지요? '식(識)'입니다. 왜 '식'을 얘기하면서 얘기가 여기까지 흘러왔을까요? '식'에서부터 유식법상까지 얘기했고 성종 · 상종까지 얘기했는데, 이는 모두 여러분을 깨닫도록 도와주는 방편입니다. 빈주먹으로 어린애를 속이는 것일 뿐입니다.

유식법상 얘기가 나왔으니 말하는데, 일반적으로 유식학을 강의하는 사람들이나 후인들의 그런 유식 강의 서적들은 풀이들이야 옳지만, 그들은 유식법상학이 전문적으로 수증(修證)을 지도하는 것으로서 당신으로 하여금 어떤 법상, 어떤 경계를 또렷이 알도록 해주고 있다는 점을 모른다고, 저는 말합니다. 오늘날 다들 이 점으로부터 연구하지 않고 도리어 유식법상학을 철학사상으로 연구하고 있는데, 그렇게 한다면 수행 과위 증득과 무슨 상관이 있겠습니까?

삼합일(三合一)의 명색(名色)

'무명을 조건으로 행이 생겨나고, 행을 조건으로 식이 생겨난다.' 여기서의 '식'은 생명의 입장에서 보면 바로 영혼입니다. 도대체 이 영혼이 어떻게 신체와 결합할까요? 우리의 육체 속에는 어떻게 생각이 있을까요? 그것들은 어떻게 함께 섞여 하나의 생명으로 변할까요? 그러므로 '식을 조건으로 명색(名色)이 생겨난다[識緣名色]'는 말은 비교적 이해하기 어렵습니다.

한 개의 정자와 한 개의 난자를 고대에는 '부정모혈(父精母血)'이라고 불렀습니다. 사실 진정으로 '정(精)'에 대해 얘기한다면 '정'이란 무엇일까요? 우리는 말하기를 남자에게서는 정자가 나오고 여성이 성교할 때에는 물이 나온다고 하는데 이 모두가 '정'입니다. 부처님은 분명히 말씀하시기를 정이란 몸 전체적인 것이라고 하십니다. 몸 밖으로 나온 정은 이미 폐기물입니다. 온 몸이 모두 정이기 때문에 세포마다 어느 곳 마다 정입니다. 그럴 뿐만 아니라 불경 중에 율부(律部)는 말해주기를, 일반적으로 말하는 남성의 정은 일곱 가지 종류로서, 청색 · 황색 · 적색 · 백색 · 흑색 · 낙색(酪色) · 낙장색(酪漿色)의 정(精)이 있다고 합니다. 청색은 전륜성왕(轉輪聖王)[48]의 정입니다. 황색은 전륜성왕의 태자의 정입니다. 적색은 여색을 과도하게 즐긴 데서 생기는 정입니다. 백색은 보통사람의 정입니다. 흑색은 전륜성왕의 대신(大臣)의 정입니다. 낙색은 수다원

48) 전륜성왕은 고대 인도에서 유래한 세계의 통치자를 지칭하는 개념이다. 산스크리트 cakra(輪)와 vartin(轉)이 합성되어 파생된 말로서 '자신의 전차 바퀴를 어디로나 굴릴 수 있는' 곧 '어디로 가거나 아무런 방해를 받지 않는' 통치자를 뜻한다. 전 세계를 통치한다는 전륜성왕에 대한 최초의 언급은 BC 3세기 마우리아 왕조 시대에 아쇼카 왕의 업적을 칭송하는 경전 및 기념비에 나타난다. 이 세기의 불교와 자이나교의 사상가들은 보편적 군주관에 정의와 도덕의 수호자라는 측면을 부각시켰다. 전륜성왕은 속세에서 석가모니와 같은 존엄을 지닌 존재로서 32상(相)등 석가모니와 공통되는 다수의 특성들을 소유하고 있다고 여겨진다. 『대비바사론(大毘婆沙論)』 등의 문헌에서는 전륜성왕에 4종을 구별하여, 금륜왕은 수미4주(須彌四洲) 곧 전 세계를 통치하며, 은륜왕은 3주를, 동륜왕은 2주를, 철륜왕은 남염부주(南閻部洲) 1주를 통치한다고 기록하고 있다. 『인왕경(仁王經)』및 『보살영락본업경(菩薩瓔珞本業經)』 등에서는 이러한 설을 더욱 발전시켜 4종의 전륜성왕을 보살의 수행 단계에 배당했으니, 곧 철륜왕은 십신위(十信位), 동륜왕은 십주위(十住位), 금륜왕은 십회향위(十廻向位)에 배당했다. 이러한 전륜성왕의 개념은 왕권 강화 및 호국불교사상의 고취에 결정적인 기여를 했다.

(須陀洹, 초과나한初果羅漢)의 정입니다. 낙장색은 사다함(斯陀含, 이과나한二果羅漢)의 정입니다.

남녀가 서로 정(精)을 방출할 때, 정자와 난자가 결합할 때, 중음신은 그의 업력에 교란되어 하나의 강력한 흡인력을 가지면서 곧 빨려 들어가 수정란과 혼합됩니다. 이렇게 마음과 물질[心物]이 혼합한 것을 '명색(名色)'이라고 부릅니다.

여러분이 정좌할 경우 정좌를 시작 할 때는 생각이 아주 청정합니다. 그런데 왜 잠시 후에는 마음속이 청정하지 않게 될까요? 저 심념(心念)의 흡인력이 또 흡입하고 있기 때문입니다. 외부의 잡념을 빨아들이는 것을 당신이 놓아버리지 못하기 때문입니다. 그래서 선종에서 "놓아버려라[放下]!" 라고 말합니다. 당신이 놓아버리지 못하면 안으로 빨려 들어갑니다. 이게 바로 고집멸도(苦集滅道)에서의 '집'입니다. 우리는 언제 어디서나 모으고 붙들어 쥐고 있습니다. 생각을 붙들어 쥐고 감각을 붙들어 쥐는 등 무엇이나 붙들어 쥐고 있습니다.

명(名)은 정신에 속합니다. 수상행식(受想行識)은 모두 '명'의 범위에 속하며 눈으로 그 형체를 볼 수 없습니다. 중음신인 영혼은 정신적인 것으로 '명'의 범위에 속합니다.

무엇이 색(色)일까요? 지수화풍(地水火風)인데 물질적인 것을 '색'이라고 부릅니다. 정자와 난자는 생리적인 것이며 물질적인 것입니다. 사대가 변화한 것으로 색의 범위에 속합니다.

정자와 난자가 결합하고 거기다 당신의 영혼이 더해져서 이 세 가지 것이 철거덩! 하면서 뒤섞이면 저 강대한 흡인력에서 당신은 빠져 나오지 못합니다. 이게 바로 윤회입니다. 태안으로 들어간 것을 '명색'이라고 합니다.

명색은 7일마다 한 번씩 변하기 시작합니다. 첫째 7일 동안 그것은 묽은 상태인데, 불경은 묘사하기를 마치 언 우유와 같다고 합니다. 마치 오늘날 어린이들이 먹는 마말레이드[49]나 같습니다. 7일마다 한 번씩 변화하면서 서서히 성장합니다. 하지만 당신의 그 '식'은, 정신인 그 마음은, 그 사유의식은 이 행음에서 뛰쳐나올 수가 없습니다. 되돌릴 수가 없습니다. 그러므로 윤회라고 부릅니다. 영원히 그 안에서 돌고 있습니다. 마치 선풍기 안에 파리 한 마리가 있어 선풍기가 돌고 있으면 날아 나올 수 없고, 오직 선풍기를 꺼야만 비로소 날아 나올 수 있음과 같습니다. 우리들의 생각 · 영혼 · 전생에 지니고 온 모든 과보는 그 안에 둘둘 말려 있습니다. 이 명색 속에 들어있습니다.

이 명색은 7일 마다 한 번씩 뚜렷한 성장을 보이는 데 자세한 것은 입태경(入胎經)을 보아야 합니다. 부처님은 2천여 년 전에 말씀하셨는데 아주 자세합니다. 현대 의학이 제시하는 증거들은 부처님의 말씀이 맞다는 것을 증명해줍니다. 여러분이 입태경을 연구하여 이해하고 나면 정좌하는 동안 7시간, 7분, 7초, 7일마다 모두 하나의 변화가 있는 게 저 태아성장의 이치와 같다는 것을 비로소 알게 됩니다. 그런데 여러분은 연구하지 않고 그저 선생님만 찾고 부르니 무슨 소용이 있겠습니까! 모두 자신을 속이고 있는 겁니다.[50]

---

49) 오렌지나 레몬 등의 껍질로 만든 잼.

50) 남회근 지도 이숙군 역저 송찬문 번역 『입태경 현대적 해석』을 참고하기 바란다.

십일체입(十一切入)

'명색을 조건으로 육입이 생겨난다[名色緣六入]', 6입(六入)은 무엇일까요? 안·이·비·설·신·의(眼耳鼻舌身意)를 6근(六根)이라고 부르는데 명색이 본래 가지고 있는 것입니다. 색·성·향·미·촉·법(色聲香味觸法)을 6진(六塵)이라고 부르는데 역시 물리세계와 정신세계의 것들입니다. 6진이 6근으로 들어오는 과정을 '6입'이라고 합니다.

예전에 제가 불경을 보면서 6근· 6진에 대해서 왜 들 입(入)자를 썼을까 이상하게 생각하고 유의했습니다. 그래서 여러분들에게 열 가지의 일체입(一切入)인 지·수·화·풍·청·황·적·백·공·식(地水火風青黃赤白空識)에 유의하라고 합니다. 여러분은 공부하면서 머리를 쓰지 않는데, 일체입이란 뚫고 들어오는 것을 말합니다. 예컨대 우리가 실내에 앉아있는데 여러분은 어떤 느낌입니까? 오늘은 어제 날씨보다 좀 답답하지요? 그렇지요? 습도가 높아 그것이 뚫고 들어오니 당신은 견디지 못합니다. 방문을 닫아 놓으면 외부환경이 뚫고 들어오지 못할 것이라고 생각합니까? 모두 뚫고 들어옵니다. 우리가 난방기로 조절하니까 좀 나은 것이지 그렇지 않으면 모두들 여기 앉아있는 게 편하지 않을 겁니다. 그러므로 알아야 합니다. 외부의 물리환경·정신환경이 여러분의 심신에 뚫고 들어오면, 색·성·향·미·촉·법이 뚫고 들어오면, 접촉이 있게 되기 때문에 6입이라고 합니다.

소승불경을 연구하지 않으면 안 됩니다. 불경은 대단히 과학적입니다. 열 가지 일체입[51)]이 있습니다. '지·수·화·풍·공' 이 5대에다 '식'이라는 이론관념의 정신작용을 더합니다. 이 밖에 청·

황·적·백이 있는데 지·수·화·풍 등의 색법 변화가 발생시키는 현상으로서 어느 곳 어느 지역에서든 색법은 당신을 뚫고 들어옵니다.

이 부분을 좀 연구해보십시오, 열 가지 일체입 중에 왜 검을 흑(黑)자가 없는 것일까요? 부처님이 잊어버린 게 아니라 사실 흑색은 없습니다. 왜냐하면 모든 색깔의 혼합은 바로 검은 색이기 때문입니다. 색깔은 여러 종류로 나뉩니다. 예를 들어 중학교 시절 때 일곱 가지 색깔을 빨강·파랑·노랑·보라·초록·남색·주황, 이렇게 암기했지요? 일곱 가지이면서도 더 많은 색깔로 변화시켜 낼 수 있습니다. 모든 색깔을 혼합하면 검은 색이 나옵니다. 그 전부가 섞이지 않고 서로 반대하면 흰색입니다. 각종의 색깔은 모두 변화해서 나온 것으로 물리과학입니다. 그러기에 여러분이 과학을 모르면 수행 얘기를 하지 말아야 합니다. 그런데 도를 얻었던 고대의 사부들은 모두 알았습니다. 그렇지만 표현방식이 달랐을 뿐입니다.

열 가지 일체입을 알고 나면 정좌하고 있을 때 왜 선정상태로 있지 못하게 되는 지를 이해하게 됩니다. 당신은 동시에 기후 등의 외부의 영향을 받고 있기 때문입니다. 지·수·화·풍·공·식 내지는 각종의 현상 경계가 항상 변화하면서 당신을 자극합니다. 그런데 당신의 마음의 힘은 강하지 않고 지혜는 부족하기에 좇아가서 붙들어 쥐고 상대하지 않을 수 없습니다. 그러므로 반야는 공(空)을 말해 당신더러 그런 현상을 변화시키고 놓아버리라고 합니다. 그런데 사람들은 어떻게 하고 있을까요? 습관적으로 붙들어 쥐고 있습니다. 이 생명이 태에 들어갈 때, 식을 조건으로 명색이 생

---

51) 「열 가지 일체입」에 대해서는 『선과 생명의 인지 강의』를 참고하기 바란다.

겨날 때, 이미 빨려 들어갑니다. 그러나 정말로 빨려들 수 있을까요? 빨려들 수 없습니다. 한 편으로는 빨아들이면서 한 편으로는 집중하며 한 편으로는 흩어져 버립니다. 집중 할수록 느슨해집니다. 반작용의 힘이 그만큼 커집니다. 이런 심리 생리는 역학(易學)의 이치와 마찬가지입니다.

12인연은 '무명을 조건으로 행이 생겨나고, 행을 조건으로 식이 생겨나고, 식을 조건으로 명색이 생겨나고, 명색을 조건으로 6입이 생겨나고, 6입을 조건으로 촉이 생겨나고[六入緣觸]...', 촉을 얘기합니다. 6입이 있고 나면 곧 접촉이 발생합니다. 교감이 발생합니다. 촉은 바로 교감입니다. 서로 영향을 받는 겁니다.

'촉을 조건으로 수(受)가 생겨난다[觸緣受]', 촉(觸)에서 감각 · 감수(感受)가 발생합니다. 여러분이 "나는 감기 들었다, 바람 먹었다." 하고 말하면 바로 일체입의 지수화풍에서의 풍이 들어와 냉기가 침습한 것입니다. 감기가 들면 신체 내에서는 염증이 일어납니다. 화(火)가 일어납니다. 이어서 콧물이 흐르고 코가 통하지 않게 되면서 수대가 제대로 통하지 않게 됩니다. 그러므로 지수화풍이 안에서 변화하면서 접촉과 감수가 잇달아 많아집니다.

우리는 엄마 배 속에서 나와 지금까지 편한 날이 하루도 없었습니다. 매 초마다의 접촉 · 감수[觸受]는 모두 고통스럽습니다. 그러나 사람들은 느끼지 못하고 있습니다. 마비되고 습관이 되어있기 때문입니다. 거기다 지혜가 부족하고 분명히 관찰하지 못하기 때문입니다. 공부가 접촉 감수를 떠날 수 있는 정도에 이르면 당신은 무지개빛[虹光]의 몸으로 변화되어, 한 덩이 광명이면서 공령(空靈)하고 허공과 합하여 하나로 될 겁니다. 그것도 바로 공무변처정(空

無邊處定)입니다. 이것은 이론이 아니요 환상도 아닙니다. 진정한 공부입니다.

이 과정에서 수행의 관건은 바로 이런 업력의 부림에 당하지 않을 수 있는 당신의 심의식의 역량에 달려있습니다. 그러므로 37보리도품(三十七菩提道品)을 자세히 이해하라고 하는 겁니다. 정좌는 선정 배우기 연습에 불과합니다! 정좌 중에 선정 상태일 수 있고, 걷거나 머물거나 앉거나 눕거나 언제나 선정상태이며 선정과 지혜를 균등히 유지할 수 있어야 합니다. 만약 선정의 뿌리조차도 내리지 않고 5근(五根) 중의 정근(定根)조차도 없다면 당연히 선정의 힘이 없는데 어떻게 업력의 부림을 당하지 않을 수 있겠습니까? 5근은 신근(信根) · 정진근(精進根) · 염근(念根) · 정근(定根) · 혜근(慧根)입니다. 이 5근에 의지하여 5력(五力)이 일어납니다. 신력(信力) · 정진력(精進力) · 염력(念力) · 정력(定力) · 혜력(慧力)이 5력입니다. 혜력이 있어야 지혜가 역량으로 변하여 일체의 집착과 걸림을 깨뜨립니다. 그래야 수행이라고 부릅니다.[52)]

접촉 · 감수는 엄중한 것입니다. 일체 중생은 모두 접촉 · 감수에 속아 넘어가고 있습니다. 남녀 둘이 왜 성관계를 가질까요? 접촉 감수적인 즐거움 때문입니다! 그러나 아주 짧은 즐거움입니다. 접촉 때문에 감수가 있는데 여러분은 그것을 향수(享受)라고 부릅니다. 보세요, 성적인 오르가즘의 즐거움은 1초도 못가고 사라집니다. 그 힘이 사라져버립니다. 그 오르가즘이 올 때 열 가지 일체입이 모두 진입되어 집중됩니다. 그 역량은 집중 되자마자 폭발해버리고 또 흩어져 버립니다. 결과적으로 아무것도 없습니다. 하지만

52) 37보리도품은 37조도품이라고도 한다. 『선정과 지혜 수행입문』 부록에 관련 경문을 실어놓았으니 참고하기 바란다.

중생 범부는 어리석고 지혜가 없어 속아 넘어갑니다. 그래서 촉(觸)을 조건으로 수(受)가 생겨납니다. 수는 감각입니다.

'수를 조건으로 애가 생겨난다[受緣愛]', 애(愛)는 좋아함 · 탐냄입니다. '애를 조건으로 취(取)가 생겨난다[愛緣取]', 붙들어 쥐지 못할 것 인줄 뻔히 알면서도 죽어라고 붙들어 쥐려고 합니다. 그래서 저는 말합니다. 여러분은 재부 · 큰 권력 · 높은 자리를 악착같이 붙들어 쥐지만 무슨 소용이 있겠습니까. 그런 것들은 모두 잠시 동안의 소속으로 당신에게 잠깐 사용하라고 주어진 것이지 당신의 소유가 아닙니다. 모두 흩어지기 마련입니다.

'취를 조건으로 유(有)가 생겨난다[取緣有]', 손에 붙들어 쥔 것은, 이른바 유(有)인데 잠시 동안 당신의 소유로 돌아간 것이지 정말로 당신에게 속한 것이 아닙니다. 당신을 속이는 것으로 모두 흩어지기 마련입니다. 설사 일부분을 당신이 사용했을 경우 그 사용한 부분이 정말로 당신의 것에 속하는 것 같을지라도 모두 당신을 속이고 있는 것입니다. 찰나간의 인연이 모여 접촉 감수한 것에 불과할 뿐입니다. 일체는 인연이 모였다가 다시 흩어지는 것으로 처음부터 얻음[得]이란 게 없습니다. 진정으로 소유한 적이 없습니다. 심지어 당신 자신의 심신조차도 언제나 신진대사를 하면서 머물지 않습니다. 이른 바 얻은 바가 있다거나 소유함이란 심리적인 생각으로 자신을 속이는 것에 불과할 뿐입니다. 얻는 것이 없는 바에야 당연히 잃는 바도 없습니다. 일체는 연기성공(緣起性空)이요 성공연기(性空緣起)입니다.[53] 진실로 이런 도리를 꿰뚫어보고 나면 악착같이 붙

53) 이에 대한 이해를 돕기 위하여『역사와 인생을 말한다』부록에 있는 남회근 선생의 강의「불법을 어떻게 배울 것인가」에서 뽑아 전재한다.

들어 쥐지 않을 것입니다. 일체를 남겨두지 않고 사회에 공헌할 것입니다. 이른 바, '어떤 악행도 하지 않고 많은 선행을 하며 스스로 자기의 마음을 정화합니다[諸惡莫作, 衆善奉行, 自淨其意].' 의도적으로 선행을 하는 것이 아니라 자연히 그렇게 합니다. 물론 지혜롭게 그렇게 해야지 함부로 해서는 안 됩니다.

'유를 조건으로 생(生)이 생겨나고[有緣生], 생을 조건으로 노사(老死)가 생겨난다[生緣老死]', 유가 있기에, 예컨대 임신을 했기에 태어남이 있고 늙고 죽음이 있습니다. 인생은 이와 같습니다. 어떤 일이나 어떤 사물, 일체의 유위법(有爲法)은 모두 다 이와 같이 생

부처님이 도를 깨달은 뒤에 4~5십 년 동안 설법을 하셨는데 무엇을 전파했을까요? 그는 세계의 모든 종교 미신을 뒤엎어버린 것이나 다름없었습니다. 그는 "일체의 생명은 인연으로 생겨나는 것(因緣所生)으로 그 자성이 본래 공하며(自性本空) 타력의 주재자가 없다."고 주장했습니다. 이 한 마디 말은 이해하기 어렵습니다. 이로써 보면 불학 연구의 어려움을 알 수 있습니다. 우리들은 다들 먼저 기억하고 있어야 합니다. 그의 중점은 '연기성공(緣起性空) 성공연기(性空緣起)'를 말합니다. 모든 물리세계 만유의 생명은 많은 요소로 구성되어 있습니다. 한 사람 · 한 포기의 풀 · 한 그루의 나무도 모두 마찬가지입니다. 오늘날 최신 과학기술 연구는 이것과 매우 근접해 있습니다. 만법은 모두 연기(緣起)합니다. 인연소생입니다. 성공(性空), 자성이 공하기 때문에 이 우주가 있습니다. 이 공(空)은 부호입니다. 물리세계의 허공을 말하는 것이 아닙니다. 그 속의 학문은 대단히 큽니다. 그러므로 '연기성공(緣起性空), 성공연기(性空緣起), 무주재(無主宰), 비자연(非自然)'입니다. 이 세계는 하나님이 하나 있다거나 부처님이 있거나 귀신이 있거나 염라대왕이 있거나 혹은 명운이 있어 당신의 주재자가 될까요? 없습니다. 자성은 연기성공이요 성공연기입니다. 자기가 명심견성(明心見性)해야 모조리 알 수 있습니다. 모두 자성이 만들어낸 것입니다. 그럼 주재자가 없는 바에야 물질세계는 유물적인 것일까요? '비자연'(非自然), 유물적인 것이 아니며 자연히 있는 것도 아닙니다.

'연기성공, 성공연기, 무주재, 비자연'이라는 이 네 마디 말을 다 말했는데, 당신이 이 몇 마디 말을 연구하고자 한다면 천 편의 박사 논문을 쓰더라도 다 말할 수 없습니다. 내용이 너무나 많습니다.

성이 있으면 반드시 훼멸이 있습니다.

늙고 죽은 후에는 어떨까요? 영혼이 다시 옵니다. 무명을 조건으로 행이 생겨나고..... 이렇게 윤회합니다. 이게 대원칙인데 이해하고 나야 태에 들어가는 것이 어떤 일인지 인생이 어찌된 일인지 알게 됩니다. 이해하셨습니까?

이제 식사할 준비를 해야 합니다. 여러분이 보셨듯이 저는 그렇게 많은 힘을 들여 말했습니다. 여러분은 저를 여러 해 따랐는데 이 부분에서 자신이 철저하게 참구하지 못하니 무슨 소용이 있습니까! 이게 바로 화두입니다! 선당에서는 화두 참구를 말하는데 어느 것이나 화두 아님이 없으니 여러분이 참구하기 바랍니다!

여러분이 정좌할 경우 견디지 못할 정도로 아플 때도 있습니다. 여러분은 느낌[感受]이 바로 공임[受卽是空]을 알아야 합니다. 그게 아무리 아프더라도 당신은 붙들어 둘 수 없습니다. 무상한 것입니다. 제행은 무상하여[諸行無常] 생멸하는 법으로, 오는 곳도 없으며 가는 곳도 없습니다. 공(空)속에서 왔다가 공(空)속으로 되돌아갑니다. 마치 왔던 것 같지만 당신은 그에 속아 넘어가서는 안 됩니다. 여러분은 『반야심경』을 외울 줄 아시지 않습니까? 반야심경은 당신에게 말해줍니다. "물질은 곧 공이요, 공이 곧 물질이다. 물질은 공과 다르지 않고, 공은 물질과 다르지 않다[色卽是空, 空卽是色, 色不異空, 空不異色]".[54] 그 다음은 여러분이 아셔야 합니다. 견디기 어려울 때 당신은, "느낌은 곧 공이요, 공은 곧 느낌이다. 느낌은 공과 다르지 않고, 공은 느낌과 다르지 않다[受卽是空 空卽是受 受不異空 空不異受]..." 이렇게 외우면 되지 않습니까! 당신은 왜 활용할 줄 모르십니까? 생각이 많을 경우에는 당신은 이렇게 알아야 합니

54) 『선정과 지혜 수행 입문』「제6강 반야정관 요약 강의」를 참고하기 바란다.

다. "생각은 곧 공이요, 공은 곧 생각이다. 생각은 공과 다르지 않고, 공은 생각과 다르지 않다[想卽是空 空卽是想 想不異空 空不異想]." 라고 말입니다. 출가자든 재가자든 불법을 배우면서 뭘 배우는 겁니까! 이 부분에서 자신의 느낌에 사로잡혀 그 안에 갇혀있다면 그게 바로 수음(受陰)이예요. 당신은 그것에 속은 거예요. 때로는 자신이 아주 편안하다고 느끼는데, 이는 수음이 상음(想陰)과 결합하여 그런 상태가 선정이라고 잘못 생각한 겁니다! 그만 두세요

제 6 강

인생의 12고 그리고 태아생명

인생의 12고(苦)

고집멸도 4제

어떻게 태(胎)가 이루어지는가

태중의 성장변화

입태의 인연

환생하면서도 미혹하지 않다

천인의 경계

풍대관(風大觀)으로 4대를 변화시키다

인생의 12고(苦)

여러분들이 다 아시듯이 소승불교를 말하면서 만약 여러분들에게 고집멸도(苦集滅道)·12인연(十二因緣)에 대해서 시험을 치르면 틀림없이 불합격일 겁니다. 특히 거사(居士)[55] 분들은 입으로는 불학을 말하지만 사실 구경거리에 몰려 재미삼아 하듯 합니다. 재가불자들이 정좌하는 것은 신통이나 부리고 싶고 건강하기를 바라면서 자신을 가지고 놀고 불법을 가지고 놀아보는 것입니다. 마치 장사꾼이 이익을 얻으려고 하듯이 그럴 뿐, 불법을 진정으로 배우지는 않습니다.

부처님이 초기에 설법하실 때 고집멸도 사성제를 설하셨습니다. 이른 바 소승은 초등학교에서부터 시작하는 것이고 대승은 대학과정을 강의하는 것과 같습니다. 소승은 기본교육인데 일부 사람들은 기본교육조차도 제대로 배우지 않고 대승을 말하면서 무슨 선종이니 밀교니 유식학이니 하며 자기를 속이고 남을 속이고 있습니다.

고집멸도를 사제법이라고 부릅니다. 저도 종종 출가불자 학우들

---

55) 남녀 재가불자를 말한다.

에게 불경에서 말하는 부처님의 삼전사제법륜(三轉四諦法輪)이란 어떻게 굴리는 것이냐고 물어봅니다. 무명을 조건으로 행이 생겨나고 행을 조건으로 식이 생겨나고....인데, 사람들에게 이 세계의 생명과 물리세계는 일체가 고통이며 진정한 즐거움이 없다는 것을 가르쳐 보이는 것입니다. 앞서 서 모씨가 말했듯이 영혼이 벗어난 잠시 동안에는 편안하면서 즐거움을 느꼈고 지금도 그에 미련을 두고 있습니다. 사실 이 세계는 일체가 다 고통입니다. 그래서 8고·12고(苦)가 있습니다.

만약 여기 거사 분들에게 시험을 치르면 8고를 암송할 수 있을까요? 8고는 태어나고·늙고·병들고·죽는 고통[生老病死苦], 구하나 얻지 못하는 고통[求不得苦], 사랑하는 사람과 이별하는 고통[愛別離苦], 원수나 미워하는 사람과 만나는 고통[怨憎會苦], 5음이 치성한 고통[五陰熾盛苦][56]입니다. 많은 불경을 한참 보노라면 왕왕 어떤 경전에서는 한 가지 고통만을 설하고 있는데 넓혀서 설명해보면 많고 많습니다. 8고는 대원칙입니다. 인생의 가장 고통스런 일을 귀납시켜 놓은 것인데 여러분이 외우더라도 체험하지는 못합니다. 실제로는 사회학·경제학·정치학·교육학... 등등과 모두 서로 연결되어 있습니다.

보통 8고를 말합니다. 좀 더 깊게는 12고를 말하는데, 8고에다 시름[愁]·비애[悲]·근심[憂]·번뇌[惱] 라는 네 가지 고를 더한 12가지 대원칙입니다. 바꾸어 말하면 인생은 고통스럽게 살아간다는 것입니다.

여러분들이 인생문제를 제게 물으면 저는 늘 말하기를 사람이 사는 일생이란 바로 다음 세 마디라고 합니다. "영문을 모른 채 태

56) 5온에 대한 집착에서 오는 고통.

어나, 어쩔 수 없이 살아가고, 까닭을 모른 채 죽어간다." 사람마다 다 그렇습니다. 자기 스스로 영문을 모른 채 태어납니다. 어떻게 태어났는지 왜 태어났는지를 모릅니다. 살아가는 것은 어떨까요? 어쩔 수 없이 살아갑니다. 사람들은 이것 추구하고 저것 추구하고 한없이 추구합니다. 사람들은 늘 말합니다. 모두 쾌락 · 행복을 추구하기 위해서 라고요. 이렇게 보면 사람들은 사는 게 즐겁지도 않고 행복하지도 않다는 사실을 알 수 있습니다. 죽기는 싫고 살아가자니 아주 고통스럽습니다. 그렇게 살아갑니다. 최후에 죽을 때는 까닭을 모른 채 떠나갈 뿐입니다. 그러므로 부처님은 "일체가 다 괴로움이다[一切皆苦]." 고 말씀하셨습니다.

부처님은 괴로움을 무슨 의미로 말씀하셨을까요? 일반 학자들은 말하기를 사회 · 인생 · 세계에 대한 부처님의 견해는 비관적이라고 하는데, 이는 철학을 말하는 사람들의 의견입니다. 부처님은 여러분이 이렇게 살아가는 것이 괴롭다는 것을 일러 주셨을 뿐 본래 괴로운 것이라고 말하는 것은 아닙니다. 그분께는 방법이 있어서, 우리로 하여금 수행하여 이런 고통을 벗어나 극락을 얻으라고 가르쳐 주셨습니다. 이게 부처님의 목적입니다. 그는 여기 이 세상의 어려움과 괴로움 속에서 일러주시기를, "세상은 모두 괴로움이니 이 세상을 인식하라. 전체 인류사회와 인생은 결국 괴롭다. 그러나 괴롭지 않는 것이 하나 있으니 당신은 그것을 찾으라." 이게 바로 부처님의 목적입니다. 벗어나 저 고통이 없는 극락을 찾았기에 극락세계라고 부릅니다. 아미타불의 세계만이 극락세계가 아닙니다. 철저히 괴로움을 떠나고 즐거움을 얻은 경계라면 모두 극락세계입니다.

고집멸도 4제

어제 호송년씨가 '3계 밖으로 뛰어 벗어난다[跳出三界外]'고 하는데 뛰어서 어디로 벗어나는 것이냐고 물었습니다. 저도 여러분들에게 물어본 적이 있는데 여러분들은 수행하면서 "3계 밖으로 뛰어 벗어나 오행 중에 있지 않다[跳出三界外 不在五行中]." 라고 말해야 합니다. 3계(욕계 · 색계 · 무색계)를 뛰어 벗어나 어디로 갈까요? 제4계가 있을까요? 부처님은 그런 말씀을 하시지 않았습니다. 오행 중에 있지 않다니 그럼 어디에 있을까요? 제6행에 있을까요? 역시 그런 말씀을 하시지 않았습니다. 하지만 당신이 찾아내야 합니다.

그렇습니다. 부처님은 3계 밖으로 뛰어 벗어난다고 말씀하셨는데 뛰어 벗어나 어느 계에 도달할까요? 있습니다. 법계(法界)입니다. 부처님이 말씀해주시지 않습니까? 그것은 제4계도 아니라고 말입니다. 바로 3계 중에 초월적인 것이 하나 있는데 부처님은 그것에 대해 '법계'라는 이름을 하나 만들었습니다. 그것은 시간과 공간을 초월합니다. 그러므로 여러분들은 '고집멸도' 라는 말을 듣고 비관적이라고만 알고 종교란 비관적이라고만 이해하는데, 부처님이 비관적인 관점에서 말씀하기 시작하였지만 마지막 최고의 것은 '이고득락(離苦得樂)'이라는 사실을 알아야 합니다.

예전에 제가 젊은 시절 사천대학에서 철학 강의를 하면서 사람들에게 인생의 전체적인 목적은 무엇이냐고 물었더니 다들 대답을 하지 못했습니다. 마지막에 제가 말했습니다. 바로 '이고득락'이라고요. 일체 중생의 바람은 고통을 뛰어넘어 벗어나고 싶어 하는 것입니다. 사람만이 그런 게 아닙니다. 어떤 세균이나 곤충이라도 뛰어넘어 하나의 극락을 구하고 싶어 합니다. 법계에서 그것은 극락입니다. 불법에는 하나의 기준이 있는데 그것은 극락입니다.

고집멸도에서 '고'는 무엇일까요? '고'는 자기가 붙들어 온 것입니다. 모두 자기가 모은 것입니다. 예컨대 돈을 벌려고 장사를 하면 돈을 붙들어 와 자신에게 고통을 줍니다. 정말 온통 모아놓으니 더욱 고통스럽습니다. 그래서 '집(集)'은 '고(苦)'의 원인입니다. 앞서 12인연을 말했는데 무엇이 '집'에 해당할까요? 애취(愛取)입니다. 애정에 탐착하여 붙들어오고 점유합니다. 아득히 멀어 그 시작을 알 수 없는 과거로부터[無始以來] 줄곧 애취하여 모였다가 흩어져 버리고 있습니다. 흩어지지 않을 수 없습니다. 알아야 합니다. 지금 당장의 한 생각을 당신은 붙들어 쥐고 있다는 사실을. 생각을 붙들어 쥐고 감각을 붙들어 쥔 채 모두 이런 것들에게 속고 있습니다. 그래서 '집'은 고의 원인입니다. 여러분들은 한 푼 한 푼의 돈을 조금 씩 조금 씩 붙들어옵니다. 글공부하는 사람, 지식인들은 유치원으로부터 대학 박사 과정에 이르기까지 지식을 모으고, 지식이 많아지면 많아질수록 고통도 그만큼 커집니다. '집'이 있으면 '고'가 있습니다. '집'은 고의 원인입니다. 고는 무엇일까요? 고는 집의 결과에 불과합니다. 그러므로 고집멸도는 결과로부터 원인을 말하는 것입니다. 결과로부터 말해야 당신은 '고'의 원인을 이해하게 됩니다.

왜 멸도(滅道)라고 할까요? '멸'이란 일체를 놓아버림, 일체가 사라짐, 일체를 비워버림을 말합니다. 어떻게 비워버릴 수 있을까요? 당신이 지혜로 알아야만 비울 수 있습니다. '도'란 멸의 원인을 말합니다. 도를 얻고 지혜를 성취하면 일체 괴로움의 원인을 깨뜨려 없앱니다. 이 도를 얻어야 일체의 괴로움을 소멸 제거 합니다. 철저하게 이제는 괴롭지 않게 된 상태가 바로 극락입니다.

이것이 사제법문을 첫 번째 굴린 것[第一轉]입니다. 선당에서는 당신더러 참선하라고 하는 데 이게 바로 화두입니다. 화두란 바로 문제입니다. 자기가 문제를 연구하지 않는다면 그게 무슨 불법을 배우는 것입니까?

고집멸도 사제법륜의 두 번째 굴림은 어떻게 굴리는 것일까요? 12인연을 조금 전에 분석했는데 다 기억할 수 있습니까? 중국에서 이를 4구게(四句偈)로 만들어 놓았는데 제가 여러분들 더러 암기하시라고 늘 말씀드리는 것입니다.

무명과 애와 취 이 세 가지는 번뇌요	無明愛取三煩惱
행과 유 이 두 가지는 업도(業道)에 속하며	行有二支屬業道
식부터 명색 · 육입 · 촉 · 수와 생 · 노사	從識至受並生死
일곱 가지는 모두 괴로운 과보라 이름한다	七支同名一苦報

'무명과 애와 취 이 세 가지는 번뇌요[無明愛取三煩惱]', 12인연에서의 무명 · 애 · 취 이 세 가지는 근본번뇌입니다. 즉 고집멸도에서의 '집'에 해당합니다. 한 생각 무명이 일어나면 두뇌에서 모르고 '애'를 붙들어 쥐고자 합니다. 영원히 틀어쥐고 싶어 합니다. 그래서 고통이 커집니다. 이 세 가지는 번뇌의 근본이요 고통의 근본입니다.

'행과 유 이 두 가지는 업도(業道)에 속하며[行有二支屬業道]', '무명을 조건으로 하여 행이 생겨나고'에서의 '행'은 원시 동력입니다. 12인연 중에서 열 번째가 유인데, 일체를 점유하는 것입니다. '행'

과 '유'는 업력입니다. 이 생명의 동력은 과거의 다생다세(多生多世)로부터 현재까지, 나아가 다생다세의 후세까지 미칩니다. 항상 이 동력 속에 있으며, 동란(動亂) 속에 있으며, '행'속에 있습니다. 그런 다음 가상(假相)에 속고 있습니다. 나는 명예가 있다, 재부가 있다, 자손과 아들딸이 있나, 애정이 있다, 가정이 있다, 병이 있다는 등, 이 모두가 가상입니다. '행'과 '유' 이 두 가닥은 실제로는 무명 · 애 · 취 이 세 가지의 기본 동력이 됩니다. 왜냐하면 업력이 당신에게서 무명 · 애 · 취를 일어나게 하기 때문입니다. 집에서 고에 이르고, 무명 · 애 · 취로 인하여 또 당신은 영원히 행동하고 붙들어 쥐고 일체를 점유하고 일체에 집착하게 됩니다. 자기에게 속하는 일체를 붙들어 쥐려하는 것이 이른 바 업도요 업력입니다.

'식부터 명색 · 육입 · 촉 · 수와 생 · 노사, 일곱 가지는 모두 괴로운 과보라 이름한다.[從識至受並生死, 七支同名一苦報]', 생명의 작용, 신체가 나고 죽고 나고 죽고 함은 바로 심의식(心意識)에서 시작합니다. '식'이 모태에 들어오고, 정신과 지수화풍인 생리세포와 결합합니다. '식'으로부터 명색 · 육입 · 촉 · 수 · 생 · 노사 이 일곱 단계는 모두 '고'의 과보입니다. 이상이 고집멸도 사제법문의 두 번째 굴림[第二轉]입니다.

이른 바 굴림[轉]이란 분석해서 당신에게 보여 준다는 의미입니다. 보세요, 부처님의 이런 논리과학은 매우 주도면밀하면서 또렷이 분석해줍니다.

방금 우리가 식사하기 전에 어떤 학우가 제게 솔직한 말을 했습니다. 저는 그에게 묻기를 "듣느라고 피곤하지요?" 하니 그는 말했습니다. "피곤하지 않습니다. 선생님이 피곤하시지요." 저는 웃을 수밖에 없었습니다. 들으니 어떠냐고 물었더니 그는 많이 못 알아

듣겠다고 했습니다. 저는 더 이상 말하지 않기로 했습니다. 제가 아무 말도 안한 것은 그를 부정하는 것이 아니라 그를 긍정한다는 뜻입니다. 그는 맞게 말한 겁니다. 여러분들이 완전히 알아들었다면 그거야말로 이상한 겁니다. 그의 말은 솔직한 말입니다. 일부분은 알아듣고 많은 부분은 정말 이해하지 못합니다. 이 수업에 참가한 여러분들은 저마다 이해하는 척 하지만 사실은 온통 이해하지 못합니다. 그의 말은 솔직한 말입니다. 일반인들은 솔직하지 못하고 알아들었다고 하는데 누가 알아들었지요? 만약 여러분들이 이런 것들을 다 이해했다고 한다면 대단합니다,

'무명과 애와 취 이 세 가지는 번뇌요, 행과 유 이 두 가지는 업도에 속하며, 식부터 명색 · 육입 · 촉 · 수와 생 · 노사, 일곱 가지는 모두 괴로운 과보라 이름한다.', 이 네 마디를 여러분은 기억해야 합니다. 기억해서 뭘 할까요? 정좌하고 공부하면서 바로 이 부분에서 조금 씩 조금 씩 분석하고 뚫고 나아가면 당신의 공부 힘과 지혜는 한 걸음 한 걸음 향상 진보합니다. 그저 어리어리하게 정좌한 채 몇 시간동안 앉아 있는데 제가 당신에게 묻겠습니다. 당신은 백 년 동안 그렇게 앉아 있는 게 무슨 소용이 있습니까? 앉아있는 게 도입니까? 당신이 백 년을 앉아있더라도 저 돌 원숭이나 돌사자만큼은 대단하지 않겠지요? 그것들은 수백 년 동안 끄떡도 하지 않고 앉아있는데 그들도 도를 얻었을까요?

그래서 도가의 장자양(張紫陽) 진인이 지은 두 구절의 시가 있는데 수행 정좌하는 여러분을 말하는 것입니다.

뱃속에 만약 참 종자가 없다면	腹內若無眞種子
화롯불로 빈 솥을 끓이는 격이다	猶如鑪火煮空鐺

당신이 몸은 그렇게 앉아있지만 내심에 한 점의 진정한 것이 안에 없다면, 화로 위에 솥을 하나 걸어놓았으되 그 안에 물만 있고 다른 것은 없기에 일만 년 동안 불을 때도 연단(練丹)해 낼 수 없는 것이나 마찬가지라는 겁니다. 그러므로 도가에서 '연단'이라고 부르는데 이 '단'자 가운데는 섬 하나가 있습니다. 하나의 중심점이 있습니다. 하지만 당신에게는 없습니다! 그래서 선종의 선당에서는 당신더러 화두를 붙들어 쥐라고 합니다. 하나의 정념(正念)을 틀어쥐라고 합니다. 당신 안에 이 한 점이 없다면 참된 종자가 없는 것이니 무슨 소용이 있겠습니까? 몇 시간 동안 앉아있고 수십 일 동안, 여러 해 동안 앉아있더라도 소용이 없습니다!

저는 지금 도리를 말하고 있는 것이 아닙니다. 이렇게 체험해 들어가는 게 바로 수지(修持) 공부입니다. 그 요점을 다 여러분에게 일러드린 겁니다. 하지만 여러분은 이해합니까? 모릅니다. 말하고 안 하고는 저의 일이고 이해하고 못하고는 당신의 일입니다.

어떻게 태(胎)가 이루어지는가

되돌아 가, 다시 입태(入胎)에 대해 얘기하겠습니다. 고집멸도와 12인연을 이해하고 어떻게 태에 들어가는지를 알면 어떻게 정좌하고 공부할지를 알게 됩니다.

앞서 입태에 대해 얘기했는데 부처님이 말씀하셨듯이 세 가지 연(緣)이 화합해야 태가 이루어지고 이 생명이 이루어지는데, 이것은 아뢰야식의 이숙인과(異熟因果)로서 인연이 성숙하면 사람으로 변합니다.

제가 먼저 말씀드렸듯이 이번 수업은 사람으로 태어나는 정상적인 한 과정에 대해 말하는 것이지 6도윤회에 대해서가 아니니 잘못 듣지 말기 바랍니다.

남성의 정자와 여성의 난자가 한데 만난다고 해서 꼭 태아로 변하는 것은 아닙니다. 중음신이 들어가지 않으면 안 됩니다. 하지만 중음신이 들어가더라도 잘못 만나 자궁 외 임신으로 변해도 태를 이루지 못합니다.

사람 몸으로 변하기란 몹시 어렵다고 불경에서는 많이 얘기하고 있습니다. 『입태경(入胎經)』이든 무슨 경이든 부처님은 수천 년 전에 말씀하신 것인데 여러분은 현대 의학과 비교해 보아도 좋습니다. 부처님은 말씀하시기를, 여성의 자궁에는 여러 가지 상황이 있다며 자궁이 너무 길어도 태를 이루기 쉽지 않고 짧아도 태를 이루기 쉽지 않다고 했습니다. 자궁의 뒤가 너무 굽어도 안 되고 자궁이 너무 차가워도 안 됩니다. 너무 뜨거워도 태를 이루지 못하며 성병이 있다든지 무슨 병이 있어도 태를 이루지 못합니다. 여성이 건강하더라도 태를 이루는 조건은 수십 가지가 있다고 했습니다.

그런데 석가모니불은 2천6백여 년 전, 의학·과학이 별로 발달하지 않았을 당시에 어떻게 그렇게도 또렷이 알았을까요? 현대 의학도 그분이 말한 범위를 결코 뛰어넘지 못합니다.

또, 남성의 정자가 건강하지 못해도 안 된다고 했습니다. 남성의 정자는 너무 차가우면 유정(遺精)할 수 있으며 너무 뜨겁거나 너무 배가 고프거나 정서가 좋지 않아도 유정할 수 있습니다. 불경에 나오는 성병에 관한 지식은 아주 많고 많습니다. 여러분이 진정으로 불학을 연구하려면 불경에서 말하는 성관계·성병 지식을 책으로 쓸 수 있으며 박사 학위 몇 개를 받을 수 있습니다. 하지만 여러분은 학문이 없고 책을 읽지 않으며 경전도 읽지 않습니다.

제가 늘 청년학우들에게 당부합니다. "여러분들 함부로 성관계 가져서는 안 됩니다. 여러분들은 아는 사람이 없다고 생각하겠지요? 두 사람이 성관계를 갖고 있을 때 그 곁에는 수억 명의 중음신들이 보고 있습니다. 중음신들이 환생할 기회를 찾고 있어요."

한 남성이 한번 배출하는 정자는 얼마나 될까요? 6억~12억 개입니다. 제가 의학자에게 남성의 정자는 안에서 신진대사를 하느냐고 물었습니다. 어떤 산부인과 의사가 아마 그럴 것이라고 말했습니다. 여성의 난자는 수만 개가 있는데 일생에 배출할 수 있는 것은 4백~5백 개에 불과합니다. 배출하지 못한 난자들은 체내에서 다른 것으로 변할까요? 만약 체내에 남아있다면 수시로 전화(轉化)해야 하며, 전화하지 못할 경우 신체가 건강한지 못한지는 의학과 건강 분야에서의 큰 문제입니다. 그렇게 간단한 문제가 아닙니다.

오늘은 정식으로 얘기해보겠습니다. 불학이 연구하는 것은 생명과학 · 인지과학(認知科學)입니다. 생명에 대해 인식하고 이해해야 이 한 생각 무명(無明)을 알게 되고 자기를 인식할 줄 알게 됩니다. 이것이 오늘날 연구해가고 있는 과학인데 그것을 인지과학이라고 합니다. 외국에서 연구를 시작한 지 얼마 안 되는데 그들은 중국 불학 속에서는 이미 얘기한지 여러 해 되었다는 사실을 모르고 있습니다. 하지만 불법을 배우는 사람들은 출가자나 재가자나 인지과학 · 생명과학을 모르고 있습니다. 서양에서는 초보 연구단계에 있고 우리나라는 이제 막 시작입니다. 사실 우리 자신들 집에 재산이 있으며 가장 좋은 보배가 있는데도 우리는 쇠똥 속에 던져버리고 뒷마당 땅속에 묻어두고 있는 셈입니다. 여러분들이 중국 문화가 어떻고 어떻다고 말하지만 중국 문화가 무엇입니까? 무엇을 중국 문화라고 부릅니까? 영화나 상영하고 그림이나 그리고, 서예랍시고 붓글씨 몇 자 쓰는 게 문화일까요?

태중의 성장 변화

자, 이 정자와 난자가 결합하고 중음신이 태에 들어갔는데, 이는 인도(人道)의 정상적인 입태입니다. 그럼 제1주 7일 동안은 어제 말씀드렸듯이 그 형태가 마치 어린이가 먹는 마멀레이드[果凍] 같으면서 아주 작습니다. 그러나 그 안에서는 생명의 한 가닥 기(氣)가 함께 구르고 있습니다. 불학에서는 그것을 습기(習氣)라고 부르는데 다생다세에 굴러 움직이고 있습니다. 습관적으로 굴러 움직이고 있습니다. 마멀레이드 같은 이것은 모태에서 꾸르륵 한번 구르면 7일에 한 번 변하여 중맥(中脈)이 한 가닥 생겨나서 장래에 척추뼈로 변합니다. 7일마다 한 번 씩 굴러 변화[轉變]하는데, 매 7일마다 일어나는 바람[風]들에 대해서는 불학상 명칭이 있습니다. 이른바 바람이란 중국인들이 말하는 기(氣)요 동력입니다. 모두 38주 동안의 9개월 남짓이 되면 태아의 몸은 다 성장합니다. 최후의 한 가닥 기는 거꾸로 구르는 바람입니다. 거꾸로 굴리는 동력인데, 영아의 몸을 거꾸로 돌게 하여 정상적으로 출생할 준비를 하게 합니다. 이 부분에 대해서는 많은 얘기를 하지 않겠으니 여러분이 『입태경』을 자세히 연구하시기 바랍니다.

모태 속에서 남아의 얼굴은 엄마의 척추골을 향하고 있습니다.

그래서 민간에서는 말하기를 임산부의 배가 뾰족하면 아들을 낳을 것이라고 합니다. 왜냐하면 남아 태의 척추 뼈가 임산부의 복부가 죽에 가깝기 때문입니다. 여아의 태는 그와 반대로 척추골을 등지고 있기에 민간의 경험에서는 임산부의 배가 평평해 보이면 딸을 낳는다고 합니다. 저도 종종 말하는데 물에 빠져 죽은 사람이 떠올라 있는 것을 보면 남성은 엎드려 있고 여성은 하늘을 쳐다보고 있습니다. 태아의 상황과 같습니다.

태아의 성장 과정에서는 모두 한 가닥의 기, 한 가닥의 동력이 구르고 있습니다. 부처님은 간단히 말씀하셨는데, 7일마다 한 종류의 기로 변환하면서 그 기가 구르고 있으며, 어느 7일 동안에는 어느 경맥(經脈)이 성장하여 심장으로 변하며, 폐로, 뇌로, 눈으로, 귀 등등으로 변하는 지를 말씀하고 있습니다. 3개월에서 5개월 중간에 이르면 태아는 엄마배속에서 이미 의식이 있게 되어 부모와 외부의 환경을 압니다. 들을 수 있으며 모두 알지만 의식적으로 분별하지는 않습니다. 태아도 안에서 희로애락(喜怒哀樂)이 있고 모태 속에서 그의 경계가 있습니다. 서모씨가 술을 마시고 엎드려 있는 채 위에서 노닐고 있었듯이 태아도 안에서 그런 경계가 있습니다. 그러므로 어떤 때는 임산부가 말하기를 아이가 배속에서 마구 발로 차고 있다고 합니다. 태아는 마구 차는 게 아니라 그 안에서 어떤 경계가 있는 겁니다. 태아는 달리기 경주를 하고 있다고 느끼는 겁니다. 운동회가 열렸거나 태극권을 하면서 몸을 한 번 조절하는 것입니다. 마치 당신이 정좌하고 있는 것과 같아 그 경계가 같을 수 있습니다. 이상은 하나의 과학입니다.

입태의 인연

부처님은 모태에 들어갈 때의 통상적인 상황을 말씀하셨습니다. 중음신이 홀연히 일으키는 한 생각은 성적인 욕념으로서, 만약 한 쌍의 남녀가 성관계를 갖고 있는 것을 보고, 이 남녀가 자기와 인연이 있으면 그는 곧바로 빨려 들어가서 그들은 부모로 변합니다. 중음신이 다가갈 때 사람은 보이지 않고 남녀의 두 성기가 동작하고 있는 것만 보입니다. 만약 여자 쪽을 좋아하면 마치 자기가 남자로 변해 그 여자와 성관계를 갖고 있는 것 같습니다. 실제는 바로 엄마와 그러는 것으로 그때 태에 들어가 남아로 변하게 됩니다. 만약 남자 쪽을 좋아하면 마치 자기가 이 남자와 성관계를 갖고 있는 것 같습니다. 실제는 아빠와 성관계를 갖고 있는 것으로 곧 여아로 변하게 된다고 말씀하셨습니다.

이런 도리를 프로이트57)는 알았습니다. 그래서 그는 남아는 잠재의식적으로 엄마를 좋아하고 여아는 무의식적으로 아빠를 좋아한다고 여겼습니다. 그래서 프로이트의 심리학은 성심리학(性心理學)입니다. 그는 조금은 알았지만 전부 알지는 못했다고 저는 말합니다.

---

57) 프로이트(Sigmund Freud, 1856-1939) 오스트리아의 신경과 의사, 정신분석의 창시자. 히스테리환자를 관찰하고 최면술을 행하며, 인간의 마음에는 무의식이 존재한다고 하였다. 꿈 · 착각 · 해학과 같은 정상심리에도 연구를 확대하여 심층심리학을 확립하였고, 소아성욕론(小兒性慾論)을 수립하였다. 20세기의 사상가로 심리학·정신의학에서뿐만 아니라 사회학 · 사회심리학 · 문화인류학 · 교육학 · 범죄학 · 문예비평에도 큰 영향을 끼쳤다. 주요 저서에는 히스테리의 연구(1895), 꿈의 해석(1900), 일상생활의 정신병리(1904), 성(性) 이론에 관한 세 가지 논문(1905), 토템과 터부(1913), 정신분석입문(1917), 쾌감원칙의 피안(彼岸)(1920), 자아와 이드(1923) 등이 있다.

부처님은 또 일러주십니다. 이 생명은 아주 쉽지 않은 것이라고요. 어떤 생명들은 요절해서 태속에서 죽습니다. 그 이유가 무엇일까요? 그의 업보가 태중에서 죽기로 되어있기 때문입니다. 어떤 생명은 곧 출산을 앞두고 업보가 끝나 죽어버립니다. 어떤 생명은 태어나자마자 죽어버립니다. 이런 경우들에 대해서도 부처님은 많이 말씀하셨습니다. 그러므로 사람의 몸을 얻기 어렵습니다. 이 생명 존재는 쉽지 않은 것입니다. 그러기에 불학에서는 자살을 계율을 범하는 것으로 여기고 자살을 허락하지 않습니다. 왜 사람이 자살하려 할까요? 세상이 몹시 괴로워 사는 게 고통이라고 느낀 나머지 좀 일찍 자살함으로써 벗어나고 싶기 때문입니다. 틀렸습니다! 이는 도리어 당신 자신이 죄에다 죄를 더하는 것입니다. 당신의 형기(刑期)가 아직 끝나지 않았는데 자살하는 것은 바로 탈옥이나 마찬가지여서 도망가면 도리어 더욱 고통을 당해야 하고 형벌도 가중됩니다. 그러므로 자살은 해탈하는 방법이 아닙니다.

그러나 태에 들어감이 꼭 성적인 욕념 때문에 그러는 것은 아닙니다. 어떤 생명들은 방금 말했듯이 모태 속에서는 그런대로 좋지만 그의 업보의 의식 수명이 태속에서 죽어버리면 다른 의식이 하나 들어갑니다. 즉, 다른 중음신이 하나 들어갑니다. 어떤 생명은 모태에서 막 나오자마자 의식이 죽어버려 몸을 떠나므로 또 다른 중음신이 그때 들어갑니다. 그러므로 일정하지 않습니다. 그 밖에도 다른 상황들이 있는데, 이 부분에 대해서 『입태경』이 아주 자세하므로 여러분들은 『입태경』을 보시기 바랍니다.

환생하면서도 미혹하지 않다

여러분들이 다시 태어나더라도 미혹하지 않은 문제를 물었는데, 예컨대 어떤 생불(生佛)이 환생하면서 미혹하지 않는 경우가 있을까요 없을까요? 아주 적습니다. 극히 적습니다. 부처님은 말씀하시기를 대단히 높은 선정의 힘과 지혜가 있는 대보살 · 대아라한이라야 그렇게 할 수 있다고 합니다. 불경에서는 일반의 대아라한과 대보살에게는 격음미혹[隔陰之迷]이 있다고 했습니다. 태속에 들어가거나 태에 머무르거나 태에서 나오거나 온통 미혹해버립니다. 전생의 일을 다 잊어버려 당신을 분리해버립니다. 그래서 '격음미혹'이라고 부릅니다. 오직 당신이 선정의 힘이 강해서 태에 들어가도 미혹하지 않은 경우는 비록 태에 들어왔지만 빨려들어 온 것이 아닙니다. 자기가 의도적으로 자주적으로 태에 들어간 것입니다. 석가모니불은 정규적으로 태에 들어가되 미혹하지 않았습니다. 두 번째 단계로, 태에 머무르면서도 미혹하지 않았고 태아단계에서도 자신은 공부하고 있습니다. 여전히 보리도량의 경계에 있으며 정각(正覺)이 쇠퇴하지 않습니다. 세 번째 단계로, 태에서 나올 때도 미혹하지 않아야 생이지지(生而知之), 태어나면서부터 알아서 과거의 학문을 모두 기억하고 있으며 지혜도 대단히 빛납니다.

태어난 다음 누가 다시 태어나 온 것인지 점괘로 결정하는 그런 일은 저는 모르겠습니다. 그런 거라면 제가 이렇게 말해도 좋을 겁니다. "호송년 씨, 당신은 내 딸이 다시 태어난 것이겠지요! 모씨는 내가 기르던 큰 붕새[大鵬][58] 가 다시 태어난 것이겠지요!" 그런 말

58) 『장자(莊子)』에 나오는 상상의 큰 새. 역자 번역 『장자 강의』「제1편 소요유」를 참고하기 바란다.

은 멋대로 떠들어 대는 것입니다. 요즘 사람들은 다들 함부로 떠들어 대고 있습니다. 어디 그런 일이 있겠습니까!

이것은 부처님이 분명히 말씀하신 것인데, 오직 태에 들어갈 때에도 미혹하지 않고 태에 머무를 때에도 미혹하지 않으며 태에서 나올 때에도 미혹하지 않아야 합니다. 그렇지 않으면 '생이지지' 할 수 없습니다. 미혹하지 않음이란 또렷이 아는 것입니다. 예컨대 부처님은 자신이 어느 생에 무엇 무엇이 된 적이 있다고 말씀하셨습니다. 불경을 보면 부처님은 다생누겁에 뭐든지 다 되어보셨습니다. 들짐승도 되어본 적도 있고 토끼가 되어본 적도 있으며 새도 되어본 적이 있습니다. 우리도 마찬가지입니다. 부처님의 과거 많은 생의 이야기를 모아보면 한 부의 대 소설이 되는데 아동교육에 좋은 책이 될 수 있습니다.

그러므로 불학에서는 말하기를 우리 모두는 무연자(無緣慈)[59]와 동체비(同體悲)[60]가 있어야 한다고 합니다. 우리가 한 곳에 이렇게 앉아있는데 그 누가 전생에 서로 부모가 된 일이 있었는지 알 수 있겠습니까! 부부가 되었을 수도 자녀가 되었을 수도 있습니다. 이런 식으로 서로 번갈아가며 되풀이 하였는지 그 누가 자신을 알겠습니까?

그러기에 당신이 어떤 사람에 대해 못마땅해서 혼내주었다면 당신 전생의 부친을 혹은 전생의 자녀를 혹은 형제자매를 혼내주었는지도 모른다고 말하는 겁니다. 그러기에 무연자와 동체비를 말하는데, 아무런 조건 없이 그렇게 하는 겁니다.

---

59) 아무 조건 없이 일체 중생에게 즐거움을 주는 것.

60) 일체 중생의 몸을 자기와 같은 몸으로 보고 고통을 없애주는 것.

불경은 말하기를 반드시 남녀가 성관계하는 것을 보아야 태에 들어가는 것만은 아니라고 합니다. 우리가 일생동안 살아가면서 인색하고 사람들을 괴롭히지만 다른 면들에서는 인품이 좋다면 내생에도 사람으로 태어나는데, 가난한 운명을 타고난다고 부처님은 말씀하셨습니다. 당신이 중음신일 때 꿈꾸듯이 홀연히 느끼기를, 태풍이 불고 번개가 치며 큰 비가 내려 몸이 젖고, 또 두려워 빨리 달려가다가 그 때 곁에 있는 초가집을 하나 보거나 산속의 동굴을 하나 보고는 얼른 그 안으로 들어가 피한다면 곧 태에 들어간 겁니다. 그런 때는 성관계를 보지 않고 가난한 집안에 태어나 힘들게 살아간다고 했습니다.

어떤 경우는 중음신이 어떤 곳에 걸어 들어갔는데, 그곳이 바람은 온화하고 해는 빛나며 건축물들도 몹시 좋습니다. 그래서 놀러 들어갔다면 곧 태에 들어간 것인데, 이 경우는 부귀한 집에 태어나는 것입니다. 그러므로 입태의 인연에는 여러 가지 종류가 있으며 꼭 성관계를 보는 것은 아닙니다.[61]

천인의 경계

예컨대 서 모씨가 말하기를 그는 피곤하였고 영혼이 위로 솟구쳐 올라갔다고 했는데 그가 만약 정말로 죽었다면 천인 경계에 해당합니다. 하지만 최고의 천은 아닙니다. 천상세계는 욕계천 · 색계천 · 무색계천, 이렇게 크게 세 부류로 나뉘어 28 층차가 있습니다.

61) 보다 자세한 입태 등 관련 내용은 『입태경 현대적 해석』을 참고하기 바란다.

서 모씨와 그의 친구 왕 모씨 이 두 사람은 서 모씨의 말대로라면 이는 욕계천에서 가장 낮은 층인 사천왕천(四天王天)입니다. 사천왕천은 인간세계에 근접한 곳으로 우리의 이 세계보다 조금 높은 곳이지만 여전히 태양계 중에 있습니다. 사천왕천의 위는 도리천(忉利天)인데 33천이라고도 합니다. 33천은 33층이 아닙니다. 연합국 같은 조직입니다. 33천의 천주(天主)에 대해서 중국에서는 옥황대제(玉皇大帝)라고 부르고 불가에서는 석제환인(釋帝桓因) 또는 제석(帝釋)이라고 부릅니다. 이 역시 태양계를 떠나지 않았습니다.

도리천에서 다시 위로 올라가면 야마천(夜摩天) · 도솔천(兜率天) · 화락천(化樂天) · 타화자재천(他化自在天)이 있습니다. 이런 천들은 욕계천에 속하며 모두 여섯 개의 큰 층차가 있습니다. 그리고 이곳 천인들은 여섯 가지의 욕망인 색 · 성 · 향 · 미 · 촉 · 법을 떠나지 못했습니다. 그래서 육욕천(六欲天)이라고 부릅니다. 여섯 가지 욕망에 대해서는 또 하나의 해석이 있는데, 색욕(色欲) · 형모욕(形貌欲) · 위의자태욕(威儀姿態欲) · 언어음성욕(言語音聲欲) · 세활욕(細滑欲) · 상욕(想欲)을 가리킵니다. 요컨대 심신 양면의 각종 욕망을 가리킵니다.

욕계천에는 남녀 구별이 있으며 소(笑) · 시(視) · 교(交) · 포(抱) · 촉(觸)의 형식을 통한 성관계가 있습니다. 당신은 나를 보고 나는 당신을 보면서 서로 웃거나, 서로 성행위를 하거나, 포옹하거나, 서로 만지면, 성관계가 성립합니다. 하지만 위층으로 올라갈수록 성관계 형식도 달라집니다. 어떤 곳은 두 사람이 손만 잡아도 이미 성관계가 이루어지고 우리보다 차원이 높고 기분이 좋습니다. 한 층 더 올라가면 손을 잡을 필요도 없이 서로 두 사람이 마주보고 웃기만 해도 이루어집니다. 그리고 이런 천인들이 낳는 아이들은 여자의 음부를 통해 태어나지 않고 남자의 어깨나 정수리나 넙적다리 곁으로부터 태어나는 등 갖가지 방식이 있습니다. 이런 얘기를 하면 온통 신화 같지만 분명하게 얘기하고 있습니다.

여러분들은 불법을 배우면서도 이런 것들에 대해서는 연구한 적이 없는데 무슨 불법을 배운다는 것입니까! 여러분들이 정좌하여 어떤 경계에 도달했는지 자신도 모르며 어느 곳에 접근했는지도 모릅니다. 당신이 사부님들에게 이 경계는 어느 경계 속에 있는 것이냐고 물어보면 대다수의 사부님들도 모릅니다.

야마천을 염마천(焰摩天) 또는 시분천(時分天)이라고 합니다. 우리 지구의 시간은 태양계에 기준을 두고 있습니다. 염마천은 아마 이 태양계를 벗어날 것입니다. 시간개념은 차별이 있으며 상대적입니다. 그곳에서는 연꽃이 열리고 접히면 하루 낮밤이 되고 그 하루 낮밤은 우리 이곳의 2백년에 해당합니다. 그러므로 그 천인들이 우리 인간들을 보는 것은 마치 우리 인간들이 하루살이를 보는 것 같습니다. 하루살이만도 못해서 아침에 태어나 한낮이 되기 전에 죽어버립니다. 그곳에는 태양과 달빛이 없으며 천인들 스스로 빛을 발하며 남녀가 서로 손을 맞잡으면 성욕이 만족됩니다.

염마천 위로 올라가면 도솔천입니다. 미륵보살은 도솔천 내원(內院)에서 설법하시고 외원(外院)에는 역시 여섯 가지 욕망이 있어서 남녀가 웃으면 됩니다. 우리가 수업하는 이곳을 미륵내원에 비유하면 이 실내에서는 오로지 설법만하고 밖에서는 술도 먹고 고기도 먹고 하면서 닥치는 대로 합니다. 그곳의 하루는 우리가 사는 이 세계의 4백년에 해당합니다.

도솔천에서 다시 위로 가면 화락천입니다. 낙변화천이라고도 하는데 그곳의 하루는 우리 이 세계의 8백년에 해당합니다. 남녀가 서로 대하고 한 번 웃으면 곧 성교가 이루어집니다. 아이는 남성의 무릎 근처에서 화생(化生)합니다. 갖가지 놀이기구나 먹을 것을 자기가 변화시켜 낼 수 있습니다. 이 천인들에게는 그 자신의 선정 경계가 있지만 진정한 선정이 아니라 욕계 선정입니다. 그럼 어떤 사람이 사후에 화락천에 가서 태어날까요? 『능엄경』에서는 묘사하기를 '어횡진시, 미동작랍(於橫陳時, 味同嚼蠟)'이라고 합니다. 건강한 남녀가 성교를 할 때 그 맛이 밀랍을 씹는 것이나 마찬가지여서 쾌락이라고 말할 게 조금도 없습니다. 다시 말해, 성적 욕망이 기본적으로 사라져 버렸습니다. 이런 사람이 사후에 화락천에 태어나는데, 물론 많은 선행공덕도 있어야 합니다.

화락천의 위층은 타화자재천으로 천마(天魔)입니다. 타화자재천주는 마왕파순(魔王波旬)이라고 하는데 전체 욕계천의 임금입니다. 석가모니불이 도를 이루기 전에 바로 마왕파순이 와서 방해하고 시험했습니다. 타화자재천은 남녀 두 사람이 마주 한 번 보면 성교가 이루어집니다. 화락천과 달리 자기 스스로 오락을 즐길 것들을 변화시켜 낼 필요가 없습니다. 타화자재천은 남이 변화한 것을 빼앗아 자기가 즐기므로 타화자재천이라고 합니다. 하계(下界)에 내려가 각종 형상으로 변화하여, 사람들이 즐거운 것으로 여기는 일에 빠져 있을 때 바로 그가 이용하여 속이고 그것을 즐거움으로 삼습니다. 그는 여러분들의 지혜 · 선정의 힘이 여섯 가지 욕망에 속아 넘어가지 않을 수 있는 지를 시험하기도 합니다. 그의 선정 경계도 욕계 선정에 해당합니다.

욕계 선정은 안정적이지 못해서 산란이나 혼침으로 인해 선정에서 나와 버리기가 쉽습니다. 그러므로 전광정(電光定)이라고도 합니다. 여러분들은 흔히들 말하기를 이 사람은 선정에 들었다 저 사람은 선정에 들었다고 하는데 모두 자기를 속이는 겁니다. 기껏해야 욕계 선정에 불과해서 번개처럼 잠간 사이에 끝나버립니다. 만약 마음을 어떤 대상에 집중함으로써 선정 상태를 줄곧 지속해 갈수 있다면[心一境性] 진정한 선정을 얻은 겁니다.

진정으로 선정을 얻으면 욕계의 제약을 뛰어넘습니다. 초선에서 색계에 도달하면 그 자체가 이미 즐거움을 얻은 겁니다. 초선의 '심일경성, 이생희락(心一境性, 離生喜樂)'의 경지는 남녀관계가 필요 없습니다. 색계천에서부터 무색계까지는 남녀 차이가 없습니다. 그런 상태의 심신의 희락은 욕계의 남녀 간의 성적 쾌감으로 비교할 바가 아닙니다. 이런 선정 경계라야 맛이 좀 있습니다. 그렇지 못하고 여러분들이 선방에서 정좌한 채 죽어라고 다리의 아픔을 견딘다면 그것은 화고천(化苦天)입니다. 아이구머니! 하면서 이를 악물고 있다면 그것은 교아절치천(咬牙切齒天)이며 타화극고천(他化極苦天)으로 고통의 느낌[苦受]에 끌려가 버린 겁니다.62)

풍대관(風大觀)으로 4대를 변화시키다

다시 본 얘기로 되돌아가겠습니다. 이런 도리들을 알고 났으니 다시 우리는 정좌수행 얘기를 해보겠습니다. 왜 백골관(白骨觀)이나 안나반나(安那般那)를 닦아야 할까요?

백골관에는 부정관(不淨觀)이 그 안에 포함되는데 신견(身見)을 깨뜨려 없애는 겁니다. 당신의 이 몸에 대한 집착과 색 · 성 · 향 ·

62) 이상 천상세계와 관련하여 보다 자세한 내용은 부록의 「능엄경이 말해주는 중생의 생사윤회 인과 대원칙」을 읽어보기 바란다.

미·촉 등의 5욕, 내지는 아주 많은 생각들을 깨뜨려 없애는데, 이런 것들은 모두 이 몸을 그 기초로 합니다.

안나반나는 풍대관(風大觀)을 바탕으로 닦습니다. 왜냐하면 풍대라는 이 기(氣)는 유식학에서 말하는 8식(八識)의 근본의(根本依)이기 때문입니다. 여덟 개의 식이 근본적으로 의지하는 것으로 이 생명은 바로 한 호흡의 기(氣)입니다. 당신이 근본의로부터 해결하지 않으면 선정을 얻을 수 없습니다. 물리세계가 생겨나는 것도 풍륜(風輪)이 먼저 일어납니다. 『능엄경』을 연구해보면 이를 알 수 있습니다. 생각이 한 번 움직이면 기가 따라서 움직이고 4대의 작용이 따라 나아가고 각종의 느낌[感受]·생각[念頭]·경계(境界)가 따라옵니다. 그와 반대로 당신의 생각이 진정으로 멈추어버리고 오로지 하나에 모아지면 4대업보의 몸이 전화될 수 있습니다.

안나반나·백골관은 먼저 당신의 4대를 전화시킵니다. 풍대로부터 기(氣)로부터 당신의 지수화풍을 전변시키고 습기(習氣)를 전화시켜서 세포신경마다 모두 전화합니다. 이 업보의 몸이 전화하고 욕계천의 모든 경계를 초월해야 비로소 선정을 얻을 수 있기 때문입니다. 간단명료하게 여러분들에게 이런 대 원칙을 말씀드렸습니다. 그래서 여러분들 더러 안나반나를 잘 닦아 소승선관(小乘禪觀)으로부터 들어가라고 하는 겁니다.63)

이것은 불학에서 말하는, 수증(修證)의 길로 나아가는 데 대한 하나의 과학적 체계입니다. 생명과학과 연결해보면 하나의 기본적인 이치입니다. 이것을 모르면 불법을 배우는 게 모두 헛배운 것이며 모든 정좌도 헛되이 앉아있는 것입니다. 당신이 밀종을 배우든 선종을 배우든 무슨 종을 배우든 모두 소용이 없습니다.

---

63) 『선정과 지혜 수행입문』, 『선과 생명의 인지 강의』를 참고 하기 바란다.

호송년 씨, 그대가 이번에 와서 한 질문에 대해 이상과 같이 답함으로써 대략적인 요점만 말해드릴 수 있었습니다. 만약 상세하게 듣고 싶다면 그대처럼 이렇게 일 년에 한번 와서 나더러 당장 한번 강의해달라고 다그쳐 짧은 시간 동안에 듣고 나서 곧 떠나버리는 식으로 해서는 안 됩니다. 이런 식은 '진여(眞如)를 판매하고 반야(般若)를 도매로 파는 것'이라고 묘사할 수 있습니다, 하하하....

나머지 자질구레한 문제는 다시 얘기하기로 하지요. 그대가 와서 기뻤기에 서둘러 좀 얘기했으니 장래에 묘항(廟港)에 오면 이런 식으로 하지 않고 정식으로 수업을 하고 정식으로 공부하기로 합시다. 앞으로는 젊은이든 노인이든 오랜 관계를 가졌던 사람들이든 오는 것도 마음대로 오지 못하게 될 겁니다.

여러분 토론 좀 해보세요. 여러분 얘기를 제가 듣겠습니다. 여러분은 좀 싫으면 "선생님, 좀 쉬세요!" 라고 하는데, 그럼 여러분이 얘기하고 저는 듣겠습니다. 그렇지 않으려면 여러분은 여러분들 일 보시기바랍니다. 저를 부르지 말고... 저는 쉬겠습니다. 제 앞에서는 늘 "선생님, 쉬세요." 라고 하지만 사실 그 의미는 나더러 가라는 말입니다. 제가 가지 않으면 여러분은 그냥 가만히 있는데 이게 무슨 예절입니까? 반야지혜가 조금도 없는 겁니다.

생과 사의 사이

인과윤회를 불신하는 원인을 설하시다

업보차별경

능엄경이 말해주는

중생의 생사윤회 인과 대원칙

태상감응편

한 시대의 종사 남회근 선생

(부록)

생과 사의 사이

세세의 철학은 모두 우주만유의 진리 탐구를 최고의 목적으로 하며, 세상의 모든 종교는 삶과 죽음에서 심령이 믿고 의지할[歸依] 곳으로 삼을 수 있다고 인류에게 호소합니다.

세상 사람은 정신병자가 아니고서는 저마다 모두 장생불로(長生不老)하고 싶어 하고, 그 누구도 살기를 싫어하고 죽기를 바라지 않을 것입니다. 그리고 죽지 않기를 바라고 추구하는 사람은 당연히 더욱더 자신이 영원히 살아가기를 과분하게 바랍니다. 삶과 죽음은 인간의 하나의 크나큰 일입니다. 불법을 배우는 사람의 목적은, 특히 선종을 배우는 사람도 모두 생사를 마치고 벗어나기[了生脫死] 위함을 표방하거나, 혹은 생사의 큰일을 근본적으로 마쳐서 자유자재한 경지에 도달하기를 바란다고 말할 것입니다.

생사 문제

총괄하여 말하면 철학과 종교는 생사 문제에 대하여 대략 세 가지 다른 견해를 가지고 있습니다.

첫째의 견해는, 사람이 죽은 뒤에는 모든 것이 소멸해 초목처럼 썩어 버린다고 보는데, 일반적으로 유물학파가 대체로 모두 이런 주장을 합니다. 불법의 관점에서 보면 그런 관점은 단견(斷見)에 속합니다. 즉, 끊어진 뒤에는 더 이상 있지 않을 것이라는 의미입니다.

둘째의 견해는, 사후에 물질은 소멸하지만 정신만은 영원히 존재한다는 것입니다. 이런 설은 다시 두 파로 나누어집니다.

(1) 정신은 영원히 존재하지만 왜 영원히 존재하는지를 깨 묻고 연구할 필요는 없다고 보는 것입니다. 이것이 보통의 설입니다.

(2) 정신이 천당에 오르거나 지옥에 들어가는데, 그 사람의 생전의 선악을 기준으로 사후에 어디로 갈지가 결정된다고 보는 것입니다. 이것은 종교적인 설에 속하며, 불교는 이를 상견(常見)의 범위에 속한다고 봅니다.

셋째의 견해는, 죽은 뒤와 태어나기 전의 일이 도대체 있는지 없는지는 모두 알 길이 없으므로 현실의 인생만 틀어쥐면 된다고 보는 것입니다. 사람의 일생은 인간세상의 행복을 추구하고 인생 본위에서 개인의 본분을 다하되, 모든 것을 자연히 오는 것에 맡기고 자연히 가는 것에 따른다는 것입니다. 그래서 장자(莊子)는 태어나고 죽음은 단지 하나의 나무줄기의 양쪽일 뿐이라고 보았습니다.

생사 문제에 대한 불법의 견해는 다른 철학과 종교의 견해와는 완전히 다릅니다. 불법은 우주만유의 본체를 일원론(一元論)으로 보는 것입니다.

이 일원론은 체(體)와 용(用) 두 가지가 합하여 하나라는 뜻입니다. 이른바 '체'는 바로 공(空, 불법의 공은 아무것도 없는 허공이 아닙니다)이며, 이른바 '용'은 바로 유(有)입니다.

한 걸음 더 나아가 설명하면 불법의 견해는 바로 체용합일(體用合一)의 일원론입니다. 즉, '공'과 '유'가 하나로 합한 일원론입니다.

'공'은 바로 체(體)라고 앞서 말했는데, 이 '공'은 잠시 체험하기 어렵습니다.

'유'는 바로 용(用)인데, 도대체 무엇이 용일까요?

'용'은 마음과 몸을 포함하기에, 이 마음과 몸 둘은 모두 '용'입니다. 만약 몸이 물질적인 것이니 '유'라고 해야 하고, 마음은 비물질적인 것이니 마땅히 '공'이며 본체라고 해야 한다고 본다면, 틀려도 크게 틀린 것입니다.

마음과 물질은 두 개의 '유'의 용입니다. 둘은 모두 유이며, 둘은 모두 용입니다. 동시에 작용을 일으키는 유이기 때문에 유형과 무형의 갖가지 상(相)을 구성합니다. 이른바 상이란 바로 현상(現相)이란 뜻이며, 불법은 온갖 모든 상[一切相]을 상으로 여기며, 온갖 모든 용[一切用]을 용으로 여깁니다. 본체 무상(無相)의 기능도 이 온갖 모든 상, 이 온갖 모든 용에서 드러났습니다!

사람의 생명과 존재도 본체가 용을 일으켜 형성한, 서로 밀접한 관계로 연결되어 있는 여러 것 가운데 한 부분[一環]입니다. 불법은 보통 바닷물을 비유로 삼는데, 본체가 바닷물이라면 생명은 바로 바닷물위의 거품입니다. 생명이 변화가 있는 것은 마치 바닷물위의 거품과 같습니다. 파랑은 끊임없이 생겨나고 끊임없이 소멸하며, 바다의 파도는 나누어졌다 또 합하고 합하여졌다가 또 나누어지는 것이 바로 분단(分段) 식의 변천입니다.

생명의 윤회

생명의 변천은 바로 하나의 바퀴가 멈추지 않고 굴러가는 것으로, 어느 곳으로부터 시작한지를 볼 수 없음을 간단히 윤회(輪廻)라고 일컫습니다. 이 바퀴는 끊임없이 움직이고 있으며 생명도 끊임없이 변천하고 있어서, 이 한 도(道)에서 죽어가 또 다른 도에서 시작하는데, 대체로 6도(六道)로 나누어 6도윤회(六道輪廻)라고 일컫습니다. 이 6도는 바로 천도 · 아수라도 · 인도 · 축생도 · 아귀도 · 지옥도입니다.

하나의 생명 단계가 지나간 뒤 또 하나의 생명 단계가 시작하기 전을 '생과 사의 사이'라고 일컫습니다. 생명은 6도 가운데서 끊임없이 태어나고 끊임없이 죽어, 태어나고 죽기를 멈추지 않으면서 윤회해가고 있습니다. 이를 귀납하면 과거 · 현재 · 미래 3세(三世)라고 일컫습니다. 즉, 시간상의 세 단계를 나타냅니다.

시간으로 말할 것 같으면, 이 시간이란 시작이 없고 끝이 없는[無始無終] 것입니다. 생명이 윤회하는 공간을 말할 것 같으면, 이 공간은 한량없고 가없는[無量無邊] 것입니다. 생과 사의 변천은 바퀴처럼 시간과 공간 속에서 멈추지 않고 회전하고 있습니다.

생명과 우주만유의 일체는, 본체(本體)에 대해서 말하면 동일한 체(體)인 것입니다. 바꾸어 말하면 사람들의 생명과 천지도 그 근원이 동일한 것이며 만물과도 동일한 본체라는 일원론입니다.

이 윤회와 윤회 사이의 생명은 도대체 누가 주재(主宰)하고 있으며, 누가 또 이 윤회를 통제하고 있을까요?

이 방면에 대한 불법의 대답은 '주재자가 없다[無主宰]' 입니다.

만약 주재자가 없는 것이라면 틀림없이 자연(自然)일까요?

이 문제에 대한 불법의 대답은 '자연이 아니다[非自然]' 입니다.

주재자가 없고 자연이 아니라, 일체는 '인연소생(因緣所生)'이라고 불법은 봅니다.

인연과 업력

무엇이 인연(因緣)일까요? 인연은 바로 많은 조건들, 많은 요소들이 서로 관련되고 서로 영향을 미치며 서로 작용하는 것입니다.

생명의 탄생과 존재는 단지 인연의 결합일 뿐입니다.

천지 사이에는 어떠한 생명이나 어떠한 일이 원인 없이 갑자기 고립적으로 발생하는 것은 없습니다. 어떠한 생명이나 사건도 모두 많은 요소와 사건이 있어 조성하는 것이 바로 인연입니다.

하나의 생명의 탄생은 자기의 심식(心識)이 종자(種子, 친인연親因緣)가 되고, 부친의 정(精, 정자)과 모친의 혈(血, 난자)이라는 물질적 형체(形器, 증상연增上緣)를 근거로 삼아 두 가지 인연이 모여져 생명이 생겨났습니다.

생명이 탄생한 뒤에 계속 끊어지지 않고 존재하면서 소연의 연(所緣緣)이 되어 생명이 생생불이(生生不已)함이 등무간의 연(等無間緣)입니다. 요컨대 일체(一切)는 모두 인연 관계를 떠날 수 없으며, 일체는 모두 자기와 의타적인 공동 존재로서 모두 상호 영향을 미치며 변화하는 것이지, 따로 다른 힘이 있거나 혹은 불가지(不可知)의 신(神)이 있어 하나의 생명을 만드는 것은 아닙니다.

(역자보충)

친인연(親因緣), 증상연(增上緣), 소연연(所緣緣), 등무간연(等無間緣)에 대한 이해를 돕기 위하여 남회근 선생의 『원각경 강의』 중 「제6장 청정혜

보살장」에서 뽑아서 전재한다.

종교란 것은 사람들의 생각과 정서로 하여금 기댈 곳이 있도록 하는 데에 있습니다. 뿐만 아니라 이러한 종교는 여러분의 생각과 정서를 장악할 수 있습니다. 종교철학을 한 걸음 더 나아가 탐구해 보면, 내가 신뢰하고 의탁하는 것, 그것이 궁극적으로 존재하느냐 존재하지 않느냐를 묻고 싶어집니다. 이것은 크나큰 문제입니다. 일반적인 종교는 신뢰하고 의탁하는 이러한 대상을 인격화 내지는 신격화 · 초인화(超人化) 하고 있습니다. 인간의 역량이란 부족하기 때문에 하나의 초월적인 신을 믿고 의지하는 것입니다. 그래서 사람은 자아를 버리고 자아를 상실해버렸습니다. 만약 신이 존재한다면 이 신은 어디에서 왔을까요? 이러한 문제를 탐구하는 것도 역시 종교철학의 과제입니다. 그 다음에는 우리는 또 이렇게 묻고 싶습니다. 나는 왜 그를 믿어야 할까? 내가 믿는 대상은 옳은 것일까 옳지 않는 것일까? 만일 옳지 않다면 그건 또 어떻게 할까? 이런 것들을 모두 연구해 볼 필요가 있습니다. 최후까지 연구해가다 보면 모든 문제가 분명해집니다. 생명의 본래를 보고 우주의 본래를 본 사람을 '불(佛)'이라고 하고 혹은 '불타(佛陀)'라고 번역합니다. 불타는 '깨닫다[覺悟]'는 뜻으로서 우주와 인생 등의 일체의 문제를 분명하게 알았다는 것입니다.

수천 년 전에 모든 문제를 철저하게 해결한 이 사람을 석가모니불이라고 합니다. 그 분도 처음에는 우리와 마찬가지로 인생의 문제에 대해서, 생명의 문제에 대해서 회의로 가득 차 있었습니다. 어렸을 때부터 이러한 인생 가운데의 생로병사 등등의 문제에 대해서 사색하였습니다. 뿐만 아니라 어렸을 때 일반인보다도 훌륭한 교육을 받았습니다. 그는 궁정교육을 받았는데 선발된 가장 우수한 선생님들로부터 가장 알맹이의 학식을 전수받았습니다. 게다가 그는 타고난 자질이 탁월했습니다. 그래서 그는 십여 세에 벌써 각종 천문이나 수학 등등의 학문에 정통했습니다. 그는 외아들이었기에 당시에 경선(競選)할 필요 없이 황제가 될 수 있었습니다.

그러나 자신의 지혜로 살펴보니 한 국가 사회에는 진정한 30년간의 태평이 없었고 인류는 안락한 세월을 지낼 수가 없었습니다. 그래서 황제를 하고 싶지 않았습니다.

인생에서 해결할 길이 없는 번뇌 문제를 탐구하기 위하여 열아홉 살에 왕위를 버리고 출가하였습니다. 그러나 출가하기 전에 자신의 의무를 다 했습니다. 장가를 들어 아들을 낳고 난 다음에 출가한 것입니다. 이 점을 특별히 유의해야 합니다. 석가모니불의 행위는 가정의 효도를 위반하지 않았다는 겁니다.

그는 대철대오(大徹大悟) 하고나서 그 해답을 얻었습니다. 우주와 인생의 이치를 이해했습니다. 우주 인생 일체의 사물은 주재자가 없다는 겁니다. 염라대왕이 당신의 생명을 주재하는 것도 아니요 하나님이 당신의 운명을 주재하는 것도 아니라는 겁니다. 그렇지만 자연(自然)도 아니요 유물(唯物)이 변화한 것도 아닙니다. 일체 만유의 생명과 사물은 인연소생(因緣所生)이라는 겁니다. 무엇을 인연이라고 할까요? 인(因)은 앞선 하나의 동기입니다. 앞에서 한 번 움직이면 연쇄적인 관계가 오게 되는데, 그게 바로 연(緣)입니다. 인연의 연쇄관계는 어떻게 오는 것일까요? 스스로 오는 것입니다. 주재자가 없습니다. 타력(他力)도 아니요 자연도 아닙니다.

인연은 다시 친인연(親因緣)과 소인연(疏因緣)으로 나누어 구별합니다. 무엇이 친인연일까요? 자기의 마음을 일으키고 생각을 움직이는 모든 행위입니다. 예를 들면 보리씨 하나가 한 군데에 오래 있다 보면 자동적으로 변화가 일어납니다. 그것은 타력 때문이 아닙니다. 그러나 타력과도 서로 관련이 있습니다. 친인연은 과거의 시간·공간과 자아의 누적이 가져온 종자(種子)입니다. 그 사이에 얽혀 있는 관계는 대단히 복잡합니다. 종자가 현행(現行)을 낳고 현행은 다시 미래의 종자로 변해서 끊임없이 순환합니다. 무엇이 소인연일까요? 증상연(增上緣)과 소연연(所緣緣) 그리고 등무간연(等無間緣)이 소인연에 속합니다. 예를 들면 우리들의 생명의 근원은 반드시 남성의 정자와 여성의 난자가 서로 결합하고 그 위에 정신체(精神體)가 더해져서 이 세 가지 연(緣)이 화합하여 이루어지는 것입니다. 이 세 가지 연이 친인연이 되고, 정자와 난자 속에 지니고 있는 부모의 유전자가 증상연입니다. 유전의 요소는 우리들의 생명에 크나큰 영향을 미칩니다. 사람의 생각·행위동작은 아버지나 어머니를 몹시 닮을 수 있습니다. 어떤 사람들의 개성은 부모와는 완전히 상반된 사람도 있습니다. 예를 들면 부모는 얌전한데 태어난 자식은 아주 까불어댑니다. 이것은 유전과 무관할까요? 아닙니다. 이것은 유전의 반동(反動)입니다. 얌전한 사람도 까불어대는 일면이 있기 때문입니다. 다만 그가 억눌러서 감히 드러나지 않다가 다음 대에 나타나게 된 겁니다. 사람은 태어난 다음에는 생각이나 개성 면에서 학교교육이나 가정교육 사회풍조의 영향을 서서히 받게 되는데, 이러한 요소들이 증상연에 해당합니다. 이 밖에 소연연이 있습니다. 현재의 생명은 과거의 종자가 현행을 낳은 것입니다. 전생에 누적된 습성과 부모의 유전자 그리고 받은 교육과 당대 사회의 사상적 조류의 영향 등 갖가지 요소가 더하여져 주관적인 생각의식을 형성합니다. 그리고 다시 새로운 생각과 행위를 낳아 다른 사람 및 사물과의 관계를 발생하여 서로 영향을 미치는데, 이것이 바로 소연연입니다. 이러한 현상들이 다시 종자로 변하여 파생하여 갑니다. 이와 같이 끊임없이 순환하는데, 이것이 바로 윤회의 이치입니다. 종자가 현행을 낳고 현행이 종자를 낳아서 영원히 간단(間斷)없이 도는 것을 등무간연이라고 합니다.

우리들의 생명은 이처럼 쉬지 않고 돌아가고 있습니다. 만약 생사를 벗어나 이런 연쇄적인 생명 역량(力量)의 속박을 받지 않으려고 한다면 반드시 이 인연의 작용을 잘라 끊어야 합니다. 우리들의 생각은 영원히 정지해 본 적이 없습니다. 잠잘 때도 영원히 생각하고 있습니다. 그래서 잠을 자면 꿈을 꾸는 것입니다. 진정으로 잠을 자본 사람은 한 사람도 없습니다. 어떤 사람들은 꿈이 없다고 생각하는데 사실은 깨어나서 잊어버린 것입니다. 그럼 사망 이후에는 생각을 할 까요 안 할까요? 마찬가지로 생각을 합니다. 그것은 또 다른 경계입니다. 만약 우리의 생각을 그 가운데로부터 끊어버릴 수 있다면 그것을 '삼제탁공(三際托空)'이라고 합니다. 과거의 생각은 이미 과거가 되었으니 더 이상 존재하지 않습니다. 미래의 생각은 아직 오지 않았으니 당연히 존재하지 않습니다. 지금은 어떨까요? 역시 현재라는 게 없습니다. 막 현재라고 말했을 때에 현재는 즉시 과거로 변해버립니다. 우주 간에는 과거도 없고 미래도 없습니다. 오직 현재만이 있습니다. 영원히 한결같이 현재일 뿐입니다. 그러나 현재도 붙들어 쥘 수가 없습니다. 그것은 끊임없이 흘러가고 있기 때문입니다. 이러한 현상을 잠시 우리는 '공(空)'이라고 부릅니다. 석가모니불은 우주의 생명 속의 이러한 도리는 필경에 주재자가 없고 자연이 아님을 이해했습니다. "인연으로 생겨나는 법을 나는 곧 공이라고 말한다[因緣所生法, 我說卽是空]." 공(空)은 우주 생명의 본체요, 인연의 일어남은 우주 생명의 작용입니다. 이를 '연기성공, 성공연기(緣起性空, 性空緣起)'라고 합니다. 예를 들어 제가 말을 하는데 반드시 연기(緣起)가 있어야 합니다. 저의 생명, 생각, 신체, 호흡계통, 성대, 입, 혀, 치아 등등 많은 요소가 결합되어야 소리를 낼 수 있는데, 이것을 '인연소생법'이라고 합니다. 말을 마치고 나면 곧 사라져버립니다. 그래서 "곧 공이라고 나는 말한다."고 합니다.

석가모니불은 이 문제를 해결하고 대철대오했고, 생명은 자재함을 얻었습니다. 그는 한 가지 결론을 얻었습니다. "사람이 바로 부처이다[人卽是佛], 마음과 부처와 중생 이 세 가지는 차별이 없다[心、佛、衆生三無差別]." 석가모니는 보리수 아래에서 밤에 밝은 별을 보고 도를 깨닫고서 말했습니다. "이상하다! 일체 중생은 저마다 여래의 지혜 기능을 갖추고 있건만, 단지 망상집착 때문에 증득할 수 없구나[奇哉! 奇哉! 一切衆生皆具如來智慧德相, 只因妄想執着, 不能證得].", 이상하다! 정말 이상하다! 저마다 모두 부처이다, 사람만이 아니라 동물을 포함한 지각이 있는 생명체는 모두 다 부처와 똑같은 지혜 기능을 갖추고 있다. 그렇다면, 인간 중생은 왜 부처가 아닐까? 단지 자기의 생각이 자기를 장애하고 있기 때문이다. 자기의 허망부실한[虛妄不實] 생각을 진짜로 여기고서 꼭 붙들어 쥐고 놓지 않고 있기 때문이다. 그래서 부처의 경계를 증득할 수 없다. 부처님이 도를 깨닫고 한 말씀을 간단히 말하면 이렇습니다. "아이구, 이런! 수행을 한참 동안 했지만은 알고 보니 내가 바로 도이네." 이렇게 도를 깨달은 석가모니불은 원래는 곧바로 열반하고 싶었습니다. 열반이란 생명을 원래의 자리로 회귀시키는 것입니다. 예를 들면 얼음을 녹여서 물로 변화시키는 것과 같습니다. 그러나 대범천(大梵天)의 천주는 부처님께서 열반하시지 말고 법을 널리 전하여 중생을 제도해주시라고 청하였습니다. 석가모니불은 이렇게 말했습니다. "지(止)! 지(止)! 오법묘난사(吾法妙難思)", 됐다! 말하지 말라! 말하지 말라! 내가 이해한 이치는 불가사의하여 표현할 길이 없다. 저마다 부처인데 나더러 뭘 말하라는 것인가?

석가모니불은 서른두 살 때부터 세상에 나와 이 이치를 널리 알리기 시작했습니다. 당시의 인도 사람들은 석가모니불이 설한 이런 이치에 대단히 큰 충격을 받았습니다. 주재자가 없고 자연이 아니라고 설하자 그들은 석가모니불을 무신론자(無神論者)로 여겼습니다. 사실은 그들이 잘못 안 겁니다. 석가모니불은 신의 존재를 결코 부정하지 않았습니다. 다만 신과 인간을 동일한 생명으로 보았습니다. 신과 인간이 평등하여 둘이 없는 동일한 본체로 본 겁니다. 석가모니는 사람들에게 모든 생명이 함께 갖고 있는 이 본체를 찾아내야 한다고 제창했습니다. 이 생명의 본체를 찾아낸 것을 '무상정등정각(無上正等正覺)'이라고도 하고 '아뇩다라삼먁삼보리'라고도 합니다. 그러므로 불법은 미신이 아니라 대지혜의 성취입니다. 석가모니불은 자신의 일생 동안의 설법에 대하여 만년에 이렇게 말씀했습니다. "나는 49년간 설법하였지만 한 글자도 설한 적이 없다." 이것은 무슨 이치일까요? 연기성공(緣起性空)의 이치로, 일체 현상의 · 일체 경계의 본체는 모두 공(空)하다는 것입니다. 본체에 대해서는 말로 표현할 수가 없습니다. 하나의 공(空)이라고 말했더라도 이미 옳지 않은 것입니다. 왜냐하면 그것은 무아상(無我相) · 무인상(無人相) · 무중생상(無衆生相) · 무수자상(無壽者相)이기 때문입니다. 집착이 없음이 부처님의 경지입니다. 그는 그래도 사람들이 믿지 않을까 걱정이 되어 『금강경』에서는 재삼 이렇게 강조합니다. "여래는 진어자요 · 실어자요 · 여어자요 · 불광어자요 · 불이어자이다[如來是真語者、實語者、如語者、不誑語者、不異語者]."64)

부처님은 말씀하시기를, 생명 존재는 일종의 힘[力]의 표현이라고 하시는데, 이 힘은 물리력의 힘이 아니라 심식(心識)이 발생시키는 것입니다. 불법에서는 이를 업력(業力)이라고 일컫습니다.

업(業)이란 작용 운동의 의미입니다. 일체는 작용하는 운동이 있으며 반드시 그 속에는 힘이 존재하기 마련입니다. 그래서 업력이라고 일컫습니다.

업력에는, 강하거나 약함의 다름이 있으며, 시간상의 길거나 짧음의 차별이 있으며, 마치 원심력처럼 상호 배척(排斥)하거나 구심력처럼 서로 흡인(吸引)하는 복잡한 관계가 있습니다. 마음과 힘은 서로 격동(激動)시키는 영향을 주어 물질을 발생시키는데, 그 사이는 대단히 미묘하고 심원합니다.

사람의 심리에는 선한[善] 염력(念力)이 있고, 악한[惡] 염력이 있으며, 선하지도 않고 악하지도 않은[不善不惡] 염력이 있습니다. 염력의 성질이 다름에 따라 교감이나 배척감의 힘을 발생시키며, 같은 부류나 혹은 다른 부류의 염력이 모여 합하거나 분리함으로써 6도의 갈림길을 조성

---

64) 부처님은 자신이 몸소 깨달은 실상반야의 참 지혜를 말씀하시는 분이요, 자신이 몸소 깨달은 제법실상의 이치를 말씀하시는 분이요, 시방삼세의 모든 부처님과 똑 같이 말씀하시는 분이요, 중생을 속이는 말씀을 하시지 않는 분이요, 궁극적으로는 일체 중생이 다 부처가 되도록 이끌기 위한 가르침이지 이와는 다른 말씀을 하지 않는 분이시다.

합니다.

한 사람의 인연 업력을 모은 총화(總和)가 한 사람의 과보를 형성했습니다. 그러므로 충신이나 효자, 의사(義士)나 인인(仁人)이 차라리 이상(理想)인 인의(仁義)를 위하여 죽기를 원할지언정, 비이성적이고 인의가 없는 삶을 위하여 살려고 하지 않았습니다. 그들은 이상인 인의를 위하여 자기 존재를 끝내고 생명을 진선미(眞善美)의 이상적인 경지로 옮겨가 사는 것이 바로 성현의 심성 행위와 원칙입니다. 업력은 사람들의 분단생사를 조성하여 윤회하게 합니다.

체와 용 그리고 공과 유

불법의 최고 목적은 생사를 마치고 해탈함으로써 자신이 형상과 물리적인 범위와 제약을 깨뜨리는 것이며, 더 나아가 분단생사의 윤회 속으로부터 자기를 해탈시켜 영원히 적연부동(寂然不動)으로 되돌아가 상적광명(常寂光明)의 본성 속에 머물러 본체와 하나로 합하는 것입니다.

이것은 무위(無爲)의 경지인데, 마치 바다의 파도가 바닷물로 되돌아가서 힘도 멈추어 버려 더 이상 유동하지 않는 것과 같습니다. 하지만 이것은 아직은 소승의 성취로서, 단지 자기의 생사해탈 만을 돌아보는 이승(二乘)인 성문승과 연각승의 조예(造詣)에 속합니다.

진정한 대승 정신은, 파도 전체가 모두 물이며 물 전체도 바로 파도임을 자세히 잘 압니다. 파도와 물의 생성과 파괴는 바로 생(生)과 멸(滅)인데, 비록 인연을 빌려 생겨났더라도 생성이 있으면 자연히 소멸이 있으며, 소멸한 뒤에는 또 공(空)으로 돌아갑니다. 그러므로 대승의 설법은 이렇습니다, 인연도 아니요 자연도 아닙니다. 이것은 법이(法爾, 天然)[65]의 운동입니다. 일체중생은 모두 윤회 속에서 법이천연적인[法爾天然] 운동을 따라 윤회하고 있습니다. 이승의 최고 성취는 바로 이 법이천연적인 운동의 속박을 잠시 벗어나 유위공(有爲空)[66]의 본체 경계로 돌아가서 적연히며 아무것도 없고[無一物], 한 법도 없는 공함[空無一法] 열반 경지에 머무를 수 있는 것입니다. 이승의 최고의 목적에 도달하여 본체로 되돌아가면 이 공적(空寂)의 열반 속에서 빠져 머무르게 됩니다.

영원히 공적에 빠져 머묾은 도대체 무슨 의의와 도리가 있을까요? 대승의 정신은 이와 같은 좁은 의미가 아니며, 이승이 공적에 빠져 머묾은 궁극이 아니라고 봅니다. 이승이 비록 윤회의 고난을 뛰어넘어서 우주 법칙 속으로부터 자기를 해탈시켰다고 하지만, 이는 여전히 진정한 해탈이 아닙니다. 진정한 해탈자재는 열반조차도 범위요 경계입니다.

왜 이승은 궁극[究竟]의 것이 아니라고 말할까요? 본체는 상유(常有)이면서 상공(常空)인데, 소승이 공적무물(空寂無物)에 빠져 머물고 있음은 단지 공(空)의 일면에만 속하기 때문입니다. 본체는 비록 생겨나게 하지만, 그러나 생겨남이 없음이기도 합니다[生而無生]. 마치 바닷물이 일으키는 파문은 단지 한 동안 시간 속에서의 바닷물의 현상임에 불과할 뿐으로서 바닷물의 동태적인 현상이며, 본체의 공적도 마치 파도가 일어났다 평온해지며 바다 속으로 사라지는 것과 같아 일종의 정태적 현상이기 때문입니다. 모든 동(動) · 정(靜) · 공(空) · 유(有)는 다 본체

65) 법으로서 그 자체가 원래 그러한 자연적인.

66) 인연으로 생겨난 모든 현상이 공한 것.

법이천연적인 작용[用] 현상입니다.

한 걸음 더 나아가 해석하면 일체의 동과 정, 공과 유는 음양의 교호적인 변화와 같아 동(動)일 때에는 정지(靜止)의 체성(體性)이 동태 중에 숨어있고 동이 오래 지속되면 자연스레 고요해집니다. 그리고 정지의 시간에는 동태적인 능력이 정지의 속에 간직되며, 정(靜)이 오래 지속되면 동적인 에너지는 또 운동하기 시작합니다. 이게 바로 『역경(易經)』에서 말하는 음(陰)이 극점에 이르면 양(陽)이 생겨나고 양이 극점에 이르면 음이 생겨난다는, 음양합벽(陰陽翕闢)의 도리입니다.

그러므로 본체의 입장에서 말하면 동과 정은 단지 본체가 드러내는 용(用)일 뿐입니다. 다시 말해서 공(空)과 유(有)는 모두 본체의 두 개의 작용일 뿐입니다.

대승보살도 속에서는 일체를 개괄하여 보기를, 생사와 열반은 모두 몽환과 마찬가지의 것이니 그 속에 머물러 있으면 안 되며, 생사와 열반도 모두 그 실체를 얻을 수 없고[不可得] 잡아 쥐고 있을 수 없는 것이라고 합니다.

세상의 중생들은 너무나 어리석고 혼미하며, 지혜도 더욱 무뎌서, 이러한 지고무상의 진리를 분명하게 알 수 없으며, 더더구나 이러한 사리(事理)를 자기가 깨달을 수 없습니다. 그러기에 대승보살들은 동체비(同體悲)와 무연자(無緣慈)를 일으켜 세상 인류 생명에 대하여, 관계가 있든 없든 동정하고 구원 제도하려는 자비심을 내었기에, 자신이 열반에 머무르지 않고 윤회의 길에서 오가며 개인의 자아를 희생하여 세상의 중생들을 구원 제도합니다.

이러한 대승보살들은 비록 태어남이 있는 환경에 머무르고 있지만 실재로는 태어남이 없습니다. 비록 열반에 들어가더라도 아직 열반에 들어가지 않았습니다. 이게 바로 생사에도 집착하지 않고 열반에도 집착하지 않는 것입니다.

열반과 생사는 몽환 같고 허공꽃[空花]과 같으니 모두 집착해서는 안 됩니다. 만약 집착한다면 바로 병적인 상태로서 옳지 않습니다. 이것이 단지 병적인 상태인줄 알면 본체를 볼 수 있으며, 다시 불생불멸로 깨달아 들어갈[證入] 수 있어야 비로소 갈지 머무를지에 모두 자기 생각대로 처리할 수 있습니다. 만약 왕래를 자유롭게 하고 가고 머무름에 모두 자기 뜻대로 할 수 있는 경지에 도달하고 싶다면, 이치를 얻을 수 있다는 것을 말하는 것이 아니라, 반드시 이치에 통하고도 그렇게 해내어야 합니다. 이른바 이치와 사실이 둘 다 도달해야[理事雙致] 합니다. 이게 바로 부처님의 교화입니다.

유가와 도가가 생사를 담론하다

옛날의 성인 공자(孔子)의 교화는 생사 문제에 대해서 말씀하기를, "삶이 무엇인지 모르는데, 죽음을 어찌 알겠느냐[未知生, 焉知死]?"라고 했습니다. 공자의 이 말씀에 대해서는 다양한 해석이 있는데, 공자의 말씀도 생(生)이 무엇인지 반드시 알아야 비로소 사(死)가 무엇인지 알 수 있다는 말이나 다름없습니다. 공자가 생사는 하나의 일이다고 본 것이 분명히 드러납니다. 마치 선종에서 참구하는 "태어남은 어느 곳으로부터 오며, 죽음은 어느 곳으로 향하여 가는가[生從何處來, 死向何處去]?"라는 화두나 마찬가지입니다. 만약 태어남이 어디로부터 오는지를 알았다면 자연히 죽음은 어디로 향하여 가는지를 알게 됩니다.

공자는 또 말씀하기를 "가는 것이 저 흐르는 물과 같구나! 밤낮으로 쉬지 않으니[逝者如斯夫, 不舍晝夜]."라고 했습니다. 도가는 말하기를 "삶이란 여관에 기숙하고 있는 것이요, 죽음이란 집에 돌아가는 것이다[生者寄也, 死者歸也]." · "태어나면서 죽어가고, 죽어가면서 태어난다[即生即死, 即死即生]."라고 했습니다. 생사의 문제에 대하여 유가와 도가의 관점이 서로 같은지 아니면 다른지는 사람에 따라 견해가 다르니 여러분이 연구하도록 남겨둡니다. 시인이 말한 "생과 사가 오직 한 숨의 기(氣)임을 깨달으면, 서로 적인 오나라 월나라가 죽은 뒤 한 무덤에 묻혀도 괜찮다네[悟到往來惟一氣, 不妨吳越與同丘]."라는 이 구절로 말하면, 이는 단지 일종의 마음이 활달하여 구애받지 않는 언사(言辭)이며 필묵(筆墨)의 유희로서 우연히 도의 요지[道旨]와 서로 부합한 것일 뿐입니다.

하지만 문천상(文天祥)의 「정기가(正氣歌)」는 생과 사의 의의에 대하여 매우 자세하고 철저하게 발휘하였는데, 만약 평소의 학문과 수양에서 마음으로 얻은 것이 아니라면 이런 견지가 있기는 절대로 불가능합니다. 문천상이 일말의 두려움 없이 정의를 위해서 희생했던[從容就義], 천추에 빛나는 거동과 기백은, 반드시 앞선 원인과 뒤의 결과로서 전반적인 사연이 있었던 것이지 절대로 우연한 것이 아닙니다.

부처님이 담론한 생사 문제는 대단히 정미(精微)하고 상세합니다. 아난에게 설했던 『입태경』 등은 한 사람이 어떻게 입태하여 어떻게 매7일마다 하나의 변화가 있어 10개월 뒤에야 출생할 수 있는지 등을 분석합니다. 그런 확실하고 정미하고 상세한 정도는 오늘날의 생리학보다도 훨씬 주도면밀합니다. 2천여 년 전에 생리학은 결코 오늘날만큼 발전하지 않았지만 부처님은 이와 같이 상세하고 빠짐없이 정확하게 생명의 시작을 설명하실 수 있었다니, 역시 경이로운 일이라고 말할 수 있습니다.

(역자보충)

문천상(文天祥,1236-1282)은 13세기 중국 남송(南宋)의 정치가이자 시인이다. 송나라(남송)가 원(元)나라에 항복하자 저항하다 체포되었고 쿠빌라이칸이 그의 재능을 아껴 몽고에 전향을 권유받았지만 거절하고 죽음을 택했다.

자(字)는 송서(宋瑞) ·이선(履善). 호는 문산(文山)이다. 강서성(江西省) 길수현(吉水縣) 출생이다. 1255년 20세 때 진사에 수석으로 합격한 수재였다. 1259년 몽골군의 사천성(四川省) 침입으로 합주(合州)가 포위되고 천도설이 유력하게 대두되자 지방관으로 있으면서 천도를 강경히 반대하는 글을 올려 그날로 면직되었다. 후에 복직하였으나, 가사도(賈似道)와 의견이 맞지 않아 사직하였다.

이듬해 원(元)나라 군대가 남하하여 수도 임안(臨安)에 다다르자 문관으로서 근왕병(勤王兵) 1만 명을 이끌고 임안 방위에 급히 참가하여 분전(奮戰)하였다. 송(宋)나라가 원나라에 항복하자 공제(恭帝)의 명을 받아 원나라로 가서 강화를 청하였다. 원나라의 총수(總帥) 백안(伯顔)과 회견하면서 항론(抗論)하다가 구류되었다.

그 동안에 임안은 함락되고, 송나라는 멸망하였다. 포로가 되어 북송(北送)되던 중 탈주하여 복건성(福建省) 복주(福州)에서 제왕을 칭하고 있던 탁종(度宗)의 장자 익왕(益王)을 받들었다. 잔병(殘兵)을 모아 싸웠으나 광동성(廣東省) 오파령(五坡玲)전투에서 다시 체포되었다. 독약을 먹고 자살을 기도하였으나 실패하고, 대도(大都: 北京)로 송치되어 3년 간 감옥에

갇혔다.

원나라의 세조(쿠빌라이칸)가 그의 재능을 아껴 벼슬을 간절히 권하였으나 끝내 거절하고 사형되었다. 시(詩)에도 능하여 옥중(獄中)의 작《정기가(正氣歌)》로 유명하다. 문집에《문산전집》이 있다.

역자가 주석들을 참고하여 정기가를 번역하여 여기에 싣는다. 한편 그의 생사해탈 관련 자료로서, '영양자를 만나 도를 이야기한 뒤 시를 증정하다[遇靈陽子談道贈以詩]', '기묘년 12월 갑신일, 이인을 만나 대광명정법을 지시받고, 마치 옷을 벗듯 생사를 해탈하였다. 이에 오언팔구를 짓노라[歲祝犂單閼月赤奮若, 日焉逢涒灘遇異人指示以大光明正法, 於是死生脫然若遺矣]'라는 두 수의 시가 『논어 강의』 하권 「제12편 안연(顔淵)」에 번역 수록되어 있으니 함께 참고하기 바란다.

정기가(正氣歌)

송찬문 번역

天地有正氣　천지사이에는 하나의 지극히 강직하고 큰 정기가 있어
雜然賦流形　만물에 부여하여 갖가지 형체로 변화하니
下則爲河嶽　아래로는 강하(江河)와 산악(山嶽)이 되고
上則爲日星　위로는 해와 달과 별들이 되며
於人曰浩然　사람에서는 호연지기(浩然之氣)라고 부르고
沛乎塞蒼冥　천지우주 사이에 충만하네
皇路當淸夷　나라의 정치가 청명하고 안정되었을 때에는
含和吐明廷　화목한 분위기와 성명한[聖明] 조정으로 나타나고
時窮節乃見　나라가 위태로울 때에는 민족의 절개로 드러나니
一一垂丹靑　역대의 충신은 하나하나 청사에 남아 전해지네

在齊太史簡　제(齊)나라에는 목숨 희생으로 역사를 기록한 태사(太史)의 간책(簡冊)이 있었고

在晉董狐筆　진(晉)나라에는 정의를 견지한 동호(董狐)의 직필(直筆)이 있었네

在秦張良椎　진(秦)나라에는 백성 위해 포악을 제거한 장량(張良)의 철추(鐵椎)가 있었고

在漢蘇武節　한(漢)나라에는 양을 방목한 소무(蘇武)의 일편단심 부절(符節)이 있었네

爲嚴將軍頭　삼국 시대에는 죽을지언정 항복 안했던 엄안(嚴顔) 장군의 머리가 되었고

爲嵇侍中血　진(晉)대에는 화살 비를 맞으며 군주를 보호한 계시중(嵇侍中)의 선혈이 되었네

爲張睢陽齒　당(唐)대에는 저양성(睢陽城) 장순(張巡)이 적을 무찌를 맹세마다 부서진 이빨이 되었고

爲顔常山舌　적을 꾸짖어 잘린 상산(常山) 태수 안고경(顔杲卿)의 혀가 되었네

或爲遼東帽　또한 요동(遼東)으로 난리 피한 관녕(管寧)의 모자가 되어

清操厲氷雪　고상한 절조는 얼음과 눈보다 순결했고

或爲出師表　또한 제갈량(諸葛良)의 출사표(出師表)가 되어

鬼神泣壯烈　죽어서야 멈춘다는 충열(忠烈)에 귀신도 감동해 흐느꼈네

或爲渡江楫　또한 조적(祖逖)이 강 건너 북벌 때의 노[楫]가 되어

慷慨吞胡羯　격앙강개 맹세하길 오랑캐를 삼켜버리겠다 하였고

或爲擊賊笏　또한 단수실(段秀實)이 역적을 후려친 홀판(笏板)이 되어

逆竪頭破裂　역적의 두개골이 깨져 갈라졌네

是氣所磅礴　이러한 호연한 정기는 우주건곤에 가득하니

凜烈萬古存　엄숙하여 범접할 수 없이 만고에 항상 있네

當其貫日月　그 강대한[剛大] 정기가 해와 달을 가로 꿰뚫을 때
生死安足論　개인의 생사가 어찌 논할 가치 있겠는가!
地維賴以立　대지는 네 구석을 거대한 밧줄에 의지해서야 우뚝 서 있고
天柱賴以尊　하늘은 떠받치는 구리 기둥에 의지해서야 홀로 높으며
三綱實係命　삼강(三剛)의 윤리관계는 실로 나라의 운명을 유지하고
道義爲之根　도(道)와 의(義)는 그 호연한 정기의 원뿌리가 되네
嗟予遘陽九　아아! 내 불행히도 하늘이 내린 이 액운을 만나서
隷也實不力　나라 위해 작전하려 해도 정말 힘없게 되었고
楚囚纓其冠　죄수가 되어서도 여전히 관모를 쓴 채
傳車送窮北　역마차로 압송되어 궁북의 땅에 이르렀네
鼎鑊甘如飴　솥에 삶아져 죽는 형벌을 엿처럼 달게 여기며
求之不可得　죽기를 바랐건만 뜻대로 허락되지 않고
陰房闃鬼火　어두운 감옥 방에 도깨비불만 껌벅거리며
春院閟天黑　봄 계절 정원은 날 저물도록 문이 굳게 잠겨있네
牛驥同一皂　늙은 소와 준마가 함께 묶여 한 구유를 쓰고
鷄栖鳳凰食　봉황이 닭 등지에 갇혀 함께 먹으니
一朝蒙霧露　일단 비와 이슬의 침습으로 질병에 걸린다면
分作溝中瘠　두메산골속의 마른 해골이 될 것 같았네
如此再暑寒　이렇게 두 해의 추위와 더위를 겪었음에도
百沴自闢易　갖가지 사악한 기운이 스스로 피해갔으니
嗟哉沮洳場　아아! 움푹 패인 축축한 곳이
爲我安樂國　오히려 내 몸을 보전하는 안락국이 되었네
豈有他繆巧　그 속에 무슨 황당하고 기특한 방법이 있어서
陰陽不能賊　음양의 기운이 나를 해치지 못할까?
顧此耿耿在　돌아보니 이 지극히 꿋꿋하고 큰 정기가 있기에
仰視浮雲白　부귀공명을 저 하늘가의 뜬 구름처럼 보건만

悠悠我心悲　내 마음속 근심과 슬픔은 끝없이 깊고 넓으니
蒼天曷有極　푸른 하늘이여! 어디에 그 끝이 있나이까?
哲人日已遠　선현들은 우리를 이미 멀리 떠나갔지만
典刑在宿昔　그 빛나는 모범은 청사 속에 있기에
風檐展書讀　바람 불어오는 처마 밑에서 책을 펴 읽으니
古道照顏色　고대 선현들 미덕의 빛이 마음속을 비추어주네

불법의 인생관

『유식학』과 『유가사지론』 등이 태어남으로부터 죽음에 이르기까지에 대하여 명백히 논술하여 말하는 도리는 자세하고 빠짐이 없습니다. 밀종에는 「중음신구도밀법(中陰救度密法)」과 「6성취의 파와법[頗哇法]」 등이 있는데, 모두 생사의 일을 명백히 해설하고 있습니다. 그 속에는 생사 학설의 큰 성취를 포함하고 있으며, 이론과 사실이 너무나 번잡하기 때문에 여기서는 많이 토론하지 못합니다.

부처님이 토론한 인생은 현실 인생을 본위로 하며, 하나의 생명이 있는 사람(나)은 정'업'(正業)의 존재입니다. 인간세상의 일체와 물리세계[物]는 나와 서로 의지하여 존재하는 것이며, 물질과 나는 한 몸[同體]으로서 그 본원은 하나입니다. 이것은 유가(儒家)가 말하는 "천하의 백성은 모두 나의 동포요, 세상 만물은 모두 나와 동류이다[民吾同胞, 物吾與也]."와 서로 같은 관념일 뿐만 아니라 모두 대자대비의 의의를 함유(含有)하고 있습니다.

『법화경』에서는 말하기를 "우주만유는 불생불멸하는 일진법계(一眞法界)에 의지하여 존재하므로, 세간의 모습도 영원히 존재한다[是法住法位, 世間相常住]." · "생계를 도모하는 온갖 모든 사업이 실상과 위배되지 않는다[一切治生産業, 皆與實相不相違背]."라고 합니다. 육조 대사는 말하기를 "불법은 세간에 있으니, 세간을 떠나지 않고 깨닫는다. 세간을 떠나 보리를 찾음은, 마치 토끼 뿔을 구함과 같다[佛法在世間, 不離世間覺. 出世覓菩提, 猶如求兎角]."라고 했습니다. 근대의 태허(太虛) 법사는 말하기를 "부처님을 우러러봄은, 인격을 완성함에 있으니, 인격이 완성되면 성불한다, 이를 진정한 현실이라 한다[仰止唯佛陀, 完成在人格. 人成卽成佛, 是名眞現實]."라고 했습니다.

이상의 경전과 어록에서 따온 요점으로부터 보면 불법은 이미 있는 인생에 대하여 현실을 겨냥하고 자기를 희생하여 대아(大我) 속의 중생을 구원 제도해야 합니다. 대승의 6바라밀만행의 설은 불법 이론의 최고 논점입니다. 6바라밀 만행을 따라 행함은, 사람의 인격 행위로 하여금 지극한 진(眞) · 지극한 선(善) · 지극한 미(美)의 경지에 도달하게 합니다.

불법에서 말하는, "인연으로 생겨난 것은 자성이 공하다, 자성이 공하기 때문에 인연으로 생겨난다[緣生性空, 性空緣生]."는 이성(理性)은 우리의 정신으로 하여금 현실의 물리형체의 세계를 벗어나 진선미(眞善美)의 광명 경지로 승화하게 할 수 있습니다.

현실의 인생이 이런 지고한 경지에 도달하고자 하면, 세간에 들어간 사람이 세간을 벗어난 사람보다 더욱 어렵습니다. 불법은 대승보살도의 수행자들에게 가르치기를 대자(大慈) · 대비(大悲) · 대원(大願) · 대행(大行)의 정신을 갖추고, 사람들이 행하기 어려운 일을 행하며 사람들이 견뎌내기 어려운 일을 견뎌야 한다고 합니다. 마치 지장왕보살(地藏王菩薩)이 일으킨 "지옥이 텅 비지 않으면 맹세코 성불하지 않겠다[地獄不空, 誓不成佛]."는 서원처럼 지옥 중생을 다 제도하고 나서야 비로소 자신이 성불하겠다는 것으로, 이 모두는 대승보살도의 정신입니다.

좌탈입망

선종 문파 중의 고덕은 재가 수행자이든 출가 수행자였든 간에 죽음을 앞두었을 때나 생명이 위험하였을 때는, 모두 태연자약해서 조금도 긴장하지 않았고 더욱 더 어떤 두려움이 없이 이야기꽃을 피우는 중에 좌탈입망(坐脫立亡)했습니다. 이런 고덕들의 얼마나 되었는지 다 셀 수 없으며, 그들의 일생의 사적(事蹟)에서 숭고한 이상과 정의를 위해 목숨을 바친 사람은 더욱 더 일일이 다 들 수 없습니다.

어떤 고덕들은 부득이한 때 차라리 도(道)를 위해 목숨을 바칠지언정 구차하게 살기를 원하지 않았습니다. 그런 위대한 기백은 사람들로 하여금 한없이 감동하고 공경하며 우러러보게 하는 마음이 일어나게 합니다. 한 분의 고덕은 난리를 당해 죽음을 당할 일을 앞두었을 때 이렇게 말했습니다. "4대는 원래 무아이고, 5온은 본래 공하다네. 머리를 칼날에 내미니, 봄바람을 베는 것 같네[四大原無我, 五蘊本來空. 將頭臨白刃, 猶似斬春風]. 짧고 짧은 20개의 글자가 딱 문천상의 정기가(正氣歌)와 그 아름다움을 견줄 수 있습니다.

영각(永覺) 스님이 말했습니다, "구양수(歐陽修)가 『오대사(五代史)』를 쓰면서 말하기를 '오대에는 인물이 없었다.'고 했다. 내가 말하기를 '인물이 없는 것이 아니라 시대에 재난을 당한 것이다.'라고 했다. 산림에 은둔한 선가(禪家) 오종(五宗)의 여러 현철(賢哲)들은 고금에 빛나서[耀古騰今] 후세에 그에 미칠 수 있는 자가 드물다. 그래서 인물이 없는 것이 아니라 시대에 재난을 당한 것이라고 말했다."

이 말은 지극히 옳습니다. 선문 대덕으로서 종사(宗師)의 정도에 도달한 사람은 모두 제왕과 같은 기백을 갖추었으며 그들의 식견 학문이나 인격 수양은 모두 천추에 찬란하여 후대가 우러르고 그리워합니다. 단지 그들은 세상의 영화(榮華)에 뜻이 없었기 때문에 산림으로 물러나 은거한 것이지, 만약 그들이 세상 속으로 들어갈 수 있었다면 틀림없이 시대의 인물이 되어 중책을 맡고 위험한 고비에 목숨을 바쳐서 충성스럽고 절개가 굳으며 위대한 업적을 남긴[忠貞偉烈] 성현이 되었을 것입니다.

『역경』에서는 말하기를, "천지의 도를 이룩하게 하고 천지의 마땅함을 도와준다[裁成輔相]."67)" · "사람의 생명 기능 가치가 최고처에 이

---

67) 출처는 『역경』 태괘(泰卦) 상전(象傳)이다. 【象曰 : 天地交 , 泰 ; 后以「財 (通用字 : 裁) 成」天地之道 , 輔相天地之宜 , 以左右民。】

대만 부패영(傅佩榮) 교수의 해석은 이렇다, "상전에 말했다, 천과 지 두 기(氣)가 상호 교류하는 것이 바로 태괘이다. 군왕은 이를 통해서 깨달아 천지 운행의 법칙에 근거해서 제도를 설계하고 천지 운행의 조건을 배합하여 효과와 이익을 조성함으로써 백성을 인도해야 한다."

우익(藕益)대사는 『주역선해(周易禪解)』에서 해석하기를, "상왈(象曰) 하늘과 땅이 만나는 모습이 태(泰)다. 임금(后)은 하늘과 땅의 도(曆數)를 보고 (법제法制와 농력農曆을) 만들고(以財成天地之道), 하늘과 땅의 마땅함이 (땅에서도 그대로 이루어지도록) 보좌해서(輔相天地之宜), 백성의 삶을 도와야 한다(以左右民)." 라고 하였다.

군왕이 태평시대를 다스림에 천지의 도를 잘 마름하여 이루는 것 중의 하나는 천지일월 자연의 운행 도수나 법칙을 잘 관찰하여 책력 등을 만들어 백성들에게 나누어 주어 농사의 방법을 알려 주는 일이며, 천지의 마땅함을 보조한다는 것은 천지자연의 기후, 지질, 지형, 습도 등의 변화에 따라 적절히 조절하여 계절, 환경, 지역적 특색에 따라 풍성하고 아름다운 이

르면, 천지가 만물을 생겨나게 하고 길러주는 공덕에 참여하여 도울 수 있다[參贊天地之化育].", 즉 우주의 결함을 채워줄 수 있다 고 하는데, 바로 사람들의 생명의 책임을 가리켜 보이는 것입니다. 우리들이 생존하고 있는 이 사바(결함이 있다는 함의를 가리킨다) 세계 중에서 한 개인의 책임은 바로 사람의 힘으로써 할 수 있는 일[人事]을 다하여 이 세계의 결함을 보충하는 것입니다. 그러므로 사람마다 모두 자기 한 몫의 힘을 다함으로써 타인에게 도움이 되기를 추구해야 합니다. 재가자도 마땅히 이렇게 해야 하고 출가자도 마찬가지로 이런 책임이 있어야 합니다.

불법을 배울 수 있다는 것은 정말로 행운이며, 더욱더 행운인 것은 참선(參禪)할 수 있는 것인데, 참선에서 성취가 있다면 어떻게 자기의 청정함과 편안함만을 상관할 수 있겠습니까?

재가 수행자는 출가자보다 어려움이 너무나 많습니다. 그야말로 걸음걸음마다 어렵습니다. 복덕의 문제요 자량(資糧)의 문제인데, 수행하고 싶다는 것은 정말이지 쉽지 않은 일입니다. 특히 눈앞의 처자식과 친구들을 응대하고 접대하느라 곳곳마다 모두 수도와는 배치되는 힘과 환경

로움을 얻도록 한다는 것이다.

다시 말해, 천지운행의 도리를 학습하여 실제로 적합한 도리를 운용하여 민중으로 하여금 생활하고 일을 처리하도록 이끌어야 한다는 것이다. 자연계의 사물은 그 자체의 고유한 법칙에 따라 형성되고 발전하는 것이다. 모두 자기의 기원과 발전사가 있으며, 모두 통일적인 물질세계의 조성 부분으로서 자연계의 존재는 발전은 객관적이다. 그러므로 우리는 자연을 존중하고 자연물의 이용에 대해서 자연물의 속성에 기초하여 자연과 조화롭게 공존하는 것을 배워서 알아야 한다. 자연을 파괴하면 자연의 보복을 받게 될 것이다.(인터넷 등)

한편 남회근 선생은 『주역금주금석(周易今註今釋)』에서 해석하기를, "천지가 서로 교합하는 것이 태괘의 현상이다. 이는 군후(君后)가 물자를 마름질해서 천지의 기능 작용을 이루어, 적절하게 천지의 안배를 보조하고 좌우의 민정을 중화하는 것을 상징한다."라고 하였다.

입니다. 눈을 뜨나 감으나 모두 수도를 장애하는 사람과 일입니다. 만약 이런 곤란한 환경으로부터 연마해내고 치고나오려 한다면 얼마나 큰 힘이 필요하겠습니까!

그래서 영가(永嘉) 선사는 말하기를, "욕망의 세계에서 선을 수행하는 지견(知見)의 힘은 불속에서 연꽃을 피워냄과 같아 마침내 파괴되지 않는다[在欲行禪知見力, 火中生蓮終不壞]."라고 했습니다. 가는 곳마다 욕망의 세계 속에서 수행하는 것은 마치 불속에서 연꽃을 배양해내는 것과 같은데, 어디 쉬운 일이겠습니까?

지금은 국가에 어려움이 많아 아주 힘들고 어려운 시대이니 학인들은 노력하고 열심히 공부해서 도덕 수양을 증진하고 학문을 쌓아가면서[進德修業] 천심(天心)의 전환을 기다리기 바랍니다.

여기서 재가 수행이 더욱 어려운 까닭을 말하는 것은, 재가에서 불법을 배움이 출가하여 불법을 배움보다 좋다는 것을 결코 표시하는 것이 아니라, 재가 수행의 어려움을 말하는 것입니다.

출가 수행은 일심으로 불법을 전문적으로 배우고 익힐 수[專修] 있고 마음을 오로지 도(道)로 향할 수 있습니다. 인간과 천인의 사표(師表)로서 세간의 잡다한 일이 심신을 소모시키는 성가심이 없어서, 시시각각 어디서나 생각 생각마다 선정과 지혜 속에 있다가 임종할 때가 되어서는 느긋하게 해탈하여 가버리는 것은, 바로 평소에 수행한 성적으로서 재가 수행자보다 공부의 힘이 훨씬 깊고 두텁기 때문입니다.

... (두 개의 공안 예) 중략 ...

위의 두 개의 공안은 일부 선덕들의 특출하고 재미있는 좌탈입망 방식을 서술한 것인데, 이러한 종류의 예는 대단히 많습니다. 비록 선종에서 중시하는 것은 올바른 지견[正知正見]이지, 어떻게 좌탈입망 했는지를 결코 지나치게 따지지 않는다고 하지만 이것도 수행자의 공부의 표현입니다.

선종 수행자 이외에, 많은 정토법문 염불인들도 자기가 떠나갈 시간을 미리 알 수 있고, 시간이 이르렀을 때 가뿐하고 자유롭게 떠나버린 사람들도 허다했습니다. 이런 죽음을 '유연좌화(悠然坐化)', 느긋이 앉은 채의 열반이라고 일컫는데, 무릇 정(定)에 전념하여 일심불란(一心不亂)의 공부가 오랜 시간 지속되면 왕생할 시간이 이르렀음을 자연히 미리 알 수 있고 느긋이 앉은 채 떠나버리는 경지에 도달할 수 있습니다.

이런 공부 효용은 오랜 세월에 걸쳐 쌓여 이루어진 것으로, 수행자가 밭 갈고 김만 맬 뿐 그 수확은 묻지 않는 정신으로 해가면 반드시 언젠가는 도달할 것입니다. 그러나 공부 효용과 견지는 결코 절대적인 관련이 없습니다. 공부 효용의 정도가 좌탈입망에 도달한 사람일지라도 명심견성(明心見性)하지 못했을 수도 있습니다. 만약 견지와 공부 효용이 모두 원만함에 도달했다면 물론 가장 좋습니다.

어떤 의사가 말하기를 좌탈입망한 부류의 사람들은 모두 뇌일혈로 죽는다고 했습니다. 그런데 그런 말이 옳다고는 할 수 없습니다. 왜냐하면 뇌일혈로 죽은 사람은 틀림없이 먼저 혼미하여 인사불성이지만, 좌탈입망한 수행자는 죽기 전에 모두 태연자약하게 담소하고 침착하게 떠나갔는데, 어떻게 병태적인 현상일 리 있겠습니까?

죽은 뒤에는 신식(神識)이 신체를 떠나가서 몸이 위축 변화하므로, 만약 검사한다면 뇌일혈을 발견하는 것도 자연스런 일인데, 하물며 저마다 모두 이와 같은 것이 아님에야 더 말할 나위가 없습니다. 사람이 만약 임종 시에 조금도 고통 없이 빨리 죽어갈 수 있는 게 바로 뇌일혈 때문이라면, 이것도 인생 최후 단계의 커다란 자유[大自在]로서, 저 임종에 신음하며 의식이 혼미하고 착란(錯亂)하는 사람들보다는 사실상 훨씬 좋은 겁니다.

입정(入定)과 사망의 구별

선정(禪定) 공부가 깊고 두터운 사람이 어떤 때는 우연히 공정(空定)[68]에 진입하거나 혹은 호흡이 정지하고 맥박이 갑자기 멈추는 현상이 있어 사망과 매우 비슷하지만, 실제로는 이것은 일종의 입정(入定) 현상이지 결코 진짜 사망이 아닙니다. 문외한인 사람이 알지 못하고 입정한 사람이 이미 죽었다고 흔히 여기고는 그를 화장하거나 매장해버리는데, 이는 사실상 틀려도 크게 틀린 것입니다. 이런 경우로 억울하게 죽은 수행자가 얼마나 되는지 모릅니다. 정말 사람을 탄식하게 합니다.

이런 상황을 만나서는 수행자의 평생의 선정의 힘과 평일의 행실 풍격을 고려한 다음, 입정인지 아닌지를 조심스럽게 자세히 판단해야 합

68) ①한마음으로 공(空)을 염원하여 관법(觀法)을 성취하면 공(空)에서 자재를 얻어 비상자재(飛翔自在)로 되는 선정을 말함. 불교의 공정은 3삼매(三昧), 외도의 공정(空定)은 4무색정(四無色定) 또는 4공정(四空定)이라고도 함. ② 명상하여 모든 존재가 공(空)이라는 것을 관하는 것. 공을 염원하는 정신통일.

좀 더 자세히 말하면, 사선팔정(四禪八定)이란 사선(四禪)과 사정(四定)을 합쳐서 가리키는 말이다. 사선(四禪)은 색계의 네 선정(禪定) 즉, 초선, 제2선, 제3선, 제4선을 가리키는 말로 사색계선(四色界禪)이라 하고, 사정(四定)은 공무변처정(空無邊處定), 식무변처정(識無邊處定), 무소유처정(無所有處定), 비상비비상처정(非想非非想處定)이다. 욕계(欲界), 색계(色界), 무색계(無色界)의 삼계(三界) 가운데 무색계에서 터득하는 선정(禪定)이기 때문에 달리 사무색정(四無色定) 또는 사공정(四空定)이라고도 한다. 이에 사색계선(四色界禪)과 사무색정(四無色定)을 합하여 사선팔정이라 한다.

니다. 수행자는 항상 작은 경쇠, 즉 속칭 인경(引磬)을 하나 준비해두고 평소에 다른 수행 도반에게 부탁하기를, 입정 때를 만났다면 인경으로 입정 중에 있는 사람의 귓가에 가볍게 쳐서 천천히 작은 소리로 부르면 곧 출정할 수 있다고 해야 합니다. 만약 여전히 출정하지 않을 뿐만 아니라 특이한 일이 발생한다면 그거야말로 진정한 사망입니다. 이 일은 지극히 중요하니 특별히 조심해야 옳습니다.

귀신을 말해본다

어떤 사람은 혹시 이렇게 물을지 모릅니다, "생과 사의 사이에 존재하는 그것이 모두 귀신 문제와 관련이 있다는 게 도대체 맞습니까 맞지 않습니까?" 불법의 입장에서 말하는 귀신은 6도 중의 천도 · 아수라도나 아귀도를 가리키는데, 일반인들이 말하기를 사람이 죽은 뒤에 귀가 된다고 합니다. 불법에서는 이 단계의 존재를 중음신 혹은 중유신이라고 부릅니다. 그 의미는 사람의 몸을 버린 뒤에 아직 또 다른 도에 진입하기 전인 중간 존재입니다. 습속(習俗)의 설에서는 이 한 단계를 귀(鬼)라고 일컫습니다.

불법의 최고 원리는 미신을 타파하는 것입니다. 비록 6도윤회와 천당 지옥의 설이 있지만, 이 일체는 모두 삼계만유의 본체가 산생하는 변화입니다. 이 우주만유 본체의 기능은 사람의 입장에서 보면 심성 중에 함께 포함되어 있으므로 '삼계유심(三界唯心), 일체유식(一切唯識)'이라고 말합니다. 『화엄경』에 말하기를, "만약 사람이 삼세의 모든 부처님들을 알고 싶다면, 법계의 본성을 관찰하라, 모든 것은 마음이 만들어낸 것이다[若人欲了知, 三世一切佛. 應觀法界性, 一切唯心造]."라고 합니다. 불법에서 말하는 3도6취(三塗六趣)[69], 그리고 가장 낮은 곳으로부터 가장 높은 곳까지의 12종류의 생명 형태[九幽十二有][70]의 분석은 결국 모두 동일한 본체[同體]인 심성이 변화해 나온 것입니다.

이런 도리를 이해하면 생사의 설이나 귀신의 상황이 모두 『역경 계사전』에서 다음과 같이 말하는 것과 마찬가지임을 이해하게 됩니다, "위로는 천문을 관찰하고 아래로는 지리를 살폈기 때문에 눈에 보이는 것뿐만 아니라 보이지 않는 것까지도 그 근원을 안다. 시작과 끝을 알기 때문에 생사의 문제를 알 수 있다. 형체가 있는 정기가 어떤 추상적인 것을 구성하고, 물질 이면의 어떤 원리에 이른, 역시 추상적인 어떤 것인 유혼(遊魂)으로 인하여 변화가 일어난다. 그러므로 귀신의 정황을 안다[仰以觀於天文, 俯以察於地理, 是故知幽明之故. 原始反終, 故知死生之說. 精氣爲物, 游魂爲變, 是故知鬼神之情狀]." 일체는 모두 유심(唯心)이 조작한 변화일 뿐입니다.

---

69) 3도는 지옥 · 아귀 · 축생의 3악도이며. 6취는 지옥 · 아귀 · 축생 · 인간 · 아수라 · 천인을 가리키는 것으로 6도(六道)와 같다.

70) 구유(九幽)는 가장 높은 곳과 가장 낮은 곳을 형용한다.
십이유(十二有)는 12류생(十二類生)을 가리킨다. 즉 난생(卵生) · 태생(胎生) · 습생(濕生) · 화생(化生)이 있고, 유색(有色: 색상이 있고 감정과 생각이 있는 것) · 무색(無色: 색상과 감정과 생각이 없는 것) · 유상(有想: 정신적 존재이면서 볼 수 있는 현상이 없는 것. 예컨대 귀신의 정령 같은 것들) · 무상(無想: 정신 작용은 없지만 볼 수 있는 형상이 있는 것. 정신이 변화한 토목금석 광물 등의 물질류) · 비유색(非有色: 견고한 색정色情이 없으면서 형상이 있는 존재로서 해파리나 뜨는 돌 같은 부류) · 비무색(非無色: 우연히 색정 작용이 있는 것으로서 오랫동안 존재하는 형상은 얻을 수 없는 것이다) · 비유상(非有想: 지각이 있는 듯 하지만 사실은 감정 생각 작용이 없는 것이다. 예컨대 대합, 해바라기, 함수초含羞草 등) · 비무상(非無想: 감정과 생각이 없는 것 같지만 사실은 감정 생각이 있다. 예컨대 올빼미土梟, 파경조破鏡鳥 등 악독한 금수류) 이런 등등으로서 12종류의 중생들이 있다.

어떤 사람은 이렇게 물을지 모릅니다. '일체유심조(一切唯心造)' 라고 말하는 바에야 귀신 6도의 설은 모두 허망한 것 아닙니까? 이것도 옳지 않습니다. 하지만 그 속의 도리는 번잡하므로 잠시 지장(智藏) 선사의 말을 절록(節錄)해서 설명하겠습니다.

어떤 선비가 지장 선사에게 물었다. "천당과 지옥이 있습니까?"
선사가 대답했다. "있습니다[有]."
물었다. "불법승(佛法僧) 3보(三寶)가 있습니까?"
대답했다. "있습니다."
선비의 많은 질문들에 선사가 일률적으로 대답하기를 "있습니다."고 했다
선비가 말했다. "스님이 이렇게 말씀하시는 것은 틀리지 않습니까?"
선사가 말했다. "당신은 존숙(尊宿)을 만난 적이 있습니까?"
선비가 말했다. "저는 경산(徑山) 스님 처소에서 선을 배운 적이 있습니다!"
선사가 물었다. "경산 스님은 당신의 이런 문제들에 대해 어떻게 답하였습니까?"
선비가 말했다. "경산 스님은 모두 없다[無]고 말했습니다."
선사가 물었다. "당신은 아내가 있습니까?"
선비가 말했다. "있습니다."
선사가 물었다. "경산 스님은 아내가 있습니까?"
선비가 답했다. "없습니다."
선사가 말했다. "내가 '있다'고 말한 것이나 경산 스님이 '없다'고 말한 것은 마찬가지입니다."

속인 선비는 감사하다 인사하고 떠나갔다.

有一士人問, 智藏禪師曰：有天堂地獄否？ 師曰：有。 曰：有佛法僧三寶否？ 師曰：有。 更有多問, 盡答：有。 曰：和尚恁麼道, 莫錯否？ 師曰：汝曾見尊宿來邪？ 曰：某甲曾參徑山和尚來! 師曰：徑山向汝道作麼？ 曰：他道一切總無。 師曰：汝有妻否？ 曰：有。 師曰：徑山和尚有妻否？ 曰：無。 師曰：徑山和尚道無即得。 俗士禮謝而去。

이 한 단락의 문답은 비록 간단하지만 도리는 오히려 심원(深遠)합니다.

이렇게 말 한 대로라면, 신령이나 부처에게 빌거나, 기도하거나, 어둠 속의 신의 말씀 등의 미신(迷信), 이 일체는 모두 합리적인 것일까요? 이 문제에 관해서도 다른 해석이 있습니다. 먼저 미신을 얘기해보겠습니다. 무릇 하나의 진리에 대하여 또렷한 이해와 증명을 더하지 않고 무조건 믿는 것은 모두 미신입니다. 불법에서 말하면 몸소 증명하지 못한 것, 이치를 분명히 알지 못하는 것도 미신의 부류에 들어갑니다.

예컨대 '저 앞 멀지 않는 곳에 매화나무 숲이 있다.'는 이 일에서, 여러분이 다들 앞에 매화나무 숲이 있다는 것을 믿지만 사실상 매화나무 숲이 있는지 없는지는 여전히 모릅니다. 그렇지만 다들 믿습니다. 세상에는 이런 종류의 사례들이 많은데, 모두 미신입니다.

그러므로 불법은 도리를 투철하게 철저히 알고 자신이 또 실천하여 증득하는 것을 중시합니다. 만약 일부 비교적 우매하여 이치를 쉽게 이해하지 못하는 사람은 미신 방법으로써 먼저 정신적인 의탁에 도달하고, 점점 선(善)으로 향하는 길에 올라도 됩니다. 이런 미신도 좋은 일이라 할 수 있습니다.

사람이 꼭 모든 일을 알아야 할 필요는 없습니다. 왜냐하면 사람은 모든 것을 다 알 수는 없기 때문입니다. 장자(莊子)는 이렇게 말한 적이 있습니다, "생명은 끝이 있으나, 학문지식은 끝이 없다. 유한한 생명으로써 무한한 학문지식을 추구하는 것은 위험하다 [吾生也有涯, 而知也無涯. 以有涯之生, 窮無涯之知, 殆矣]." 유한한 생명으로써 무한한 지식을 이해하는 것은 곤란한 것 같습니다. 그러므로 사람은 오직 항상 공덕을 배양하고, 귀신의 설에 대해서는 공경하는 태도를 취하는 게 바로 '마음가짐이 공경스럽고 정성을 품는다[居敬存誠]'의 의미입니다.

공덕을 말해본다

만약 귀신이 왔다면 진지하게 집착할 필요는 없습니다. 일단 집착하면 자유롭지 못하고 무위적[無爲]일 수 없게 되어버립니다. 도를 배우고 학문을 하는 사람은 어떠한 일에도 물들지 않아서 인간세상의 공명부귀 등에 대해서도 마땅히 허망하다[虛幻]는 견해를 지녀야 합니다. 인간세상의 공명부귀는 일시적인 임기응변적 변통[權宜變通]에 불과할 뿐입니다. 한 사람의 공덕이 인간세상을 가득 채우고 우주에 두루 미칠지라도 마땅히 이를 버려야합니다. 명예가 이루어지면 몸이 물러나고 공적이 이루어지면 차지하지 않는다는 태도를 품어야 비로소 '영명한 광명이 홀로 빛나 6근과 6진을 멀리 벗어났다[靈光獨耀, 逈脫根塵].'는 경지에 도달할 수 있습니다.

만약 자기의 마음이 항상 세상의 부귀공명에 끌려가 묶여있고 공덕에 탐착한다면 모두 수도를 장애하는 종자가 됩니다. 그러므로 한 인간이 설사 입덕(立德) · 입공(立功) · 입언(立言)[71]이라는 세 가지 불후의 위대한 사업을 해낼 수 있어서 공덕이 천지의 수준과 같을 지라도, 이 역시 수행자의 마음과 본분이 당연히 해야 할 하나의 일에 불과할 뿐입니다.

이런 마음씨를 가질 수 있는 다음에야 백성을 친애할 수[親民[72]]있으며, 비로소 도(道)에 들어갈 수 있으며, 비로소 내성외왕(內聖外王)[73]의

---

71) 이 세 가지를 '삼불후(三不朽)'라 하는데. 썩지 않는 세 가지라는 뜻이다. 중국 춘추시대 노나라의 학자 좌구명(左丘明)이 쓴 『춘추좌전』에 나오는 다음 구절에서 유래한다. "가장 뛰어난 것은 덕을 세움이고, 그 다음이 공을 세움이며, 그 다음이 말을 세움이다. 비록 오래되어도 없어지지 않아 이것을 썩지 않는다고 말한다[太上有立德, 其次有立功, 其次有立言, 雖久不廢, 此之謂不朽]."

다시 말해 입덕(立德)이란 국가 사회를 위하여 도덕 법률 등을 포함한, 사람됨의 준칙과 사회발전 제도를 창건하고, 개인의 이익을 버리고 다수인이 혜택을 입는 사람됨의 본보기가 되는 것이다.

입공(立功)은 공익을 위한 사업을 달성하거나 국가나 집단을 위험이나 재난에서 벗어나도록 공적을 세운 것이다.

입언(立言)은 글을 포함한 그의 말이 어떤 문제에 대해 정확하고 핵심적으로 표현하며, 그 도리가 충분히 대중에게 신망을 얻어서 설사 그가 죽고 난 뒤에도 그의 말이 전해지는 것이다.

72) 『대학(大學)』의 첫머리 구절인 "대학(大學)의 도(道)는 명덕(明德)을 밝힘에 있으며, 백성을 친애함에 있으며, 지선(至善)의 경지에 머묾에 있다[大學之道, 在明明德, 在親民, 在止於至善]."에서 유래한다, 남회근 선생 지음 설순남 번역 『대학강의』를 참고하기 바란다.

73) 내성외왕(內聖外王)은 유가사상의 관점이다. 최초의 출처는 『장자 · 천하편(莊子·天下篇)』 중에 "그렇기 때문에 성덕을 안에 간직하고 왕도를 밖으로 실행하는 도가 어두워서 뚜렷하지 않고 막힌 채 드러나지 않게 되어 천하 사람들은 각자 자기가 좋아하는 대로 일을 하며 그것을 방술이라고 생각한다[是故內聖外王之道, 闇而不明, 鬱而不發, 天下之人各為其所欲焉, 以自為方]." 인데, 뒷날 유가에 의해 계승되었다. 그 함의는 개인의 수양과 정치 주장을 가리킨다. '내성'은 내심에 자연무위(自然無爲)의 도를 간직하는 것이요 '외

기준에 도달할 수 있습니다.

도(道) 자체를 진정으로 말해본다면 공덕조차도 몸 밖의 물건으로서 도(道)와는 조금도 상관이 없습니다. 공덕은 수도(修道)의 하나의 기초로 삼을 수 있으며 후세에게 행위 모범으로 삼을 수 있을 뿐입니다.

물론 덕행이 없다면 도(道)의 체(體)를 드러내 보일 수 없습니다. 도의 체를 중심으로 하지 않는다면 공덕도 낡은 관습을 고수하며 변통할 줄 모르는 일이 됩니다. 이 사이의 도리와 취하고 버림은, 밝은 지혜가 있는 사람이 자연히 통달하여 공정무사(公正無私)하고 덕행(德行)을 보조로 하여, 공덕의 성취가 있기만 하면 다른 인연들은 도리에 맞게 옵니다.

유가의 신독(愼獨)[74]은 마음을 속이는 일을 하지 않습니다. 왜냐하면

왕'은 도를 밖에 드러내어 왕도(王道)를 시행하는 것이다. 내성외왕의 의미는 안으로 성인의 도덕이 있으면서 밖으로 왕자의 어진 정치[仁政]를 시행하는 것이다. 즉, 인격적 이상과 정치적 이상 이 두 가지의 결합이다. 그 중에 내성은 체(體)요 외왕은 용(用)이다.

74) 중국 유가의 내성(內省)이라는 도덕수양에 관한 용어이다. 그 출처는 『중용(中庸)』에 나오는 「道也者, 不可須臾離也 ; 可離非道也. 是故, 君子戒愼乎其所不睹, 恐懼乎其所不聞. 莫見乎隱, 莫顯乎微, 故君子愼其獨也.」이다. 이에 대한 남회근 선생의 해석은 다음과 같다.

"도(道)라는 것은 잠시라도 닦음을 떠나서는 안 되는 것이니, 떠나도 된다면 도가 아니다. 그러므로 천연 자성을 알고 나서 도를 닦는 군자는 언제 어디서나 마음이 일어나고 생각이 움직임에 대하여, 다른 사람이 보지 않는 곳에서도 경계하고 신중하며, 다른 사람이 듣지 않는 곳에서도 두려워하여 방임(放任)하지 않고 멋대로 함부로 행동하지 않는다. 천연 자성은 온갖 기능을 본래 갖추고 있는데, 그 기능은 있는 곳이 없는 것 같으면서도 있지 않는 곳이 없어서 언제 어디서나 자기를 감시하고 있기 때문에, 가장 깊숙한 은밀한 곳에서도 자성의 영상(影像) 속에 비추어 보지 않음이 없으며, 가장 미세하고 극히 작은 곳에서도 자성의 영상 속에 비추어 드러내지 않음이 없다. 그러므로 도가 있는 군자는 심의식(心意識)의 작용인, 마음이 일어나고 생각이 움직임에 대하여 홀로 있을 때도 근신하는[愼獨] 공부를

보이지 않는 어둠 속에서도 많은 사람들이 당신을 둘러싸고 있음이, 마치 선종 고덕이 말한 "무량무변한 불국토에서 자기와 타자가 털끝만큼도 사이 뜨지 않기[無邊刹境, 自他不隔於毫末]." 때문입니다. 자기와 타인이 모두 마찬가지여서 세상의 모든 성인은 의심할 바 없이 모두 같은 심정입니다.

그런데 마음가짐이 공경스럽고 정성을 품은 태도와 행위도 선정(禪定)의 한 가지 수행법이기도 해서 날이 오래갈수록 공부가 깊어지면, 자연히 신명(神明)에 통하여 도달하여 태어나고 죽음의 사이에 대해 반드시 벗어나기를 자유롭게 할 것인데, 어떻게 다시 귀신의 영향을 받을 리가 있겠습니까!

여기에 이르러 우리는 모두 이미 알게 되었습니다. 그러므로 공덕의 일에 관하여 달마대사가 양무제에게 말하기를, "인승과 천승의 작은 과보요 유루(有漏)의 원인이다[人天小果, 有漏之因]."라고 한 것은, 승려에게 재(齋)를 베풀고 사원을 짓는 등을 보시한 공덕이 작은 놀이에 불과할 뿐이라는 것을 형용한 것입니다.75)

그러나 우리는 이런 공덕들이 옳지 않다고도 보아서는 안 됩니다. 왜나하면 한 사람이 인승과 천승의 작은 과보조차에도 도달하지 못한다면

스스로 중시하여, 심경(心境)상 갑자기 일어나는 심념을 청명하게 유지하면서 독두의식(獨頭意識)의 심리상태를 살펴보아 그것으로 하여금 영묘한[靈妙] 광명이 홀로 빛나고 있는 본래의 위치로 되돌아가 중화(中和)의 경계로 진입하게 한다."

이에 대한 자세한 강해는 『중용 강의』 상론(上論)를 참고하기 바란다.

75) 오승(五乘)은 사람들을 운반하여 해탈의 경지에 이르게 하는 5종류의 교법인데, 일반적으로 성문(聲聞) · 연각(緣覺) · 보살(菩薩)의 3승에 인(人) · 천(天)을 더하여 인승(人乘) · 천승(天乘) · 성문승(聲聞乘) · 연각승(緣覺乘) · 보살승(菩薩乘)을 말한다.

그를 뛰어넘어 대도(大道)에 진입하는 것은 더욱 불가능하기 때문입니다. 그러므로 먼저 인승과 천승으로부터 성문승과 연각승의 이승에 진입하고, 이승으로부터 다시 대승으로 진입해야 합니다. 한 걸음 한 걸음 전진해야지 앞뒤를 잊어버리지 말아야 옳습니다. 양무제가 묻는 말에 대한 달마 조사의 대답은, 단지 일부 특수한 사람들에 대하여 특수한 상황 아래서의 교육 지도일 뿐이니 집착해서는 안 되며, 두부에 새긴 도장을 보배 도장으로 여겨서는 더욱더 안 됩니다.

인과윤회를 불신하는 원인을 설하시다

불설견정경(佛說見正經) 일명 생사변식경(生死變識經)

동진(東晉) 축담무란(竺曇無蘭) 한역. 고려대장경본
등국역경원 송성수 번역
송찬문 부분 개역

이와 같이 들었다.

어느 때 부처님께서는 왕사성(王舍城) 기국정사(祇國精舍)에 계셨다. 걸식할 시간이 되자 5백의 비구와 1천 명의 보살과 우바새를 거느리고서 모두 공양 도구를 가지고 라열기성(羅閱祇城: 왕사성) 밖으로 나가셨다.

큰 나무가 있었는데 이름은 감향(甘香)이었다. 뿌리는 깊었고 줄기는 컸으며, 가지와 잎은 무성하고 꽃과 열매가 모두 붉으며 그 맛은 달고 맛있었다. 나무 아래는 넓고 평탄하였으며 돌을 모아 만든 앉을 자리가 있었는데, 부처님께서 여기서 쉬고자 하시자 여러 우바새들이 곧 자리를 펴서 깔아드렸다. 부처님께서 곧 쉬러 앉으시자 제자와 보살들도 모두 자리 잡고 앉았다.

聞如是：一時，佛在羅閱，祇國精舍。正以食時，將諸比丘五百人，菩薩及優婆塞千人，皆持供養具出羅閱祇城外。有大樹，名曰甘香，根深幹大，枝葉茂盛，華實紅赤，其味甜美，樹下廣平，集石爲座。佛意欲止此，諸優婆塞卽敷布坐席，佛便止坐；弟子菩薩，亦皆就坐。

이때 견정(見正)이라는 한 비구가 있었는데 새로 출가한 자였다. 그는 마음에 의심을 품고 혼자 이렇게 생각하고 있었다. '부처님께서는 내생 후세가 있다고 말씀하시지만 사람이 죽고 나서는 돌아와 알려주는 이가 아무도 없으니 어떻게 알 수 있나? 이것을 부처님께 여쭈어 보아야겠다.'

時有一比丘，名曰見正，新入法服，其心有疑，獨念言：'佛說有後世生，至於人死，皆無還相報告者，何以知乎？當以此問佛。'

그러나 그가 아직 말을 하지 않았는데도 부처님께서 이미 미리 아시고 먼저 말씀하셨다.

"제자들아, 이 나무는 본래 하나의 씨앗으로부터 땅·물·온도·공기의 4대의 인연 작용으로 길러져 이렇게 크고 무성하게 자라 여기 있는 모든 사람을 덮고 있다. 본래 씨앗으로 있을 때는 뿌리·줄기·잎·열매는 있지도 않았고 보이지도 않았다. 그렇지만 4대를 얻게 되면서 그 인연 작용이 서로 연결되어 곧 싹·잎·줄기·마디·꽃·열매가 생겨났고, 뿌리가 더욱 자라 스스로 나무를 이루게 되어 넓고 멀리 가지를 드리우게 된 것이다. 처음 이름은 씨앗이었고, 씨앗에서 다시 싹이 생겨나고, 싹에서 다시 줄기가 생겨났다. 줄기에서 다시 잎이 생겨나고, 잎에서 다시 꽃이 생겨났으며, 꽃에서 다시 열매가 생겨났다. 이렇게 저렇게 변화하여서, 원래 모양이 아니지만 그렇다고 원래의 모양에서 벗어나지도 않고, 그 이름도 일정한 이름이 아니면서 마침내 큰 나무를 이루었다. 나무에서 다시 열매가 생겨나고 열매에서 다시 나무를 이루는, 이와 같은 변화는 오랜 세월이 흘러가면서 헤아릴 수 없이 많은 것이다."

未卽發言，佛已豫知。佛因先言："諸弟子！此樹本以一核種，四大胞毓，自致巨盛，覆爾所人。本爲核時，根幹葉實未有未見，至得四大因緣相連，便生芽葉莖節華實，轉增於本，自致成樹，施布廣遠。初名爲核，核復生芽，芽復生莖，莖復生葉，葉復生華，華復生實，展轉變易，非故不離故，而名非常名，遂成大樹；樹復生果，果復成樹，歲月增益，如是無數。"

부처님께서 이어 여러 제자들에게 말씀하셨다.

"만약 꽃과 열매와 줄기와 마디와 뿌리를 한데 모아서 다시 원래의 씨앗으로 되돌아가게 하고 한다면 가능하겠는가?"

제자들이 모두 말하였다.

"그럴 수 없습니다. 원래의 씨앗은 이미 변화하였기에 그것으로 되돌릴 수 없습니다. 나무는 나날이 썩고 무너지면서 씨앗이 다시 생겨납니다. 이렇게 끝없이 생겨나고 바뀌어, 마침내는 모두 썩어 없어지므로, 다시 되돌려 원래의 씨앗이 되게 할 수는 없습니다."

佛告諸弟子："欲蹴集華實莖節根幹，更使還作核可得乎？"諸弟子皆言："不可得也。彼已變轉，不可還復，日就朽敗，核轉復生，如是無極，轉生轉易，終皆歸朽，不可復還使成本核也。”

부처님께서 제자들에게 말씀하셨다.

“생사윤회 하는 것도 그와 같다. 식신(識神)은 연기하는 법[緣起法]이니, 연기는 무명(癡: 無明) 때문이며, 무명은 탐애(貪愛)로 나아간다. 무명은 저 나무의 씨앗과 같다. 씨앗은 작지만 자라서 큰 나무가 되는 것처럼 하나의 무명이지만 갖가지 인연을 생겨나게 하니, 갖가지 인연은 본래 무명으로 말미암아 생겨나온다. 무명(癡)으로 말미암아 행(行)이 생겨나고, 행으로 말미암아 식(識)이 생겨나며, 식으로 말미암아 명색(字色: 名色)이 생겨나며, 명색으로 말미암아 6입(入)이 생겨나며, 6입으로 말미암아 촉(更樂: 觸)이 생겨나며, 촉으로 말미암아 수(痛: 受)가 생겨나며, 수로 말미암아 애(愛)가 생겨나며, 애로 말미암아 취(受: 取)가 생겨나며, 취로 말미암아 유(有)가 생겨나고, 유로 말미암아 생(生)에 이르며, 생으로 말미암아 노사(老死)에 이르니, 이 12인연[76]이 합하여져 몸이 이루어진다.

佛告諸弟子：“生死亦如此。識神爲起法，起法爲癡，癡爲就貪愛，癡如彼樹核，核小而長成大樹。一癡而致多所因緣，多所因緣本由癡出，癡生行，行生識，識生字色，字色生六入，六入生更樂，更樂生痛，痛生愛，愛生受，受生有，有致生，生致老死，合十二因緣，成爲身已。

그리하여 몸이 있게 되면 당연히 늙음과 죽음이 있기 때문에 식신은 윤회하여 바뀌며 생전의 선악의 행(行)에 따라 환생하게 되어, 새로운

---

76) 자세한 풀이는 본문의 「제5강 12인연이란 도대체 무엇인가 등」을 읽어보기 바란다.

부모가 있게 되고, 새로운 형체를 받게 되며, 새로운 6근(情: 안이비설신의), 새로운 습기의 물들임, 다른 고통과 즐거움, 새로운 풍속관습이어서 모두 이전의 것이 아니기 때문에 더더욱 다시 과거로 되돌아갈 수 없다. 다시는 과거세를 기억하여 알지 못하기 때문에 새로 보고 듣는 것을 향하여 '실체로서 있는 것[有]'이라고 생각하고 '변화하지 않는 것[常]'이라고 생각하며, 지금의 사물에 집착해 진실한 것으로 보고 전세 후세가 없다고 말한다.

식신이 윤회하며 옮겨가는 것은 선악의 행을 따라 변화가 있는 것이다. 식신이 이미 옮기고 나면 다른 부모가 있게 되고, 다시 새로운 몸을 받게 되며, 다른 6근(情), 다른 습기의 물들임, 다른 고통과 즐거움, 다른 풍속관습이어서 다시는 과거세를 기억하여 알지 못하고, 또한 전세의 몸 · 전세의 습관 · 전세의 환경으로 되돌아갈 수 없다. 이는 마치 나무가 다시 되돌아가 원래의 씨앗이 될 수 없는 것과 같다고 보라."

有身當就老死，識神轉易，隨行而往。更有父母，更受形體，更六情，更所習，更苦樂，更風俗，都非故，便不得復還。不復識故，向所新見，謂爲有、謂可常，著所猗呼爲諦，謂無前世後世。識神轉徙，隨行而有也。識神已徙，更有父母，更受新身，更六情，更所習，更苦樂，更風俗，便不復識故，亦不得復還故身故習故所，見如樹不復還作核也。"

이에 견정 비구는 부처님의 말씀을 듣고 자리에서 일어나 오랫동안 꿇어앉아 부처님께 여쭈었다.

"저는 마음에서 아직 의혹을 없애지 못했으며 이해하지도 못했습니다. 바로 지금 어리석은 질문을 올리고자 하니, 원하옵건대 저희들을 가엾이 여겨 부처님께서 그것을 분명히 이해시켜 주십시오. 저는 태어나서부터 이후로 사람이 죽는 것을 많이 보았습니다. 부자·형제·부부 내외나 혹은 서로 사랑하던 벗, 혹은 서로 미워하던 원수도 있었는데 죽은 뒤에 돌아와 얼굴을 마주하고 좋은지 나쁜지를 알려주는 식신은 끝내 없었습니다. 무슨 까닭입니까? 식신이 무언가에 막혀서 면전에 돌아와 사람에게 알려줄 수 없는 것입니까? 원컨대 저희들을 위해 분별하여 말씀해 주십시오. 저희들로 하여금 맺힌 의혹이 풀어져 진실을 빨리 볼 수 있게 해주십시오."

於是，比丘見正承佛言，起坐長跪，白佛言："我意未除、未解正要，今欲發愚癡之問，願佛哀我等，爲解了之。我從生已來，見人死者不少，或父子、兄弟、夫妻、內外，或朋友相憐愛，或有怨讎相憎，死後識神，了無還面相答善惡者。何以乎？識神爲何所隔礙，而不得還面報人也？願爲分別說之，令我等結除疾得見諦。"

부처님께서 말씀하셨다.

"비구야, 그 식신은 형상이 없으며, 식신이 윤회하여 옮겨감은 선악의 행을 따라서 변화가 있게 된다. 만약 생전에 몸이 복을 지었다면 복의 과보에 따라 환생하더라도 면전에 돌아와 사람에게 알려줄 수는 없다. 왜냐하면 예컨대 대장간에서 광석을 녹여 쇠를 만들고, 쇠가 되고 나면 다시 그릇을 주조하는데, 이미 그릇이 되고 난 뒤 다시 광석으로 복원되게 할 수 있겠느냐?"

견정은 말하였다

"확실히 그럴 수 없습니다. 광석은 이미 쇠가 되었으므로 마침내 다시 되돌려 광석이 될 수는 없습니다."

佛言比丘："彼識無形，至於轉徙，隨行而有。若身作福，福識轉生，亦不得還面報人也。何以故？譬如冶家洋石作鐵，已成鐵便鑄以爲器，已成器可復還使作石乎？"見正言："實不可。石已成鐵，終不得復還作石。"

부처님께서 말씀하셨다.

"식신(識神)이 몸을 떠나 윤회하여 옮겨 중음신(中陰)에 머무는 것은, 마치 광석이 이미 녹아 쇠가 되는 것과 같다. 중음신으로부터 변화하여 새로운 몸을 받음은 쇠가 이미 그릇으로 주조되는 것과 같다. 원래의 형체가 소멸되고 바뀌면 과거의 식신으로 되돌릴 수 없다. 왜냐하면 행의 선악의 원인으로 식신이 가서 선악의 과보를 받아 변화해 바뀜은, 마치 광석이 쇠가 되는 것과 같기 때문이다.

佛言："識之轉徙，住在中陰，如石已洋成鐵；從中陰轉受他體；如鐵已鑄成器。形消體易，不得復還故識。何以故？行之善惡，識往受之，轉化變改，如石成鐵。

5선(善: 살도음망주 5계)을 닦고 행하여 내세에 사람 몸을 받으면, 다시 부모가 있게 된다. 이미 새로운 부모가 있으면 식신은 곧 여섯 가지 얽매임과 막힘이 있게 되니, 첫째는 중음신에 머물러 있으면서 이전의 몸으로 다시 돌아올 수 없는 것이며, 둘째는 받은 몸에 따라 모태 안에 들어가 있는 미혹이며, 셋째는 모태에서 나올 때 겪는 압박 고통으로 이전의 의식기억(識念)을 잊어버리는 것이며, 넷째는 막 태어난 뒤 이전의 의식기억은 소멸되고 다시 새로이 견문과 생각을 일으키는 것이며, 다섯째는 태어난 뒤에 음식물에 집착하고 탐하는 생각으로 이전의 의식기억이 끊어져 소멸하는 것이며, 여섯째는 태어난 뒤 나날이 성장하면서 새로운 사물과 환경의 훈습을 받아 숙세의 의식이 잃어지고 다시는 복원하지 못하는 것이다.

修行五善，稟受人身，則更有父母。已有父母，便有六繫閉：一者、住在中陰，不得復還；二者、隨所受身胞內；三者、初生迫痛，忘故識想；四者、墮地故所識念滅，更起新見想；五者、已生便著食，貪念故識念斷；六者、從生日長大，習所新見，識滅無復宿識。

제자들아, 마치 상인이 사방의 나라를 두루 돌아다니면서 온갖 괴로움과 즐거움을 겪은 것과 같다. 곧 의식에서 동쪽의 한 지방이나 나라에서 있었던 일을 회상하면, 이 기억을 떠올리자마자 서쪽 · 남쪽 · 북쪽에서 겪은 기억은 곧 일어나지 않게 되는 것과 같다. 이과 같이 생사 또한 그와 같아서 이 세상에서 지은 행이 후세로 옮겨가 몸을 받고 나면 받는 즉시 곧 새로운 생각과 기억을 일으키게 되고 이전의 의식기억은 곧 소멸하게 된다. 마치 상인이 오직 한 방위에서 있었던 일만을 기억할 때 나머지 세 방위에 대한 생각은 없어지는 것과 같다. 이런 여섯 가지 일 때문에 얽매이고 덮이고 막히고 걸려 다시는 옛 식신으로 돌아오지 못하는 것이다. 마치 씨앗이 나무가 되고 광석이 쇠가 되는 것처럼 본래 것이 변화하고 이름이 바뀌므로 다시는 돌아와 면전에서 대답해줄 수 없는 것이다."

諸弟子！譬如賈客周遊四方國，具見苦樂，便意思念東方一郡國所有。已起是念，便三方念滅。生死亦如是，從是世作行，往後世受已，受卽生新想念，故識想便滅。如賈客惟念一方，三方想滅也。用是六事，繫蔽隔礙，不復還故識，如核之成樹，石之成鐵，變本易名，不復還面相答報也。"

부처님께서 이어 말씀하셨다.

"다시 비유하자면 마치 옹기장이가 흙에 물을 부어 반죽하여 그릇을 만들어 불로 구우면 변화하여 질그릇이 되는 것과 같다. 과연 질그릇을 다시 되돌려 흙이 되게 할 수 있겠는가?"

제자들은 모두 말하였다.

"참으로 그럴 수 없습니다. 흙이 이미 구워지고 달구어져 형상이 변해 질그릇이 되었으니, 다시 되돌려 흙이 되게 할 수는 없습니다."

佛言："復譬如陶家埏土爲器，以火燒之，則轉成瓦，寧可使瓦還作土乎？"諸弟子皆言："實不可。土已燒煉，變形成瓦，不可復使還作土也。"

부처님께서 말씀하셨다.

"제자들아, 식신이 변화하여 옮겨져 선악 행의 인과응보에 따라 몸을 받는 것은, 마치 흙으로 질그릇을 만드는 것과 같다. 사람이 도의 수행 공부가 없으면 다시는 과거를 기억하여 알 수 없으므로 다시 돌아와 대답할 수 없는 것이다. 비구들아, 다시 비유컨대 나무가 자라 수십 아름이나 된 것을 솜씨 좋은 장인이 규격에 맞추어 잘라서 기묘하고 공교롭게 온갖 것을 새기는 것과 같다. 만약 사람이 쪼갠 나무와 새긴 것들을 다시 합친다면 좋은 솜씨로써 되돌려 나무가 될 수 있겠는가?"

여러 제자들은 말하였다.

"참으로 그럴 수 없습니다. 나무는 이미 잘려져 쪼개지고 조각조각 깎였으며 가지와 잎이 말라 죽었으므로 다시 모은다고 나무가 되게 할 수는 없습니다."

佛言："諸弟子！識神轉徙，隨行受身，如土成瓦。人無道行，不復識故，不得復還相報答也。比丘！復譬如樹大數十圍，巧匠便規斲刻鏤奇巧百種。若人欲復集聚斲柹及所刻巧，還使成樹，可得乎？" 諸弟子言："實不可。樹已斷破，段段刻盡，枝葉槁朽，不復可集使成樹也。"

부처님께서 말씀하셨다.

"제자들아, 식신(識神)은 이 세상에서 선과 악을 짓고 행하다가 죽음에 이르면 그 식신은 옮겨가 업력을 따라 새로운 몸을 받게 되어 견문과 습관이 다시는 옛 몸이 아니므로 되돌릴 수도 없으며, 다시는 옛것을 알 수 없으므로 면전에서 서로 대답해 줄 수 없다. 이는 나무가 쪼개지고 나면 다시 모아 살아나게 할 수 없는 것과 같다."

부처님께서 이어 말씀하셨다.

"다시 비유컨대 마치 장인이 모래를 구워 붉은 색을 만들고, 다시 흰 모양으로 바꾸며 물처럼 변화시키는 것과 같다. 제자들아, 붉게 된 것을 되돌려 다시 모래로 만들려고 하면 그럴 수 있겠는가?"

佛言諸弟子："識神於是世作行善惡，臨死識徙，隨行受體，所見所習，非復故身，不可得還，不復識故面相答報也。如樹已斷，不可復集使生。"佛言："復譬如工師，燒砂作紅色，更轉白形，化如水。諸弟子欲令紅還復作砂，可得成乎？"

여러 제자들은 말하였다.

"참으로 그럴 수 없습니다. 모래를 구워 한번 변하고 나면 도로 회복시킬 수 없습니다."

부처님께서 말씀하셨다.

"생사윤회 하는 것도 그와 같다. 사람이 깨달음을 구하는 마음이 없거나 깨끗한 법안이 없으면 몸이 죽을 때 식신이 떠나 행의 선악에 따라 과보로 변화하여 바뀌어 새로운 몸을 받게 되며, 다른 세상에서 지내다가 다시 포태(胞胎)를 받아 견문과 습기의 물들임이 모두 달라지므로 다시는 과거의 것을 기억하여 알지 못하게 된다. 이는 마치 모래가 붉게 된 것을 다시 환원시킬 수 없는 것과 같다."

諸弟子言："實不可也。燒砂一變，不可還復。"佛言："生死亦如是，人未有道意，無有淨眼，身死識去，隨行變化。轉受他體，所歷異世，更受胞胎，見習皆異，不復識故，如砂成紅不可復還也。"

부처님께서 이어 제자들에게 말씀하셨다.

"다시 비유컨대 마치 물을 둥근 병에 담으면 그 형체도 따라 동래지고 모난 그릇에 옮겨 담으면 형체도 따라 다시 각이 지며, 크고 작고 굽고 곧은 것이 물이 처하는 환경에 따라 달라지는 것과 같다. 제자들아, 생사윤회 하는 것도 그와 같아서 식신은 본래 공하여[本無] 고정 불변하는 형상이 없어서 지은 행의 선악에 따라 가서 몸을 받는다. 희고 검고 길고 짧음과 괴로움과 즐거움이 행의 선악 인과에 따라 바뀌어 받는 것이, 마치 물이 갖가지 그릇 형태에 따르는 것과 같다. 혹은 사람일 때 지은 일이 법답지 않았다면 죽어서 축생에 떨어져 추악한 몸을 받았을 것이므로 다시는 과거세를 알아 면전에서 서로 대답하지 못하게 된다. 제자들아, 예컨대 굼벵이가 흙 속에 살고 있을 때는 소리도 없고 날개도 없던 것이 시절의 기운을 얻으면 변화하여 매미가 되어 날아서 나무에 붙어 쉬지 않고 소리 내어 우는 것과 같다."

佛言："諸弟子！復譬如水，處於圓瓶則體隨圓，徙著方器則體復方，大小曲直隨所墮處。諸弟子！生死亦如此，識神本無，無有常形，隨行善惡，輒往受身。白黑長短，苦樂善惡，變受隨行，如水從器。或從人中所作非法，死墮畜生，合受惡體，不復識故面相答報也。諸弟子！譬如蝮蛸生在土中，無聲無翼，得時節氣，轉化成蟬，飛行著樹，鳴聲不休。"

부처님께서 이어 제자들에게 물으셨다.

"과연 매미가 다시 땅에 들어가 굼벵이가 될 수 있느냐?"

여러 제자들은 말하였다.

"참으로 그럴 수 없습니다. 굼벵이는 이미 변해 어두운 곳을 버리고 밝은 곳에 있습니다. 몸의 형체가 변화하여 얼마 지나지 않아 죽거나 혹은 뭇 새들의 먹이가 될지언정 다시 굼벵이가 될 수는 없습니다."

부처님께서 말씀하셨다.

"제자들아, 생사윤회 하는 것도 이와 같다. 목숨이 끊어지고 몸이 죽어 식신이 변화하고 옮겨 다시 새 몸을 받으면 5음(색수상행식)이 덮고 막으며 견문과 습기의 물들임이 달라 각각 달라 그곳에서 또한 늙어 죽어야 하니, 다시 돌아올 수 없으며 다시 옛것을 알아 면전에서 서로 대답해 줄 수도 없다. 이는 나무에 있는 매미가 다시 되돌아가 굼벵이가 될 수 없는 것과 같다."

佛問諸弟子："寧可還蟬使入土成蝮蛸乎？"諸弟子言："實不可也。蝮蛸已變，去陰在陽，身形化異日當死亡，或爲衆鳥所噉，不得還作蝮蛸也。"佛言："諸弟子！生死亦如此，命訖身死，識神轉徙，更受新身，五陰覆障，見習各異，於彼亦當老死，不得復還，不復識故面相答報也。如蟬在樹，不可復還作蝮蛸也。"

부처님께서 이어 제자들에게 말씀하셨다.

"또 예컨대 날고기를 잘라서 여러 날이 지나도록 먹지 않으면 곧 썩어서 구더기가 나오는 것과 같으니, 다시 싱싱한 고기가 되게 할 수 있는가?"

여러 제자들은 말하였다.

"참으로 그럴 수 없습니다. 고기가 썩었으면 다시 싱싱하고 깨끗하게 할 수 없습니다."

佛告諸弟子："復譬如段生肉，過時不食，則臭茹生虫，欲使還成鮮肉可得乎？”諸弟子言：“實不可。肉已臭敗，不能得使復成鮮潔。”

부처님께서 말씀하셨다.

“생사윤회 하는 것도 이와 같다. 사람이 세간에 있으면서 마음으로 악을 생각하고, 입으로 악을 말하며, 몸으로 악을 행하다가 죽었다면 곧 식신이 변화하여 옮겨져 지옥의 몸이나 혹은 축생의 몸이나 혹은 고기나 벌레의 몸에 떨어진다. 그곳에서 견문이 달라서 과거와 같지 않으며 죄업의 그물이 뒤덮고 있어 다시는 과거세를 알지 못하니, 다시 돌아와 면전에서 대답할 수 없게 된다. 이는 저 썩은 고기를 다시 싱싱하고 깨끗하게 할 수 없는 것과 같다.”

부처님께서 이어 제자들에게 말씀하셨다.

“또 비유컨대 마치 달이 없는 어두운 밤에 오색의 물건을 어둠 속에 가져다 놓고 천 명 만 명에게 밤에 그 오색의 물건을 관찰하게 하는 것과 같다. 어느 한 사람이라도 그 청 · 황 · 적 · 백의 색깔을 구별할 자가 있겠느냐?”

佛言：“生死亦如此。人在世間，心念惡、口言惡、身行惡，死則識神轉徙，墮地獄身、或畜生身、或魚虫身，所在異見，不與前同，罪網所蔽，不復識故，不得復還面相答報也，如彼臭肉不可使更成鮮潔。”佛告諸弟子：“復譬如月晦夜陰，以五色物著冥中，令千人、萬人，令夜視色物，寧有一人，而別其青、黃、赤、白者乎？”

여러 제자들은 모두 말하였다.

“설령 몇 억 만 명 아니 헤아릴 수 없는 사람에게 밤에 그것을 관찰하게 한다고 해도 끝내 볼 수 있는 자는 없습니다. 어떻게 그 오색을 분별할 수 있겠습니까?"

부처님께서 말씀하셨다.

"만약 어떤 사람이 횃불을 가지고 비추면서 사람에게 관찰하게 한다면 볼 수가 있겠느냐?"

諸弟子皆言：“正使巨億萬人，復無央數人，令夜觀視，終無見者，何能別其五色？”佛言：“若有人，把炬照之，令人觀視，可得見不？”

여러 제자들은 말하였다.

"사람이 든 횃불의 광명을 의지해 그것을 관찰한다면 모두 다섯 까지 색깔을 분별할 수 있을 것입니다."

부처님께서 말씀하셨다.

"만일 어리석은 사람이 횃불을 등지고 캄캄한 곳으로 아주 깊숙이 들어가 오색을 보려고 한다면 볼 수 있겠는가?"

여러 제자들은 말하였다.

"어리석은 사람이 광명을 등지고 어둠을 향한다면 나아갈수록 더욱 어두울 것이니 색깔을 보는 날은 끝내 없을 것입니다."

諸弟子言：“人依炬明視之，皆可別五色。”佛言：“若愚人背炬火，進入幽冥，乃進極遠，而望欲見五色，可得見乎？”諸弟子言：“愚人背明向冥，愈進闇，終無見色時也。”

부처님께서 여러 제자들에게 말씀하셨다.

"사람이 생사윤회 하고 있는 것도 그와 같다. 일체의 인민이나 기어 다니는 것, 날아다니는 것, 꿈틀거리는 곤충들은 이미 몸의 형상을 받아 어리석음의 어둠에 가려 도의 수행이 없다. 몸을 수행하는 일, 마음을 수행하는 일을 배우지 않아 지혜의 눈을 얻지 못했으면서도 오히려 생사윤회 하여 가는 곳, 식신이 오가는 것, 면전에서 알려주는 것을 알고자 하는 것은, 마치 달이 없는 어두운 밤에 오색을 보려고 하는 것과 같아 끝내 볼 수가 없다. 만약 경전의 가르침대로 행하고 계율을 굳게 지키며 37조도품(品)을 수행하여 정념을 유지하고 청정한 범행으로 나아간다면, 마치 횃불을 든 사람을 따라 오색을 구별해 보는 것과 같다.

佛告諸弟子："人在生死，亦如此。一切人民，蚑行蜎飛蠕動之類，已受身形，癡冥闇蔽，無有道行，不學身事意事，未得慧眼，而欲知生死所趣、識神往來、面相答報，如月晦夜陰欲視五色，終不得見也。若修行經戒三十七品，守攝其意，就清淨行，如隨持炬火人見別五色。

사람이 불법의 가르침을 따르면, 생사윤회를 분명히 구별하여 알 수 있고 6도[五趣] 세계에 식신이 오가며 떨어진 선한 곳이나 악한 곳을 자세히 볼 수 있음은, 마치 횃불이 색깔을 비추어 죄다 분명히 보는 것과 같다. 사람이 몸을 수행하는 일, 마음을 수행하는 일을 배운 적이 없으며, 경전의 가르침과 계율을 어기고 세속의 3류(流: 漏)를 따라 제멋대로 함부로 행동하고 정법을 끊어버리며, 믿지도 않고 즐거이 따르려하지도 않고 기꺼이 받들어 행하지도 않는다면, 이는 마치 횃불을 등지고 어둠으로 들어가는 것처럼 의심의 결사(結使)가 나날이 심해지고, 생사윤회의 진상을 보고 알아 분명히 깨닫는 날은 마침내 없을 것이다."

人隨佛法教，則能了別死生，具見五道識神往來所墮善惡處，如炬火之照色，皆悉了見。人初不學身事意事，背於經戒，隨俗三流，快意自從，斷割眞法，不信不樂、不肯奉行，如背炬入冥，疑結日甚，終無見知有解了時也。”

부처님께서 이어 제자들에게 말씀하셨다.

“너희들의 어리석고 꽉 막힌 마음을 따르고, 청정하고 바르고 참된 도를 믿지 않아서 결과적으로 스스로 지옥에 떨어져 몸이 고통을 받게 되는 일을 하지 말라. 나는 그 때문에 비유를 이끌어 너희들이 분명히 알도록 하는 것이다. 항상 부지런히 힘써 경전의 가르침과 계율을 받들어 행하고 마음속에 간직해야 할 것이다.”

부처님께서 이어 제자들에게 말씀하셨다.

“사람은 이 세상에 태어나 몸의 형상을 받고 육안으로 보는 현재의 일과, 부모 친척은 훤히 보아 잘 알고 있지만, 전생에 어디서 왔는지를 보거나 알 수가 없다. 금생에 늙어 죽어 후세에 태어나 다시 몸을 받으면 금생의 일은 알 수가 없다. 왜냐하면 한번 태어났다가 한번 죽으면 식신이 변화하고 바뀌어 12인연을 거치는데, 그 중에 무명(痴)이 그 주요한 것으로, 멍청하고 어둡고 우둔하여 환생하면 과거세를 알지 못하기 때문이다.

佛告諸弟子：“莫順汝愚癡閉結之意，而不信清淨正眞之道，自墮地獄，爲身受痛。我故引譬以解了。汝等常當勤力奉行經戒，以著心中。”佛告諸弟子：“人生是世稟受身形，肉眼所見現在之事，父母親屬，察察了了，然不能復見知前世所從來處。於是當老死，往生後世更受身形，則亦不能復識知今世之事也。所以者何？一生一死，識神轉易，十二因緣，癡爲其主，憎憎冥闇，轉不識故。

제자들아, 예컨대 흰 실을 삶고 두드려 청·황·적·흑의 다른 색깔로 물들이면 본래의 색깔이 바뀌어 다시는 되돌릴 수 없는 것과 같다. 생사윤회의 변화도 흰 실이 색깔에 물들어지는 것과 같다. 식신은 고정불변하는 본체가 없어서 선악 행의 변화에 따라 물들기 때문에 청정한 법안이 없다면 과거세를 알 수 없는 것이다. 마음의식의 법칙은 생각을 움직이면 곧 원인이 있게 되는데, 사람이 한 생애 중에 심념이 갖가지가 있으니 선념과 악념은 다른 과보를 받으며 새로운 과보를 받기 때문에 지난 과보는 소멸해버린다. 생사윤회의 법칙은 당연히 무명이 형성한 정상적인 상태이다. 만약 일체의 생사윤회의 인과 유래를 철저히 알고 싶다면, 응당 심신 방면의 도덕적 품행을 수학하고 청정 속으로 깊이 들어가 일체의 본래 면목과 지엽을 사유하고, 그리하여 깨달음에 도달하면 깊은 잠에서 깨어남과 같으니라."

諸弟子！譬如煮練白絲，染作異色青黃赤黑，變本易故，不可復轉還也。生死轉易，如絲受色，識無常體隨行染著，未有淨眼，不識其故心意爲法所念卽成。人在一世，心念萬端，善惡報受，受新故滅，生死之法，癡闇之常然也。其欲知見生死往來，當廣學行身意之事，深入清淨，思惟本末，爾乃開寤，如臥寤也。"

부처님께서 이어 제자들에게 말씀하셨다.

"식신은 우치 무명한 것으로, 살았을 때 선악의 행을 짓고 죽으면 환생해 가서 그 과보를 받으며, 선과 악의 행의 인과에 따라 형상과 징조가 있게 된다. 마치 불이 섶나무를 얻게 되면 그 모습이 나타나다가 섶나무가 다하면 소멸하는 것처럼 의식이 선악의 행을 짓지 않으면 행위 자취도 소멸되어 나타나는 것이 없다. 도를 얻지 못한 이가 생사윤회 중에 빠져서 환생하여도 과거의 일을 알지 못하는 것은, 마치 더러운 거울이 때가 묻어 흐려지고 오물에 가려 자기 얼굴을 비추어도 아예 보이는 게 없는 것과 같다. 의식이 흐리고 가려져 생사윤회 속에서 이리저리 환생하여 비통과 두려움이 충만하고 화복(禍福)의 영향에 끌려서 다시는 과거의 일을 알지 못하는 것은, 마치 그 더러운 거울을 보는 것과 같다.

佛告諸弟子：“識神爲癡冥法，生作善惡行，死轉往受，隨善惡行而有形兆，如火得薪而見薪索則滅。意識不作善惡行，則亦滅無所見。未得道者，沈淪生死，轉不識故。譬如穢鏡，垢濁蔽污，擧以向面，了無所見。意識濁蔽，生死轉徙，慘懼蔽盈，牽著殃福，不復識故，如闚穢鏡。

또 비유컨대 마치 깊고 흐린 물에는 비록 고기와 벌레가 있다 하더라도 전혀 볼 수 없는 것과 같다. 생사윤회에 얽히고설키어 어지럽고 근심하고 두려워하는 망상잡념은 지혜를 가로막아서, 환생하면 과거세를 잊어버리는 것도 흐린 물과 같다. 또 비유컨대 어두운 밤에 눈을 감고 걸어가면 아무 것도 볼 수 없는 것과 같다. 생사의 어둠은 화복을 따라 흘러 돌면서 혹은 기뻐하거나 혹은 고뇌하며 받은 몸에 얽매여 다시 과거세를 알지 못하는 것도 밤에 눈을 감고 있는 것과 같다.”

復譬如深濁之水，雖有魚虫，了不得見。生死錯亂，憂思蔽塞，轉生忘故，亦如濁水。譬如冥夜閉眼而行，都無所見。生死闇昧，流隨殃福，或喜或惱，綴制所受，不復識故，如夜閉眼。”

부처님께서 이어 제자들에게 말씀하셨다.

“이제 나는 부처가 되어 지혜의 눈이 청정해졌으니 일체 중생의 생사윤회와 3계 속에 식신이 왕래하는 일을 부처는 모두 알고 본다. 마치 수정 유리의 보배 구슬을 여러 가지 고운 색깔의 실로 꿰면 푸르고 노란 것이 다 나타나는 것처럼, 부처가 중생의 생사윤회를 보는 것도 실로 꿰어 있는 구슬을 보는 것과 같다. 또 비유컨대 깨끗한 물이 맑고 고요하면 밑바닥이 보이고 그 속의 고기와 벌레가 모두 환히 보이는 것과 같다. 부처가 중생의 생사윤회를 보는 것도 맑은 물속의 고기를 보는 것과 같다.

또 비유컨대 다리 위로 온갖 행인들이 끊임없이 왕래하는 것을 보는 것과 같다. 부처가 중생이 생사윤회 하면서 6도에 왕래하는 것을 보는 것도 다리 위의 행인을 보는 것과 같다. 또 비유컨대 높은 산에서 멀리 바라보면 빠짐없이 보이는 것처럼, 부처의 마음과 의식은[心意]는 높고 멀어서 일체 중생의 생사를 빠짐없이 알고 분별하지 못하는 것이 없다.”

佛告諸弟子：“今我爲佛，慧眼清淨，一切生死，往來三界，佛悉知見。譬如水精、琉璃、寶珠，綵絲貫之，青黃皆見；佛視生死，如觀貫珠。譬如淨水，清澄見底，其中魚虫，皆悉裸見；佛視生死，如清水魚。譬如大橋，一切行人，往來無絕；佛視生死，往來五道，如觀橋人。譬如高山遠望具見；佛意高遠，具知生死，無不分別。”

부처님께서 이어 제자들에게 말씀하셨다.

"너희들은 응당 나의 가르침을 따라서 천억 겁에 걸쳐 생사윤회 하는 일을 빠짐없이 알아야 한다. 응당 37조도품의 중요한 수행인, 4념처(意止) · 4정근(意斷) · 4신족(神足) · 5근(根) · 5력(力) · 7각지(覺意) · 8정도(正道)를 행하여 의식상의 오염을 없애고 탐진치 3독(毒)을 없애고 의혹결사(疑惑結使)가 풀려서 흩어지면, 곧 청정을 보고 부처와 같은 지혜로운 마음을 얻어서 과거와 미래의 일을 마치 밝은 거울을 보듯 모두 다 볼 것이다."

佛告諸弟子："汝等當隨我教，可具知生死千億劫事，當行三十七品要行：四意止、四意斷、四神足、五根、五力、七覺意、八正道。以除意垢，消滅三毒，疑結解散，便見清淨，得佛慧意，便知去來之事，如視明鏡，一切悉見。"

부처님께서 이어 제자들에게 말씀하셨다.

"세상 사람들이 지은 선악의 업은 죽은 뒤의 다음 생애에도 모두 서로 응보가 있다. 그러나 사람들은 청정한 법안(法眼) · 혜안(慧眼) · 불안(佛眼)을 얻지 못했기 때문에 원래의 모습을 보지도 못하고 알지도 못하는 것이다. 식신이 앞서 말했던 여섯 가지 얽매임과 가림에 붙어 있어 육안에 의해서만 행하기 때문에 응보의 근본을 보지도 못하고 '삼세의 인과응보가 없다' 라고 멋대로 말하는 것이다.

아직 도를 얻지 못한 자들은 모두 항상 흐리고 더러운 행을 짓고, 게다가 어리석음에 빠져있는 가운데, 생사윤회 하면서 환생하여 새로운 형체를 받으면 육안에 미혹되어 이전의 형체를 떠나 새로운 형체에 얽매여 생로병사의 4통(痛)에 교란되고 마침내 식신이 선악의 행에 따라 과보를 받는 것을 알 길이 없다.

佛告諸弟子："世人所作善惡，死之後世，亦皆相答報。但人未得三淨眼，是以不見不知，不復識其本，著在六繫蔽，爲肉眼行故，而不見相答報之本，謂之無有也。其未得道者，皆作濁穢之行，沉沒愚癡，生死轉化，更受身形，肉眼眩惑，離故繫新，四痛擾亂，終不得知識隨行相答報也。

현세의 사람이 혹은 복을 받거나 혹은 재앙을 당하거나 혹은 서로 어여삐 여기거나 혹은 서로 미워하는 것은, 곧 과거세의 선악의 행에 대한 응보의 증험이다. 청정한 법안·혜안·불안이 없기 때문에 보지도 못하고 알지도 못하기 때문에 더욱 우치하고 미혹하게 되는 것이다. 모든 사람들이 이미 이 세상에 태어나서, 본래 어리석은데다 깨달음을 구하는 마음과 청정한 수행도 없으면서 전세의 일을 알기 바라고, 식신이 돌아와 알려주는 효험을 바라는 것은, 마치 손이 없으면서 글을 쓰려고 하며 눈이 없으면서 보려고 하는 것과 같으니 끝내 그럴 수가 없다. 그러므로 부처가 세간에 출현하여 경전의 도리를 설하여 펴고 나타내는 목적은 사람들의 마음을 가르쳐 이끌고 열어주려는 것이다.

今現世人，或受福、或受殃，或相憐、或相憎，此則宿行答報之驗。爲無有三淨眼故，不見不知，便結在疑，一切人已來生是世，本與癡俱，無有道意淸淨之行，而欲望知前世之事，識反報之效，譬如無手欲書、無目欲視，終不能也。故佛出世，敷現經道，以解人意。

그 식신의 왕래 방향과 생사윤회의 과보를 받는 곳을 알고자 하는 사람은 응당 부처의 가르침에 따라 37조도품과 지혜바라밀[智度無極]을 수행하여 의념을 단속하고 의념을 경계하며, 의념을 조정하고 의념을 바르게 하여 선정삼매의 오묘한 경지에 들어야 비로소 식신이 과보를 받아 떨어지는 곳과 가고 오는 일을 자세히 알 수 있다.

너희 제자들아, 몸으로 하는 일 마음으로 하는 일을 응당 부지런히 배우고 알아, 모든 대상 경계들을 빠짐없이 인식하여, 경계가 닥치면 곧 그것을 없애서 어지럽거나 잘못되지 말고 정법에 견고해야 한다. 이와 같이 쉬지 않고 정진하면 너희들의 의문점은 곧 해결될 것이다."

其欲知見，識神往來生死所受者，當隨佛教行三十七品，智度無極，撿意勅意，調意正意，入禪三昧之妙，乃可具知，識神所墮，去來之事耳。汝諸弟子！當勤學知身事意事，具了諸對，至則滅除之，不爲亂誤，堅固於正法，如此莫休。汝所疑問，卽可解了。"

부처님께서 이어 제자들에게 말씀하셨다.

"식신은 이름은 있지만 형상이 없으며 선악의 행에 따라 변화하여 지수화풍 4대의 인연화합에 의지하여 몸이 된다. 처음 태어났을 때는 몸도 작고 모든 감관의 기능도 원만하지 못하며 식견도 적고 사물에 대한 인지(認知)도 아직 완비되지 못하다가, 나이가 늘어 자라면서 6근(情)의 기능이 점점 완비되고 식신도 신체의 변화에 따라 갖가지 탐욕의 훈습 오염이 나날이 치성해지며 갖추어지게 된다. 쇠약하고 늙어지면 4대 화합으로 이루어진 신체가 점점 파리해지고 식신도 어두워지며 6근의 기능도 점점 쇠퇴한다. 이처럼 현재 한 세상을 살면서도 변화가 무상하여 예전 같지 않으며, 일생에 익히고 본 것을 늙어서는 잊어버리게 되는데, 하물며 다시 다른 세상에서 중음신과 포태[陰胎]에 얽매이고 덮일 때야 더 말할 나위가 있겠는가? 도를 닦지 않고 어리석은 행으로 미혹되고 더럽혀졌으면서도, 식신이 왕래하고 돌아와 면전에서 알려주기를 보고자하는 것은 불가능한 것이다.

佛告諸弟子："識神有名無形，隨善惡行，依四大爲體，初生身小，諸根未具，識見復小，所知未備。及其長大，六情具足，識亦隨體，愛欲諸習，日生盛具。至於衰老，四大羸臞，識亦不明，六情減少。現居一世，變易無常，不如其故；生所習見，老如忘之；況更異世，陰胎繫蔽。未得道意，癡行惑穢，欲見意識往來，面相反報，不可得也。

사람이 도의 수행이 없으면서 숙명(宿命) 중의 일을 보고 알기를 바라는 것은, 마치 어두운 밤에 바늘에 실을 꿰고 물속에서 불을 구하려는 것과 같아 끝내 볼 수 없다.

너희 제자들아, 부지런히 경전과 계율을 수행하며 생사가 본래 어디에서 왔고, 결국 어디로 돌아가며, 무슨 인에 의해 왕래하고 무슨 연에 의해 끌려가는 지를 깊이 사유해야 한다. 공의 도리[空無之法]를 자세히 사유하여 청정한 눈을 얻고 결사를 끊어 없애면 의혹은 저절로 풀릴 것이다."

人無道行，而望見知宿命之事，譬如闇夜貫鍼、水中求火，終無見得。汝諸弟子！當勤行經戒，深思生死，本從何來？終歸何所？何因往來？所緣何等？諦如思惟空無之法，得淨結除，所疑自解。"

부처님께서 이 경을 말씀하시고 나자 견정 등 5백 명과 모든 우바새가 모두 수다원(須陀洹) 과위를 얻었으며, 모든 보살은 다 불경회삼매(不傾迴三昧)를 얻었다. 그들은 각자 일어나 부처님을 세 번 돌고 땅에 엎드려 예배한 뒤 모두 부처님을 따라 함께 정사로 돌아갔다.

佛說經竟，見正等五百人，及諸優婆塞，悉得須陁洹；諸菩薩皆得不傾迴三昧。各起遶佛三帀，頭面著地，作禮畢竟，悉從佛俱還精舍。

업보차별경

(佛爲首迦長子說業報差別經)

수(隋)나라 양천군수(洋川郡守) 구담법지(瞿曇法智) 한역
송찬문(宋燦文) 신수대장경본 한글 번역

제1장 업보차별 법문을 개략적으로 말씀하시다

이와 같이 내가 들었다. 어느 때 부처님께서 사위국 기수급고독원에 계셨다. 그때에 부처님께서 도제야(忉提耶)의 아들 수가(首迦) 장자에게 말씀하셨다. "수가 장자여! 나는 마땅히 그대를 위하여 선과 악의 업보 차별[善惡業報差別] 법문을 말하리라. 그대는 마땅히 자세히 듣고 잘 사념하여라!"

이에 수가 장자가 부처님께 말씀드렸다. "예, 세존이시여! 기꺼이 듣고자 원하옵니다."

부처님이 수가에게 말씀하셨다. "일체 중생은 업에 얽매여 귀속하고 업에 의존하여 머물며 자기의 업에 따라 전환변화하여 가고, 그 인연으로 업보에는 상등 중등 하등의 차별이 있어 다르나니

어떤 업은 중생으로 하여금 수명이 짧은 과보를 얻게 할 수 있다.

어떤 업은 중생으로 하여금 수명이 긴 과보를 얻게 할 수 있다.

어떤 업은 중생으로 하여금 몸에 병이 많은 과보를 얻게 할 수 있다.

어떤 업은 중생으로 하여금 몸에 병이 적은 과보를 얻게 할 수 있다.

어떤 업은 중생으로 하여금 외모가 못생긴 과보를 얻게 할 수 있다.

어떤 업은 중생으로 하여금 외모가 단정하게 생긴 과보를 얻게 할 수 있다.

어떤 업은 중생으로 하여금 위엄덕망과 권세가 작은 과보를 얻게 할 수 있다.

어떤 업은 중생으로 하여금 위엄덕망과 권세가 큰 과보를 얻게 할 수 있다.

어떤 업은 중생으로 하여금 하등의 가문의 과보를 얻게 할 수 있다.

어떤 업은 중생으로 하여금 상등의 가문의 과보를 얻게 할 수 있다.

어떤 업은 중생으로 하여금 생활자산이 부족한 과보를 얻게 할 수 있다.

어떤 업은 중생으로 하여금 생활자산이 풍족한 과보를 얻게 할 수 있다.

어떤 업은 중생으로 하여금 삿된 지혜의 과보를 얻게 할 수 있다.

어떤 업은 중생으로 하여금 바른 지혜의 과보를 얻게 할 수 있다.

어떤 업은 중생으로 하여금 지옥의 과보를 얻게 할 수 있다.

어떤 업은 중생으로 하여금 축생의 과보를 얻게 할 수 있다.

어떤 업은 중생으로 하여금 아귀의 과보를 얻게 할 수 있다.

어떤 업은 중생으로 하여금 아수라의 과보를 얻게 할 수 있다.

어떤 업은 중생으로 하여금 인도의 과보를 얻게 할 수 있다.

어떤 업은 중생으로 하여금 욕계천의 과보를 얻게 할 수 있다.

어떤 업은 중생으로 하여금 색계천의 과보를 얻게 할 수 있다.

어떤 업은 중생으로 하여금 무색계천의 과보를 얻게 할 수 있다.

어떤 업은 중생으로 하여금 결정된 과보를 얻게 할 수 있다.

어떤 업은 중생으로 하여금 미정된 과보를 얻게 할 수 있다.

어떤 업은 중생으로 하여금 변방의 궁벽한 땅의 과보를 얻게 할 수 있다.

어떤 업은 중생으로 하여금 문명과 불법이 있는 중앙의 국토의 과보를 얻게 할 수 있다.

어떤 업은 중생으로 하여금 지옥의 수명을 다 하게 할 수 있다.

어떤 업은 중생으로 하여금 지옥의 수명을 절반으로 하게 할 수 있다.

어떤 업은 중생으로 하여금 지옥에 잠시 들어갔다가 곧 나오게 할 수 있다.

어떤 업은 짓되 쌓이지 않는다.

어떤 업은 쌓이되 짓지 않는다.

어떤 업은 짓기도 하고 쌓이기도 한다.

어떤 업은 짓지도 않고 쌓이지도 않는다.

어떤 업은 중생으로 하여금 먼저는 즐겁지만 나중에는 괴롭게 할 수 있다.

어떤 업은 중생으로 하여금 먼저는 괴롭지만 나중에는 즐겁게 할 수 있다.

어떤 업은 중생으로 하여금 먼저도 괴롭고 나중에도 괴롭게 할 수 있다.

어떤 업은 중생으로 하여금 먼저도 즐겁고 나중에도 즐겁게 할 수 있다.

어떤 업은 중생으로 하여금 가난하면서도 보시하기를 즐기게 할 수 있다.

어떤 업은 중생으로 하여금 부유하면서도 인색하고 탐내게 할 수 있다.

어떤 업은 중생으로 하여금 부유하면서 보시하게 할 수 있다.

어떤 업은 중생으로 하여금 가난하면서 인색하고 탐내게 할 수 있다.

어떤 업은 중생으로 하여금 몸은 즐겁지만 마음이 즐겁지 않게 할 수 있다.

어떤 업은 중생으로 하여금 마음은 즐겁지만 몸이 즐겁지 않게 할 수 있다.

어떤 업은 중생으로 하여금 몸과 마음이 다 즐겁게 할 수 있다.

어떤 업은 중생으로 하여금 몸과 마음이 다 즐겁지 않게 할 수 있다.

어떤 업은 중생으로 하여금 수명은 다했으나 업보는 다하지 않게 할 수 있다.

어떤 업은 중생으로 하여금 업보는 다했지만 수명은 다하지 않게 할 수 있다.

어떤 업은 중생으로 하여금 업보와 수명을 다하게 할 수 있다.

어떤 업은 중생으로 하여금 정업과 생명이 다하지 않고 일체의 번뇌를 깨끗이 끊어 버리게 할 수 있다.

어떤 업은 중생으로 하여금 악도에 태어나지만 형체 용모가 뛰어나고 더없이 아름다우며 눈이 단정 장엄하고 피부와 몸은 광택이 있으며 사람마다 그를 보기를 즐거워하게 할 수 있다.

어떤 업은 중생으로 하여금 악도에 태어나 형체 용모가 아주 추하며 피부와 몸은 껄끄러우며 굵고 사람마다 그를 보기를 좋아하지 않게 할 수 있다.

어떤 업은 중생으로 하여금 악도에 태어나 몸과 입에서 악취가 나고 더러우며 5관 6근이 결함이 있어 온전하지 않게 할 수 있다.

어떤 중생은 열 가지 착하지 못한 업[十不善業]을 익히고 행하여 외부의 물질세계가 열악한 과보를 얻는다.

어떤 중생은 열 가지 착한 업[十善業]을 익히고 행하여 외부 물질세계가 수승한 과보를 얻는다.

또한 장자여!

만약 어떤 중생이 불탑묘(佛塔廟)에 예배하면 열 가지 공덕을 얻을 수 있다.

보개(寶蓋: 비단으로 만든 일산/역주)를 보시하면 열 가지 공덕을 얻을 수 있다.

증번(繒幡: 비단으로 만든 깃발/역주)을 보시하면 열 가지 공덕을 얻을 수 있다.

종이나 북이나 요령 등을 보시하면 열 가지 공덕을 얻을 수 있다.

의복을 보시하면 열 가지 공덕을 얻을 수 있다.

그릇을 보시하면 열 가지 공덕을 얻을 수 있다.

음식을 보시하면 열 가지 공덕을 얻을 수 있다.
신발을 보시하면 열 가지 공덕을 얻을 수 있다.
향이나 꽃을 보시하면 열 가지 공덕을 얻을 수 있다.
등불광명을 보시하면 열 가지 공덕을 얻을 수 있다.
부처님께 공경히 합장 예배하면 열 가지 공덕을 얻을 수 있다.

이상을 세간의 갖가지 업보의 차별 법문을 개략적으로 말한 것이라고 하느니라."

제2장 수명이 짧은 과보를 얻는 열 가지 업

부처님께서 수가에게 말씀하셨다. "또한 열 가지 업이 중생으로 하여금 수명이 짧은 과보[短命報]를 얻게 할 수 있나니

첫째, 자기가 살생하는 것이요.

둘째, 남에게 살생하도록 권하고 이끄는 것이요.

셋째, 살생하는 악법을 찬탄함이요.

넷째, 남이 살생하는 것을 보고 따라서 기뻐하는 것이요.

다섯째, 자기와 원한이 있거나 미워하는 상대에 대하여 멸망시키고자 하는 것이요.

여섯째, 자기와 원한이 있는 상대가 죽어버린 것을 보고 마음에서 기뻐하는 것 것이요.

일곱째, 남의 태아를 파괴하는 것이요.

여덟째, 남에게 태아를 훼손하도록 가르치는 것이요.

아홉째, 하늘에 제사를 지내는 사원[天寺]을 세워 놓고 중생을

도살하는 것이요.

열째, 남에게 전쟁하거나 때리거나 다투거나 싸우고 서로 잔혹하게 상해하도록 가르치는 것이다.

이상의 열 가지 업으로 말미암아 단명한 과보를 얻느니라.

제3장 수명이 긴 과보를 얻는 열 가지 업

또한 열 가지 업이 중생으로 하여금 수명이 긴 과보[長命報]를 얻게 할 수 있나니

첫째, 자기가 살생하지 않는 것이요.

둘째, 남에게 살생하지 말도록 권하고 이끄는 것이요.

셋째, 살생하지 않는 사람을 찬탄하는 것이요.

넷째, 남이 살생하지 않는 것을 보고 마음에서 기뻐하는 것이요.

다섯째, 살해될 중생을 보고 방편으로 구조하여 면하게 하여 주는 것이요.

여섯째, 죽음을 앞두고 두려워하는 사람을 보고 그의 마음을 위안하여 주는 것이요.

일곱째, 마음속으로 두려워하는 사람을 보고 두려움이 없음을 베풀어 주는 것이요.

여덟째, 질병으로 고생하는 사람을 보고 자비연민의 마음을 일으켜 도와주는 것이요.

아홉째, 위급한 재난이 발생한 사람들을 보고 대비심을 일으켜 구제하여 주는 것이요.

열째, 여러 가지 음식으로 일체 중생에게 베푸는 것이니라.

이상의 열 가지 업으로 말미암아 장수의 과보를 얻느니라.

제4장 몸에 병이 많은 과보를 얻는 열 가지 업

또한 열 가지 업이 중생으로 하여금 몸에 병이 많은 과보[多病報]를 얻게 할 수 있나니

첫째, 일체 중생을 때리기를 좋아하는 것이요.

둘째, 남에게 중생을 때리도록 권하거나 시키는 것이요.

셋째, 때리는 악법을 찬탄하는 것이요.

넷째, 남이 중생을 때리는 것을 보고 마음에서 기뻐하는 것이요.

다섯째, 자기의 부모를 성가시게 하여 근심 고뇌하게 하는 것이요.

여섯째, 성자나 현인을 성가시게 하는 것이요.

일곱째, 자기와 원한 있는 자가 병으로 고생하는 것을 보고 마음에서 크게 기뻐하는 것이요.

여덟째, 원한이 있는 자가 병이 다 나은 것을 보고 마음에서 즐거워하지 않는 것이요.

아홉째, 원한이 있는 자가 걸린 병에 대하여 치료약이 아닌 약을 주는 것이요.

열째, 이미 먹은 음식이 소화되지 않았음에도 다시 더욱 먹는 것이다.

이상의 열 가지 업으로 말미암아 몸에 병이 많은 과보를 얻느니라.

제5장 몸에 병이 적은 과보를 얻는 열 가지 업

또한 열 가지 업력이 중생으로 하여금 몸에 병이 적은 과보[少病報]를 얻게 할 수 있나니

첫째, 일체 중생을 때리기를 좋아하지 않는 것이요.

둘째, 남에게 때리지 말도록 권하고 이끄는 것이요.

셋째, 중생을 때리지 않는 선법을 찬탄하는 것이요.

넷째, 중생을 때리지 않는 것을 보고 마음에서 기뻐하는 것이요.

다섯째, 부모와 병자들에게 공양을 하는 것이요.

여섯째, 현인 성자가 병이 난 것을 보고 보살펴드리고 공양하는 것이요.

일곱째, 자기와 원한이 있는 자가 병이 다 나은 것을 보고 마음에서 기뻐하는 것이요.

여덟째, 병으로 고생하는 자를 보고 좋은 약을 보시하고 남도 보시하도록 권하는 것이요.

아홉째, 병으로 고통 받는 중생에 대하여 자비연민의 마음을 일으켜 도와주는 것이요.

열째, 음식들에 대하여 먹는 양을 스스로 절제할 수 있는 것이다.

이상의 열 가지 업으로 말미암아 몸이 건강하고 병이 적은 과보를 얻느니라.

제6장 외모가 못생긴 과보를 얻는 열 가지 업

또한 열 가지 업이 중생으로 하여금 외모가 못생긴 과보[醜陋報]를 얻게 할 수 있나니

첫째, 분노하기를 좋아하는 것이요.

둘째, 남에 대하여 혐의와 원한 품기를 좋아하는 것이요.

셋째, 남을 속이는 것이요

넷째, 중생을 성가시게 하는 것이요.

다섯째, 부모에 대하여 사랑하고 존경하는 마음이 없는 것이요.

여섯째, 현인 성자에 대하여 공경하는 마음을 일으키지 않는 것이요.

일곱째, 현인 성자의 생활자산이나 토지나 산업을 빼앗는 것이요.

여덟째, 사원이나 불탑에서 등불을 꺼버리는 것이요.

아홉째, 못생기고 신분이 천한 사람을 보고 헐뜯고 깔보고 천대하는 것이요.

열째, 항상 악행들을 일삼는 것이다.

이상의 열 가지 업으로 말미암아 용모가 못생긴 과보를 얻느니라.

제7장 외모가 단정하게 생긴 과보를 얻는 열 가지 업

또한 열 가지 업이 중생으로 하여금 외모가 단정하게 생긴 과보

[端正報]를 얻게 할 수 있나니

첫째, 성내지 않는 것이요.

둘째, 의복을 보시하는 것이요.

셋째, 자기의 부모를 사랑하고 존경하는 것이요.

넷째, 현인 성자를 존중하는 것이요

다섯째, 불탑을 항상 잘 바르고 장식하는 것이요.

여섯째, 사원의 전당을 청소하는 것이요.

일곱째, 승려들이 머무는 곳을 청소하는 것이요.

여덟째, 불탑을 청소하여 주는 것이요.

아홉째, 외모가 못생긴 사람을 보고 경멸 천대하는 마음을 내지 않고 공경하는 마음을 일으키는 것이요.

열째, 외모가 단정하게 생긴 사람을 보면 그에게 과거세에 심은 착한 원인 때문에 그러하다고 설명하여 알게 하여 주는 것이다.

이상의 열 가지 업으로 외모가 단정하게 생긴 과보를 얻느니라.

제8장 위엄덕망과 권세가 작은 과보를 얻는 열 가지 업

또한 열 가지 업이 중생으로 하여금 위엄덕망과 권세가 작은 과보[小威勢報]를 얻게 할 수 있나니

첫째, 중생들에 대하여 질투심을 일으키는 것이요.

둘째, 남이 이익을 얻는 것을 보면 마음에서 심한 번뇌와 분노를 일으키는 것이요.

셋째, 남이 실패하고 이익을 잃은 것을 보면 마음으로 기뻐하는 것이요.

넷째, 남의 좋은 명예에 대하여 질투심을 일으키는 것이요.

다섯째, 남이 좋은 명예를 잃는 것을 보면 마음으로 크게 유쾌하고 기뻐하는 것이요.

여섯째, 보리심에서 물러나고 불보살의 형상을 부수는 것이요.

일곱째, 자기 부모나 현인 성자에 대하여 정성심이 없이 시봉하고 공양하는 것이요.

여덟째, 남에게 작은 위엄덕망의 과보를 얻는 업을 닦도록 권하는 것이요.

아홉째, 남이 큰 위엄덕망의 과보를 얻는 업을 닦는 것을 방해하는 것이요.

열째, 위엄덕망이 작은 자를 보면 깔보고 천대하는 마음을 일으키는 것이다.

이상의 열 가지 업으로 말미암아 위엄덕망과 권세가 작은 과보를 얻느니라.

제9장 위엄덕망과 권세가 큰 과보를 얻는 열 가지 업

또한 열 가지 업이 중생으로 하여금 위엄덕망과 권세가 큰 과보[大威勢報]를 얻게 할 수 있나니

첫째, 중생들에 대하여 질투심이 없는 것이요.

둘째, 남이 이익을 얻는 것을 보면 마음에서 기뻐하는 것이요.

셋째, 남이 실패하고 이익을 잃는 것을 보면 연민하는 마음을 일으키는 것이요.

넷째, 남의 좋은 명예에 대하여 마음에서 유쾌하고 기뻐하는 것

이요.

다섯째, 남이 명예를 잃는 것을 보면 도와주고 근심 걱정하는 마음을 품는 것이요.

여섯째, 보리심을 일으키고 불보살의 형상을 조성하고 보개를 보시하는 것이요.

일곱째, 자기 부모와 현인 성자에 대하여 공경하고 봉양하고 환영하는 것이요.

여덟째, 남에게 작은 위엄덕망의 업을 버리도록 권하는 것이요.

아홉째, 남에게 큰 위엄덕망의 업을 닦고 행하도록 권하는 것이요.

열째, 위엄덕망이 없는 사람을 보면 깔보고 천대하는 마음을 일으키지 않는 것이다.

이상의 열 가지 업으로 말미암아 위엄덕망과 권세가 큰 과보를 얻느니라.

제10장 하등의 가문에 태어나는 열 가지 업

또한 열 가지 업이 중생으로 하여금 하등의 가문에 태어나는 과보[下族姓報]를 얻게 할 수 있나니

첫째, 아버지를 공경할 줄 모르는 것이요.

둘째, 어머니를 공경할 줄 모르는 것이요.

셋째, 사문을 공경할 줄 모르는 것이요.

넷째, 바라문을 공경할 줄 모르는 것이요.

다섯째, 모든 연장자에 대하여 마음으로 공경하고 우러르지 않

는 것이요.

여섯째, 모든 스승에 대하여 시봉하고 영접하고 공양하지 않는 것이요.

일곱째, 모든 연장자를 보고서도 영접하여 자리에 앉기를 청하지 않는 것이요.

여덟째, 부모에 대하여 그 가르침을 따르지 않는 것이요.

아홉째, 모든 현인 성자가 가르쳐 인도함을 받아들이지 않는 것이요.

열째, 하등의 가문을 깔보고 모멸하는 것이다.

이상의 열 가지 업으로 말미암아 하등의 가문에 태어나는 과보를 얻느니라.

제11장 상등의 가문에 태어나는 열 가지 업

또한 열 가지 업이 중생으로 하여금 상등의 가문에 태어나는 과보[上族姓報]를 얻게 할 수 있나니

첫째, 아버지를 공경할 줄 잘 아는 것이요.

둘째, 어머니를 공경할 줄 잘 아는 것이요.

셋째, 사문을 공경할 줄 잘 아는 것이요.

넷째, 바라문을 공경할 줄 잘 아는 것이요.

다섯째, 연장자를 공경하고 애호하는 것이요.

여섯째, 스승들을 시봉하고 영접하는 것이요.

일곱째, 연장자를 보면 영접하여 자리에 앉기를 청하는 것이요.

여덟째, 부모의 가르침을 공경히 받아들이는 것이요.

아홉째, 현인 성자들이 가르쳐 인도함을 존경하고 받아들이는 것이요.

열째, 하등의 가문을 깔보고 천대하지 않는 것이다.

이상의 열 가지 업으로 말미암아 상등의 가문에 태어나는 과보를 얻느니라.

제12장 생활자산이 부족한 과보를 얻는 열 가지 업

또한 열 가지 업이 중생으로 하여금 생활자산이 부족한 과보[小資生報]를 얻게 할 수 있나니

첫째, 자기가 도둑질을 하는 것이요.

둘째, 남에게 도둑질하도록 권하는 것이요.

셋째, 남이 도둑질하는 것을 찬탄하는 것이요.

넷째, 남이 도둑질하는 것을 보고 마음에서 기뻐하는 것이요.

다섯째, 자기 부모에 대한 부양을 줄이거나 폐지하는 것이요.

여섯째, 현인 성자의 생활자산을 침해하고 빼앗는 것이요.

일곱째, 남이 이익을 얻는 것을 보고 마음에서 기뻐하지 않는 것이요.

여덟째, 남이 이익을 얻는 것을 방해하여 일부러 난처하게 하는 것이요.

아홉째, 남이 보시하는 것을 보고 함께 기뻐하는 마음이 없는 것이요.

열째, 세상 사람들이 기근재난을 당했음을 보고 마음에서 가련히 여기지 않고 도리어 기뻐하는 것이다.

이상의 열 가지 업으로 말미암아 생활자산이 부족한 과보를 얻느니라.

제13장 생활자산이 풍족한 과보를 얻는 열 가지 업

또한 열 가지 업이 중생으로 하여금 생활자산이 풍족한 과보(多資生報)를 얻게 할 수 있나니

첫째, 자기가 도둑질을 멀리 떠난 것이요.

둘째, 남에게 도둑질하지 말도록 권하는 것이요.

셋째, 도둑질하지 않는 것을 찬탄하는 것이요.

넷째, 남이 도둑질하지 않는 것을 보고 마음에서 기뻐하는 것이요.

다섯째, 자기 부모에게 생활에 필요한 것을 공급하는 것이요.

여섯째, 모든 현인 성자에게 필요한 것을 공급하고 보시하는 것이요.

일곱째, 남이 이익을 얻는 것을 보고 마음에서 기뻐하는 것이요.

여덟째, 이익을 구하려는 사람을 보고 방편으로 도와주는 것이요.

아홉째, 기꺼이 보시하는 사람을 보고 마음에 유쾌하고 기뻐하는 것이요.

열째, 세상 사람들이 기근재난을 당했음을 보고 마음에서 가련히 여기고 구제하고 도와주는 것이다.

이상의 열 가지 업으로 말미암아 생활자산이 풍족한 과보를 얻느니라.

第14장 삿된 지혜의 과보를 얻는 열 가지 업

또한 열 가지 업이 중생에게 삿된 지혜의 과보[(邪智報]를 얻게 할 수 있나니

첫째, 바른 지혜가 있는 사문과 바라문에게 묻지 않는 것이요.

둘째, 나쁜 가르침[惡法]을 드러내어 말하는 것이요.

셋째, 바른 가르침[正法]을 받아 지니고 닦아 익히지 않는 것이요.

넷째, 바른 선정법이 아닌 것을 바른 선정법으로 여기고 찬탄하는 것이요.

다섯째, 바른 가르침을 아끼고 말하지 않는 것이요.

여섯째, 삿된 지혜를 가까이 하는 것이요.

일곱째, 바른 지혜를 멀리하는 것이요.

여덟째, 삿된 견해[邪見]를 찬탄하는 것이요.

아홉째, 바른 견해[正見]를 버리는 것이요.

열째, 어리석고 나쁜 사람을 보고 경멸하고 헐뜯는 것이다.

이상의 열 가지 업으로 말미암아 삿된 지혜의 과보를 얻느니라.

第15장 바른 지혜의 과보를 얻는 열 가지 업

또한 열 가지 업이 중생으로 하여금 바른 지혜의 과보[正智報]를 얻게 할 수 있는 열 가지의 업이 있나니

첫째, 바른 견해의 지혜가 있는 사문과 바라문에게 묻기를 잘 할

수 있는 것이요.

둘째, 도리에 따르고 나와 남을 유익하게 하는 바른 일[善法]을 드러내어 말하는 것이요.

셋째, 바른 가르침을 듣고 닦아가는 것이요.

넷째, 남이 바른 선정법을 말하는 것을 보고 좋다고 찬탄하여 말하는 것이요.

다섯째, 바른 가르침을 말하기 즐겨하는 것이요.

여섯째, 정견의 지혜가 있는 사람을 가까이 하는 것이요.

일곱째, 바른 가르침을 받아들이고 보호하는 것이요.

여덟째, 부지런히 닦고 많이 듣는 것이요.

아홉째, 삿된 견해를 멀리하는 것이요.

열째, 어리석고 나쁜 사람을 보고 마음에서 깔보고 천대하지 않는 것이다.

이상의 열 가지 업으로 말미암아 정견 지혜의 과보를 얻느니라.

제16장 지옥의 과보를 얻는 열 가지 업

또한 열 가지 업이 중생으로 하여금 지옥의 과보[地獄報]를 얻게 할 수 있는 열 가지 업이 있나니

첫째, 몸으로 무거운 악업을 행하는 것이요.

둘째, 입으로 무거운 악업을 행하는 것이요.

셋째, 마음으로 무거운 악업을 행하는 것이요.

넷째, 단견(斷見)[77]을 일으키는 것이요.

다섯째, 상견(常見)[78]을 일으키는 것이요.

여섯째, 무인견(無因見)[79]을 일으키는 것이요.
일곱째, 무작견(無作見)[80]을 일으키는 것이요.
여덟째, 무견(無見)[81]을 일으키는 것이요.
아홉째, 변견(邊見)[82]을 일으키는 것이다.
열째, 은혜에 보답할 줄 모르는 것이다.
이상의 열 가지 업으로 말미암아 지옥의 과보를 얻느니라.

제17장 축생의 과보를 얻는 열 가지 업

또한 열 가지 업이 중생으로 하여금 축생의 과보[畜生報]를 얻게 할 수 있나니

첫째, 몸으로 중등의 악업을 행하는 것이요.
둘째, 입으로 중등의 악업을 행하는 것이요.
셋째, 마음으로 중등의 악업을 행하는 것이요.

---

77) 모든 것은 무상한 것으로 실재하지 않아서, 사람이 죽으면 소멸하여 아무것도 없으므로 현세도 내세도 없고 선악과도 없으며 보시나 제사 그리고 공희(供犧)도 아무런 의미가 없을 뿐만 아니라 부모도 바라문도 없다는 삿된 견해.

78) 단견과는 반대로 모든 것은 영원불멸하여서, 사람은 죽더라도 자아는 없어지지 않으며 오온은 과거나 현재나 미래에 상주불변 한다는 삿된 견해.

79) 모든 것은 원인 없이 저절로 발생하며 인과가 없다고 부정하는 삿된 견해.

80) 행위무효론.

81) 일체는 허무하다는 삿된 견해, 즉 허무주의.

82) 단견이나 상견 어느 쪽에 치우친 삿된 견해.

넷째, 탐욕의 번뇌로부터 갖가지 악업을 일으키는 것이요

다섯째, 성냄의 번뇌로부터 갖가지 악업들을 일으키는 것이요.

여섯째, 어리석음의 번뇌로부터 갖가지 악업들을 일으키는 것이요.

일곱째, 중생을 헐뜯고 욕하는 것이요.

여덟째, 중생을 괴롭히고 해를 끼치는 것이요.

아홉째, 깨끗하지 못한 물건을 보시하는 것이요.

열째, 삿된 음행을 하는 것이다.

이상의 열 가지 업으로 말미암아 축생의 과보를 얻느니라.

제18장 아귀의 과보를 얻는 열 가지 업

또한 열 가지 업이 중생으로 하여금 아귀의 과보를 받게 할 수 있나니

첫째, 몸으로 가벼운 악업을 행하는 것이요.

둘째, 입으로 가벼운 악업을 행하는 것이요.

셋째, 마음으로 가벼운 악업을 행하는 것이요.

넷째, 많은 탐욕을 일으키는 것이요.

다섯째, 악성의 탐욕[惡貪]을 일으키는 것이요.

여섯째, 질투심을 일으키는 것이요.

일곱째, 삿된 견해를 일으키는 것이요.

여덟째, 생활자산에 애착하다 목숨을 마치는 것이요.

아홉째, 배고픔 때문에 죽는 것이요.

열째, 목마름 때문에 죽는 것이다.

이 상의 열 가지 업으로 말미암아 아귀의 과보를 얻느니라.

제19장 아수라의 과보를 얻는 열 가지 업

또한 열 가지 업이 중생으로 하여금 아수라의 과보[阿修羅報]를 얻게 할 수 있나니

첫째, 몸으로 약간의 악업을 행하는 것이요.

둘째, 입으로 약간의 악업을 행하는 것이요.

셋째, 마음으로 약간의 악업을 행하는 것이요.

넷째, 교만(憍慢)이요.

다섯째, 아집아만(我執我慢)이요.

여섯째, 아직 깨닫지 못했으면서도 깨달았다고 말하는 증상만(增上慢)이요.

일곱째, 높고 큰 오만[大慢]이요.

여덟째, 삿된 견해의 오만[邪慢]이요.

아홉째, 남이 자기보다 뛰어난데도 반대로 자신이 뛰어나다고 말하는 오만 중의 오만[慢慢]이요.

열째, 닦은 갖가지 선근들을 아수라도로 회향하는 것이다.

이상의 열 가지 업으로 말미암아 아수라의 과보를 얻느니라.

제20장 인도의 과보를 얻는 열 가지 업

또한 열 가지 업이 중생으로 하여금 인도의 과보[人趣報]을 얻게 할 수 있나니

첫째, 살생을 하지 않는 것이요.

둘째, 도둑질을 하지 않는 것이요.

셋째, 삿된 음행을 하지 않는 것이요.

넷째, 거짓말을 하지 않는 것이요.

다섯째, 꾸미는 말을 하지 않는 것이요.

여섯째, 이간질 하는 말을 하지 않는 것이요.

일곱째, 악담을 하지 않는 것이요.

여덟째, 탐욕하지 않는 것이요.

아홉째, 성내지 않는 것이요.

열째, 삿된 견해로 어리석지 않는 것이다.

이상의 열 가지 업을 닦되 부족하여 다 갖추지는 못하더라도 이상의 열 가지 업으로 말미암아 인도의 과보를 얻느니라.

제21장 욕계천 색계천 무색계천의 과보를 얻는 업

또한 열 가지 업이 중생으로 하여금 욕계천의 과보[欲天報]를 받게 할 수 있나니, 이른바 증진 향상의 상품(上品)의 열 가지 선업을 다 갖추고 수행하는 것이다.

또한 열 가지 업이 중생으로 하여금 색계천의 과보[色天報]를 받게 할 수 있나니, 이른바 유루(有漏)의 열 가지 선업을 수행하고 내심에서 또 선정과 상응할 수 있는 것이다.

또한 네 가지 업이 중생으로 하여금 무색계천으로 상승하는 과보[無色天報]를 받게 할 수 있나니,

첫째, 마음에서 일체의 형색의 망상을 초월하고 상대적인 영상(影相)의 망상 등을 없애고 공무변처정[空處定]에 진입하는 것이요.

둘째, 일체의 공무변처정을 초월하여 식무변처정[識處定]에 진입하는 것이요.

셋째, 일체의 식무변처정을 초월하여 무소유처정[無所有處定]에 진입하는 것이요.

넷째, 무소유처정을 초월하여 비상비비상처정[非想非非想處定]에 진입하는 것이다.

이상의 네 가지 업으로 말미암아 무색계천의 과보를 얻느니라.

제22장 결정된 과보와 미정된 과보를 얻는 업

또한 중생으로 하여금 결정된 과보[決定報]를 얻게 할 수 있는 업이 있나니, 만약 어떤 사람이 불법승 삼보와 계율을 지키는 사람의 처소에 대하여 증진 향상하려는 지성심을 가지고 보시 공양하여, 그 선업을 닦은 공덕을 불국정토에 태어나기를 발원하고 회향하였다면 왕생할 수 있으니. 이를 결정된 과보의 업[決定報業]이라고 한다.

또한 중생으로 하여금 미정된 과보[不定報]를 얻게 할 수 있는 업이 있나니, 만약 보시 공양한 선업이 증진 향상하려는 지성심으로 하여진 것도 아니요 더욱이 정진하여 닦아 익히지도 아니하였

으며 또 닦은 공덕을 불국정토에 왕생하기를 발원하고 회향하지도 않았다면, 이를 미정된 과보의 업[不定報業]이라고 하느니라.

제23장 변방의 궁벽한 땅 등에 태어나는 과보를 얻는 업

또한 중생으로 하여금 변방의 궁벽한 땅에 태어나는 과보[邊地報]를 받게 할 수 있는 업이 있나니, 만약 업을 닦을 때에 불법승 삼보와 계율을 청정하게 지키는 사람과 대중에 대하여 보시를 행하되 증진 향상심과 지성심으로 하지 않고 그 닦은 선근으로 변방의 궁벽한 땅에 태어나기를 발원하였다면, 그런 발원으로 말미암아 변방의 궁벽한 땅에 태어나되 청정하거나 청정하지 않는 변방의 궁벽한 땅에 태어나는 과보를 얻느니라.

또한 중생으로 하여금 문명과 불법이 있는 중앙의 국토에 태어나는 과보[中國報]를 받게 할 수 있는 업이 있나니, 만약 업을 닦을 때에 불법승 삼보와 계율을 청정하게 지키는 사람과 대중에 대하여 증진 향상하려는 마음을 일으키고 정중히 보시하여 그 닦은 선근으로 문명과 불법이 있는 중앙의 국토에 태어나기를 결정코 발원하였다면, 부처님이 세상에 출현함을 만나게 되고 정법을 듣기 때문에 최상의 미묘한 청정한 과보를 받을 수 있느니라.

제24장 지옥 수명을 다 채우는 등의 과보의 업

또한 중생으로 하여금 지옥에서 마땅히 받아야 할 긴 겁 동안의 고통스러운 형벌의 수명을 다 채우게 할 수 있는 업이 있나니, 만약 어떤 중생이 지옥업을 짓고 나서도 어떤 참괴심이 없을 뿐만 아니라 그러한 죄악을 싫어하여 떠나려고 하지도 않고 두려워하는 마음도 없고 오히려 기뻐하는 마음을 내며 참회도 하지 않으면서 거듭 무거운 죄를 지어 악업을 증가시킨다면, 예컨대 제바달다 등과 같은 사람은, 그러한 업들로 말미암아 지옥에서 마땅히 받아야 할 긴 겁의 고통스러운 형벌의 수명을 다 채우느니라.

또한 중생으로 하여금 비록 지옥에 떨어졌더라도 그 형벌을 절반까지 받고 요절하여 출옥하여 지옥에서 긴 겁 동안의 고통스러운 형벌을 다 받을 필요가 없게 할 수 있는 업이 있나니, 만약 어떤 중생이 지옥에 떨어질 악업을 지어서 죄악이 이미 쌓였는데 뒷날 마음에서 두려움을 내고 참괴하며 그러한 죄악들을 싫어하고 떠나며 과거에 저질렀던 죄악을 참회하고 법답지 못한 행위를 버렸지만 증진 향상하려는 지성심에서가 아니라면, 그 업으로 말미암아 지옥에 떨어지고 뒷날 추억 참회하는 까닭에 지옥의 괴로운 형벌을 절반까지만 받고 요절하여 지옥에서의 긴 겁 동안의 괴로운 형벌의 수명을 다 채울 필요가 없느니라.

또한 중생으로 하여금 비록 지옥에 떨어졌더라도 잠깐 고통을 받고 오래지 않아 지옥을 벗어나게 할 수 있는 업이 있나니, 만약 어떤 중생이 지옥업을 짓고 나서 마음으로 두려하고 증진 향상하려고 경건하게 부처님을 믿는 마음을 일으키고 또 참괴심을 내고 죄악의 행위를 싫어하여 버리고 정중히 참회하고 다시는 죄업을 짓지 아니하면, 마치 마갈타국의 아사세왕이 자기 아버지 등을 죽인 무거운 죄를 짓고 뒷날 잘못을 후회하고 경건하게 부처님을 믿고 배웠던 경우처럼, 목숨을 마치고 잠시 지옥에 떨어져 고통을 받았지만 얼마 지나지 않아 지옥을 떠나 해탈할 수 있느니라."

이 때문에 세존께서 게송으로 말씀하셨다.

만약 사람이 무거운 죄를 짓고	若人造重罪
짓고 나서 마음으로 깊이 자책하고	作已深自責
참회하여 다시 짓지 않는다면	懺悔更不造
근본의 죄업을 뽑아낼 수 있느니라	能拔根本業

제25장 지었더라도 쌓이지는 않는 등의 업

"또한 지었으되 쌓이지 아니하는 업이 있나니, 만약 어떤 중생이 몸과 말과 마음 등으로 갖가지 악업들을 지었으되 짓고 나서 두려워하고 그런 죄악을 참괴하고 멀리하고 깊이 후회하고 자책하여 다시는 거듭 짓지 않는다면, 이것을 지었으되 쌓이지는 않는 것이라고 한다.

또한 쌓이되 짓지 아니하는 업이 있나니, 만약 어떤 중생이 자기가 업을 짓지는 않았지만 마음으로 사악한 마음이 있는 까닭에 남에게 나쁜 일을 행하도록 권하고 시켰다면, 이것을 쌓이되 짓지는 않는 것이라고 하느니라.

또한 짓기도 하고 쌓이기도 하는 업이 있나니, 만약 어떤 중생이 자기가 갖가지 업을 짓고 나서 허물을 후회하고 참회하는 마음이 없고 또다시 자주 짓고 남에게도 짓도록 권한다면, 이것을 짓기도 하고 쌓이기도 하는 것이라고 하느니라.

또한 짓지도 않고 쌓이지도 않는 업이 있나니, 만약 어떤 중생이 자기도 악업을 짓지 않고 남에게도 악업을 짓도록 권하거나 가르치지 않아서 그 행위를 선악 등의 업으로 명기할 길이 없다면, 이것은 짓지도 않고 쌓이지도 않는 것이라고 하느니라.

제26장 먼저는 즐겁지만 나중에는 괴로운 과보 등의 업

또한 먼저는 즐겁지만 나중에는 괴로운 과보를 얻는 업이 있나니, 만약 어떤 중생이 남에게 권유받아 이끌려서 기쁜 마음으로 보시하였으나 그 보시하는 마음이 굳세지 못하여 뒤에 오히려 후회하였다면, 이 인연으로 인간 세상에 태어나서 먼저는 비록 부유하여 즐겁지만 나중에는 오히려 가난으로 고통스럽나니, 이것은 먼저는 즐겁고 나중에는 괴로운 것이라고 하느니라.

또한 먼저는 괴롭지만 나중에는 즐거운 과보를 얻는 업이 있나니, 만약 어떤 중생이 남에게 권유받아 이끌려가서 엎드렸다 우러러보고 약간의 보시를 하였으나 보시하고 나서 환희심을 내고 아까워 후회하는 마음이 없었다면, 이 인연으로 인간 세상에 태어나 먼저는 가난으로 고통스러우나 뒤에 도리어 부유하여 즐겁나니, 이것은 먼저는 괴롭지만 나중에는 즐거운 것이라고 하느니라.

또한 먼저도 괴롭고 나중도 괴로운 과보를 얻는 업이 있나니, 만약 어떤 중생이 선지식인 스승과 벗을 멀리하여 떠나 그에게 선행으로 향하도록 권유하여 주는 사람도 없고 심지어는 남에게 약간의 보시조차도 행할 수 없다면, 이 인연으로 인간 세상에 태어나 먼저도 가난으로 고통스러우며 나중에도 가난으로 고통스러우니라.

또한 먼저도 즐겁고 나중도 즐거운 과보를 얻는 업이 있나니, 어떤 중생이 선지식인 스승과 벗을 가까이하여 보시하기를 권유받고는 환희심을 내어 보시행위를 굳건히 닦으면, 이 인연으로 인간 세상에 태어나 먼저 때도 부유하여 즐겁고 나중에도 부유하여 즐거우니라.

제27장 가난하지만 보시하기를 즐기는 업 등

또한 가난하지만 보시하기를 즐기는 업이 있나니, 만약 어떤 중생이 과거세에 이전에 보시를 한 적이 있으나 뒤에 복전에 심을 보시의 기회를 만나지 못하고 생사에 윤회하여 인도에 태어났다면, 과거세에 복전에 심을 기회를 만나지 못했기 때문에 금생에 받은 그 과보가 아주 작고 열등하여 받은 약간의 복이 받은 대로 다 소진하였지만, 과거세에 배워 익힌 보시의 습관으로 말미암아 비록 빈궁에 처하였으되 보시를 할 수 있느니라.

또한 부유하면서도 아끼고 탐하는 업이 있나니, 만약 어떤 중생이 과거세에 이전에 보시한 적이 없다가 뒤에 선지식을 만나 잠시 한번 보시를 하였으되 좋은 복전을 만났다면, 그 복전이 뛰어난 까닭에 금생에 얻은 생활자산은 구족하지만 과거세에 보시를 배우지 않았기 때문에 비록 금생에 비록 부유하나 인색하고 탐내는 것이니라.

또한 부유하면서 능히 보시하는 업이 있나니, 만약 어떤 중생이 선지식의 권유 인도를 만나 보시의 업을 많이 닦고 또 좋은 복전을 만났다면, 그 인연으로 거부로서 재물이 넉넉하면서 능히 보시를 행하는 것이니라.

또한 가난하면서 아끼고 탐하는 업이 있나니, 만약 어떤 중생이 선지식을 떠났기에 권유하여주는 사람이 없어서 보시를 행할 수 없었다면, 그 인연으로 빈궁한 가정에 태어났을 뿐만 아니라 인색하고 탐내는 것이니라.

제28장 몸은 즐겁지만 마음이 즐겁지 않은 업 등

또한 중생으로 하여금 몸은 즐겁지만 마음이 번뇌로 즐겁지 않게 할 수 있는 업이 있나니, 복이 있으면서 마음에는 번뇌가 있는 범부 같은 경우이니라.

또한 중생으로 하여금 마음은 즐거운데 몸이 즐겁지 않게 할 수 있는 업이 있나니, 마음은 이미 해탈하여 번뇌가 없지만 복을 닦지 않았기에 복이 없는 나한 같은 경우이니라.

또한 중생으로 하여금 몸과 마음이 둘 다 즐겁도록 할 수 있는 업이 있나니, 마음도 이미 번뇌가 없어 해탈하였으며 복도 닦았기에 복이 있는 나한 같은 경우이니라.

또한 중생으로 하여금 몸과 마음이 둘 다 즐겁지 않게 할 수 있는 업이 있나니, 복도 없고 번뇌도 있는 범부 같은 경우이니라.

제29장 수명은 다했으나 업보는 다하지 않은 업 등

또한 중생으로 하여금 수명은 다하였으나 업보는 다하지 못하게 할 수 있는 업이 있나니, 만약 어떤 중생이 지옥 수명이 이미 다하여 지옥에서 죽었지만 업보는 아직 다하지 못하였다면 다시 또 지옥에 태어나 고통을 받는 것이다. 축생 아귀 내지는 인간 천인 아수라등도 이와 같나니, 이것을 수명은 다하였으나 업보는 다하지 못한 것이라고 하느니라.

또한 중생으로 하여금 업보는 다하였으나 수명은 아직 다하지 못하게 할 수 있는 업이 있나니, 만약 어떤 중생이 안락의 과보를 다 누리면 악업과보로 전환되어 고통을 받거나, 악업과보로 고통을 다 받으면 선업과보로 전환되어 안락을 누린다면, 이것을 업보는 다하였으나 수명은 아직 다하지 못한 것이라고 하느니라.

또한 중생으로 하여금 업보와 수명 모두를 다하게 할 수 있는 업이 있나니, 만약 어떤 중생이 지옥업보를 다하고 지옥에서 소멸하여 축생이나 아귀 내지는 인간 천인 아수라 등의 5도로 태어난다면, 이것은 업보와 수명을 전부 다한 것이라고 하느니라.

또한 중생으로 하여금 정업(淨業)과 생명 둘 다 다하지 않게 할 수 있는 업이 있나니, 만약 어떤 중생이 일체의 번뇌를 이미 다 끊고 이른바 수다원과 사다함과 아나함과 아라한을 증득할 수 있다면, 이것은 정업과 생명이 둘 다 다함이 없는 것이라고 하느니라.

제30장 3악도에 태어났지만 형체 용모가 뛰어난 업 등

또한 중생이 비록 지옥 축생 아귀의 3악도에 태어났지만 형체 용모가 뛰어나고 더없이 아름다우며 눈이 단정 장엄하며 피부 신체가 부드럽고 광택이 있어 사람들이 보기를 좋아하게 될 수 있는 업이 있나니, 만약 어떤 중생이 애욕의 번뇌로 파계한 죄업을 일으킨다면, 그 까닭으로 비록 삼악도 가운데 태어났지만 형체용모가 뛰어나고 더없이 아름다우며 눈이 단정 장엄하며 피부 신체가 매끄럽고 광택이 있어 사람들이 보기를 좋아하게 되는 것이다.

또한 중생이 3악도에 태어났지만 형체 용모가 추루하여 보기 싫고 피부 신체가 거칠고 건조하며 껄끄러워 사람들이 보기 싫어하게 될 수 있는 업이 있나니, 만약 어떤 중생이 성내는 마음의 번뇌로부터 파계의 죄업을 일으켰다면, 그 까닭으로 삼악도에 태어나 형체용모가 추루하여 꼴 보기 싫고 피부 신체가 거칠고 건조하고 껄끄러워 사람들이 모두 보기 좋아하지 않는 것이니라.

또한 중생이 3악도 가운데 태어나서 신체와 입에서 악취가 나고 더러우며 6근에 결함이 있어 온전하지 않을 수 있는 업이 있나니, 만약 어떤 중생이 어리석음의 번뇌로부터 파계의 죄업을 일으켰다면, 그 까닭으로 3악도 가운데 태어나 신체와 입에서 악취가 나고 더럽고 6근에 결함이 있어 온전하지 않느니라.

제31장 의보세계가 열악한 과보 등의 업

또한 열 가지 업이 외부의 의보세계가 열악한 과보[外惡報]를 얻게 할 수 있나니, 만약 어떤 중생이 열 가지 악 중에서 악업을 많이 지어 그 과보로 외부의 의보세계의 일체 사물이 모두 갖추어지지 않는 것이다.

첫째, 살생의 업으로 말미암아 그 과보로 외부의 대지가 소금기가 많아서 약초가 생장할 능력이 없는 것이요.

둘째, 도둑질의 업으로 말미암아 그 과보로 서리와 우박이 많이 내리고 해충이 많이 일어나서 세상 사람들이 기근재난을 당하는 것이요.

셋째, 삿된 음행의 업으로 말미암아 그 과보로 항상 나쁜 폭풍우와 먼지 오염을 부르는 것이요.

넷째, 거짓말의 업으로 말미암아 그 과보로 외부의 사물들이 모두 악취가나고 더러운 것이요.

다섯째, 이간질의 업으로 말미암아 그 과보로 외부의 대지는 높이가 고르지 않고, 산간지대는 가파르고 험준하며 낭떠러지는 깎아지른 듯 하고 계곡은 험하고 깊으며, 수목은 들쭉날쭉 위태로운 것이요.

여섯째, 악담의 업으로 말미암아 그 과보로 외부의 의보로서 돌과 모래가 대부분 거칠고 껄껄하여 접촉할 수 없는 것이요.

일곱째, 꾸미는 말의 업으로 말미암아 그 과보로 외부의 의보로서 초목은 그 가지들에 가시가 많으며 삼림은 빽빽하며 가시나무가 많은 것이요.

여덟째, 탐욕의 업으로 말미암아 그 과보로 외부의 의보로서 오곡 등의 농사를 지어도 맺는 씨앗이나 열매가 아주 작은 것이요.

아홉째, 성냄의 업으로 말미암아 그 과보로 외부의 의보로서 갖가지 나무의 과실이 쓰고 떫은 것이요.

열째, 삿된 견해의 어리석음의 업으로 말미암아 그 과보로 외부의 의보로서 오곡 등 농사를 지어도 대부분 열매를 맺지 않아 수확이 적은 것이다.

이상의 열 가지 업으로 말미암아 외부의 의보세계가 열악한 과보를 얻는 것이니라.

또한 외부의 의보세계가 수승한 과보를 얻게 할 수 있는 열 가지 업이 있나니, 만약 어떤 중생이 열 가지 선업을 닦아 이상의 열 가지 악업과 서로 반대된다면, 마땅히 알라 외부의 의보세계가 열 가지 수승한 과보를 얻을 수 있느니라.

제32장 불탑묘에 예배하면 얻는 열 가지 공덕

만약 어떤 중생이 불탑묘에 예배하면 열 가지 공덕을 얻을 수 있

나니

첫째, 더없이 아름다운 색신과 좋은 음성을 얻는 것이요.

둘째, 말을 하게 되면 남이 다 믿고 복종하는 것이요.

셋째, 군중에 처하여도 마음에 두려움이 없는 것이요.

넷째, 천신과 세상 사람들이 애호하는 것이요.

다섯째, 위엄덕망과 권세를 갖추는 것이요.

여섯째, 위엄덕망과 권세가 있는 중생이 모두 와서 친근히 하고 의지하는 것이요.

일곱째, 항상 제불보살을 친근히 할 수 있는 것이요.

여덟째, 큰 복보를 갖추는 것이요.

아홉째, 목숨이 다하면 천상세계에 올라가 태어나는 것이요.

열째, 열반 경계를 빨리 증득하는 것이다

이상을 불탑묘에 예배하여 얻는 열 가지 공덕이라고 하느니라.

제33장 비단으로 만든 일산을 보시하면 얻는 열 가지 공덕

만약 어떤 중생이 보개(寶蓋)를 보시하면 열 가지 공덕을 얻을 수 있나니

첫째, 세상에 살면서 마치 일산처럼 가려주는 음덕의 힘이 있어 중생을 가려서 보호하여 주는 것이요.

둘째, 몸과 마음이 안온하고 즐거우며 일체의 심한 번뇌를 벗어나는 것이요.

셋째, 모든 사람들의 존중을 받고 감히 깔보고 소홀히 하는 사람이 없는 것이요.

넷째, 큰 위엄덕망과 권세를 갖추는 것이요.

다섯째, 대대로 항상 불보살을 가까이 할 수 있고 큰 위엄덕망이 있는 사람이 권속이 되어주는 것이요.

여섯째, 항상 많은 나라를 통치하는 전륜성왕으로 태어나는 것이요.

일곱째, 항상 군중의 최고 수령이 되어 군중에게 선업을 닦도록 영도하는 것이요.

여덟째, 큰 복보를 갖추는 것이요.

아홉째, 목숨이 다하면 천상세계로 올라가 태어나는 것이요.

열째, 열반 경계를 빨리 증득하는 것이다.

이상을 보개를 보시하여 얻는 열 가지 공덕이라고 하느니라.

제34장 증번을 보시하면 얻는 열 가지 공덕

어떤 중생이 증번(繒幡)을 보시하면 열 가지 공덕을 얻을 수 있나니

첫째, 세상에 살면서 인격이 고상함이 마치 높이 걸린 당번과 같아 국왕 대신 친지 선지식 스승과 벗들이 모두 공경하고 공양하는 것이요.

둘째, 호화롭고 부귀하여 뜻대로 자유롭고 큰 재부를 갖추는 것이요.

셋째, 착한 이름이 멀리 전해져서 먼 곳의 여러 지방까지 두루

전해지는 것이요.

넷째, 형체 용모가 단정 장엄하고 수명이 긴 것이요.

다섯째, 항상 태어나는 곳에서 보시의 도행이 견고한 것이요.

여섯째, 큰 명칭을 갖추는 것이요.

일곱째, 큰 위덕을 갖추는 것이요.

여덟째, 상등의 가문에 태어나는 것이요.

아홉째, 몸이 무너지고 목숨이 다하면 천상세계에 올라가 태어나는 것이요.

열째, 열반 경계를 빨리 증득하는 것이다.

이상을 증번을 보시하여 얻는 열 가지 공덕이라고 하느니라.

제35장 종이나 북 요령 등을 보시하면 얻는 열 가지 공덕

만약 어떤 중생이 종이나 북이나 요령 등을 보시하면 열 가지 공덕을 얻을 수 있나니

첫째, 말소리가 마치 청정한 범음의 좋은 소리와 같은 것이요.

둘째, 큰 명성을 갖추고 또 멀리 알려지는 것이요.

셋째, 자기가 숙세의 생명 상황을 분명히 아는 것이요.

넷째, 입에서 나오는 모든 말을 남들이 모두 공경히 받아들이는 것이요.

다섯째, 항상 보개가 있어 자신을 장엄하는 것이요.

여섯째, 보배구슬을 꿰어 만든 아름답고 묘한 영락이 있어 의복

의 장식으로 하는 것이요.

일곱째, 얼굴이 단정 장엄하여 보는 사람이 모두 환희심이 일어나는 것이요.

여덟째, 큰 복보를 갖추는 것이요.

아홉째, 목숨이 다하면 천상세계에 올라가 태어나는 것이요.

열째, 열반 경계를 빨리 증득하는 것이다.

이상을 종이나 북 요령 등을 보시하여 얻는 열 가지 공덕이라고 하느니라.

제36장 의복을 보시하면 얻는 열 가지 공덕

만약 어떤 중생이 의복을 보시하면 열 가지 공덕을 얻을 수 있나니

첫째, 얼굴이 단정 장엄한 것이요.

둘째, 피부가 부드럽고 윤택한 것이요.

셋째, 먼지나 때가 몸에 붙지 않는 것이요.

넷째, 태어나서는 최상의 아름다운 의복을 갖추는 것이요.

다섯째, 미묘한 침구가 그의 몸을 덮는 것이요.

여섯째, 마음에 참괴의 법복을 갖추는 것이요.

일곱째, 보는 사람이 모두 사랑하고 존경하는 마음을 일으키는 것이요.

여덟째, 큰 재보를 갖추는 것이요.

아홉째, 목숨이 다하면 천상세계에 올라가 태어나는 것이요.

열째, 열반의 경계를 빨리 증득하는 것이다.

이상을 의복을 보시하여 얻는 열 가지 공덕이라고 하느니라.

제37장 그릇을 보시하면 얻는 열 가지 공덕

만약 어떤 중생이 그릇[器皿]을 보시하면 열 가지 공덕을 얻을 수 있나니

첫째, 세상에 살면서 큰 그릇과 같은 재능을 갖추는 것이요.

둘째, 선법의 진액에 의하여 윤택하여 지는 것이요.

셋째, 갖가지 탐욕 갈구의 고통을 벗어나는 것이요.

넷째, 만약 갈증으로 물을 마시고 싶어 하면 자연히 흐르는 물이 솟아나오는 것이요.

다섯째, 시종 아귀도 가운데 태어나지 않는 것이요.

여섯째, 천상의 더 없이 아름다운 기구(器具)를 얻는 것이요.

일곱째, 나쁜 친구들을 멀리하는 것이요.

여덟째, 큰 복보를 갖추는 것이요.

아홉째, 목숨이 다하면 천상세계에 올라가 태어나는 것이요.

열째, 열반 경계를 빨리 증득하는 것이다.

이상을 그릇을 보시하여 얻는 열 가지 공덕이라고 하느니라.

제38장 음식을 보시하면 얻는 열 가지 공덕

만약 어떤 중생이 음식을 보시하면 열 가지 공덕을 얻을 수 있나

니

첫째, 수명이 긴 것이요.

둘째, 아름답고 좋은 색신을 얻는 것이요.

셋째, 기력이 넘침을 얻는 것이요.

넷째, 안온하고 막힘없는 변재를 얻는 것이요.

다섯째, 마음에 어떠한 두려움이 없음을 얻는 것이요.

여섯째, 게으름이 없고 많은 사람들이 존경하고 우러르는 것이요.

일곱째, 많은 사람들이 애호하고 즐겨 보는 것이요.

여덟째, 큰 복보를 갖추는 것이요.

아홉째, 목숨이 다하면 천상세계에 올라가 태어나는 것이요.

열째, 열반 경계를 빨리 증득하는 것이다.

이상을 음식을 보시하여 얻는 열 가지 공덕이라고 하느니라.

제39장 신발을 보시하면 얻는 열 가지 공덕

만약 어떤 중생이 신발[靴履]을 보시하면 열 가지 공덕을 얻을 수 있나니

첫째, 뛰어난 수레를 갖추는 것이요.

둘째, 발바닥이 안온 평만(平滿)한 것이요.

셋째, 발뒤꿈치와 발등이 부드러운 것이요.

넷째, 먼 길을 가거나 물을 건널 때 걸음이 경쾌하고 씩씩한 것이요.

다섯째, 먼 길을 걷거나 노동을 해도 몸이 극도로 피로하지는 않

는 것이요.

여섯째, 걸어가는 곳은 모두 가시 기와조각 자갈 등이 그의 두발을 손상하지 않는 것이요.

일곱째, 신족통의 힘을 얻을 수 있는 것이요.

여덟째, 부릴 수 있는 하인을 갖추는 것이요.

아홉째, 목숨이 다하면 천상세계로 올라가 태어나는 것이요.

열째, 열반 경계를 빨리 증득하는 것이다.

이상을 신발을 보시하여 얻는 열 가지 공덕이라고 하느니라.

제40장　향과 꽃을 보시하면 얻는 열 가지 공덕

만약 어떤 중생이 향과 꽃을 보시하면 열 가지 공덕을 얻을 수 있나니

첫째, 세상에서 살아 있음이 마치 사람들이 좋아하는 향기로운 꽃과 같은 것이요.

둘째, 몸에 냄새와 더러운 것이 없는 것이요.

셋째, 닦은 복덕의 향기와 청정한 계행의 향기가 곳곳마다 두루 스며드는 것이요.

넷째, 태어나는 곳마다 코가 손상되지 않는 것이요.

다섯째, 재능과 지혜가 세상의 일반인들 보다 뛰어나므로 많은 사람들이 의지하고 존경하며 우러르는 것이요.

여섯째, 몸이 항상 청결하며 향기가 있는 것이요.

일곱째, 바른 가르침을 좋아하고 즐기며 수지독송할 수 있는 것이요.

여덟째, 큰 복보를 갖추는 것이요.

아홉째, 목숨이 다하면 천상세계로 올라가 태어나는 것이요.

열째, 열반 경계를 빨리 증득하는 것이다.

이상을 향과 꽃을 보시하여 얻는 열 가지 공덕이라고 하느니라.

제41장 등불광명을 보시하면 얻는 열 가지 공덕

만약 어떤 중생이 등불광명[燈明]을 보시하면 열 가지 공덕을 얻을 수 있나니

첫째, 지혜로써 세상을 관조함이 마치 등불처럼 밝은 것이요.

둘째, 태어나는 곳마다 육안이 손상되지 않는 것이요.

셋째, 천안통을 증득하는 것이요.

넷째, 선악 등의 법에 대하여 잘 밝게 가리는 지혜를 얻는 것이요.

다섯째, 세간의 큰 어둠을 없앨 수 있는 것이요.

여섯째, 출세간 지혜의 대광명을 증득하는 것이요.

일곱째, 세간에 생사윤회하면서도 항상 어두운 곳에 태어나지 않는 것이요.

여덟째, 큰 복보를 갖추는 것이요.

아홉째, 목숨이 다하면 천상세계로 올라가 태어나는 것이요.

열째, 열반 경계를 빨리 증득하는 것이다.

이상을 등불광명을 보시하여 얻는 열 가지 공덕이라고 하느니라.

제42장 공경심을 일으켜 합장 예배하면 얻는 열 가지 공덕

만약 어떤 중생이 부처님께 공경심을 일으켜 합장 예배하면 열 가지 공덕을 얻을 수 있나니

첫째, 뛰어난 복보를 얻을 수 있는 것이요.

둘째, 상등의 가문에 태어나는 것이요.

셋째, 뛰어난 색신을 얻는 것이요.

넷째, 뛰어난 목소리를 얻는 것이요.

다섯째, 뛰어난 일산을 얻을 수 있는 것이요.

여섯째, 뛰어난 변재를 얻을 수 있는 것이요.

일곱째, 뛰어난 신앙심을 얻을 수 있는 것이요.

여덟째, 뛰어나고 청정한 계행을 얻을 수 있는 것이요.

아홉째, 뛰어난 박학다문을 얻을 수 있는 것이요.

열째, 뛰어난 지혜를 얻을 수 있는 것이다.

이상을 부처님께 공경심을 일으켜 합장 예배하여 얻는 열 가지 공덕이라고 하느니라."

제43장 경을 다 설하시다

그때에 세존이 이 법을 다 설하시니 수가 장자는 여래의 처소에서 즉시 청정한 신심을 얻었다.

이때에 수가 장자는 부처님께 오체투지 하여 부처님께 절하고

이와 같이 말했다. "제가 지금 부처님께 간청하오니 사바제성(舍婆提城)으로 가셔서, 저의 부친의 처소인 도제장자의 집에 이르러 저의 부친과 일체 중생이 긴 밤의 어둠의 세간에서 안락을 얻을 수 있도록 하여 주시기를 원하옵니다."

이때에 세존은 중생의 이익을 위하는 까닭에 그 청을 묵연히 받아들였다.

그때에 수가 장자는 부처님이 설하신 법을 듣고 마음이 크게 환희하여 부처님께 오체투지 하여 절하고 물러갔다. 부처님은 업보차별경을 원만히 설하셨다.

능엄경이 말해주는
중생의 생사윤회 인과 대원칙

(역자의 말)

『능엄경(楞嚴經)』 반랄밀제(般剌密諦) 한역본(漢譯本) 제8권~제9권 중의 관련 경문을 역자가 2013년 11월부터 2개월여 동안 한글 번역한 것입니다. 그 내용이 난해하므로 여러 주해본을 참고하여 의역(意譯) 위주로 번역하였습니다. 보다 깊이 이해하기 위해서는, 남회근 선생의 저작 『불교수행법강의』 중 제9강, 부록 도표 1. 삼계천인표(三界天人表), 도표 2. 견사혹(見思惑)과 삼계(三界) 구지(九地) 단혹증진(斷惑證眞)의 관계, 그리고 『기세경(起世經)』과 『지장경(地藏經)』, 오형근 저 『불교의 영혼과 윤회관』 등도 함께 읽고 연구하기를 권합니다.

거대한 바다에서 백년마다 한 번씩 물 밖으로 머리를 내미는 한 마리 눈먼 거북이가 풍랑에 동서남북으로 홀로 떠다니는 나무의 구멍을 만나는 것보다 다시 사람으로 태어나기가 더 어렵다는 부처님의 말씀을 생각하며 2014년 1월 15일 음력 섣달 보름 얼음 달밤에 와부읍 심적재에서 송찬문 씁니다.

왜 지옥과 천인 등 일곱 갈래의 중생세계가 있습니까

이때에 아난이 곧 자리에서 일어나서 오체투지로 부처님의 발에 이마를 대어 절하고는 합장한 채 공경하게 부처님께 물었다. "크나큰 위덕을 갖추신 세존이시여! 자비한 음성으로 가르침을 누구에게나 제한 없이 평등하게 베푸시며, 중생의 미세하면서 깊이 잠겨 있는 알기 어렵고 살펴보기 어려운, 무시이래로 지니고 온 무명혹(無明惑)을 근기에 꼭 알맞은 교묘한 방편으로 열어 보여서 없애게 함으로써, 저희들로 하여금 오늘 진심(眞心)이 드러나게 하여 몸과 마음이 상쾌 안온하고 큰 이익을 얻도록 하여 주셨습니다.

세존이시여! 만약 이 영묘(靈妙)하고 밝고 진실하고 청정하고 미묘한 여래장심(如來藏心)이 본래 두루 원만하다면, 지수화풍(地水火風) 4대(四大)와 색수상행식(色受想行識) 5온 그리고 6근(六根)·6진(六塵)·6식(六識)과 허공, 심지어 대지와 초목과 꿈틀거리는 중생들까지도 저마다 그와 같아서 본래에 하나의 진여자성(眞如自性)을 갖추고 있을 것입니다. 이 진여자성은 곧 시방세계의 여래들이 성불한 진실한 본체입니다. 중생이 갖추고 있는 진여자성이 바로 부처님의 본체로서 완전히 진실한 바에야 어찌하여 그 가운데 다시 지옥·아귀·축생·인간·신선·아수라·천인 등의 일곱 갈래의 중생세계가 있는 것입니까?[83]

卽從座起하야 頂禮佛足하며 合掌恭敬而白佛言호대 大威德世尊이 慈音無遮하야 善開衆生의 微細沈惑하사 令我今日에 身意快然호대 得大饒益이니다

---

83) 이 번역문에 나오는, 진심(眞心)·여래장심(如來藏心)·진여자성(眞如自性)·진실한 본체·중생의 본성·청정한 보리 불성·자성정각(自性正覺)·정지정각(正知正覺)·상주진심(常住眞心)·본래 고요히 항상 있는 심성(心性)·여래정각(如來正覺)·궁극적인 열반·불생불멸의 진정한 부동지(不動地)·능엄대정(楞嚴大定)·본래 미묘한 각성(覺性)·여래장·진여본성·청정한 마음·무상의 보리·진성(眞性) 등의 용어는 절대적 최고 진리를 가리키는데, 역자가 번역한 남회근 선생의 『원각경 강의』 중 역자의 말을 참고하기 바란다.

世尊若此妙明하고 眞淨妙心이 本來遍圓인댄 如是乃至大地草木과 蝡動含靈이 本元眞如라 卽是如來成佛眞體로 佛體眞實이어늘 云何復有地獄餓鬼와 畜生修羅와 人天等道니잇고

본래 있는 것입니까 허망한 습기로 생겨난 것입니까

세존이시여! 이러한 일곱 갈래의 중생세계는 진여자성 가운데 본래 자연히 있는 것입니까? 아니면 중생 마음속의 망상 습기(習氣)[84]로 말미암아 생겨난 것입니까?

세존이시여! 보련향(寶蓮香) 비구니는 보살계를 받아 지녔으나 남몰래 음행을 저지르고도 망언하여 계율을 비방하기를, '음행은 살생도 아니요 도둑질도 아니어서 업보가 없다'고 했습니다. 이 말을 하고나자 먼저 여인의 음근(淫根)에서 맹렬한 불길이 일어나고, 이어서 사지(四肢)의 마디마다 맹렬한 불길이 타올라 죽어 무간지옥에 떨어졌습니다.

또 유리대왕(瑠璃大王)과 선성비구(善星比丘)의 경우, 유리대왕은 어린 태자 시절 석가족 사람들에게 하녀의 자식이라고 모욕을 당했다고 커서 왕위를 계승하자 군대를 이끌고 석가족을 공격하여 모조리 죽였습니다. 선성비구는 망언하기를, 일체만법은 단멸공(斷滅空)이어서 부처도 없고 열반도 없으며 인과응보도 없다 했습니다. 그래서 그 두 사람은 몸이 산 채로 모두 무간지옥에 빠졌습니다.

---

84) 업의 잠재적 인상. 잠재여력. 습관성. 훈습에 의해 남겨진 기분. 실질적으로는 종자와 같음.

그렇다면 이러한 모든 지옥들이 따로 정해진 장소가 있고, 중생들이 지은 업이 각자 다르지만 모두 그곳으로 돌아가 함께 과보를 받는 것입니까? 아니면 본래 지옥이 없는데 악업이 자연히 과보를 불러서 중생들이 각자 업을 일으키고 각자 그 과보를 받는 것입니까?

부디 대자대비를 베풀어 어린애처럼 무지몽매한 저희들을 정지정견(正知正見)으로 깨우쳐 주시고, 계율을 지키는 모든 중생들로 하여금 결정된 이치를 듣고서 기뻐하고 머리위에 받들고, 신중하고 순결히 하여 범함이 없게 하소서!"

世尊此道爲復 本來自有아 爲是衆生妄習生起니잇가

世尊如寶蓮香比丘尼는 持菩薩戒라가 私行淫欲하고 妄言行淫은 非殺非偸일새 無有業報라하야 發是語已한대 先於女根에 生大猛火하고 後於節節에 猛火燒然하야 墮無間獄하며 瑠璃大王과 善星比丘는 瑠璃爲誅瞿曇族姓하고 善星妄說一切法空이라가 生身陷入阿鼻地獄하니 此諸地獄이 爲有定處아 爲復自然히 彼彼發業하야 各各私受니잇가

唯垂大慈하사 發開童蒙하야 令諸一切持戒衆生으로 聞決定義하고 歡喜頂戴호대 謹潔無犯케하소서

중생세계는 진여자성에서 최초에 한 생각 망상심이 움직여 무명과 허망한 지견과 습기가 차례로 생겨나서 있게 되었다

부처님이 아난에게 말씀하셨다. "너는 잘 물었다! 너의 이 질문은 중생들로 하여금 이와 같은 가르침을 듣고 사악한 견해에 빠지지 않게 할 것이다. 너는 이제 자세히 들어라. 그대들을 위하여 설하리라.

아난아! 일체 중생의 본성은 실제는 본래 진실하고 청정하건만 최초에 한 생각 망상심이 움직여 무명(無明)이 생겨나고, 무명으로 인하여 허망한 지견(知見)을 이루며, 허망한 지견으로 말미암아 허망한 습기가 생겨나고, 이 무명 종자습기(種子習氣)를 원인으로 하여 일곱 갈래의 중생세계의 허망이 있게 되었다. 이 때문에 허망한 습기는 저 본래 청정한 진심을 오염시키며 내분(內分)과 외분(外分)으로 나누어지느니라.

佛告阿難 快哉此問이여 令諸衆生으로 不入邪見이니 汝今諦聽하라 當爲汝說호리라

阿難一切衆生이 實本眞淨이언만 因彼妄見하야 有妄習生이니 因此分開 內分外分이니라

중생의 내분 습기인 허망한 애정

아난아! 내분(內分)의 습기란 중생이 자신의 신분 안에서, 안이비설신의(眼耳鼻舌身意) 6근으로부터 생기는 여러 가지 욕망에 대한 애착으로 말미암아 기쁨 · 분노 · 슬픔 · 즐거움 · 사랑 · 증오 등의 허망한 애정을 일으키는 것이니, 이러한 허망한 애정을 쉬지 않고 쌓아 가면 애욕의 물[愛水]이 생겨날 수 있다. 그러므로 중생들이

마음으로 좋은 음식을 생각하면 입속에서 침이 생기고, 이미 세상을 떠난 사람을 마음으로 기억하여 가엾게 여기거나 원망하면 눈에 눈물이 고인다. 또 재물과 보배를 탐내어 구하고 싶어 하면 마음에서 애욕의 침이 생겨서 온몸이 윤기가 나고, 마음에서 음욕의 일을 집착하면 남녀의 성기에서 저절로 액체가 흘러나온다.

아난아! 이러한 갖가지 허망한 애정들은 비록 서로 차별이 있지만 밖으로는 체액이 흐르고 안으로는 맺혀서 간직되는 점이 공통적인 특징이며, 애욕의 물은 축축한 성질의 것이므로 상승하지 못하고 물의 성질을 따라서 자연히 아래로 떨어지는 것이니, 이를 일러 내분의 습기라고 하느니라.

阿難內分卽是衆生分內이니 因諸愛染하야 發起妄情하고 情積不休하니 能生愛水니라 是故衆生心憶珍羞하면 口中水出하고 心憶前人하야 或憐或恨하면 目中淚盈하며 貪求財寶하야 心發愛涎하면 擧體光潤하고 心著行淫하면 男女二根自然流液이니라

阿難諸愛雖別이나 流結是同이라 潤濕不升하야 自然從墜이니 此名內分이라

중생의 외분 습기인 청허한 상념

아난아! 외분(外分)의 습기란 중생이 자신의 신분 밖의 아름답고 미묘한 이상(理想)의 경지인 천리(天理) · 도덕 · 성현(聖賢) 등에 대하여 생각하는 일이니, 이러한 이상의 경지에 대하여 목마르듯 생각하고 우러르기 때문에 청허(淸虛)한 상념(想念)을 일으키고, 이러한 상념을 쉬지 않고 쌓아 가면 수승(殊勝)한 기(氣)를 생겨나게 할

수 있다.

그러므로 중생이 마음속에 청정한 계율을 엄격하게 지키면 온몸이 가볍고 맑아지며, 마음속에 신앙이 굳건하여 어느 형이상(形而上)의 일존(一尊)이나 주문(呪文)이나 수인(手印)을 전일하게 신앙하면 스스로 긍지를 느끼고 의지가 굳세고 태도가 꿋꿋하여 출중한 기개(氣槪)가 있을 수 있으며, 마음속에서 천인세계에 태어나고 싶다면 꿈속에서 자기가 날아올라 상승함을 느낄 수 있으며, 마음속에 불국토를 항상 생각하면 성스러운 경계가 갑자기 나타날 수 있으며, 일심으로 선지식을 받들어 섬기면 스스로 자기의 목숨을 가볍게 여길 수 있다.

아난아! 이러한 갖가지 청허한 상념들이 비록 차별이 있지만 가볍고 맑으면서 상승하는 점은 공통적인 특징이며, 날아 움직이는 성질의 것은 가라앉지 않으므로 무겁고 탁한 경계를 자연히 초월하나니, 이것을 외분의 습기라고 하느니라.

阿難아 外分卽是衆生分外니 因諸渴仰하야 發明虛想하고 想積不休하면 能生勝氣니라 是故衆生心持禁戒하면 擧身輕淸하며 心持呪印하면 顧眄雄毅하고 心欲生天하면 夢想飛擧하고 心存佛國하면 聖境冥現하며 事善知識하면 自輕身命이니라

阿難諸想雖別이나 輕擧是同이라 飛動不沈일새 自然超越이니 此名外分이라

중생의 생사윤회는 각자의 습기에 따른다

아난아! 일체 세간의 중생들은 태어나고 죽기를 반복하면서 끊

임없이 이어져 가는데, 각자의 습기를 따라 태어나서 선악의 업을 짓고 업력의 변화에 따라 죽어서 일곱 갈래의 세계에 윤회 유전한다. 중생이 임종할 때 6식인 안식(眼識)·이식(耳識)·비식(鼻識)·설식(舌識)·신식(身識)·의식(意識)은 이미 작용하지 않고 제8식인 아뢰야식(阿賴耶識)이 아직 몸을 완전히 떠나지 않아 따뜻한 감촉이 남아 있는 동안, 일생동안 지은 선악의 업들이 그의 신식(神識)[85] 가운데서 한 장면씩 빠르게 나타나면서 지나가는데, 죽음은 거역하여 피하고자 하고 태어남은 순종하여 바라고자 하는 이 두 가지 습기가 서로 동시에 나타나느니라.

阿難一切世間이 生死相續하야 生從順習하고 死從變流하나니 臨命終時에 未捨煖觸할재 一生善惡이 俱時頓現하야 死逆生順二習相交하니라

허망한 애정과 청허한 상념의 경중에 따라 일곱 갈래의 중생세계에 태어난다

일생동안 누적된 심리의 비중(比重)이, 순전히 청허한 상념뿐이었던 사람이라면 곧 신식이 날아올라 틀림없이 천인세계에 태어난다. 만약 그렇게 날아오르는 마음에 보시 등의 복덕과 반야 지혜를 함께 가지고 있고 4홍서원(四弘誓願)이나 정토왕생원 등 청정한 원력까지 더하였다면, 이때에 저절로 마음이 열리어 시방세계의 부처님들의 모든 정토들을 보고 원력에 따라 왕생하느니라.

85) 살아있는 것에 갖추어져 있는 심식(心識). 영묘불가사의한 마음작용. 혼. 영혼.

일생동안 누적된 심리의 비중이, 허망한 애정이 적고 청허한 상념이 많았던 사람이라면 가볍고 맑아 상승할지라도 높고 멀지는 않다.

그래서 허망한 애정이 1할이고 청허한 상념이 9할이었다면 날아다니는 신선[飛仙]의 부류가 되고, 허망한 애정이 2할이고 청허한 상념이 8할이었다면 높은 산의 신이나 염라대왕 같은 대력귀왕(大力鬼王)의 부류가 되고, 허망한 애정이 3할이고 청허한 상념이 7할이었다면 날아다니는 야차[飛行夜叉]의 부류가 되고, 허망한 애정이 4할이고 청허한 상념이 6할이었다면 산신이나 들귀신 등과 같은 땅을 걸어 다니는 나찰[地行羅刹]의 부류가 되는데, 이들은 4천왕천(四天王天)에서 유행(遊行)하면서 오고감이 자유로워 걸림이 없느니라.

이들 가운데 어떤 사람이 착한 마음과 착한 발원이 있어 여래의 정법을 보호하였거나, 여래의 계율을 보호하면서 계율을 지닌 사람을 따라다니며 보호하였거나, 신주를 보호하면서 신주를 지닌 사람을 따라다니며 보호하였거나, 선정을 닦는 사람을 보호하여 그로 하여금 몸과 마음이 안정되어 무생법인(無生法忍)을 이루게 하였다면, 이런 중생들은 불법승 3보의 호법신인 천룡팔부(天龍八部)의 부류가 되어 항상 여래의 자리 아래에 가까이 머무느니라.

일생동안 누적된 심리의 비중이, 허망한 애정과 청허한 상념이 각각 5할로서 균등했던 사람이라면 상승하지도 않고 추락하지도 않아 인간세계에 태어날 것이다. 그리하여 사유(思惟)로 사리(事理)에 밝은 자는 총명한 사람이 되고, 감정으로 사리에 어두운 자는 우둔한 사람이 되느니라.

일생동안 누적된 심리의 비중이, 허망한 애정이 6할 정도이고 청허한 상념이 4할 정도였던 사람이라면 축생세계에 흘러 들어가되, 애정이 비교적 무거운 자는 털 뒤집어 쓴 들짐승의 부류가 되고 애정이 비교적 가벼운 자는 날짐승의 부류가 되느니라.

일생동안 누적된 심리의 비중이, 허망한 애정이 7할이고 청허한 상념이 3할이었던 사람이라면 수륜(水輪)의 아래로 가라앉아 화륜(火輪)의 가장자리에서 태어나는데, 맹렬한 불 기운을 받아 몸이 아귀가 되어 항상 불에 타고, 물을 보고 마시고자 하면 불로 변하여 몸을 해칠 수 있으므로 먹지도 마시지도 못하면서 백천 겁(劫)을 지내느니라.

일생동안 누적된 심리의 비중이, 허망한 애정이 9할이고 청허한 상념이 1할이었던 사람이라면 밑으로 화륜을 뚫고 내려가 몸이 풍륜(風輪)과 화륜이 서로 만나는 곳에 들어가되, 죄가 가벼운 자는 유간(有間)지옥에 태어나고 죄가 무거운 자는 무간(無間)지옥에 태어나느니라.

일생동안 누적된 심리의 비중이, 순전히 허망한 애정뿐이었던 사람이라면 곧 아비(阿鼻)지옥으로 들어간다. 만약 오해하여 언짢게 여기는 마음에서 대승을 비방했거나, 부처님의 계율을 헐뜯었거나, 기만과 거짓으로 불법을 연설하였거나, 헛되이 남의 보시를 탐하였거나, 타인의 공경을 함부로 받았거나, 심지어는 5역죄나 10중금계[86]를 범했다면, 한 무간지옥에서 형벌의 고통을 다 받고 난

---

86) 1. 5역죄(五逆罪): ①어머니를 살해함 ②아버지를 살해함 ③성자를 살해함 ④부처님 몸에 상처를 입혀 피를 흘리게 함 ⑤교단의 화합을 파괴하고 분열시킴.

2. 10중금계(十重禁戒): ①중생을 죽이지 말라 ②주지 않는 것을 훔치지 말라 ③음행을 하지 말라 ④거짓말을 하지 말라 ⑤술을 팔지 말라 ⑥4부대중의 허물을 말하지 말라 ⑦자기를 칭찬하고 남을 비방하지 말라 ⑧자기의

다음 다시 시방세계 각처의 아비지옥에 번갈아 태어나 형벌의 고통을 계속 받느니라.

이러한 지옥 과보들은 각자가 지은 악업에 따라 부른 괴로운 과보로서 비록 자기의 업이 스스로 부른 것이지만, 중생들의 공동의 업으로 이루어진 과보의 지옥 속에서도 여전히 각자의 업으로 이루어진 일정한 처소가 있느니라.

純想卽飛必生天上하나니 若飛心中에 兼福兼慧하고 及與淨願하면 自然心開하야 見十方佛하고 一切淨土隨願往生하리라

情少想多하면 輕擧非遠하야 卽爲飛仙과 大力鬼王과 飛行夜叉과 地行羅刹하야 遊於四天호대 所去無礙하니라

其中若有善願善心하야 護持我法이어나 或護禁戒하야 隨持戒人이어나 或護神呪하야 隨持呪者어나 或護禪定하야 保綏法忍이면 是等親住如來座下니라

情想均等하면 不飛不墜하야 生於人間하나니 想明斯聰하고 情幽斯鈍이니라

情多想少하면 流入橫生하야 重爲毛群하고 輕爲羽族하니라

七情三想은 沈下水輪하야 生於火際하나니 受氣猛火하야 身爲餓鬼일새 常被焚燒하며 水能害己할새 無食無飮코 經百千劫이니라

九情一想은 下洞火輪하야 身入風火二交過地하야 輕身有間하고 重生無間二種地獄하리라

純情卽沈入阿鼻獄이니와 若沈心中에 有謗大乘어나 毁佛禁戒어나 誑妄說法어나 虛貪信施어나 濫膺恭敬어나 五逆十重이면 更生十方阿鼻地獄이니라

循造惡業하야 雖則自招나 衆同分中에 兼有元地니라

것을 아끼려고 남을 욕하지 말라 ⑨성내지 말고 참회하는 것을 잘 받으라 ⑩불법승 3보를 비방하지 말라.

1. 욕계

(1)지옥세계

지옥에 태어나는 원인 그 열 가지 악습

아난아! 이러한 지옥 과보들은 모두 저 중생들 스스로가 지은 악업이 부른 것인데, 열 가지 악습으로 업인(業因)[87]을 지었기 때문에 안이비설신의 6근이 서로 과보를 받느니라.

무엇이 열 가지 악습(惡習: 나쁜 잠재력/역주)으로 지은 업인인가? 아난아!

첫째는 음욕을 행하는 악습으로 남녀가 서로 교접하여서 마찰 접촉함을 일으키는 것이다. 이렇게 마찰 접촉하기를 반복하여 멈추지 않는 까닭에 업을 지을 때 벌써 크고 사나운 불빛이 발동하는 지옥 현상이 자기 마음속에 나타나 잠재하게 되는 것이다. 이는 마치 사람이 두 손바닥을 서로 비비면 따뜻한 현상이 자연히 발생하는 것과 같다. 과거생의 이 악습 종자[종습種習]와 현재생의 이 악습 행위[현습現習], 이 두 가지 악습이 서로 타오르기 때문에 죽은 뒤 지옥에서 뜨거운 쇠 평상과 구리 기둥으로 형벌을 받는 괴로운 일이 있다. 그래서 시방세계의 모든 여래들께서 음욕을 행함에 대하여 이구동성으로 '음욕의 불'이라고 하였으며, 보살은 음욕에 대하여 마치 불구덩이처럼 보고 멀리 피하는 것이다.

---

87) 괴롭거나 즐거운 과보의 원인이 되는 선악 행위.

阿難아 此等皆是彼諸衆生의 自業所感이니 造十習因하야 受六交報니라
云何十因고 阿難一者淫習이라 交接發於相磨하고 硏磨不休하면 如是故有大猛火光이 於中發動호미 如人以手로 自相磨觸에 煖相現前니라 二習相然일새 故有鐵床나 銅柱諸事하나니 是故十方一切如來가 色目行淫하야 同名欲火하고 菩薩見欲如避火坑이니라

둘째는 탐욕을 부리는 악습으로 서로 이해타산(利害打算) 하여서 빨아들임을 일으키는 것이다. 이렇게 빨아들이기를 반복하여 멈추지 않는 까닭에 업을 지을 때 벌써 추위가 쌓여 얼음으로 굳어져 매섭게 추운 지옥 현상이 자기 마음속에 나타나 잠재하게 되는 것이다. 이는 마치 사람이 입으로 바람 기운을 흡입 수축하면 입안에 차가운 감촉이 일어나는 것과 같다. 과거생의 이 악습 종자와 현재생의 이 악습 행위, 이 두 가지 악습이 서로 갈수록 심해지기 때문에 죽은 뒤 지옥에서 살을 에는 추위에 덜덜 떨며 신음소리를 내거나 빙판에서 피부가 얼어터져 청련(靑蓮)·홍련(紅蓮)·백련(白蓮) 색 등이 되는 형벌을 받는 괴로운 일이 있다. 그래서 시방세계의 모든 여래들께서 구함이 많음에 대하여 이구동성으로 '탐욕의 물'이라고 하였으며 보살은 탐욕에 대하여 마치 악성 전염병처럼 보고 멀리 피하느니라.

二者貪習이라 交計發於相吸하야 吸攬不止하면 如是故有積寒堅冰하야 於中凍洌호미 如人以口로 吸縮風氣하면 有冷觸生이니라 二習相陵일새 故有吒吒波波羅羅와 青赤白蓮寒冰等事하나니 是故十方一切如來가 色目多求하야 同名貪水하고 菩薩見貪如避瘴海니라

셋째는 오만을 부리는 악습으로 서로 업신여겨서 자기의 재물·

세력 · 명예 · 학문 · 지혜 · 용기 · 재능 · 미모 등을 믿고 잘난 체 함을 일으키는 것이다. 이렇게 오만한 마음이 내달려 위로 흐르기를 반복하여 멈추지 않는 까닭에 업을 지을 때 벌써 세차게 내달리는 파도가 있고 파도가 쌓여 물이 되는 지옥 현상이 자기 마음속에 나타나 잠재하게 되는 것이다. 이는 마치 사람이 입속의 혀를 입안의 상악(上顎)에 대고 스스로 면밀히 맛보면 그 때문에 침이 발생하는 것과 같다. 과거생의 이 악습 종자와 현재생의 이 악습 행위, 이 두 가지 악습이 서로 부추기기 때문에 죽은 뒤 지옥에서 핏물 강 · 잿물 강 · 뜨거운 모래 · 독물 바다 · 녹인 구리물을 입으로 쏟아 넣어 삼키게 하는 형벌을 받는 괴로운 일이 있다. 그래서 시방세계의 모든 여래들께서 아만(我慢)에 대하여 이구동성으로 '마시면 치매에 걸리는 독극물'이라고 하였으며, 보살은 아만에 대하여 마치 거대한 바다에 빠질 것처럼 보고 멀리 피하느니라.

三者慢習이라 交陵發於相恃하고 馳流不息하면 如是故有騰逸奔波호대 積波爲水호미 如人口舌로 自相綿味에 因而水發이니라 二習相鼓일새 故有血河灰河와 熱沙毒海와 融銅灌吞諸事하나니 是故十方一切如來가 色目我慢하야 名飲癡水하고 菩薩見慢호대 如避巨溺이니라

넷째는 성내는 악습으로 서로 충돌하여서 거슬려함을 일으키는 것이다. 이렇게 거슬려하고 한(恨) 맺히기를 반복하여 멈추지 않으면 마음에 열이 나 성냄의 불이 나고 그 노기를 녹여 쇠 병기를 만드는 까닭에 업을 지을 때 벌써 칼산 · 쇠몽둥이 · 칼 나무 · 칼 바퀴 · 도끼 · 작두 · 창 · 톱 등의 지옥 현상이 자기 마음속에 나타나 잠재하게 되는 것이다. 이는 마치 사람이 마음에 원한을 품으면 얼굴

에 살기(殺氣)가 등등하면서 격해지는 것과 같다. 과거생의 이 악습 종자와 현재생의 이 악습 행위, 이 두 가지 악습이 서로 공격하기 때문에 죽은 뒤 지옥에서 성기를 자르고, 목을 베고, 몸을 꺾고, 송곳으로 찌르고, 몽둥이로 등을 매질하고, 곤장으로 볼기를 치는 등의 형벌을 받는 괴로운 일이 있다. 그래서 시방세계의 모든 여래들께서 성냄에 대하여 이구동성으로 '예리한 칼'이라고 하였으며, 보살은 성냄에 대하여 마치 천벌을 받을 것처럼 보고 멀리 피하느니라.

四者瞋習이라 交衝發於相忤하고 忤結不息하면 心熱發火하고 鑄氣爲金일새 如是故有刀山鐵橛과 劍樹劍輪과 斧鉞鎗鋸호미 如人銜冤에 殺氣飛動이니라 二習相擊일새 故有宮割斬斫剉刺 椎擊諸事하나니 是故十方一切如來가 色目瞋恚하야 名利刀劍하고 菩薩見瞋호대 如避誅戮이니라

다섯째는 아첨 간사한 악습으로 서로 속여 꾀여서 바보 취급함을 일으키는 것이다. 이렇게 속여 꾀이기를 반복하여 멈추지 않는 까닭에 업을 지을 때 벌써 올가미로 목을 조이거나 목에 칼을 씌우는 등의 지옥 현상이 자기 마음속에 나타나 잠재하게 되는 것이다. 이는 마치 물로 농토를 축축하게 적시면 풀과 나무가 나서 자라는 것과 같다. 과거생의 이 악습 종자와 현재생의 이 악습 행위, 이 두 가지 악습이 서로 뻗어나가기 때문에 죽은 뒤 지옥에서 쇠고랑 · 수갑 · 항쇄 · 족쇄 · 채찍 · 곤장 · 회초리 · 몽둥이 등으로 형벌을 받는 괴로운 일이 있다. 그래서 시방세계의 모든 여래들께서 간사한 거짓에 대하여 이구동성으로 '속이는 도적'이라고 하였으며 보살은 간사함에 대하여 마치 승냥이나 이리를 두려워하는 것처럼 보고

멀리 피하느니라.

五者詐習이라 交誘發於相調하고 引起不住일새 如是故有繩木絞校호미 如水浸田草木生長이라 二習相延일새 故有杻械枷鎖鞭杖檛棒諸事하나니 是故十方一切如來가 色目姦僞하야 同名讒賊하고 菩薩見詐호대 如畏豺狼이니라

여섯째는 거짓으로 속여 미혹시키는 악습으로 서로 기만하여서 무함(誣陷)하여 뭐가 진실인지 모르게 함을 일으킨다. 이렇게 있는 사실을 없다 하거나 없는 사실을 있다고 무함하기를 반복하여 멈추지 않고 마음을 움직여 간사한 꾀를 날조하는 까닭에 업을 지을 때 벌써 먼지·흙·똥·오줌 따위의 더럽고 부정한 지옥 현상이 자기 마음속에 나타나 잠재하게 되는 것이다. 이는 마치 먼지가 큰 바람에 날려 허공에 가득하면 먼지에 가려져 아무 것도 보이지 않는 것과 같다. 과거생의 이 악습 종자와 현재생의 이 악습 행위, 이 두 가지 악습이 서로 더해지기 때문에 죽은 뒤 지옥에서 끓는 똥물에 빠지거나, 검은 모래바람 속으로 날아올랐다 추락하거나, 끓는 액체에 떴다 가라앉았다 하는 등의 형벌을 받는 괴로운 일이 있다. 그래서 시방세계의 모든 여래들께서 거짓으로 속임에 대하여 이구동성으로 '재물을 약탈하고 목숨을 죽임'이라고 하였으며, 보살은 거짓으로 속임에 대하여 마치 독사를 밟는 것처럼 보고 멀리 피하느니라.

六者誑習이라 交欺發於相罔하고 誣罔不止하면 飛心造姦일새 如是故有塵土屎尿의 穢汙不淨호미 如塵隨風호대 各無所見이니라 二習相加일새 故有沒溺과 騰擲飛墜과 漂淪諸事하나니 是故十方一切如來가 色目欺誑하야 同名劫殺하고

菩薩見誑호대 如踐蛇虺이니라

일곱째는 원한을 품는 악습으로 서로 증오하여서 마음에 원한 품음을 일으키는 것이다. 그런 까닭에 업을 지을 때 벌써 돌멩이를 던져 날리거나, 바위를 던지거나, 뒤주에 가두거나, 죄인을 호송하는 수레에 싣거나, 독 속에 담그거나, 자루에 넣어 매를 치는 지옥 현상이 자기 마음속에 나타나 잠재하게 되는 것이다. 이는 마치 음험 악독한 사람이 가슴에 악한 생각을 품고 쌓아두는 것과 같다. 과거생의 이 악습 종자와 현재생의 이 악습 행위, 이 두 가지 악습으로 서로 원한을 품고 갈수록 깊어지기 때문에 죽은 뒤 지옥에서 돌멩이나 바위를 던져 그 머리를 치고 그 몸을 쏘거나, 묶어서 뒤주나 수레나 자루 등에 잡아넣어 던져 죽게 하거나 몸을 꺾어 넣는 등의 형벌을 받는 괴로운 일이 있다. 그래서 시방세계의 모든 여래는 원한을 품은 자에 대하여 이구동성으로 '해치려는 마음을 가진 귀신'이라고 하였으며, 보살은 원한 품음에 대하여 마치 짐독주(鴆毒酒)를 마시는 것처럼 보고 멀리 피하느니라.

七者冤習이라 交嫌發於銜恨하고 如是故有飛石投礰과 匣貯車檻과 甕盛囊撲호미 如陰毒人이 懷抱畜惡이니라 二習相呑일새 故有投擲과 擒捉擊射과 挽撮諸事하나니 是故十方一切如來가 色目冤家하야 名違害鬼하고 菩薩見冤호대 如飮鴆酒니라

여덟째는 악견(惡見)에 집착하는 악습으로 서로 자기의 견해를 표명하여, 살가야견(薩迦耶見) · 변견(邊見) · 사견(邪見) · 견취견(見取見) · 계금취견(戒禁取見)의 사악한 견해와 사악한 깨달음으로 짓

는 갖가지 죄업들이 있어서, 진리를 위배하며 정확한 견해를 받아들이기를 거부하면서 진리와는 반대되는 견해와 행위를 일으키는 것이다.[88] 그런 까닭에 업을 지을 때 벌써 염라대왕의 사자(使者)와 지옥의 주관 관리가 손에 붓과 기록 장부를 들고서 시비정사(是

---

88) 악견(惡見): 6근본번뇌(탐욕 · 성냄 · 어리석음 · 교만 · 의심 · 잘못된 견해)의 하나로서, 제법(諸法)의 진상에 대하여 잘못된 견해를 일으키는 것이다. 여기에는 다음의 5종류가 있다.

①살가야견((薩迦耶見: 신견身見)이란 색수상행식 5온에 대한 것으로, 이것은 아(自我: 나), 아소(我所: 나의 소유)라고 잘못 생각하는 견해이다. 자기와 자기의 소유물이 있다고 생각하는 견해, 자신을 아(我)로 간주하는 견해, 몸속에 실체로서의 자아가 있다고 생각하는 잘못된 견해, 영원히 변하지 않는 주체가 있다고 생각하는 견해이다.

②변견(邊見)이란 세간의 모든 것은 상주(常住) 불변한다는 상견(常見), 끊어지면 소멸한다는 단견(斷見), 끝이 있다는 유변견(有邊見), 끝이 없다는 무변견(無邊見), 육체와 영혼은 동일하다는 동견(同見), 별개인 탓으로 다르다는 이견(異見), 여래는 사후에도 존재한다는 유견(有見), 존재하지 않는다는 무견(無見) 등의 양극단적인 생각으로 괴로움 · 즐거움 등의 극과 극으로만 보는 것이 그것이다 (『업보차별경』「제16장」도 참조하기 바람).

③사견(邪見)이란 넓은 의미로는 인과응보의 도리를 부정하는 옳지 못한 견해이다. 여기서 10사(事)의 사견은, 보시도 헌공(獻供)도 제사도 필요 없으며, 선악업의 과보도 받지 않으며, 현세도 내세도 어머니도 아버지도 화생(化生)하는 중생도 없고, 수행하여 과위를 증득하는 종교도 없다고 하는 것이다. 요컨대 사견이란 선악의 업보나 3세인과도 인정하지 않는 잘못된 견해이다. 이것은 인과나 연기론을 말하는 부처님의 교법도 인정하지 않고, 수행에 의해서 깨달음을 여는 부처님이나 승보도 인정하지 않는 생각인 것이다.

④견취견(見取見)이란 옳지 못한 주관적인 견해를 절대적 진리라고 믿으며 다른 사람의 주장은 잘못된 것이라고 매도하는 행위이다. 오늘날 배타적인 사상이나 종교가 이에 해당한다고 볼 수 있다.

⑤계금취견(戒禁取見)이란 외도들이 해탈이나 천인으로 태어나기를 바라며 맹세하고 지키는 구계(狗戒)나 상계(象戒)나 고행 등인데, 그로 말미암아서는 결코 해탈이나 천인으로 태어날 수 없는 잘못된 견해를 말한다. 도가 아닌 것을 도로 여기는 비도계도(非道計道)의 계금취견과, 원인이 아닌 것을 원인으로 여기는 비인계인(非因計因)의 계금취견 두 가지로 나눈다.

非正邪)를 판단 증명하는 지옥 현상이 자기 마음속에 나타나 잠재하게 되는 것이다. 이는 마치 길을 가는 사람들이 오고 가면서 서로 마주 볼 수밖에 없는 것과 같다. 과거생의 이 악습 종자와 현재생의 이 악습 행위, 이 두 가지 악습이 서로 어울려 일어나기 때문에 죽은 뒤 지옥에서 심문하고,고문하고, 조사하고, 수색하고, 들추어내고, 증거를 대고, 선악동자(善惡童子)가 손에 기록장부를 들고 시비사정(是非邪正)을 변론하는 일이 있다. 그래서 시방세계의 모든 여래는 사악한 견해에 대하여 이구동성으로 '사악한 견해의 구렁텅이'라고 하였으며, 보살은 갖가지 허망하고 치우친 집착에 대하여 마치 독이 있는 구렁텅이를 내려다보는 것처럼 보고 멀리 피하느니라.

八者見習이라 交明如薩迦耶와 見戒禁取와 邪悟諸業이 發於違拒하야 出生相反일새 如是故有王使主吏가 證執文籍호대 如行路人이 來往相見이니라 二習相交일새 故有勘問과 權詐考訊과 推鞫察訪과 披究照明과 善惡童子가 手執文簿辭辯諸事하나니 是故十方一切如來가 色目惡見하야 同名見坑하고 菩薩見諸虛妄遍執호대 如入毒壑이니라

아홉째는 억울하게 하는 악습으로 서로 가해(加害)하여서 무고비방함을 일으키는 것이다. 그런 까닭에 업을 지을 때 벌써 몸을 두 개의 산이 합쳐져 누르거나, 두 개의 바윗덩이가 합하여 끼우거나, 연자와 맷돌로 갈고 부수는 등의 지옥 현상이 자기 마음속에 나타나 잠재하게 되는 것이다. 이는 마치 남을 헐뜯어 해치는 사람이 선량한 사람을 핍박하여 억울하게 하는 것과 같다. 과거생의 이 악습 종자와 현재생의 이 악습 행위, 이 두 가지 악습이 선량한 사

람을 서로 배척하기 때문에 죽은 뒤 지옥에서 누르고, 비틀고, 때리고, 뭉개고, 몸을 오그려 뜨려 자루에 집어넣고는 눌러 쥐어짜 피를 거르고, 저울대에 그 몸을 걸어 무게를 재거나 자로 길이를 재는 등의 형벌을 받는 괴로운 일이 있다. 그래서 시방세계의 모든 여래가 억울한 비방에 대하여 이구동성으로 '헐뜯는 호랑이'이라고 하였으며, 보살은 억울하게 함에 대하여 마치 벼락을 만난 것처럼 보고 멀리 피하느니라.

九者枉習이라 交加發於誣謗일새 如是故有合山合石과 碾磑耕磨호미 如讒賊人이 逼枉良善이니라 二習相排일새 故有壓捺과 推按蹙漉과 衡度諸事하나니 是故十方一切如來가 色目寃謗하야 同名讒虎하고 菩薩見枉호대 如遭霹靂이니라

열째는 소송하는 악습으로 서로 번잡하게 하소연하여서 자기의 잘못을 덮어 감춤을 일으키는 것이다. 그런 까닭에 업을 지을 때 벌써 재판관이 업경(業鏡)과 화주(火珠)로 밝게 비추어 보는 지옥 현상이 자기 마음속에 나타나 잠재하게 되는 것이다. 이는 마치 햇빛 속에서 그림자를 숨길 수 없는 것과 같다. 과거생의 이 악습 종자와 현재생의 이 악습 행위, 이 두 가지 악습이 서로 호소하기 때문에 죽은 뒤 지옥에서 나쁜 벗과 죄업을 드러내는 거울인 업경과 마음속의 생각을 비추어 아는 불구슬인 화주로 묵은 업보를 파헤치고 대질해서 검사하는 등의 형벌을 받는 괴로운 일이 있다. 그래서 시방의 모든 여래들께서 덮어 감춤에 대하여 이구동성으로 '드러나지 않는 도적'이라고 하였으며, 보살은 덮어 감춤에 대하여 마치 높은 산을 머리에 이고 거대한 바다를 발로 밟는 것처럼 보고

멀리 피하느니라.

十者訟習이라 交誼發於藏覆일새 如是故有鑑見照燭하니 如於日中不能藏影이니라 二習相陳일새 故有惡友業鏡과 火珠披露와 宿業對驗諸事하나니 是故十方一切如來가 色目覆藏하야 同名陰賊하고 菩薩觀覆호대 如戴高山하고 履於巨海니라

여섯 가지 과보

무엇을 여섯 가지 과보라 하는가? 아난아! 온갖 중생들이 6식으로 악업을 지어 부른 악한 과보가 모두 6근을 통해서 나타나는 것이다.

무엇이 악한 과보가 6근을 통해서 나타난 것인가?

첫째는 안식이 보기를 탐하여 지은 악업의 과보[見報]이니, (눈으로 꽃처럼 아름다운 얼굴을 보기를 탐하였다면, 그에 따라서 귀로는 애교부리는 소리와 사랑의 속삭임을 듣고, 코로는 풍겨 나오는 향기를 맡고, 혀로는 달콤한 밀어를 재잘거리며, 몸으로는 고운 피부를 감촉하고, 의식으로는 미인을 생각하는 업을 지었기에) 안근이 주범(主犯)으로서의 그 악한 과보를 받고 나머지 5근이 종범(從犯)으로서의 과보를 받는다(이하 나머지 5식의 주범과 종범으로서의 업 지음에 대해서는 미루어 생각하여보기 바랍니다/역주). 보기를 탐하여 지은 이 악업이 나머지 5근의 식(識)이 지은 악업과 서로 작용하기 때문에 임종할 때 먼저 맹렬한 불길이 시방세계에 가득함을 보고, 망자의 신식이 그 연기와 불 속으로 날아가 떨어져 그 연기와 불을 타고서 곧바로 무간지옥에 들어간다. 지옥에 들어간 뒤에는 두 가지 현상이 나타난다. 첫째는 밝게 보임이

니, 불 뱀·불개, 소 머리·말 얼굴 등 갖가지 흉악한 것들을 두루 볼 수 있어 무시무시한 두려움이 한량없이 일어나는 것이다. 둘째는 어둡게 보임이니, 온 천지가 어둡고 고요하면서 아무것도 보이지 않아 한량없는 공포가 일어나 어찌 할 줄 모르는 것이다.

보기를 탐하여 지은 악업의 과보인 이와 같은 맹렬한 불길이, 안근자체를 불태우면 쇠 평상과 구리 기둥으로 변할 수 있으며, 이근을 불태우면 확탕(鑊湯)과 양동(洋銅)으로 변할 수 있으며, 비근을 불태우면 검은 연기와 붉은 불꽃으로 변할 수 있으며, 설근을 불태우면 뜨거운 철환과 쇳물 죽으로 변할 수 있으며, 신근을 불태우면 뜨거운 재와 용광로의 숯불로 변할 수 있으며, 의근을 불태우면 별똥 불로 변하여 두루 흩뿌려지면서 바람에 날려 허공에 가득할 수 있느니라.

云何六報오 阿難一切衆生이 六識造業하야 所招惡報이며 從六根出이니라
云何惡報가 從六根出고 一者見報가 招引惡果니 此見業交하면 則臨終時에 先見猛火가 滿十方界하고 亡者神識이 飛墜乘煙하고 入無間獄호대 發明二相리니 一者明見으로 則能遍見種種惡物하고 生無量畏오 二者暗見으로 寂然不見하야 生無量恐이니라
如是見火가 燒聽能爲鑊湯洋銅하며 燒息能爲黑煙紫焰하며 燒味能爲 焦丸鐵糜하며 燒觸能爲熱灰鑪炭하며 燒心能生星火迸灑하야 煽鼓空界하니라

둘째는 이식이 듣기를 탐하여 지은 악업의 과보[聞報]이니, 이근이 주범으로서의 그 악한 과보를 받고 나머지 5근이 종범으로서의 과보를 받는다. 듣기를 탐하여 지은 이 악업이 나머지 5근의 식(識)이 지은 악업과 서로 작용하기 때문에 임종할 때 먼저 파도가 천지

를 삼키는 것을 보게 되고, 망자(亡者)의 신식은 쏟아지는 파도 속에 떨어져 흐름을 타고 내려가 무간지옥에 떨어진다. 지옥에 들어간 뒤에는 두 가지 현상이 나타난다. 첫째는 귀가 열려 소리를 듣는 것이니, 갖가지 시끄러운 소리를 듣고 정신이 혼미하고 착란이 일어나는 것이다. 둘째는 귀가 닫혀 소리를 듣지 못하는 것이니, 사방이 고요하여 아무 소리도 들리지 않기 때문에 넋이 빠져버리는 것이다.

듣기를 탐하여 지은 악업의 과보인 이와 같은 파도가, 이근 자체에 쏟아져 들어가면 옥중에서 죄를 꾸짖고 따짐으로 변할 수 있으며, 안근에 쏟아져 들어가면 천둥이 치는 소리나 악독한 기운으로 변할 수 있으며, 비근에 쏟아져 들어가면 비와 안개로 변하여 갖가지 독충들이 온 몸에 두루 뿌려져 자기를 해칠 수 있으며, 설근에 쏟아져 들어가면 고름이나 피나 갖가지 더러운 것으로 변할 수 있으며, 신근에 쏟아져 들어가면 짐승이나 귀신이나 똥이나 오줌으로 변할 수 있으며, 의근에 쏟아져 들어가면 번개나 우박으로 변하여 마음과 넋을 부수느니라.

二者聞報가 招引惡果니 此聞業交하면 則臨終時에 先見波濤가 沒溺天地하고 亡者神識이 降注乘流하고 入無間獄호대 發明二相리니 一者開聽으로 聽種種鬧하고 精神瞀亂이요 二者閉聽으로 寂無所聞하야 幽魄沈沒이라 如是聞波가 注聞則能爲責爲詰하며 注見則能爲雷爲吼하고 爲惡毒氣하며 注息則能爲雨爲霧하야 灑諸毒蟲하야 周滿身體하며 注味則能爲膿爲血하야 種種雜穢하며 注觸則能爲畜爲鬼하고 爲糞爲尿하며 注意則能爲電爲雹하야 摧碎心魄하니라

셋째는 비식이 냄새 맡기를 탐하여 지은 악업의 과보이니, 비근

이 주범으로서의 그 악한 과보를 받고 나머지 5근이 종범으로서의 과보를 받는다. 냄새 맡기를 탐하여 지은 이 악업이 나머지 5근의 식(識)이 지은 악업과 서로 작용하기 때문에 임종할 때 먼저 독기(毒氣)가 멀고 가까운 곳곳에 두루 가득 차는 것을 보고, 망자의 신식은 대지로부터 솟아나와 무간지옥에 떨어진다. 지옥에 들어간 뒤에는 두 가지 현상이 나타난다. 첫째는 코가 통하여 냄새를 맡을 수 있는 것이니, 코가 악취의 기(氣)에 극도로 쐬어져 정신이 혼란스러운 것이다. 둘째는 코가 막혀서 호흡 냄새를 맡을 수 없는 것이니, 악취가 코를 꽉 막아 통하지 않아서 기절하여 땅에 넘어져 있는 것이다.

냄새 맡기를 탐하여 지은 악업의 과보인 이와 같은 독기가, 비근 자체에 부딪치면 잘못에 대해 대질 받거나 몸이 소나 말에 짓밟혀 숨이 막힘으로 변할 수 있으며, 안근에 부딪치면 작은 불이나 큰 불로 변할 수 있으며, 이근에 부딪치면 큰 물에 빠지거나 구리 즙을 입에 쏟아 넣거나 끓는 똥오줌 등에 빠짐으로 변할 수 있으며, 설근에 부딪치면 썩어문드러지고 쉰 음식으로 변할 수 있으며, 신근에 부딪치면 터지고 문드러져 큰 고기 산이 되어 백천 개의 눈구멍이 있고 헤아릴 수 없는 벌레들이 빨아 먹음으로 변할 수 있으며, 의근에 부딪치면 재가 날리거나, 장독(瘴毒)이 뿌려지거나, 모래가 날리거나, 자갈이 날림으로 변하여 몸을 쳐서 부술 수 있느니라.

三者齅報가 招引惡果니 此齅報交하면 則臨終時에 先見毒氣가 充塞遠近하고 亡者神識이 從地涌出하야 入無間獄호대 發明二相리니 一者通聞으로 被諸惡氣하고 熏極心擾오 二者塞聞으로 氣掩不通하고 悶絕於地니라

如是鰒氣가 衝息則能爲質爲履하며 衝見則能爲火爲炬하며 衝聽則能 爲投爲溺하고 爲洋爲沸하며 衝味則能 爲餒爲爽하며 衝觸則能爲綻爲爛하고 爲大肉山하야 有百千眼이어든 無量咂食하며 衝思則能爲灰爲瘴하고 爲飛砂礰하야 擊碎身體하니라

넷째는 설식이 맛보기를 탐하여 지은 악업의 과보이니, 설근이 주범으로서의 그 악한 과보를 받고 나머지 5근이 종범으로서의 과보를 받는다. 맛보기를 탐하여 지은 이 악업이 나머지 5근의 식(識)이 지은 악업과 서로 작용하기 때문에 임종할 때 먼저 사나운 불길이 세차게 타는 쇠 그물이 세계를 두루 덮고 있는 것을 보며, 망자의 신식은 아래로 떨어져 쇠 그물을 뚫으면서 걸려 머리가 거꾸로 매달린 채 무간지옥에 들어간다. 지옥에 들어간 뒤에는 두 가지 현상이 나타난다. 첫째는 숨을 들이쉬는 것이니, 들이쉰 숨이 차가운 얼음으로 맺혀서 몸의 살이 얼어 터지는 것이다. 둘째는 숨을 토하는 것이니, 토한 숨이 사나운 불길로 날리면서 골수를 태워 문드러지게 하는 것이다.

맛보기를 탐하여 지은 악업의 이와 같은 과보가, 설근 자체를 지나가면 강대한 압력으로 변하여 그 고통스런 맛을 받아들이고 견딜 수밖에 없으며, 안근을 지나가면 뜨거운 쇠나 돌솥으로 변할 수 있으며, 이근을 지나가면 예리한 무기로 변할 수 있으며, 비근을 지나가면 거대한 쇠 바구니로 변하여 국토를 가득 덮을 수 있으며, 신근을 지나가면 작은 활과 화살이나 큰 활과 독화살로 변할 수 있으며, 의근을 지나가면 날리는 뜨거운 쇠 탄알로 변하여 공중에서 비 오듯 쏟아질 수 있느니라.

四者味報가 招引惡果니 此味業交하면 則臨終時에 先見鐵網에 猛燄熾烈하야 周覆世界하고 亡者神識이 下透挂網하야 倒懸其頭코 入無間獄호대 發明二相리니 一者吸氣으로 結成寒冰하야 凍裂身肉이오 二者吐氣로 飛爲猛火하야 燋爛骨髓니라 如是嘗味가 歷嘗則能爲承爲忍하며 歷見則能爲然金石하며 歷聽則能 爲利兵刃하며 歷息則能爲大鐵籠하야 彌覆國土하며 歷觸則能爲弓爲箭하고 爲弩爲射하며 歷思則能爲飛熱鐵하야 從空而下하니라

다섯째는 신식이 감촉하기를 탐하여 지은 악업의 과보이니, 신근이 주범으로서의 그 악한 과보를 받고 나머지 5근이 종범으로서의 과보를 받는다. 감촉하기를 탐하여 지은 이 악업이 나머지 5근의 식(識)이 지은 악업과 서로 작용하기 때문에 임종할 때 먼저 큰 산이 사면으로부터 자기를 향하여 합쳐져 도망할 길이 없음을 보며, 망자의 신식은 큰 철성 안에 불뱀 · 불개 · 호랑이 · 이리 · 사자가 있음을 보고 공포가 일어나 감히 들어가지 못하자 찰나사이에 우두옥졸(牛頭獄卒)과 마두나찰(馬頭羅刹)이 손에 긴 창을 들고서 자기를 성문으로 몰아넣어 무간지옥으로 향하게 한다. 지옥에 들어간 뒤에는 두 가지 현상이 나타난다. 첫째는 합쳐지는 감촉이니, 산이 합쳐지면서 몸을 핍박하여 뼈와 살과 피가 함께 무너지는 것이다. 둘째는 분리되는 감촉이니, 칼이 와서 몸에 닿아 파괴하고 심장과 간장 등 오장이 모두 도살되어 부서지고 찢어지는 것이다.

합쳐지는 감촉으로 지은 악업의 이와 같은 과보가, 신근 자체를 지나가면 지옥의 도로 · 궁(宮)이나 관청 · 옥안(獄案) 등 죄를 다루는 곳으로 변할 수 있으며, 안근을 지나가면 타고 뜨거운 감촉으로 변할 수 있으며, 이근을 지나가면 큰 돌이 와서 부딪치거나 곤장으로 치거나 칼에 살이 잘리거나 화살에 맞음으로 변할 수 있으며,

비근을 지나가면 숨을 쉬지 못하도록 몸을 천으로 둘둘 말아 고문하며 치거나 자루에 넣어 목을 묶는 것으로 변할 수 있으며, 설근을 지나가면 혀를 쟁기로 갈거나 혀를 뽑거나 찍거나 끊어버림으로 변할 수 있으며, 의근을 지나가면 추락하거나 날아가거나 삶거나 굽는 등으로 변할 수 있느니라.

五者觸報가 招引惡果니 此觸業交하면 則臨終時에 先見大山이 四面來合호대 無復出路하고 亡者神識이 見大鐵城에 火蛇火狗와 虎狼獅子어든 牛頭獄卒과 馬頭羅刹이 手執鎗矟하고 驅入城門하야 向無間獄호대 發明二相리니 一者合觸으로 合山逼體하야 骨肉血潰오 二者離觸으로 刀劍觸身하야 心肝屠裂이니라 如是合觸이 歷觸則能爲道爲觀하고 爲廳爲案하며 歷見則能爲燒爲爇하며 歷聽則能爲撞爲擊하고 爲剚爲射하며 歷息則能爲括爲袋하고 爲考爲縛하며 歷嘗則能爲耕爲鉗하고 爲斬爲截하며 歷思則能爲墜爲飛하고 爲煎爲炙니라

여섯째는 의식이 사악한 생각을 하여 지은 악업의 과보이니, 의근이 주범으로서의 그 악한 과보를 받고 나머지 5근이 종범으로서의 과보를 받는다. 사악한 생각을 하여 지은 이 악업이 나머지 5근의 식(識)이 지은 악업과 서로 작용하기 때문에 임종할 때 먼저 악풍(惡風)이 불어 국토를 파괴하는 것을 보며, 망자의 신식은 그 악풍에 날려져 허공으로 올라갔다가 빙빙 돌면서 내려와 그 악풍을 타고 찰나사이에 무간지옥에 떨어진다. 지옥에 들어간 뒤에는 두 가지 현상이 나타난다. 첫째는 지각(知覺)하지 못하는 것이니, 극도로 갈피를 못 잡아 정신이 당황 혼란하여 쉬지 않고 내달리는 것이다. 둘째는 지각이 있는 것이니, 고통의 경계가 있음을 지각하기에 한량없이 몰아세우고 불태우는 고통을 깊이 느끼며 견디기 어려운

것이다.

사악한 생각을 하여 지은 악업의 과보인 이와 같은 악풍이, 의근 자체에 맺히면 죄를 받는 방향위치나 고통을 받는 처소로 변할 수 있으며, 안근에 맺히면 업을 비추는 밝은 거울이나 나쁜 친구가 나타나 죄인이 악을 숨기지 못하도록 증명함으로 변할 수 있으며, 이근에 맺히면 흘러가는 것은 대합석(大合石)이 되게 하고 찬 것은 얼음과 서리가 되게 하고 밝은 것은 흙이나 안개가 되게 하여 죄인을 형벌함으로 변할 수 있으며, 비근에 맺히면 큰 불 수레와 불 배와 불 함거로 변할 수 있으며, 설근에 맺히면 고통스러워 크게 울부짖고 후회하고 흐느끼도록 변할 수 있으며, 신근에 맺히면 모두 큰 몸이 되기도 하고 작은 몸이 되기도 하면서 하루 가운데 만 번 태어나고 만번 죽거나 엎치락뒤치락함이 일정하지 않는 모습으로 변할 수 있다

.

六者思報가 招引惡果니 此思業交하면 則臨終時에 先見惡風이 吹壞國土하야 亡者神識이 被吹上空이라가 旋落乘風하고 墮無間獄호대 發明二相리라 一者不覺으로 迷極則荒하야 奔走不息이오 二者不迷으로 覺知則苦하야 無量煎燒를 痛深難忍이니라 如是邪思가 結思則能爲方爲所하며 結見則能爲鑑爲證하며 結聽則能 爲大合石하고 爲冰爲霜하고 爲土爲霧하며 結息則能爲大火車와 火船火檻하며 結嘗則能爲大叫喚하고 爲悔爲泣하며 結觸則能爲大爲小하고 爲一日中에 萬生萬死하고 爲偃爲仰이니라

아난아! 이상이 열 가지 악습으로 지은 지옥 업인과 여섯 가지 과보라고 하는 것이니, 모두가 중생들이 미망(迷妄)89)으로 말미암

89) 도리에 어둡고 잘못된 생각을 갖는 것.

아 지은 죄업의 응보들이다.

만약 중생들의 6근 모두가 열 가지 악습의 무거운 죄업을 어느 때나 다 지었다면, 즉시 아비지옥에 떨어져 한량없는 고통을 받으면서 한량없는 세월을 지낼 것이다.

만약 6근 가운데 어느 근이 주도적으로 무거운 죄업을 짓고 그 죄업이 부수적으로 다른 대상경계[境]와 근(根)을 이끌어 움직였다면 이 사람은 8무간지옥에 들어갈 것이다.

만약 몸과 입과 마음 이 세 가지로 살생 · 도둑질 · 음행의 세 가지의 업을 다 지었다면 이 사람은 18지옥에 들어갈 것이다.

만약 몸과 입과 마음 중 두 가지로 업을 지었으되, 그 가운데서 살생과 도둑질 · 도둑질과 음행 · 살생과 음행 등으로 두 가지 업만을 지었다면 이 사람은 36지옥에 들어갈 것이다.

6근 중 어느 한 근으로 살생 · 도둑질 · 음행 가운데 단순히 어느 한 가지 업만을 범하였다면 이 사람은 108지옥에 들어갈 것이다.

저 중생들이 각자 따로 죄업을 지었으나 이 세계 속에서는 죄업이 서로 같은 곳의 지옥에 들어가 고통을 받나니, 이런 지옥의 고통 과보는 번뇌망상이 업을 지어 발생한 것이지 본래 있는 것이 아니니라.

阿難是名地獄의 十因六果니 皆是衆生의 迷妄所造니라

若諸衆生이 惡業同造하면 入阿鼻獄하야 受無量苦호대 經無量劫이니라

六根各造어나 及彼所作이 兼境兼根이면 是人則入八無間獄이니라

身口意三으로 作殺盜淫하면 是人則入十八地獄이니라

三業不兼하고 中間或爲一殺一盜하면 是人則入三十六地獄이니라

見見一根으로 單犯一業하면 是人則入百八地獄이니라

由是衆生이 別作別造이나 於世界中에는 入同分地하니 妄相發生이오 非本來有니라

(2) 아귀세계

또 아난아! 저 중생들이 계율을 비방하고 깨뜨렸거나, 대승보살 계율을 범하였거나, 부처님이 증득한 열반을 헐뜯었거나 그 밖의 갖가지 종류의 죄업으로 지옥에 들어가 긴 겁 동안에 불에 타는 고통을 거치고 최후에 지옥의 죄를 다 갚아 끝나면 갖가지 귀(鬼)의 형상을 받아 태어나느니라.

인간세계에서 열 가지 악습으로 지은 원래의 업인(業因) 중에서, 만약 재물을 탐하여 죄업을 이루었다면, 이 사람은 지옥에서 본(本) 죄를 다 받고 나서 신식이 여전히 그 남은 습기를 타고 금은재보 초목 등의 물체를 만나 붙어서 정령(精靈)이 되어 형체를 이루리니 못되게 구는 정령이므로 그 이름을 괴귀(怪鬼)라고 하느니라.

만약 음욕색정을 탐하여 죄업을 이루었다면, 이 사람은 지옥에서 본 죄를 다 받고 나서 신식이 여전히 그 남은 습기를 타고 허공 중의 바람을 만나 붙어서 형체를 이루리니 음욕이 많은 이 여자 요정이 도달하는 곳은 비가 내리지 않아 한발이 일어나므로 그 이름을 발귀(魃鬼)라고 하느니라.

만약 감언이설로 대중을 미혹시키기를 탐하여 죄업을 이루었다면, 이 사람은 지옥에서 본 죄를 다 받고 나서 신식이 여전히 그 남은 습기를 타고 축생을 만나 붙어서 형체를 이루리니 이 남자 요정은 갖가지 형태의 몸으로 사람을 미혹하고 속이므로 그 이름을 매귀(魅鬼)라고 하느니라.

만약 성내기를 탐하여 죄업을 이루었다면, 이 사람은 지옥에서 본 죄를 다 받고 나서 신식이 여전히 그 남은 습기를 타고 독충을 만나 붙어서 형체를 이루리니 독으로 사람을 해치므로 그 이름을 고독귀(蠱毒鬼)라고 하느니라.

만약 원한을 기억하기를 탐하여 죄업을 이루었다면, 이 사람은 지옥에서 본 죄를 다 받고 나서 신식이 여전히 그 남은 습기를 타고 타인의 운세가 쇠약해지기를 바라기 때문에 사계절의 바르지 못한 쇠미(衰微)한 기운을 만나 붙어서 형체를 이루리니 전염병을 퍼뜨리므로 그 이름을 여귀(癘鬼)라고 하느니라.

만약 오만하기를 탐하여 죄업을 이루었다면, 이 사람은 지옥에서 본 죄를 다 받고 나서 신식이 여전히 그 남은 습기를 타고 지상의 증기를 만나 붙어서 형체를 이루리니 제사 지내거나 공양하는 사람이 없어 항상 배가 고프고 목이 마르므로 그 이름을 아귀(餓鬼)라고 하느니라.

만약 헐뜯고 무함하기를 탐하여 죄업을 이루었다면, 이 사람은 지옥에서 본 죄를 다 받고 나서 신식이 여전히 그 남은 습기를 타고 어두운 곳을 만나 붙어서 형체를 이루리니 사람으로 하여금 악몽에 시달리게 하므로 그 이름을 염귀(魘鬼)라고 하느니라.

만약 자기의 잘못된 견해에 집착하기를 탐하여 죄업을 이루었다면, 이 사람은 지옥에서 본 죄를 다 받고 나서 신식이 여전히 그 남은 습기를 타고 해와 달의 정기를 만나 붙어서 형체를 이루리니 사람을 미혹시키는 요정이므로 그 이름을 망량귀(魍魎鬼)라고 하느니라.

만약 속이는 술수로 자기의 욕심 이루기를 탐하여 죄업을 이루었다면, 이 사람은 지옥에서 본 죄를 다 받고 나서 신식이 여전히 그 남은 습기를 타고 외도의 주술을 만나 붙어서 형체를 이루리니 주술에 부려져 화(禍)나 복(福)을 지으므로 그 이름을 역사귀(役使鬼)라고 하느니라.

만약 붕당(朋黨)을 결성하여 남을 해치기를 탐하여 죄업을 이루었다면, 이 사람은 지옥에서 본 죄를 다 받고 나서 신식이 여전히 그 남은 습기를 타고 사람을 만나 붙어 형체를 이루리니 영매(靈媒)나 무당에게 붙어서 길흉화복의 소식을 전달하므로 그 이름을 전송귀(傳送鬼)라고 하느니라.

아난아! 이러한 사람들은 모두 순전히 허망한 애정이었기 때문에, 혹은 허망한 애정이 9할이고 청허한 상념이 1할이었기 때문에, 혹은 허망한 애정이 8할이고 청허한 상념이 2할이었기 때문에 지옥에 추락했던 이들로서 업보의 불길이 무겁고 큰 죄업의 허망한 애정의 물을 다 태워 말렸기에 지옥에서 나왔으되, 여전히 그의 남은 습기를 타고 귀(鬼)의 부류가 된 것이다.

이런 아귀세계는 모두 자기 마음의 망상이 지은 죄업이 부른 것이다. 만약 청정한 보리불성을 깨닫는다면 미묘하고 원만하며 밝은 진심 가운데는 본래 아귀세계의 과보가 없느니라.

復次阿難아 是諸衆生이 非破律儀어나 犯菩薩戒어나 毁佛涅槃이어나 諸餘雜業으로 歷劫燒然이라가 後還罪畢에 受諸鬼形이니라

若於本因으로 貪物爲罪하고 是人罪畢에 遇物成形하리니 名爲怪鬼이고 貪色爲罪하면 是人罪畢에 遇風成形하나니 名爲魃鬼이며 貪惑爲罪하면 是人罪畢하고 遇畜成形하나니 名爲魅鬼이고 貪恨爲罪하면 是人罪畢하고 遇蟲成形하나니 名蠱毒鬼니라 貪憶爲罪하면 是人罪畢하고 遇衰成形하나니 名爲癘鬼이고 貪傲

爲罪하면 是人罪畢에 遇氣成形하나니 名爲餓鬼이며 貪罔爲罪하면 是人罪畢하고 遇幽爲形하나니 名爲魘鬼이고 貪明爲罪하면 是人罪畢하고 遇精爲形하나니 名魍魎鬼이며 貪成爲罪하면 是人罪畢하고 遇明爲形하나니 名役使鬼이고 貪黨爲罪하면 是人罪畢하고 遇人爲形하나니 名傳送鬼니라

阿難아 是人皆以純情墜落이라가 業火燒乾하면 上出爲鬼하니 此等皆是 自妄想業之所招引이라 若悟菩提하면 則妙圓明하야 本無所有니라

(3) 축생세계

또 아난아! 아귀세계의 업보를 다 받고 나면, 아귀세계로 떨어지게 되었던 7할의 허망한 애정과 3할의 청허한 상념이 둘 다 비워져 비로소 세상에 태어나 원래 목숨 빚이나 재물 빚을 졌던 원수나 주인과 서로 만나되, 자신은 축생으로 태어나 사람에게 부려지거나 도살되어 숙세의 빚을 갚느니라.

재물을 탐했던 괴귀(怪鬼)는 자기가 붙어있던 물체가 사라지면 아귀세계의 과보도 다 받아서 비로소 세상에 축생으로 태어나되 대부분 올빼미 종류가 되느니라.

바람을 만나 형체를 이루었던 발귀(魃鬼)는 자기가 붙어있던 바람이 사라지면 아귀세계의 과보도 다 받아서 비로소 세상에 축생으로 태어나되 대부분 재앙의 징조를 알리는 모든 종류가 되느니라.

축생을 만나 형체를 이루었던 매귀(魅鬼)는 자신이 붙어있던 축생이 죽으면 아귀세계의 과보도 다 받아서 비로소 세상에 축생으로 태어나되 대부분 여우(狐) 종류가 되느니라.

독충을 만나 형체를 이루었던 고독귀(蠱毒鬼)는 자신이 붙어있던

독충이 죽으면 아귀세계의 과보를 다 받아서 비로소 세상에 축생으로 태어나되 대부분 독사 등의 종류가 되느니라.

사계절의 바르지 못한 쇠미한 기운을 만나 형체를 이루었던 여귀(癘鬼)는 자신이 붙어있던 쇠약한 기운이 다하면 아귀세계의 과보도 다 받아서 비로소 세상에 축생으로 태어나되 대부분 회충(蛔蟲) 종류가 되느니라.

지상의 증기를 만나 형체를 이루었던 아귀(餓鬼)는 붙어있던 증기가 사라지면 아귀세계의 과보도 다 받아서 비로소 세상에 축생으로 태어나되 대부분 사람에게 잡아먹히는 종류가 되느니라.

어두운 곳을 만나 형체를 이루었던 염귀(魘鬼)는 자신이 붙어있던 어두운 곳이 사라지면 아귀세계의 과보도 다 받아서 비로소 세상에 축생으로 태어나되 대부분 그 가죽 등을 의복으로 만들 수 있는 종류가 되느니라.

해와 달의 정기를 만나 형체를 이루었던 망량귀(魍魎鬼)는 자신이 붙어있던 정기가 사라지면 아귀세계의 과보도 다 받아서 비로소 세상에 축생으로 태어나되 대부분 계절에 따라서 오가는 종류가 되느니라.

주술을 빌려 혼령을 드러냈던 역사귀(役使鬼)는 자신이 붙어있던 주술이 사라지면 아귀세계의 과보도 다 받아서 비로소 세상에 축생으로 태어나되 대부분 길한 징조를 알리는 모든 종류가 되느니라.

영매나 무당에게 붙어 형체를 이루었던 전송귀(傳送鬼)는 자신이 붙어있던 사람이 죽으면 아귀세계의 과보도 다 받아서 비로소 세상에 축생으로 태어나되 대부분 사람에게 복종하는 종류가 되느니라.

아난아! 이런 축생들은 모두 지옥세계와 아귀세계의 업보의 불길이 그들의 허망한 애정의 물을 다 태워 말린 뒤에 숙세에 진 빚을 갚았기 때문에 축생의 종류로 태어난 것이다. 이런 축생들도 모두 자기의 허망한 망상과 죄업이 부른 것으로, 만약 청정한 보리진심을 깨닫는다면 이런 허망한 인연 업보가 본래에 없느니라.

네가 앞서 말했듯이, 보련향 비구니와 유리왕과 선성비구 등은 모두 악업을 지어 지옥에 떨어져 고통을 받았는데, 그러한 악업 과보는 그들 자신의 마음에서 발생한 분명한 현상이지, 하늘에서 내려온 것도 아니요 땅에서 솟아난 것도 아니요 남이 준 것도 아니다. 자기의 망상 업인이 불러온 것으로 역시 자기가 그 과보를 받아야 하는 것이다. 자기의 보리진심 가운데서 보면 모두 떠도는 망상이 응결된 현상이니라.

復次阿難아 鬼業旣盡하면 則情與想二俱成空하야 方於世間에 與元負人으로 寃對相値나니 身爲畜生하야 酬其宿債니라 物怪之鬼는 物銷報盡하면 生於世間호대 多爲梟類하고 風魃之鬼는 風消報盡하야 生於世間호대 多爲咎徵一切異類하며 畜魅之鬼는 畜死報盡하면 生於世間호대 多爲狐類니라 蟲蠱之鬼는 蟲滅報盡하야 生於世間호대 多爲毒類니라 衰癘之鬼는 衰窮報盡하면 生於世間호대 名爲蛔類하고 受氣之鬼는 氣消報盡하야 生於世間호대 多爲食類니라 綿幽之鬼는 幽消報盡하면 生於世間호대 多爲服類하고 和精之鬼는 精消報盡하야 生於世間호대 多爲應類니라 明靈之鬼는 明滅報盡하면 生於世間호대 多爲休徵一切諸類하고 依人之鬼는 人亡報盡하면 生於世間호대 多爲循類니라 阿難是等皆以業火乾枯일새 酬其宿債하고 旁爲畜生이니 此等亦皆 自虛妄業之所招引으로 若悟菩提하면 則此妄緣이 本無所有일새 如汝所言하야 寶蓮香等과 及瑠璃王과 善星比丘의 如是惡業은 本自發明이지 非從天降이며 亦

非地出이며 亦非人與요 自妄所招를 還自來受어니와 菩提心中엔 皆爲浮虛妄想凝結이니라

(4) 인간세계

또 아난아! 이러한 축생들이 숙세의 빚을 갚는 과정에서 만약 갚아야 할 빚 보다 더 많이 갚았다면(예를 들어 숙세에 재물 빚만 졌기에 소로 태어나서 노동력으로 재물 빚을 다 갚았으나 주인이 마지막에 소의 목숨을 죽인 경우처럼) 그러한 중생들은 다시 사람으로 태어나서 전생에 더 많이 갚았던 만큼 되돌려 받을 것이다.

만약 더 많이 받았던 사람이 전생에 계율 · 선정 · 지혜를 닦았던 공덕의 힘과 선행을 하였던 복덕의 힘이 있다면 되갚는 과정에서 인간세계에서 사람의 몸을 잃지 않고 그에게 더 받았던 만큼 갚을 것이지만, 만약 그런 공덕과 복덕의 힘이 없는 사람이라면 도리어 축생으로 태어나 더 받았던 만큼 갚게 되느니라.

아난아! 마땅히 알아야 한다. 만약 돈이나 재물로써 혹은 노동력으로써 숙세의 빚을 갚을 만큼 갚았다면 서로 빚을 갚는 일이 자연히 멈출 것이지만, 만약 갚는 과정에서 상대의 생명을 죽이거나 그 고기를 먹는다면, 심지어는 헤아릴 수 없는 오랜 세월이 지나도록 그렇게 여전히 서로 잡아먹고 서로 죽일 것이다. 이는 마치 굴러가는 바퀴의 양쪽 부분이 서로 오르락내리락 하면서 영원히 쉬지 않는 것과 같으리니, 자기가 자성본정(自性本定)의 사마타(奢摩他)를 닦아 도를 증득하거나 부처님이 세상에 출현하심을 만나 설법을 듣고 제도되어 원한 맺힘을 풀지 않는 한, 서로 죽이고 먹는 원한 상해를 멈추게 할 수 없을 것이니라.

너는 이제 마땅히 알아야 한다. 저 올빼미의 종류가 빚을 갚을 만큼 갚고 나면 사람의 형체를 회복하여 인간세계에 태어나되, 사람됨이 우둔 무지하면서 가르침을 받아들이지 않고 인의염치(仁義廉恥)를 모르는 완고한 부류에 속한다.

저 길흉을 알리는 날짐승이나 들짐승의 종류가 빚을 갚을 만큼 갚고 나면 사람의 형체를 회복하여 인간세계에 태어나되, 신체가 음양인(陰陽人) 등 6근이 비정상인 기형자의 부류에 속한다.

저 여우의 종류가 빚을 갚을 만큼 갚고 나면 사람의 형체를 회복하여 인간세계에 태어나되, 사람됨이 난폭하고 잔인하며 악독한 부류에 속한다.

저 독이 있는 곤충이나 짐승의 종류가 빚을 갚을 만큼 갚고 나면 사람의 형체를 회복하여 인간세계에 태어나되, 사람됨이 빼어난 기(氣)가 없는 범속하고 속물근성의 용속한 부류에 속한다.

저 회충의 종류가 빚을 갚을 만큼 갚고 나면 사람의 형체를 회복하여 인간세계에 태어나되, 그 신분이 남의 노복이나 머슴 등의 비천한 부류에 속한다.

저 사람들에게 잡아먹히는 날짐승이나 들짐승의 종류가 빚을 갚을 만큼 갚고 나면 사람의 형체를 회복하여 인간세계에 태어나되, 사람됨이 무능하고 유약한 부류에 속한다.

저 사람의 의복이 되었던 날짐승이나 들짐승의 종류가 빚을 갚을 만큼 갚고 나면 사람의 형체를 회복하여 인간세계에 태어나되, 그 삶이 일생동안 생활을 위해서 몹시 지치게 노동하며 살아가는 부류에 속한다.

저 시절 따라 오고가는 날짐승의 종류가 빚을 갚을 만큼 갚고 나면 사람의 형체를 회복하여 인간세계에 태어나되, 사람됨이 약간의 재능이 있으며 글공부를 하고 예의를 잃지 않는 교양인의 부류에 속한다.

저 길조를 알리는 날짐승이나 짐승의 종류가 빚을 갚을 만큼 갚고 나면 사람의 형체를 회복하여 인간세계에 태어나되, 사람됨이 세속적으로 총명한 부류에 속한다.

저 사람에게 복종하는 날짐승이나 들짐승이 빚을 갚을 만큼 갚고 나면 사람의 형체를 회복하여 인간세계에 태어나되, 사람됨이 인정세태에 통달하는 부류에 속한다.

아난아! 이상의 열 가지 부류의 사람들은 모두 3악도에서 숙세의 업 빚을 다 갚았기 때문에 다시 사람의 형체를 회복하였으나 모두, 그 시작을 알 수 없는 과거로부터 악업으로 잘못 분별하여 갖가지가 뒤바뀌었기 때문에 빚을 받으려고 서로 낳고 서로 죽이는 것이다. 만약 여래가 세상에 출현함을 만나지 못하거나 여래의 정법을 듣지 못한다면 여전히 번뇌 속에서 인과응보 법칙에 의하여 윤회하여 생사가 그치지 않으리니, 이런 사람들을 '가련한 자'라고 하느니라.

復次阿難從是畜生으로 酬償先債에 若彼酬者가 分越所酬하면 此等衆生은 還復爲人하야 反徵其剩하나니

如彼有力하고 兼有福德이면 則於人中에 不捨人身코 酬還彼力어니와 若無福者인댄 還爲畜生하야 償彼餘直이니라

阿難當知하라 若用錢物이어나 或役其力이면 償足自停어니와 如其中間에 殺彼身命이어나 或食其肉이면 如是乃至經微塵劫토록 相食相誅호미 猶如轉輪이 互爲高下하야 無有休息하리니 除奢摩他와 及佛出世코는 不可停寢이니라

汝今應知하라 彼梟倫者는 酬足復形하야 生人道中하면 參合頑類하고
彼咎徵者는 酬足復形하야 生人道中하면 參合愚類하며
彼狐倫者는 酬足復形하야 生人道中하면 參合很類하고
彼毒倫者는 酬足復形하야 生人道中하면 參合庸類하며
彼蛔倫者는 酬足復形하야 生人道中하면 參合微類하며
彼食倫者는 酬足復形하야 生人道中하면 參合柔類하고
彼服倫者는 酬足復形하야 生人道中하면 參合勞類하며
彼應倫者는 酬足復形하야 生人道中하면 參合文類하고
彼休徵者는 酬足復形하야 生人道中하면 參合明類하고
彼循倫者는 酬足復形하야 生人道中하면 參合達類니라
阿難是等皆以宿債畢酬하고 復形人道나 皆無始來로 業計顚倒일새 相生相殺하나니 不遇如來거나 不聞正法하고 於塵勞中에 法爾輪轉하리니 此輩名爲可憐愍者니라

(5) 신선세계

아난아! 또 한 부류의 사람들은 인간 본위로부터 자성정각(自性正覺)에 의지하여 선정과 지혜의 바른 삼매를 닦지 않고 따로 허망한 생각을 닦는다. 그들은 망상을 품고 오로지 자신의 신체를 장생불사하도록 견고하게 하여 산림 속이나 인적이 닿을 수 없는 곳에서 소요하면서 노닐고 즐기는데, 이런 사람으로는 모두 열 가지 신선도가 있느니라.

아난아! 첫째는 지행선(地行仙)이니, 그는 신체를 견고하게 하기 위하여 식품을 복용하는 법문을 오랜 기간 쉬지 않고 닦아 익혀서 음식물을 통해 목적에 도달하는 자로서, 걸음걸이가 민첩하지만 두

발이 땅을 떠날 수 없으므로 지행선이라 한다.

둘째는 비행선(飛行仙)이니, 그는 신체를 견고하게 하기 위하여 초목약물을 복용하는 법문을 오랜 기간 쉬지 않고 닦아 익혀서 약물을 통해 목적에 도달하는 자로서, 걸음걸이가 나는 듯 민첩하여 두 발이 서서히 땅을 약간 떠날 수 있으므로 비행선이라 한다.

셋째는 유행선(遊行仙)이니, 그는 신체를 견고하게 하기 위하여 오금팔석(五金八石)을 화학적으로 제련하여 복용하는 법문을 오랜 기간 쉬지 않고 닦아 익혀서 화학제련을 통해 목적에 도달하는 자로서, 걸음걸이가 땅을 떠나 낮은 공중에서 자유롭게 날아다닐 수 있으므로 유행선이라 한다.

넷째는 공행선(空行仙)이니, 그는 신체를 견고하게 하기 위하여 토고납신(吐故納新) · 도인(導引) · 기맥운행의 법문을 오랜 기간 쉬지 않고 닦아 익혀서 자신의 정기 단련을 통해 목적에 도달하는 자로서, 높은 공중에 날아올라 구름과 안개까지 탈 수 있으므로 공행선이라 한다.

다섯째는 천행선(天行仙)이니, 그는 신체를 견고하게 하기 위하여 진액을 삼키거나 맑은 물을 복용하는 법문을 오랜 기간 쉬지 않고 닦아 익혀서 물의 덕성인 윤택 기능을 통해 목적에 도달하는 자로서, 더 높이 천상까지 날아올라 갈 수 있으므로 천행선이라 한다.

여섯째는 통행선(通行仙)이니, 그는 신체를 견고하게 하기 위하여 해와 달의 정기(精氣)와 천지의 정화(精華)를 받아들이는 법문을 오랜 기간 쉬지 않고 닦아 익혀서 천지간의 물리적인 정화의 흡수를 통해 목적에 도달하는 자로서, 마음이 한번 움직이기만 하면 곧 우주만물과 걸림 없이 서로 융합하여 통할 수 있으므로 통행선이라 한다.

일곱째는 도행선(道行仙)이니, 그는 신체를 견고하게 하기 위하여 주술(呪術)과 계율[禁法術]의 법문을 오랜 기간 쉬지 않고 닦아 익혀서 주술과 계율을 통해 목적에 도달하는 자로서, 도법(道法)으로 자기의 몸에 병이 없게 할 수 있을 뿐만 아니라 남에게도 가피를 주어 병을 치료하고 마귀를 몰아낼 수 있으므로 도행선이라 한다.

여덟째는 조행선(照行仙)이니, 그는 신체를 견고하게 하기 위하여 정신적인 사념(思念)으로 어느 하나를 품고 그에 생각을 모으는 법문을 오랜 기간 쉬지 않고 닦아 익혀서 정신적인 사유(思惟) 억념(憶念)을 통해 목적에 도달하는 자로서, 신식이 자기의 몸을 자유롭게 출입할 수 있으며 몸과 신식이 서로 조응(照應)하여 생각하는 대로 기식(氣息)이 도달할 수 있으므로 조행선이라 한다.

아홉째는 정행선(精行仙)이니, 그는 신체를 견고하게 하기 위하여 남녀 사이의 성교(性交) 법문을 오랜 기간 쉬지 않고 닦아 익혀서 서로 음양의 교감상응을 통해 목적에 도달하는 자로서, 생명의 수명이 늘어나 오래 살 수 있으므로 정행선이라 한다.

열째는 절행선(絶行仙)이니, 그는 신체를 견고하게 하기 위하여 천지변화 물리의 현묘한 법문을 오랜 기간 쉬지 않고 닦아 익혀서 천지변화의 묘한 이치에 대한 깨달음을 통해 목적에 도달하는 자로서, 자기의 심념(心念)으로써 전체 우주의 변화를 주도할 수 있는 환술을 이룰 수 있는데 이 선술(仙術)은 절정의 경지로서 외부에 공개하지 않으므로 절행선이라 한다.

아난아! 이상의 열 가지 신선도들은 모두 인간 본위로부터 망상심을 수련할 뿐 불생불멸의 자성정각(自性正覺)을 닦지 않고 따로 장생(長生)의 이치를 추구하여 수명이 천만 세를 유지하게 할 수 있으며 깊은 산 무성한 숲속에서 쉬거나 큰 바다의 섬 사이에서 자기를 인간세상과 단절시킨다. 그렇지만 여전히 윤회 속에서 망상유전(流轉)의 작용을 떠나지 못했다. 만약 다시 정지정각(正知正覺)의 여래 삼매를 닦지 않는다면 신선세계에서 복보가 다했을 때 다시 지옥·아귀·축생 등의 세계에 흩어져 들어가 윤회할 수 있느니라.

阿難復有從人호대 不依正覺하야 修三摩地하고 別修妄念하야 存想固形하야 遊於山林의 人不及處하나니 有十仙種이니라

阿難彼諸衆生이 堅固服餌하고 而不休息하야 食道圓成을 名地行仙이라하고

堅固草木하고 而不休息하야 藥道圓成을 名飛行仙이니라

堅固金石하고 而不休息하야 化道圓成을 名遊行仙이요

堅固動止하고 而不休息하야 氣精圓成을 名空行仙이니라

堅固津液하고 而不休息하야 潤德圓成을 名天行仙이요

堅固精色하고 而不休息하야 吸粹圓成을 名通行仙이니라

堅固呪禁하고 而不休息하야 術法圓成을 名道行仙이요

堅固思念하고 而不休息하야 思憶圓成을 名照行仙이니라

堅固交遘하고 而不休息하야 感應圓成을 名精行仙이요

堅固變化하고 而不休息하야 覺悟圓成을 名絶行仙이니라

阿難是等皆於人中鍊心호대 不修正覺하고 別得生理하야 壽千萬歲호대 休止深山과 或大海島의 絶於人境이어니와 斯亦輪廻하는 妄想流轉하야 不修三昧일새 報盡還來하야 散入諸趣하나니라

(6) 천인세계

① 사천왕천

아난아! 세상 사람들은 대부분 상주진심(常住眞心)을 깨닫기를 추구하지 않으며 아내와 첩에 대한 은애(恩愛)인 세간의 애욕을 아직 버리지 못한다.

그러나 그 가운데 만약 어떤 사람이 5계를 엄격히 지켜서 부부 이외의 성관계인 사음(邪淫)을 몸도 범하지 않았을 뿐만 아니라 마음도 그에 흘러 달려가지 않았기 때문에 마음속의 애욕의 물이 맑고 깨끗하고 그리하여 마음에서 빛이 나는 사람이었다면, 죽은 뒤에 신식이 수미산 동서남북의 허리에 태어나 해와 달을 이웃하게 되는데, 이와 같은 천인들의 세계를 사천왕천(四天王天)이라 한다(남녀 간의 음욕행위는 서로 교접하여 이루어진다. 그 수명은 5백세로 하루 밤낮이 인간세상의 5십 년이므로 환산하면 9백만 년이다. 부모의 어깨나 가슴에서 태어나는데 5세 아이가 갑자기 화생으로 나오는 것 같다. 신장은 75장丈이다).

② 도리천

만약 어떤 사람이 사음도 없을 뿐만 아니라 부부사이의 정당한 음욕도 이미 담박해졌고 횟수도 비교적 적어졌지만, 아직은 경미한 음욕이 있기 때문에 평소에 청정하게 지내며 수행할 때 음욕의 생각이 가끔 일어나 교합하여서 음욕의 번뇌가 없는 청정한 법의 맛을 완전히는 얻을 수 없는 사람이었다면, 죽은 뒤에 신식이 해와 달의 광명을 초월하는 수미산 꼭대기에 태어나 살게 되는데 자기 몸에 광명이 있으며, 이와 같은 천인들의 세계를 도리천(忉利天: 33

천. 제석천/역주)이라 한다(남녀 간의 음욕행위는 서로 교접하여 이루어진다. 그 수명은 1천세로 하루 밤낮이 인간세상의 1백년이므로 환산하면 3천6백만 년이다. 6세 아이 같으며 신장은 150장이다. 여기 도리천까지는 수미산에 있으므로 지거천地居天이라 하고, 다음의 수염마천부터는 허공에 있으므로 공거천空居天이라 한다).

③ 수염마천

만약 어떤 사람이 부부 사이에 음욕을 만나게 되면 잠깐 교합하지만 일이 지나간 뒤에는 마음속에 집착하는 일이 없으며, 세상사에 깊이 물들지 않았기 때문에 몸과 마음이 어지럽게 움직임이 적고 고요함이 많던 사람이었다면, 죽은 뒤에 신식이 허공으로 올라가 온통 광명 속에서 안주하는데 해와 달의 광명이 위로 비추어도 도달하지 못하는 높은 곳으로서 천인들 자신과 궁전이 모두 광명이 있기 때문이니, 이와 같은 천인들의 세계를 수염마천(須焰摩天)이라 한다(남녀 간의 음욕행위는 서로 포옹하면 이루어진다. 그 수명은 2천세로 하루 밤낮이 인간세상의 2백년이므로 환산하면 1억4천4백만 년이다. 7세 아이 같으며 신장은 250장이다).

④ 도솔천

만약 어떤 사람이 밤낮 어느 때나 마음이 고요하고, 음욕의 마음이 없지만 부부사이에 꼭 접촉해야 할 음욕이 올 때만은 거절할 수 없던 사람이었다면, 죽은 뒤에 신식이 정교하고 미묘한 천상계로 올라가 태어나는데, 그 미륵내원(彌勒內院)은 아래에 있는 인간세계와 천상세계들과 맞닿아 있지 않아서 심지어는 우주세계가 파괴소멸될 때라도 삼재(三災: 수재 · 화재 · 풍재/역주)의 겁난(劫難)이 미칠 수 없는 곳이니, 이와 같은 천인들의 세계를 도솔천(兜率天)이라 한다(남녀 간의 음욕행위는 서로 손을 잡으면 이루어진다. 그 수명은 4천세이며 하루 밤낮은 인간세상의 4백년이므로 환산하면 5억7천6백만 년이다. 8세 아이 같으며 신장은 300장이다).

⑤ 낙변화천

만약 어떤 사람이 자기 자신은 음욕의 마음이 없지만, 부부사이에 윤리를 돈독히 하고자 그저 상대의 요구에 따라 마지못해 방사를 행하되 옥체를 대하여도 그 맛이 밀랍을 씹는 것 같아 아무 재미가 없던 사람이었다면, 죽은 뒤에 신식이 도솔천보다 더 높이 올라가 오욕락(五欲樂)을 자기 뜻대로 변화시켜 나타내 즐길 수 있는 곳에 태어나는데, 이와 같은 천인들의 세계를 낙변화천(樂變化天)이라 한다(남녀 간의 음욕행위는 서로 웃으면 이루어진다. 그 수명은 8천세로 하루 밤낮이 인간세상의 8백년이므로 환산하면 23억4백만 년이다. 9세 아이 같으며 신장은 375장이다).

⑥ 타화자재천

만약 어떤 사람이 이미 세간의 욕락에 집착하는 마음이 전혀 없지만 여전히 방편으로 세상 사람들처럼 부부사이에 방사를 행하되 방사를 행할 때 그에서 완전히 초월하여 조금도 애욕의 생각이 없던 사람이었다면, 죽은 뒤에 신식이 욕계천의 맨 꼭대기로 올라가 바로 아래의 낙변화천(樂變化天)과 도솔천 이하의 무화락천(無化樂天)들의 경계를 완전히 초월하여, 5욕락의 경계를 자기가 변화시켜 낼 필요가 없이 모두 다른 천계 천인들이 변화시켜 나타내는 것을 자기가 취해서 자유롭게 즐길 수 있는데, 이와 같은 천인들의 세계를 타화자재천(他化自在天)이라 한다(남녀 간의 음욕행위는 서로 바라보면 이루어진다. 그 수명은 1만6천세로 하루 밤낮이 인간세상의 1천6백년이므로 환산하면 92억1천6백만 년이다. 10세 아이 같으며 신장은 450장이다).

타화자재천에서 아비지옥까지가 욕계

아난아! 이상 말한 여섯 부류[6욕천]의 천인들은 남녀 간의 음욕행위를 이루는 방법이, 사천왕천과 도리천인은 서로 교접하며, 수염마천은 서로 포옹하고, 도솔타천은 서로 손을 잡고, 낙변화천은 서로 웃고, 타화자재천은 서로 바라본다(6욕천에서의 음욕행위는 부정액이 없고 음근문에서 바람기운만 나온다). 이들은 신체적으로는 비록 성적 동작의 어지러움에서 한 층 한 층 점점 벗어났지만, 마음과 신체 면에서 여전히 교합현상이 있어서 경중의 차이만 있을 뿐 음욕을 완전히 떠난 것이 아니다. 그러므로 이 타화자재천으로부터 아래 아비지옥까지의 다섯 갈래[5취五趣] 중생들의 세계를 통틀어 '욕계(欲界)'라고 하느니라(욕계는 지옥 · 아귀 · 축생 · 인간 · 천인의 5취가 각각 과보는 다르지만 모두 이 세상에 뒤섞여 살고 있기 때문에 5취잡거지五趣雜居地라고 함. 신선은 인간에 포함됨).

阿難諸世間人이 不求常住일새 未能捨諸妻妾恩愛나 於邪淫中에는 心不流逸하야 澄瑩生明하면 命終之後에 鄰於日月하나니 如是一類名四王天이니라

於己妻房에 淫愛微薄하야 於淨居時에 不得全味하면 命終之後에 超日月明하야 居人間頂하나니 如是一類名忉利天이니라

逢欲暫交나 去無思憶하야 於人間事에 動少靜多하면 命終之後에 於虛空中에 朗然安住하야 日月光明이 上照不及함은 是諸人等은 自有光明이니 如是一類名須焰摩天이니라

一切時靜타가 有應觸來에 未能違戾하면 命終之後에 上昇精微하야 不接下界諸人天境하야 乃至劫壞라도 三災不及하니 如是一類名兜率陀天이니라

我無欲心이언만 應汝行事어니와 於橫陳時에도 味如嚼蠟하면 命終之後에 生越化地하나니 如是一類名樂變化天이니라

無世間心호대 同世行事어니와 於行事交에 了然超越하면 命終之後에 遍能出超化無化境하나니 如是一類는 名他化自在天이니라

阿難如是六天이 形雖出動이나 心迹尙交일새 自此已還을 名爲欲界니라

(이상이 능엄경 제8권 부분이며 이하는 제9권 부분임)

2. 색계 90)

90) 색계의 초선천 이상 18천은 모두 이미 욕망에 의해 마음을 더럽히는 욕염(欲染)을 떠났지만 아직은 색질(色質)이 남아 있어서 그 모습이 동자(童子)와 같은데 몸은 은백색이며 옷은 황금색이다. 그러나 남녀의 구별은 없고 완전히 화생이다. 그 색신(色身)이 뛰어나므로 색계라 한다.

색계는 범세(梵世) 혹은 범천(梵天)이라고도 하는데 '범(梵)'이란 청정하다는 의미이다. 욕염을 떠나 청정함을 얻었기 때문이다. 색계천은 음욕을 떠났을 뿐만 아니라 식욕과 수면욕도 모두 이미 떠났으되 조금 배가 고프거나 피곤할 때는 선열(禪悅)로써 식사를 삼아 선정에 들어간다. 출정(出定)할 때는 정신이 충만하여 마치 욕계의 인간들이 배불리 먹고 실컷 자고 일어남과 같다. 그러므로 선천(禪天)에 태어나고 싶다면 반드시 먼저 음욕을 끊어야 한다. 음욕을 떠나야 할 뿐 아니라 5욕(五欲)도 떠나야 비로소 욕계를 떠나 색계에 태어날 수 있다.

색계 천인들의 신통을 간단히 소개하면, 공중에 날아서 오갈 때 거리나 무엇에 구애를 받지 않고 한없이 오갈 수 있다. 도보로 걸어 오갈 때도 한없이 걸어 오갈 수 있다. 피부와 골수와 근맥과 혈육이 없다. 몸에는 부정물이 없고 대소변도 없다. 어떤 일을 하더라도 피곤함이 없다. 아들 딸을 출산하지 않는다. 천인들은 눈을 깜짝하지 않고도 현란하지 않는다. 천인들의 몸은 마음대로 색깔을 나타낼 수 있다.

천인들은 많은 복락을 받고 있지만 정신적인 고뇌가 있으며 쇠퇴하는 고통이 있다. 천인도 정진하지 않으면 다음 생에는 그 이하의 세계로 타락하는 고통이 있다. 참고로 1중겁=20소겁=335,960,000년, 1대겁=4중겁

① 범중천

아난아! 이 세상에서 마음을 닦는 모든 사람들이 만약 본래 고요히 항상 있는 심성(心性)을 알지 못하고 혼란스럽게 닦고, 출세간의 무루(無漏) 선정을 닦지 않는다면 출세간의 진정한 지혜를 얻을 수 없다.

그러나 만약 마음을 닦는 어떤 사람이 세간의 유루의 선정을 수행의 출발점으로 하고 계율을 지키는 지계(持戒)의 힘으로써 자신의 몸을 단속하여 남녀 사이에 음욕의 행위를 하지 않을 뿐만 아니라, 심지어 걷거나 앉는 등 일생생활 어느 때에도 지나간 음욕행위를 회상하거나 앞으로 하고자 하는 생각이 둘 다 없어져서 마음에서 애욕의 더러움이 일어나지 않을 수 있다면, 더 이상 욕계(欲界)에 머물지 않을 것이다. 이 사람은 죽은 뒤에 신식이 곧 초선천에 태어나 몸이 범천(梵天)의 무리가 되는데, 이와 같은 천인들의 세계를 범중천(梵衆天: 일반 인민대중/역주)이라고 한다(그 수명은 1중겁이다. 신장은 반 유순由旬이다).

② 범보천

만약 마음을 닦는 어떤 사람이 욕계의 음욕의 습기가 이미 없어졌고 욕락을 떠난 청정한 마음이 나타나서, 갖가지 율의(律儀)에 대하여 환희하며 따르기를 좋아하고 범하지 않는다면, 이 사람은 목숨을 마친 뒤 신식이 곧 초선천에 태어나 자연히 범천 대신(大臣)의 덕을 행하며 대범천왕의 교화를 보좌할 수 있는데, 이와 같은 천인들의 세계를 범보천(梵輔天: 대왕을 도와 일반 인민대중의 사무를 관

=1,343,840,000년, 1유순=12,872㎞ 이다.

리하는 대신임/역주)이라 한다(그 수명은 2중겁이다. 신장은 1유순이다).

③ 대범천

만약 마음을 닦는 어떤 사람이 갖가지 율의를 환희하며 따르기를 좋아하고 범하지 않아서 몸과 마음이 더욱 미묘하고 원만하여져서 일상생활에서의 위의(威儀)에 결함이 없고 계율이 청정할 뿐 아니라, 계율의 지계와 파계와 허가와 금지에 대하여 밝게 깨달은 지혜까지 있다면, 이 사람은 목숨을 마친 뒤에 곧 신식이 초선천에 태어나 범천의 대중을 거느리는 대범천왕이 되는데, 이와 같은 천인들의 세계를 대범천(大梵天: 통치자로서 대왕/역주)이라고 한다(그 수명은 3중겁이다. 신장은 1유순 반이다).

이상의 3천이 초선천

아난아! 욕계보다 뛰어난 이상의 세 부류의 천인들은 욕계의 어떤 고뇌에도 핍박을 당할 수 없다. 그들은 비록 바르게 닦아 얻은 여래정각의 진정한 삼마지가 아니지만 지계와 선정 수행의 청정한 마음속에서 이미 비식과 설식이 현행(現行)[91]작용을 일으키지 못하게 함으로써 욕계의 번뇌들에 동요하지 않을 수 있으므로. 이와 같은 천인들의 세계를 통틀어 초선천(初禪天)이라 한다(초선천은 욕

91) 현행(現行)은 현량(現量)이라고도 한다. 유식설에 의하면 아뢰야식은 종자를 간직하고 있어 일체법을 생기할 수 있는 능력을 갖추고 있다. 종자는 잠복상태이며 일체법은 실현상태인데 잠복상태에서 실현상태가 되는 것이 현행이다. 현행에는 인연이 화합해야 이루어질 수 있다. 그 가운데 인(因)은 종자이고 연(緣)은 기타 보조 조건이다. 달리 말하면 현행은 현재 작용하고 있는 것, 아뢰야식 속의 종자에서 현상세계의 사물이 나오는 것, 어떤 종자에서 생겨 현재 행동하고 있는 번뇌장과 소지장, 감각이나 지각의 대상으로서 실현하는 것이다.

계의 생사번뇌를 처음으로 떠나 선정의 기쁨과 즐거움을 얻었기에 이생희락지離生喜樂地라 함/역주).

阿難아 世間一切所修心人이 不假禪那하야 無有智慧호대 但能執身하야 不行淫欲하고 若行若坐에 想念俱無하야 愛染不生하면 無留欲界하고 是人應念에 身爲梵侶하나니 如是一類名梵衆天이니라

欲習旣除하고 離欲心現하야 於諸律儀에 愛樂隨順하면 是人應時하야 能行梵德하나니 如是一類名梵輔天이니라

身心妙圓하야 威儀不缺하고 淸淨禁戒에 加以明悟하면 是人應時하야 能統梵衆하는 爲大梵王하나니 如是一類名大梵天이니라

阿難此三勝流는 一切苦惱의 所不能逼하야 雖非正修眞三摩地나 淸淨心中에 諸漏不動하면 名爲初禪이니라

① 소광천

아난아! 그 다음으로 대범천왕이 범천의 천인들을 거느리고 교화하면서, 계율 · 선정 · 지혜를 갖추어 범행이 보다 원만해지고, 맑은 마음이 견고해져 움직이지 않아서 고요한 맑음이 작용을 일으켜 온 몸에서 비교적 미약한 광명이 나므로, 이와 같은 천인들의 세계를 소광천(少光天)이라 한다(그 수명은 2대겁이다. 신장은 2유순이다).

② 무량광천

소광천의 천인들이 갈수록 선정의 힘이 깊어져 정보(正報)인 심신의 광명과 의보(依報)인 산하대지 세계의 광명이 서로 어울리며 서서히 끝없이 비추어가되 한 소천(小千)세계의 시방세계까지 두루

비추어 마치 유리처럼 투명하므로, 이와 같은 천인들의 세계를 무량광천(無量光天)이라 한다(그 수명은 4대겁이다. 신장은 4유순이다).

③ 광음천

무량광천의 천인들이 자기 심신의 광명을 계속 집지(執持) 수련하여 서서히 광명을 원만히 이루고, 음성 대신에 이 광명을 교화 수단으로 성취하여 청정한 범행의 공덕을 선양(宣揚)함으로써 천인들로 하여금 청정한 범행을 수지(受持)하고 좋아하며 즐길 수 있게 하는데 그 응용이 무궁무진하므로, 이와 같은 천인들의 세계를 광음천(光音天)이라 한다(그 수명은 8대겁이다. 신장은 8유순이다).

이상의 3천이 제2선천

아난아! 초선천보다 뛰어난 이상 세 부류의 천인들은 선정이 깊어져, 초선천에서 선정이 견고하지 못해 욕계에 다시 떨어질까 근심 걱정했던 그런 모든 근심과 걱정에도 핍박당할 수 없다. 그들은 비록 바르게 닦은 여래정각의 진정한 삼마지는 아니지만 청정한 범행의 마음속에서 선정의 힘으로 전5식(안식 · 이식 · 비식 · 설식 · 신식/역주)이 현행작용을 일으키지 못하게 함으로써 이미 거친 번뇌를 조복시켰으므로, 이상의 천인들의 세계를 제2선천(第二禪天)이라 하느니라(제2선천은 선정의 힘 공덕으로써 기쁨과 즐거움을 발생시키므로 정생희락지定生喜樂地라 함).

阿難其次梵天은 統攝梵人호대 圓滿梵行하고 澄心不動하야 寂湛生光리니 如是一類名少光天이니라

光光相然하야 照耀無盡하며 映十方界하야 遍成瑠璃하면 如是一類名無量光

天이니라

吸持圓光하야 成就敎體하고 發化淸淨應用無盡하면 如是一類名光音天이라 阿難此三勝流는 一切憂愁의 所不能逼이니 雖非正修眞三摩地나 淸淨心中에 麤漏已伏일새 名爲二禪이니라

① 소정천

아난아! 이와 같은 광음천의 천인들이 원만한 광명을 집지 수련하여 음성을 교화 수단으로 성취하고 이 음성을 내서 미묘한 이치를 드러내며, 이러한 미묘한 이치에 따라 범천의 정진행을 일으켜서 청정한 즐거움이 생기고 편안하여 제6의식(意識)을 처음으로 조복시킨 상사(相似) 적멸의 즐거움으로 통하므로, 이와 같은 천인들의 세계를 소정천(少淨天)이라 한다(그 수명은 16대겁이다. 신장은 16유순이다).

② 무량정천

소정천의 천인들이 비록 상사 적멸의 즐거움으로 통했지만 여전히 청정한 경계라는 의념(意念)이 하나 존재하였는데, 선정의 힘이 갈수록 깊어져 다시 한 걸음 나아가 그 청정한 경계라는 의념도 공(空)해진 경계가 앞에 나타나서 허공과 청정한 경계가 모두 끝없이 펼쳐지고, 몸과 마음도 경안(輕安)하여 허공인 듯 걸림이 없어 상사(相似) 적멸의 즐거움을 이루므로, 이와 같은 천인들의 세계를 무량정천(無量淨天)이라 한다(그 수명은 32대겁이다. 신장은 36유순이다).

③ 변정천

무량정천 천인들이 계속 정진 향상하여 점점 그 의보인 세계와

정보인 자기의 몸과 마음이 하나로 융합하여 완전히 청정하여 걸림이 없고 청정한 면에서 이미 공덕이 원만히 성취되면(여전히 상대적으로 말한 것임), 이때에 스스로 느끼기를 이것이 바로 청정원만으로서 마땅히 의지할 곳이요 이것이 바로 돌아가야 할 궁극적인 적멸의 즐거움이라고 여기므로(여전히 궁극이 아님), 이와 같은 천인들의 세계를 변정천(遍淨天)이라 한다(그 수명은 64대겁이다. 신장은 64유순이다).

이상의 3천이 제3선천

아난아! 이상 세 부류의 뛰어난 천인들은 세간선(世間禪)의 상사적멸에서 대 자재를 얻었고 제6의식이 이미 조복되어 현행(現行)작용을 일으키지 않기에 몸과 마음이 안온할 뿐 아니라, 제2선천에서의 기쁨[喜]을 떠났으므로 한량없는 선정의 즐거움을 얻었다. 그들은 비록 바르게 닦아 얻은 여래의 진정한 삼마지가 아니지만 그 안온한 마음속에 환희가 다 갖추어졌으므로 제3선천(三禪天)이라 하느니라(제3선천은 제2선천의 기쁨을 떠나 제3선천의 묘락을 얻었으므로 이희묘락지離喜妙樂地라 함).

阿難如是天人은 圓光成音하고 披音露妙하며 發成精行하야 通寂滅樂하면 如是一類名少淨天이니라

淨空現前에 引發無際일새 身心輕安하야 成寂滅樂하면 如是一類名無量淨天이니라

世界身心이 一切圓淨하고 淨德成就하야 勝託現前에 歸寂滅樂하면 如是一類名遍淨天이니라

阿難此三勝流는 具大隨順하야 身心安隱하고 得無量樂이니 雖非正得 眞三

摩地나 安隱心中에 歡喜畢具일새 名爲三禪이니라

① 복생천

아난아! 또 제6의식이 현행작용을 일으키지 않아 괴로움의 원인이 이미 다하여 몸과 마음이 어떠한 초선천의 고뇌(苦惱)와 제2선천의 우현(憂懸)[92]의 핍박을 받지 않는 제3선천의 천인들이, 한걸음 더 나아가 적멸의 즐거움도 받지 않는다. 왜냐하면 즐거움도 상주불변(常住不變)하는 것이 아니라 여전히 상대적인 법이어서 복업을 다 누리면 파괴됨을 사유하여 알고서, 괴로운 마음과 즐거운 마음을 둘 다 동시에 버리기 때문이다. 그리하여 괴로움과 즐거움의 거칠고 무거운 마음 현상이 소멸하고 그 버리는 마음[捨心]이 움직이지 않음에서 청정한 복덕성이 생겨나는데, 이와 같은 천인들의 세계를 복생천(福生天)이라 한다(그 수명은 125대겁이다. 신장은 125유순다).

② 복애천

복생천의 천인들이 버리는 선정[捨定]의 수행이 더욱 깊어져 버리는 마음[捨心]이 더욱 견고 원융해지고, 그 버리는 선정을 뛰어나게 이해하고 잘 유지하여 청정하며, 그 과보로 얻은 청정한 복도 끝이 없다. 이 끝없는 청정한 복 가운데서 대 자재하게 자기가 원하는 대로 어떠한 소원도 만족시킬 수 있으며 마치 이런 상황이 영원토록 지속될 것 같아서 (사실은 무상無常이 현전할 것이므로 불가능하다) 그 과보가 유위 세계 가운데서 가장 사랑할 만하므로, 이와 같

---

92) 선정이 견고하지 못해 욕계에 다시 떨어질까 하는 근심 걱정.

은 천인들의 세계를 복애천(福愛天)이라 한다(그 수명은 250대겁이다. 신장은 250유순이다).

③ 광과천

아난아! 저 복애천의 천인들이 다시 닦아 가면 등급을 뛰어넘는 두 갈래의 길이 있다. 하나는 곧바로 광과천(廣果天)으로 가는 것이요, 또 하나는 길을 에돌아가 무상천(無想天)에 도달하는 것이다.

만약 복애천의 원하는 대로 만족되는 대 자재한 마음에서 계속 닦아 가서 청정한 광명이 한량이 없고, 이 광명 속에서 자비희사(慈悲喜捨)의 사무량심(四無量心)으로써 선정과 복덕을 훈습하여 더욱 원만 청명해지는 수증(修證)에 머문다면 복덕의 과보가 광대(廣大)하므로, 이와 같은 천인들의 세계를 광과천(廣果天)이라 한다(그 수명은 500대겁이다. 신장은 500유순이다).

④ 무상천

만약 복애천에서 괴로움과 즐거움을 둘 다 싫어하여 버리는 마음으로써 버리는 선정을 더욱 닦아가되 끊임없이 정밀히 연구하여 그 버리는 마음조차도 버려서, 버리는 도리를 원만히 궁구하고 나서는, 버리는 선정이 곧 궁극적인 열반의 길인 줄 잘못 알아 제6의식의 현행을 조복하고 그치게 함으로써 잠시 몸과 마음이 둘 다 소멸하고 대상경계에 대한 제6의식의 사려(思慮)작용이 마치 죽은 재처럼 응결된 듯 움직이지 않는다면(정말로 끊어져 소멸된 것이 아니라 미세한 생각이 아직 여전히 있음), 무상정(無想定)을 얻어서 그 형체가 5백대겁을 유지하여 파괴되지 않을 것이다. 그러나 이런 사람은 이미 생멸하는 제6의식을 수행의 근본 원인으로 삼았기 때문에 진여에 본래 있는 불생불멸의 자성을 발명할 수 없다. 그러므로 이 천인세계에 처음 태어난 반 겁 동안에 버리는 선정을 닦아야 제6의식의 활동인 생각(想: 전5식의 활동은 직각直覺적인 감수感受임/역주)이 소멸하여 무상정(無想定)을 얻을 수 있으며, 이어서 이 무상정에 머물면서 499겁을 지나고 가장 마지막 반 겁 동안에 그 수명이 다해가면 선정도 소멸하게 되어 제6의식의 활동인 생각(想)이 여전히 다시 일어나 선정에서 나오게 된다. 생성이 있으면 파괴가 있기 마련이라 마침내 궁극적인 열반이 아니므로, 이와 같은 천인들의 세계를 무상천(無想天)이라 한다(그 수명은 500대겁이다. 신장은 500유순이다).

이상의 4천이 제4선천

아난아! 이상의 네 부류의 뛰어난 천인들은 제3선천 이하의 일체 세간의 괴로움과 즐거움의 경계에 움직일 수 없다. 그들은 비록 진여(眞如) 무위(無爲)의 불생불멸의 진정한 부동지(不動地)에 도달한 것은 아니어서 여전히 얻을 바의 마음을 품고 있지만 유위(有爲)의 수행 효과[功用]가 여기까지 이미 지극히 순숙(純熟)해졌기 때문에 통틀어 '제4선천'이라 하느니라(제4선천은 괴로움과 즐거움의 두 생각을 버리고 청정함을 얻었기 때문에 사념청정지捨念淸淨地라 함).

阿難復次天人은 不逼身心苦因已盡이나 樂非常住하야 久必壞生일새 苦樂二心俱時頓捨하야 麤重相滅하고 淨福性生하면 如是一類名福生天이니라

捨心圓融하야 勝解清淨하고 福無遮中에 得妙隨順하야 窮未來際하면 如是一類名福愛天이니라

阿難從是天中하야 有二岐路하니 若於先心에 無量淨光으로 福德圓明하야 修

證而住하면 如是一類名廣果天이니라

若於先心에 雙厭苦樂하고 精研捨心호대 相續不斷하고 圓窮捨道하면 身心俱滅하고 心慮灰凝하야 經五百劫어니와 是人旣以生滅爲因일새 不能發明 不生滅性하야 初半劫滅하고 後半劫生하리니 如是一類名無想天이니라

阿難此四勝流는 一切世間의 諸苦樂境으로 所不能動이니 雖非無爲의 眞不動地나 有所得心엔 功用純熟일새 名爲四禪이니라

5불환천

아난아! 이 제4선천 가운데 다시 5불환천(五不還天: 5정거천五淨居天, 5아나함천五阿那含天이라고도 함)이 있나니 불환과(3과아나함)의 성자들이 잠시 거주하는 곳이다. 이 5불환천의 성자들은 3계9지(三界九地)의 81품사혹(八十一品思惑) 중에서 5취잡거지인 욕계 중의 9품사혹(탐욕 · 성냄 · 어리석음 · 교만)의 습기와 현행을 이미 동시에 모두 소멸시켜서 아나함 과위를 증득했으므로 괴로움과 즐거움을 둘 다 잊은 경지에 도달하였다. 이 때문에 아래의 욕계와 3선천은 이미 지낼 곳이 아니므로 제4선천의 버리는 마음[捨心]을 공통적으로 갖고 있는 성자들의 부류[衆同分]에 잠시 거주할 곳을 정하고 색계와 무색계 중의 72품사혹(색계 중의 4지사혹36품과 무색계 중의 4지사혹36품을 합한 것임. 색계와 무색계의 사혹은 탐욕 · 어리석음 · 교만임/역주)을 끊어 없애면서 아라한과(阿羅漢果)의 증득을 추구하는 것이다.

① 무번천

아난아! 버리는 마음이 확고하여 괴로움과 즐거움이 둘 다 사라져서 기뻐하고 싫어하는 두 마음이 가슴속에서 다시 다투며 일어

나지 않아 내심에 거친 번뇌의 무더위가 없어져 처음으로 청량함을 얻었으므로, 이와 같은 성자들의 세계를 무번천(無煩天)이라 한다(그 수명은 1,000대겁이다. 신장은 1,000유순이다. 색계 초선천인 이생희락지의 9품사혹을 끊었다).

② 무열천

마음속에 오직 '버리는[捨]' 한 생각만을 품고서 거둬들이고 놓아줌이 자재하고 더 이상 다른 생각이 그 사이에 섞여들지 않으며, 이 버리는 생각을 더욱 자세히 파고들어도 마침내 얻을 바가 없으며 서로 섞으려고 하여도 대상이 없어져 내심에서 미세한 번뇌의 무더위가 없어져 더욱 청량함을 얻었으므로, 이와 같은 성자들의 세계를 무열천(無熱天)이라 한다(그 수명은 2,000대겁이다. 신장은 2,000유순이다. 색계 제2선천인 정생희락지의 9품사혹을 끊었다).

③ 선견천

닦아 얻은 천안통(天眼通)으로써 한 대천(大天)세계 안의 시방세계를 두루 훤히 정밀하고 묘하게 비추어보되 다시는 밖으로 대상경계에 걸림이 없고 안으로 마음에 깊이 잠긴 모든 허물장애가 없어서 그 정밀하고 묘하게 비추어봄이 안팎으로 걸림이 없으므로, 이와 같은 성자들의 세계를 선견천(善見天)이라 한다(그 수명은 4,000대겁이다. 신장은 4,000유순이다. 색계 제3선천인 이희묘락지의 9품사혹을 끊었다)

④ 선현천

천안통으로써 정밀하고 묘하게 비추어봄이 이미 앞에 나타난 선견천의 성자들이 계속 선정과 지혜를 닦아 신족통을 얻어 마치 옹기장이가 흙을 빚어 그릇을 만들고 주물사가 쇠를 녹여 형상을 만들 듯이 마음이 하고자 하는 대로 갖가지를 변화시켜 나타냄에 걸림이 없으므로, 이와 같은 성자들의 세계를 선현천(善現天)이라 한다(그 수명은 8,000대겁이다. 신장은 8,000유순이다. 색계 제4선천인 사념청정지의 9품사혹을 끊었다).

⑤ 색구경천

안으로 모든 생각들을 궁구하여 극처에 이르러서 일념(一念)을 이루고, 밖으로 색성(色性)을 궁구하여 공성(空性)에 도달하여서 공무변처(空無邊處)의 가장자리에 진입한다. 색계는 여기에 이르러 이미 최고봉에 도달하는데, 이와 같은 성자들의 세계를 색구경천(色究竟天)이라 한다(그 수명은 16,000대겁이다. 신장은 16,000유순이다. 근기가 예리한 자는 4공천으로 들어가지 않고 여기서 4공천의 4지36품사혹을 끊고 곧바로 3계를 뛰어넘어 벗어날 수 있다고 한다).

아난아! 이러한 5불환천에 대해서는 저 제4선천의 네 천왕들도 그 이름을 듣기만 할 뿐 몸소 그의 의보(依報)와 정보(正報)를 알거나 볼 수 없다. 마치 오늘날 세간의 광야나 깊은 산속의 성스러운 도량이 모두 아라한들이 거주하는 곳이지만 번뇌가 거칠고 무거운 범부속인들이 알 수 없고 볼 수 없는 것과 마찬가지이다.

범중천부터 색구경천까지 18천이 색계

아난아! 이상 열여덟 부류[18천]의 천인들은 모두 배우자가 없고 정욕을 떠났지만, 여전히 일종의 빛과 유사한 미세한 물질[色質]로 이루어진 화생신(化生身)이 있기에 아직은 신체형상의 부담을 완전히는 벗어나지 못했으므로, 색구경천부터 저 아래 초선천의 범중천까지를 통틀어 '색계(色界)'라고 하느니라.

阿難此中復有五不還天하나니 於下界中에 九品習氣를 俱時滅盡하고 苦樂雙亡하야 下無卜居일새 故於捨心이 衆同分中에 安立居處니라
阿難苦樂兩滅하야 鬥心不交하면 如是一類名無煩天이니라
機括獨行하야 研交無地하면 如是一類名無熱天이니라
十方世界를 妙見圓澄하야 更無塵象一切沈垢하면 如是一類名善見天이니라
精見現前하야 陶鑄無礙하면 如是一類名善現天이니라
究竟群幾하고 窮色性性하야 入無邊際하면 如是一類名色究竟天이니라
阿難此不還天은 彼諸四禪의 四位天王도 獨有欽聞이요 不能知見하나니 如今世間의 曠野深山에 聖道場地는 皆阿羅漢의 所住持故로 世間麤人의 所不能見이니라
阿難是十八天은 獨行無交어니와 未盡形累일새 自此已還을 名爲色界니라

3. 무색계

또 아난아! 무색계와 인접하는, 색구경천 꼭대기 가장자리로부터 다시 닦아 올라가면 근기의 예리함과 둔함을 기준으로 그 사이에 다시 두 갈래 길이 있다. 하나는 곧바로 닦아 3계를 뛰어넘어 벗어나는 길이요, 또 하나는 무색계천으로 에돌아 닦아 올라가는 길이다.

5불환천에서 근기가 예리한 아남함과 성자가 색구경천의 버리는 마음의 선정의 마음 가운데서 무루의 인공(人空)[93]의 지혜를 일으켜 무색계 중의 36품사혹(思惑)을 다 끊어버리면, 지혜 광명이 원만히 두루 비쳐 3계를 초월하여 분단생사(分段生死)[94]를 벗어나 편공(偏空)[95]의 이치를 증득하여 곧바로 아라한이 될 수 있다. 여기서 작은 과위로 만족하지 않고 다시 더 나아가 크나큰 인[大因]을 닦아 보살승(菩薩乘)으로 들어가는데, 이와 같은 천인들을 '소승에서 대승보살도로 마음을 돌린[回心] 대아라한(大阿羅漢)'이라 한다(무색계는 색신이 없으므로 태어나는 일을 표현할 길이 없으며 신장은 없고 수명만 있다).

① 공무변처천

그런데 근기가 둔한 자가 만약 버리는 마음의 선정 가운데서 여전히 색(色)을 싫어하고 공(空)을 기뻐하여 색계의 몸이 장애가 되어 자재할 수 없음을 깨달아 공관(空觀)을 닦아가 색계의 몸을 소멸하여 무(無)로 돌아간다면, 역시 장애를 없애고 공(空)으로 돌아가 안주하는 것이니, 이 선정을 공무변처정(空無邊處定)이라 하고 그 과보로 태어나는 이와 같은 천인들의 세계를 공무변처천(空無邊處天)이라 한다(그 수명은 20,000대겁이다. 공무변처지라하고 9품4혹이 있다).

---

93) 아공(我空)이라고도 한다. 아견(我見)에 의해 집착하는 것과 같은 실체로서의 자아, 즉 인아(人我)는 존재하지 않는다는 것.

94) 미혹의 세계에서 헤매는 범부가 받는 생사로서 한정된 수명과 신체를 받고 윤회하는 것.

95) 공(空)이라고 하는 하나의 극단에 치우친 것.

② 식무변처천

장애였던 색(色)을 소멸한 뒤에, 의지하였던 그 장애가 없어진 공[無: 空] 또한 소멸하여서 그 가운데 제8아뢰야식만이 온전히 있고, 제7말나식은 그 절반이 밖으로 향하여 전6식을 아소(我所)로 집착하는데 이제 색이 이미 존재하지 않아 전6식이 소멸하였고 그 절반만 남아 안으로 향하여 아뢰야식의 견분(見分)을 자아로 집착하여 미세한 아상(我相)을 유지하는데, 이 선정을 식무변처정(識無邊處定)이라 하고 그 과보로 태어나는 이와 같은 부류의 천인들의 세계를 식무변처천(識無邊處天)이라 한다(그 수명은 40,000대겁이다. 식무변처지라하며 9품사혹이 있다).

③ 무소유처천

공무변처정은 색(色)을 소멸하고 공(空)으로 돌아간 것이요 식무변처정은 공(空)을 소멸하고 식(識)으로 돌아간 것이었는데, 이렇게 색과 공이 다 사라지고 나서 더욱 나아가 선정의 힘으로 아직 남아 있는 그 절반의 말나식심을 조복하여 현행을 일으키지 않게 한다. 그리하여 말나식심이 활동을 멈추고 아뢰야식만이 여전히 남아 있는데 아뢰야식은 분별 작용이 있는 것이 아니기 때문에 이때에는 시방세계가 적연(寂然) 안온하여 다시 갈 곳이 없다. 그러므로 여기에 이르러서는 영원한 궁극의 안신입명처(安身立命處)로 삼고 앞으로 더 나아가지 않나니, 색(色) · 공(空) · 식심(識心) 세 가지가 없기에 이 선정을 무소유처정(無所有處定)이라 하고 그 과보로 태어나는 이와 같은 천인들의 세계를 무소유처천(無所有處天)이라 한다(그 수명은 60,000대겁이다. 무소유처지라 하며 9품사혹이 있다).

④ 비상비비상처천

말나식심이 활동을 멈추었지만 아뢰야식의 본성은 여래장성으로서 본래 항상 있으면서 적연부동(寂然不動)하고 그 기능은 끊어 없앨 수 없음에도 범부 천인들이 일체의 마음작용을 소멸한 멸진정(滅盡定: 멸정滅定. 멸수상정滅受想定이라고도 함/역주)의 힘으로써 허망하게 그것을 억지로 여여부동(如如不動)하게 하려하고 그 기능은 본래 다함이 없음에도 억지로 다하기를 추구한다. 그리하여 아뢰야식이 선정의 힘에 억눌려서, 있는 것 같지만 있지 않은 현상을 드러내고[非想: 非有想] 현행작용을 일으키지 않아 그 기능이 다한 것 같지만 실제로는 다하지 않은 현상을 드러내나니[非非想: 非非有想], 이 선정을 비상비비상처정(非想非非想處定)이라 하고 그 과보로 태어나는 이와 같은 천인들의 세계는 비상비비상처천(非想非非想處天)이라 한다(그 수명은 80,000대겁이다. 비상비비상처지라 하며 9품 사혹이 있다).

이상 네 부류의 천인들은 모두 대상경계와 마음을 소멸시켜 둘 다 공하게 하였지만 결코 공의 이치의 극점에 도달한 것이 아니다. 범부와 외도는 인공(人空)의 도리를 깨닫지 못하고, 소과(小果)의 성자는 법공(法空)[96]의 이치에 도달하지 못하여 대상경계와 마음 그 당체(當體)가 그대로 공임을 알지 못하는데 어찌 소멸시킨 뒤에야 공하겠느냐!

만약 본래 5불환천에서 여래의 성도(聖道)를 닦다가 중간에 갑자기 미혹하여 공을 억지로 끝까지 궁구하고자, 그 인연으로 4공천으

---

96) 법무아(法無我)와 같음. 개인 존재의 여러 가지 구성요소가 실체성을 가지고 있다는 견해를 부정하는 것. 대상을 실체화하고 그에 받아들여지는 것을 그만두는 것.

로 와서 태어난 자라면, 공을 궁구하는 그 힘을 타고 무색계의 4지사혹36품(四地思惑36品)을 다 끊고서야 아공(我空)의 이치를 증득하여 아라한을 이룰 수 있나니, 이와 같은 부류를 '소승에서 대승보살도로 마음을 돌리지 않은[不回心] 둔근(鈍根) 아라한'이라 한다(5불환천에서 닦이 소승에서 대승보살도로 마음을 돌린 대아라한보다 4공천으로 와서 태어나 도합 20만 대겁 동안 더 닦고서야 아라한과를 증득하기 때문에 둔근아라한이다).

그 다음으로, 만약 제4선천 중의 무상천과 광과천 이 외도천(外道天)들로부터 4공천에 와서 태어나 비상비비상처천에 도달하여서, 한결같이 공을 끝까지 궁구하면서 여래의 성도(聖道)로 되돌아갈 줄 모르고, 오직 유루의 선정만 닦고 유루천(有漏天)에 미혹되어 이를 무위(無爲)라고 생각하고는, 무루의 바른 지혜를 듣지 못하여 3계안에는 원래 안신입명(安身立命)할 곳이 없다는 것을 알지 못한 채 8만대겁이 지나 그 과보가 다하면, 스스로 추락하여 여전히 자기의 과거세의 업에 따라 윤회 속으로 떨어져 6도에 유전한다.

아난아! 이상에서 성자가 거주하는 5불환천을 제외한 나머지인 6욕천 · 4선천 · 4공천 등의 각 천인들은 모두가 범부로서(미륵내원은 제외) 유루의 선업인 십선(十善)[97]과 8정(八定: 색계의 4선과 무색계의 4공정/역주) 등을 닦았기에 얻은 복락과보로서, 복보가 다하면 여전히 윤회에 떨어져 업에 따라 유전해야 한다. 그런데 각 천의 천왕은 모두 범부가 아니라 대승보살로서 삼매에 안주하여 신

---

97) 십선(十善)은 십악(十惡)의 반대로서 다음의 열 가지 선한 행위를 말한다. ①살생을 하지 않는다 ②도둑질을 하지 않는다 ③부부이외의 음행을 하지 않는다 ④거짓말을 하지 않는다 ⑤꾸미는 말을 하지 않는다 ⑥악담을 하지 않는다 ⑦이간질하는 말을 하지 않는다 ⑧탐욕을 부리지 않는다 ⑨화를 내거나 미워하지 않는다 ⑩잘못된 견해를 갖지 않는다.

통으로 유희하면서 천왕의 자리를 빌려 중생을 제도하고 자기의 공덕을 성취한다. 그렇게 점차 그 수행증득을 증진하여 마침내 보리도과로 회향(回向)함으로써 성인(聖人)의 부류에 들어가고, 닦는 길은 능엄대정(楞嚴大定)의 미묘한 수행 노선으로서 그들은 이미 다시는 윤회에 떨어지지 않는다.

이상의 4공천이 무색계

아난아! 이상의 4공천의 천인들은 그 선정으로써 몸과 마음이 잠시 다 소멸한 듯함[相似滅盡]을 얻어서 오직 선정[定]의 성품만 있고(선정 속에서는 정과색定果色이 있다) 선정 속에서 의보와 정보를 마음대로 변화시켜 자재하게 누린다. 선정에서 나올 때는 이미 욕계와 색계의 의보와 정보의 업과색(業果色)이 없으므로, 공무변처천으로부터 비상비비상처천까지를 통틀어 '무색계(無色界)'라 하느니라.

復次阿難아 從是有頂인 色邊際中하야 其間復有二種岐路하니 若於捨心에 發明智慧하야 慧光圓通하면 便出塵界하야 成阿羅漢하야 入菩薩乘하나니 如是一類는 名爲回心大阿羅漢이니라

若在捨心하야 捨厭成就하고 覺身爲礙消礙入空하면 如是一類名爲空處니라

諸礙旣消하고 無礙無滅하면 其中唯留阿賴耶識과 全於末那에 半分微細하면 如是一類名爲識處니라

空色旣亡하고 識心都滅하면 十方寂然하야 逈無攸往하면 如是一類名無所有處니라

識性不動거늘 以滅窮研하야 於無盡中에 發宣盡性하야 如存不存이며 若盡非盡이니 如是一類는 名爲非想非非想處이라호대 此等窮空하나 不盡空理이니 從

不還天하야 聖道窮者는 如是一類는 名不廻心한 鈍阿羅漢라하고 若從無想하야 諸外道天이 窮空不歸하여 迷漏無聞하면 便入輪轉이니라

阿難是諸天上의 各各天人은 則是凡夫의 業果酬答일새 答盡入輪어니와 彼之天王은 卽是菩薩이 遊三摩地호대 漸次增進하야 廻向聖倫所修行路니라

阿難是四空天은 身心滅盡하고 定性現前하야 無業果色일새 從此逮終을 名無色界니라

3계28천의 중생세계는 자기의 진심을 모르고 허망한 업을 쌓았기에 생겨났다

이상 말한 욕계 · 색계 · 무색계 이 3계의 일체 중생들은 모두 자기의 본래 미묘한 각성(覺性)이자 본래 밝은 진심은 청정하여 한 티끌도 오염되지 않았음을 알지 못하고, 한 생각 망상심이 움직인 뒤 미혹으로부터 미혹을 쌓고 허망으로써 허망을 좇아 허망한 업을 모아 쌓았기 때문에 괴로운 과보인 의보(依報)와 정보(正報)를 발생시켜 허망하게 3계의 모습이 있고, 그 3계 가운데서 허망하게 일곱 갈래의 중생세계를 따라서 표류하면서 태어나고 죽기를 반복하되 각자의 업인에 따라 각 부류의 과보를 받아 쉴 수가 없느니라.

此皆不了妙覺明心하고 積妄發生일새 妄有三界거늘 中間妄隨七趣沈溺일새 補特伽羅가 各從其類니라

(7) 아수라세계

그 다음으로 아난아! 이 3계 가운데는 또 네 종류의 아수라(阿修羅)의 부류가 있다. 첫째 종류는, 아귀세계 중에서 착한 서원과 착한 마음으로 불법을 옹호하고 그 선업(善業)의 힘으로 아귀세계를 버리고 신통을 타고서 허공계(虛空界)에 들어간다. 이러한 아수라는 알[卵]에서 태어나며 난생은 허공을 날아다닌다. 그 원인 과보가 귀(鬼)의 모습 부류가 되는데 비록 허공계에서 거주하여도 여전히 아귀세계의 부류에 속한다.

둘째 종류는, 만약 천인세계에서 범행이 좀 줄어들고 정욕이 좀 무거워 덕을 잃게 되어 강등 추락하여 아수라가 된 경우이니, 복보가 천인과 비슷하고 거주하는 곳도 서로 대등하며 거주하는 곳이 일월궁(日月宮)을 이웃으로 한다. 이러한 아수라는 태(胎)에서 태어나는데 태는 정(情)으로 말미암아 있으며 정욕이 사람과 같으므로 비록 천상에 거주하지만 인간세계의 부류에 속한다.

셋째 종류는, 어떤 아수라왕은 복보가 천인과 서로 같아서 귀신을 부릴 수 있고, 인간의 화복(禍福)을 좌우할 수 있으며, 신통력이 천상계를 훤히 알아 두려워할 바가 없으며, 대범천왕이나 도리천주와 권력을 다툴 수 있다. 이러한 아수라는 변화[化]로 인하여 있으므로 천인세계의 부류에 속한다.

아난아! 이 밖에 따로 한 등급 낮은 아수라가 있으니, 큰 바다의 중심에 태어나 깊은 수혈구(水穴口)에 잠겨 있으면서 낮에는 허공을 돌아다니고 밤에는 물로 돌아와서 잠을 잔다. 이러한 아수라는 습기[濕]로 태어나므로 축생세계의 부류에 속한다.

復次阿難是三界中에 復有四種阿修羅類하니 若於鬼道에 以護法力으로 乘通入空하나 此阿修羅從卵而生하며 鬼趣所攝이니라 若於天中에 降德貶墜하면 其所卜居는 鄰於日月하는 此阿修羅는 從胎而出일새 人趣所攝하며 有修羅王은 執持世界하야 力洞無畏하야 能與梵王과 及天帝釋과 四天爭權하나니 此阿修羅因變化有일새 天趣所攝이니라 阿難別有一分下劣修羅하니 生大海心하야 沈水穴口하야 旦遊虛空이라가 暮歸水宿하나니 此阿修羅는 因濕氣有일새 畜生趣攝이니라

총결론 : 진심에서 보면 일곱 갈래의 중생세계는 모두 허공꽃, 보리를 증득하려면 살생·도둑질·음행을 끊어야 한다

아난아! 이와 같은 지옥·아귀·축생·인간·천인·신선 그리고 아수라 등 일곱 갈래의 중생세계에 대하여 올바른 지혜로 정밀하게 관찰 연구해보면, 그들이 상승 추락 왕복하는 까닭은 중생 자신의 마음이 혼침하고 어두운 무명혹이 일으킨 유위(有爲)의 업상(業相)들로서, 망상(妄想)을 따라서 태어나게 되고 망상을 따라서 업을 짓고 그 과보를 받는 것이다. 그러나 본래 미묘하고 청정하며 원만하고 밝으며 조작이 없는 진심(眞心)의 입장에서 보면, 모두다 허공꽃과 같아서 그 자리에서 나타나고 그 자리에서 사라져서 본래 추적할 수 있는 행방이 없다. 그 전부가 단지 하나의 허망한 명상(名相)[98]에 지나지 않을 뿐이므로 다시 그 근본도 실마리도 찾을 수

98) 개념. 명칭과 현상.

없느니라.

아난아! 이러한 중생들이 일곱 갈래의 세계에 윤회하면서 무량겁을 지나도록 진정한 청정함을 얻을 수 없는 까닭은, 모두 본래 있는 미묘하고 밝은 진심을 알지 못하고 살생 · 도둑질 · 음행을 따르기 때문이다. 이 세 가지를 따르지 않고 거스른다면 살생 · 도둑질 · 음행이 없다. 그 세 가지를 따르면 3악(三惡)을 이루어 지옥 · 아귀 · 축생의 세계인 3악도(三惡道)에 타락하지만, 거스른다면 3선(三善)을 이루어 천인 · 인간 · 아수라 · 신선의 세계인 四선도(四善道)로 돌아가나니, 이렇게 선과 악에서 모두 벗어날 기약이 없이 그에 따르고 거스름이 서로 번갈아가면서 멈추지 못하므로 윤회성(輪回性)이 일어나는 것이다.

만약 인연이 갖추어져 수능엄(首楞嚴) 삼매를 미묘하게 발명하여 비추어본다면, 본래 미묘한 성품이 항상 고요한 여래장 가운데는 세 가지 악업의 '있음'과 '없음'이 둘 다 없으며, 심지어 그 '둘 다 없다는 것'조차도 사라졌다. 이와 같이 비추어보면 진여본성과 자기의 청정한 마음 가운데는 '살생하지 않고 · 도둑질하지 않고 · 음행을 하지 않는.' 등의 청정한 모습조차도 찾을 수 없는데 이와 같은 사람이 또 어떻게 범부와 외도를 따라 살생 · 도둑질 · 음행 등의 악업을 짓겠느냐?

아난아! 중생이 살생 · 도둑질 · 음행의 세 가지 업을 끊지 못하기에 각자 별업(別業)을 짓고, 각자 짓는 별업이 있으므로 대중의 별업이 서로 같을 때는 일정한 처소가 없는 것이 아니다. 그러므로 업을 지음은 비록 개별적이지만 과보를 받음은 같은 것이다. 그러나 일곱 갈래의 중생세계의 과보는 모두 자기의 마음에서 최초에 한 생각 망상심이 움직여 상속하였기에 생겨난 것이지 결코 마음

밖에 실재의 경계가 있는 것이 아니다. 이런 허망한 경계를 생겨나게 함에도 실재하는 그 원인이 없어 찾아낼 수 없느니라.

너는 진실한 수행자를 격려하기를, 무상의 보리를 증득하고자 한다면 반드시 살생·도둑질·음행 이 세 가지는 모두 진성(眞性)을 미혹시킬 수 있으며 윤회의 근본임을 알아, 마땅히 먼저 이 세 가지 미혹을 없애야 한다 하라. 만약 세 가지 미혹을 다 없애지 못한다면 비록 선정의 힘으로써 상사(相似) 신통을 얻었다 할지라도 모두 세간의 유위(有爲) 유루(有漏)의 수행효과[功用]이지 출세간의 조작이 없는 미묘한 힘으로 성취한 것이 아니다. 세 가지 미혹의 습기를 없애지 않았다면 경계를 대할 때 다시 일어나니 비록 높은 경지에 도달하였더라도 마침내는 반드시 천마외도(天魔外道)에 떨어진다. 천마외도에 떨어졌다면 근본적으로 이미 정념(正念)이 완전히 없는 것이니, 비록 수행하여 허망을 없애고 싶어도 허망으로 허망을 좇아 허위(虛僞)를 배로 더할 뿐이다. 그러므로 여래는 말하기를, "그들은 가장 가련한 부류이다."라고 한다. 그러나 네가 경험한 갖가지 허망 경계는 모두 네 자신의 망심(妄心)이 지은 것이지 보리의 잘못이 아니다.

이렇게 사람들에게 수행하도록 가르치는 것은 부처를 대신하여 교화하는 것으로 정설(正說)이라고 한다. 만약 이와 다르게 설하여, 살생·도둑질·음행은 진정한 수행에 방해가 되지 않으므로 끊어 없앨 필요가 없다는 등으로 설하는 것은 바로 마왕의 사설(邪說)이니라.

阿難如是地獄과 餓鬼畜生과 人及神仙과 天洎修羅가 精研七趣하면 皆是昏沈한 諸有爲相이라 妄想受生하고 妄想隨業어니와 於妙圓明한 無作本心에는

皆如空華하야 元無所著하고 但一虛妄이라 更無根緖니라

阿難此等衆生不識本心하고 受此輪廻하야 經無量劫호대 不得眞淨은 皆由隨順殺盜淫故로 反此三種하면 又則出生無殺盜淫하나니 有名鬼倫이오 無名天趣라 有無相傾하야 起輪廻性어니와 若得妙發三摩地者則妙常寂하야 有無二無하고 無二亦滅하야 尙無不殺不偸不淫하리니 云何更隨殺盜淫事리오

阿難不斷三業은 各各有私이니 因各各私일새 衆私同分이 非無定處어니와 自妄發生이오 生妄無因이라 無可尋究니라

汝勗修行하야 欲得菩提인댄 要除三惑이니 不盡三惑이면 縱得神通이라도 皆是世間有爲功用이라 習氣不滅일새 落於魔道며 雖欲除妄이나 倍加虛僞일새 如來說爲可哀憐者니 汝妄自造라 非菩提咎니라

作是說者는 名爲正說이오 若他說者卽魔王說이니라

태 상 감 응 편

(太上感應篇)

송찬문 한글 번역

태상노군(太上老君 : 노자)께서 말씀하셨다.
화(禍)와 복(福)은 들어오는 일정한 문이 없고
오직 사람이 스스로 지어 불러들일 따름이니,
선악응보는 마치 그림자가 형체를 따르는 것과 같으니라.

그러므로 천지간에는 죄악의 기록을 맡은 신명이 있어서,
사람이 저지른 죄악의 가볍고 무거움에 따라
그 사람의 수명을 삭감하느니라.

수명이 삭감되면 곧 빈궁해지고
대부분 근심과 환난을 당하며,
사람들이 모두 그를 싫어하게 되느니라.

또 형벌이나 재앙이 그를 뒤따르고,
길상(吉祥)과 경사는 그를 피하며,
악신별이 재앙을 내리고,
수명이 다하면 죽느니라.
또 장수와 요절을 관장하는 삼태신(三台神)과

선악을 관찰하는 북두신(北斗神)이
사람의 머리 위에 있으면서
사람의 죄악을 기록하여,
그 수명을 십이 년이나 백일 씩 삭감하느니라.

또 삼시신(三尸神)이 사람의 몸속에 있으면서,
육십갑자일 중 경신일(庚申日)마다
곧 천상에 올라가 그 사람의 죄과를 보고하며,
음력으로 매달 그믐날에는
부엌신도 또한 그렇게 하느니라.

무릇 사람에게 죄과가 있으면,
크게는 십이 년의 수명을 빼앗고,
작게는 백일의 수명을 삭감하는데,
그러한 크고 작은 죄과는 수백 가지나 되느니라.

따라서 장수하기를 바라는 자는
먼저 그러한 죄과를 피해야 하며,
도리에 맞는 일은 나아가 하고
도리에 맞지 않는 일은 물러나 하지 말며,
사악한 길은 밟지 말고,
남이 보지 못하는 곳에서도 나쁜 생각이나 행동을 하지 말아야하
느니라.

끊임없이 인품덕성과 선행공적을 쌓아갈지니

그 근본은 모든 생명에게 자비로운 마음을 지니는 것이니라.
맡은 일에 충실하고 부모에 효도하며
형제사이에 우애 공경하라.
자기를 바르게 하고 남을 감화시키라.

고아와 과부를 불쌍히 여기고
노인이나 장애자를 공경하고 어린이를 보살펴 주라.
곤충이나 초목이라도 함부로 해를 끼치지 말라.

마땅히 남의 불행은 걱정해주고
남의 선행은 좋아하라,
남에게 급히 필요한 것은 도와주고
남의 위험과 재난은 구해 주라.
남이 얻은 것을 보면 마치 자기가 얻은 것처럼 하고,
남이 잃은 것을 보면 마치 자기가 잃은 것처럼 하라.

남의 단점을 드러내지 말고
자기의 장점을 자랑하지 말라,
악행은 저지하고 선행은 널리 알리며,
나누어 가질 때는 많이 양보하고 적게 가지라.

모욕을 당해도 원한을 품지 말고
총애를 받을 때는 두려운 듯이 하라.
은혜를 베풀어도 보답을 바라지 말고,
남에게 주었으면 후회하지 말라.

이른바 착한 사람은,
사람마다 모두 그를 공경하고,
천지자연의 도리가 그를 보우하며,
복록부귀가 그를 따르고,
사악한 일들이 그를 멀리하고
신령이 그를 호위하며,
하는 일마다 반드시 성취되고
신선이 되는 것도 바랄 수 있느니라.

하늘의 신선[天仙]이 되기를 바란다면
일천삼백 가지 선행을 쌓아야 하며,
땅의 신선[地仙]이 되기를 바란다면
삼백 가지 선행을 쌓아야 하느니라.
사람이 마땅히 해서는 안 되는데 마음을 움직여
천리에 어긋나게 행하는 악행들은 다음과 같으니라.

악행을 능사로 여기는 것이요
생명을 잔인하게 해치는 것이요

선량한 사람을 음해하는 것이요
군주와 부모를 몰래 속이는 것이요
스승을 얕잡아보는 것이요
자신이 응당 모셔야 할 윗사람을 배반하는 것이요

우매 무지한 사람들을 속이는 것이요

학우들을 비방하는 것이요
허위나 무함이나 사기나 위장으로 남을 공격하는 것이요
종친의 개인적인 비리나 잘못을 들춰내고 공격하는 것이요
강직하고 횡포하면서 어질지 못하는 것이요
악랄하고 삐뚤어졌으면서 자기만 옳다고 여기는 것이요

옳고 그름의 판단이 뒤바뀌어 타당하지 않는 것이요
악한 사람에게 향하고 선한 사람을 등져서 마땅함에 어긋나는 것이요
아랫사람을 학대 희생시켜 자신의 공적으로 취하는 것이요
윗사람에게 아첨하여 비위를 맞추는 것이요
은혜를 받고도 감사하고 보답하지 않는 것이요
서운함을 당하면 원망을 그치지 않는 것이요

천하 백성을 천하게 여기는 것이요
국가 정치를 교란하는 것이요
불의한 자에게 상을 주는 것이요
죄 없는 사람에게 형벌을 내리는 것이요
남을 살해하여 재물을 취하는 것이요
모함으로 남을 밀어뜨리고 그 자리를 차지하는 것이요
이미 항복한 사람을 살육하는 것이요
정직한 사람을 헐뜯고 깎아 내리고 어질고 재능 있는 자를 배척하는 것이요
고아와 과부를 업신여겨 핍박하는 것이요
법을 무시하고 뇌물을 받는 것이요

곧은 것을 굽었다고 하고
굽은 것을 곧다고 하는 것이요
가벼운 죄를 무거운 형벌에 처하는 것이요
사형수가 사형을 당하려 할 때 불쌍히 여기지 않고 분노를 덧보태는 것이요

잘못을 알고도 고치려하지 않는 것이요
착한 일을 보고도 행하지 않는 것이요
자기의 죄악에 남을 끌어들이는 것이요
유익한 약 처방이나 기술의 유통을 가로막는 것이요
성현과 그 저술을 조롱하거나 비방하는 것이요
도덕이 있는 자를 침해 능욕하는 것이요

새나 짐승을 사냥하는 것이요
땅속에서 잠자는 곤충을 파헤치거나 나무에 사는 새를 놀라게 하는 것이요
벌레가 사는 구멍을 막거나 새 둥지를 파괴하는 것이요
짐승의 태를 해치거나 새알을 깨버리는 것이요

남에게 잘못이 있기를 바라는 것이요
남을 무너뜨리고 공적을 이루는 것이요

남을 위태롭게 하고 자기를 안전하게 하는 것이요
남의 재물을 덜어 자기의 이익을 도모하는 것이요
나쁜 것을 몰래 남의 좋은 것과 바꿔치기 하는 것이요

사적인 이익을 위해 공적인 이익을 버리는 것이요

남의 능력성과를 표절하는 것이요
남의 좋은 점을 덮어 가리는 것이요
남의 추한 일을 드러내는 것이요
남의 사생활을 폭로하는 것이요
남의 재물을 소모시켜 이익을 챙기는 것이요
남의 가족을 이간질하는 것이요
남이 애지중지하는 것을 빼앗는 것이요
남이 나쁜 짓을 하도록 도와주는 것이요
멋대로 위세를 부려 남을 업신여기는 것이요
남을 모욕하여 이기려 하는 것이요
남의 농작물을 망치는 것이요
남의 혼인을 파괴하는 것이요

부당하게 부자가 되고서도 교만을 부리는 것이요
요행히 형벌을 면하고도 부끄러움이 없는 것이요
은혜는 자기 것으로 챙기고 잘못은 남에게 미루는 것이요
재앙은 남에게 전가하고 죄악은 남에게 떠넘기는 것이요
헛된 명예를 탐내어 사들이는 것이요
음험한 마음을 품는 것이요
남의 장점을 꺾는 것이요
자기의 단점을 감싸는 것이요

위세를 이용하여 남을 협박하는 것이요

포악한 사람이 무고한 사람을 살상해도 내버려두는 것이요
까닭 없이 옷을 가위질하거나 자르는 것이요
가축이나 물고기를 제사 등의 예의상 부득이 잡거나 요리하지 않는 것이요
오곡의 식량을 낭비하는 것이요
쓸데없는 일로 백성을 수고시켜 해를 끼치는 것이요

남의 집안을 파괴하여 그 재물 보배를 차지하는 것이요
고의로 제방을 터서 물을 방류하거나 불을 질러
백성과 그 가옥재산을 해치는 것이요

어떤 일의 계획된 규모를 어지럽게 하여
남의 일을 중도에 망치게 하는 것이요
남의 그릇이나 물건들을 손상시켜
사람이 사용하기 어렵게 만드는 것이요

남이 높은 지위에 올라 귀하게 됨을 보면
그가 유배되고 지위가 강등되기를 바라는 것이요
남이 부유함을 보면 그의 재산이 탕진되기를 바라는 것이요
남의 아름다운 여색을 보면 간사한 사심을 일으키는 것이요
남에게 재물을 빚지고 있으면 그 사람이 빨리 죽기를 바라는 것이요
남에게 어떤 것을 부탁했으나 뜻대로 이루어지지 않으면 곧 저주와 원한을 일으키는 것이요
남이 뜻을 이루지 못하는 일이 있으면

곧 그의 평소의 허물을 들춰내는 것이요
남이 장애자임을 보면 비웃는 것이요
남의 재능이 뛰어나면 얕잡아보는 것이요

나무인형을 땅에 묻거나 주문으로 남을 해코지하는 것이요
독약으로 나무를 실상하는 것이요

스승을 미워하는 것이요
부모나 형이나 언니에게 거슬리며 달려드는 것이요

분수 아닌 재물을 억지로 취하고 일을 억지로 구하는 것이요
간사한 꾀로 몰래 취하기를 좋아하고 세력으로 빼앗기를 좋아하는 것이요
약탈로 부자가 되는 것이요
권세에 빌붙어 기회주의로 승진을 꾀하는 것이요

상과 벌이 불공평한 것이요

안일과 향락을 절제하지 못하는 것이요
아랫사람을 가혹하게 학대하는 것이요
남을 공갈 협박하는 것이요

일이 뜻대로 안되면 하늘을 원망하고 남을 탓하는 것이요
바라는 대로 오지 않는다고 바람을 꾸짖고 비를 욕하는 것이요
다투도록 남을 부추기거나 소송을 알선하는 것이요

함부로 동맹이나 모임을 결성하는 것이요
아내나 첩의 말을 쉽게 믿거나 따르고
부모의 가르침을 어기는 것이요
새 사람을 얻으면 지난 사람을 잊어 박정하고 의리가 부족한 것이요
말과 속마음이 다른 것이요

재물을 탐하여 윗사람을 속이는 것이요

유언비어를 만들어 무고한 사람을 비방하는 것이요
남을 헐뜯으며 자기가 정직하다고 말하는 것이요
신명을 모욕하며 자기가 공정하다고 말하는 것이요

도리에 따르기를 버리고 그에 거역함을 본받는 것이요
가족에게는 등 돌리고 남을 친근히 하는 것이요
천지를 가리키며 자신의 비열한 생각을 목격한 증인으로 삼는 것이요
신명을 끌어다 자신의 무람한 행위를 살펴주시라고 하는 것이요
베풀어주고 나서 후회하는 것이요
빌린 것을 돌려주지 않는 것이요

분수 밖의 명리를 얻으려 추구하는 것이요
여지를 남기지 않고 지나치게 힘을 쏟아 부어 무엇을 취하려 하는 것이요
음욕이 정도에 지나치는 것이요

마음은 악독하면서 겉모습은 인자하게 하는 것이요
더럽고 상한 음식을 남에게 먹도록 주는 것이요
이단(異端)과 사도(邪道)로써 사람들을 미혹시키는 것이요

물건의 길이나 폭을 속이고
저울눈금이니 되를 속이며
가짜 물건을 진짜 물건으로 뒤섞어
간사한 방법으로 이익을 부당하게 취하는 것이요

양가집 자녀를 세력으로 핍박하여 노비 등 천민으로 삼는 것이요
어리석은 사람을 기만하여 이용하는 것이요

재물에 탐욕을 부려 만족할 줄 모르는 것이요
신명 앞에 주문을 외며 자신의 정직을 증명하려 하는 것이요
술을 좋아해 도리에 어긋나고 어지럽게 행동하는 것이요

가족 간에 서로 미워하고 다투는 것이요
남편으로서 충실 선량하지 않는 것이요
아내로서 현숙하지 않는 것이요
부부가 화목하지 못하는 것이요
부부가 서로 공경하지 않는 것이요
늘 자기 자랑이나 과시를 좋아하는 것이요
시기질투를 일삼는 것이요
처자식에 대해 올바른 행동이 없는 것이요
시부모에게 예절이 없는 것이요

조상의 영혼을 경시 태만히 하는 것이요

윗사람의 지시나 명령을 어기고 거역하는 것이요

쓸데없는 짓을 하는 것이요
몰래 딴 사람을 편애하는 마음을 품는 것이요
자기를 저주하고 남을 저주하는 것이요
누구를 편향적으로 미워하거나 사랑하는 것이요

우물이나 부엌을 뛰어넘는 것이요
음식이나 사람을 뛰어넘는 것이요
갓난애를 해치거나 태아를 지우는 것이요

광명정대하지 못하고 숨기는 행실이 많은 것이요

설날 · 단오날 · 칠석날 · 10월그믐날 · 섣달그믐날에 노래하거나 춤추는 것이요
초하루나 이른 아침에 원망하는 소리를 하거나 분노하는 것이요
북쪽을 향해 코를 풀거나 침을 뱉거나 오줌을 싸는 것이요
부엌을 향해 노래하거나 우는 것이요
부엌의 불로 향을 사르는 것이요
더러운 땔감으로 밥을 짓는 것이요
밤에 일어났을 때 벌거벗고 있는 것이요
입춘 · 춘분 · 입하 · 하지 · 입추 · 추분 · 입동 · 동지 이 여덟 절기에 형벌을 집행하는 것이요

별똥별을 향해 침을 뱉거나 무지개를 손가락질하는 것이요
해나 달이나 별을 손가락질하는 것이요
해나 달을 오랫동안 바라보고 있는 것이요
봄에 들불을 놓아 사냥을 하는 것이요
북쪽을 향해 악담과 욕설을 퍼붓는 것이요
아무런 이유 없이 거북이를 살해하거나 뱀을 때려죽이는 것 등이니,

이와 같은 죄악들은
수명을 담당하는 신명들이 그 경중에 따라
길게는 십이 년 가볍게는 백일의 수명을 삭감하느니라.
그 수명이 다 삭감되면 죽고
죽어도 죄의 책임이 있으면 마침내 그 재앙이 자손에게 미치느니라.

또 남의 재물을 가로채거나 빼앗은 자들에 대해서는
그 처자식이나 가족들의 상황을 계산하여 그에 상당한 응보를 받게 하여 점차 죽음에 이르게 하느니라.
만약 죽음에 이르지 않으면,
수재·화재·도적·기물의 유실·질병·구설 등의 재앙으로
그가 가로챈 재물 가치만큼 갚느니라.

또 남을 억울하게 살해한 자는
창칼을 바꾸어 서로 살해하게 되느니라.
의롭지 못한 재물을 취한 자는

마치 독이 있는 고기로 굶주림을 채우고
독약 탄 술로 목마름을 푸는 것과 같아서,
잠깐이라도 배가 부르지 않을 뿐만 아니라,
곧바로 죽음도 뒤따르느니라.
마음이 착한 생각을 일으키면,
아직 그 선행을 하지는 않았더라도,
길한 신명이 이미 그를 따르며,
마음이 악한 생각을 일으키면,
아직 그 악행을 하지는 않았더라도,
흉한 귀신이 이미 그를 따르느니라.

설사 악한 일을 한 적이 있더라도,
뒤에 스스로 회개하고,
어떤 악행도 하지 않으며
많은 선행을 해서
오래오래 하다 보면 반드시 길함과 경사를 얻을 것이니,
이것을 일러 화를 복으로 바꾸는 것이라 하느니라.

그러므로 길상한 사람은 선을 말하고
선을 보며 선을 행하느니
하루에 선행을 세 가지씩 해가면
삼년 안에 하늘이 반드시 그에게 복을 내리며,
흉악한 사람은 악을 말하고
악을 보며 악을 행하느니
하루에 악행을 세 가지씩 해가면,

삼년 안에 하늘이 반드시 그에게 화(禍)를 내리느니라.
그러니 어찌 선행을 하고 악행을 그침에 힘쓰지 않겠는가?

한 시대의 종사(宗師) 남회근 선생

선생의 약력

남회근(南懷瑾) 선생은 1918년 중국 절강성 온주(溫州) 낙청현(樂淸縣)의 대대로 학문을 하는 집안에서 태어났다. 집안은 대대로 선행하기를 즐기고 베풀기를 좋아했으며 대대로 출가자가 있어서 역사상 몇 분의 고승이 나왔다고 한다.

6세 때부터 수천 년 이어져온 구식 교육인 서당교육을 받기 시작하여 사서오경(四書五經)을 읽고 외웠다.

11세 때 현(縣) 소재의 소학교 마지막 학년에 편입하여 공부했다.

13세 때 서당 글공부도 다 마치고 소학교도 마쳤다. 중학교에 진학할 형편이 못되어 이때부터 3년 동안 집에서 자습을 했는데 이 시기에 『사기(史記)』·『문선(文選)』·『강감이지록(綱鑑易知錄)』·당시송사(唐詩宋詞) 등을 두루 공부했으며 『홍루몽』·『삼국연의』·『수호전』 그리고 무협소설들도 구해다 읽었다.

17세 때 고향 구석에 박혀 지내고 싶지 않았다. 천하에 나아가 세상을 놀라게 할 만한 사업을 하고 싶었다. 항주절강국술관(杭州浙江國術館)에 입학하여 내공(內功)·외공(外功)·소림(少林)·태극(太極) 등 각문각파의 무림고수들로부터 권법(拳法)·봉술(棒術)·검도 등 중국무예를 2년간 배웠다. 무예 외에도 국문(國文)·역사·생리 등의 문화교과과정을 배웠다. 한편 과외로 상무인서관(商務印書館) 편 『대학총서(大學叢書)』를 빌려 읽었다, 그리고 항주 고산에 있는 문란각(文瀾閣)에 소장된 『사고(四庫)전서』를 빌려 읽었다. 또 한지암(閑地庵)에 늘 다니며 그곳의 장서를 읽으며 비본의 도서(道書)들을 찾아내었다. 재학기간 2년 동안 그는 무공을 배웠을 뿐 아니라 문학·서예·의약·역학·천문역법 등 도 깊이 익히며 적지 않은 책을 읽었다. 그리고 항주의 명승고적을 두루 찾아다니고 도인을 찾아 진리를 얻을 생각이 더 많았다. 도를 얻은 높은 사람을 일심으로 찾아 세상을 구제하는 천하무적의 재간을 하나 배우고 싶었다. 한 번은 알게 된 어떤 스님이 그에게 『금강경(金剛經)』을 주어 3일 동안 읽었는데, '무아상(無我相)·무인상(無人相)·무중생상(無衆生相)·무수자상(無壽者相)'이라는 구절을 읽을 때 온통 공령(空靈)하여 '아(我)'를 찾을 수 없는 경지를 체험했다. 남선생은 그 스님에게 달려가 왜 그런 경지가 나타났는지 물었다. 스님은 말했다. "그대는 정말 대단하다. 남은 수십 년을 수행해도 그렇지 못하는데 그대는 『금강경』을 3일 읽고 그런 경지에 도달했다니 그대는 바로 재래인(再來人 : 전대에 유명한 사람이 다시 태어나 온 사람)이다." 남선생은 그런 말에 개의치 않았다. 훗날 회상하여 말하기를 사실 자신은 그때 이미 깨달았으나 당시 자신이 몰랐을 뿐이었으며, 그래서 훗날 수십 년을 많은 길을 에돌아갔다고 했다.

1937년 남선생은 1등 성적으로 절강국술관을 졸업하고 무술교관자격을 획득했다. 얼마 있지 않아 중일전쟁이 발발했다. 남선생은 국술관을 졸업한 후 고향으로 돌아가지 않고 사천성 성도(成都)로 갔다. 한 동안 성도에 머물면서 아무 일도 하는 게 없던 그는

면 곳으로 사업을 하러 갔다. 천강(川康)변경 대소량산(大小凉山) 지구로 가서 그곳에 대소량산간식공사(大小凉山墾殖公司)를 설립하고 사장 겸 자위단(自衛團) 총지휘를 맡았다. 궁벽한 황무지에서 땅을 개간하며 한 무리의 군대를 이끌고 국가를 보위하는 사업을 하려고 했다. 그러나 부득이한 사정으로 1년이 못되어 간식장을 포기하고 성도로 돌아왔다.

생계를 해결하기 위해 의빈(宜賓)에 있는 금민(金岷)일보사에 들어가 편집 책임자로서 짧은 기간 동안 일했다.

의빈에서 성도로 돌아온 그는 공직에 들어가고자 알아보았다. 그리하여 성도에 있는 중앙군관학교(中央軍校) 군관(軍官)교육대에서 소령 등급으로 무술교관과 정치지도원을 맡았다. 아울러 중앙군관학교 정치연구반 제10기로 졸업했다. 한편 금릉(金陵)대학 대학원에서 사회복지학도 연구하였다. 중앙군관학교의 당시 교장은 장개석(蔣介石)이었다. 교관으로서의 남회근은 수업이외에는 비교적 자유로워 일요일 등 여가시간을 이용하여 도처로 진리를 얻고자 도인을 찾고 유명 인사들과 사귀였다. 그들 중 그에게 가장 큰 영향을 준 사람은 원환선(袁煥仙) 선생이었다. 성도 부근 관현(灌縣) 청성산(青城山)에 영암사(靈巖寺)라는 절이 있었는데 당시 그곳에는 풍우란(馮友蘭) · 전목(錢穆) · 곽본도(郭本道) · 이원징(李源澄) · 왕은양(王恩洋) · 부진오(傅眞吾) 등 명성이 쟁쟁한 학자들이 머물고 있었다. 여기서 원환선 선생을 알게 되었다. 원환선은 호가 염정(鹽亭)노인으로 사람들은 그를 대선사 · 대거사로 불렀다. 당시 원환선은 폐관 수행 중이었다. 원환선은 남회근이 어린 나이지만 보통의 인물이 아님을 알아보고 그를 제자로 삼아 도(道)를 전해주고자 했다. 남회근이 원환선 선생을 처음 알았을 때는 그가 대 명인일 뿐 선종대사인줄은 몰랐다. 당시 남회근은 선종에 대해 깊게는 이해하지 못하고 있었다. 원환선 문하에 들어간 남회근은 그의 일생의 진로를 바꾸었다. 방문좌도(旁門左道)에 대해서는 이미 큰 흥미가 사라져버렸고 중앙군관학교의 무술교관직도 마음에 두지 않게 되었다. 오로지 원환선을 따라 불교와 선(禪)을 배울 뜻뿐이었다.

1942년 겨울 원환선(袁煥仙) 선생이 폐관을 마치고 성도에 유마정사(維摩精舍)를 창립하였는데 일종의 불교의 선종도량이었다. 남선생은 중앙군관학교 교관 직을 사직하고 원환선을 따랐다. 처음에는 남선생 한 사람만이 신변을 따랐으나 뒷날 원환선의 제자들은 갈수록 많아졌으며 많은 사람들이 남선생보다 나이가 열 살 혹은 스무 살 이상 연장자였다. 원환선은 유마정사에서 강의를 하였는데 그 내용이 풍부하고 유불도(儒佛道) 삼가 학문에 관련된 것이었다. 강의를 남선생과 기타 제자들이 함께 기록하여 엮은 책이 『유마정사총서(維摩精舍叢書)』이다. 이 해 겨울 원환선 선생과 함께 중경으로 가서 허운(虛雲)대사를 뵙고 친히 가르침을 들었다.

1943년 가을 남선생은 스승께 인사도 없이 몰래 아미산(峨眉山)으로 폐관하러 떠났다. 폐관했던 대평사(大坪寺)는 아미산 중봉(中峰)에 있는 절인데 사원의 규정에 따라 출가승처럼 삭발하고 승복을 입고 하루 한 끼 낮 식사만 했다. 먹는 것으로는 고추 · 소금 그리고 말린 채소류였으며 초하루와 보름에만 약간의 두부를 먹었다. 3년 동안 외부와 모든 연락을 끊고 대평사 깊은 방에서 홀로 지내며 팔만대장경을 완독했다.

1945년 폐관을 마치고 산에서 내려온 남선생은 또 오통교(五通橋) 다보사(多寶寺)에서 폐관 수행했다. 소문을 듣고 찾아온 사람들이 많아 마침내 한 제자의 집으로 옮겨 지내며 선 수행을 하는 한편 『영락대전(永樂大典)』·『사고전서비요(四庫全書備要)』 등 경전과 역사 전적들을 읽었다.

그 뒤 신통이 구족한 풍혈(風穴)화상을 모시고 통역인과 함께 멀리 서강(西康)과 티베트로 들어가 밀교의 각 종파의 상사(上師)들을 참방하고 여러 상사로부터 밀교상사로서 인증을 받았다. 특히 공갈활불(貢噶活佛)은 뒤에 성도에서 특별히 남선생을 위해 현교와 밀교의 대소(大小) 계율을 전하고 친히 티베트어로 전법전계(傳法傳戒)증서를 써주었다.

그 뒤 곤명(昆明)으로 가서 운남(雲南)대학에서 한동안 가르치고 다시 돌아와 사천(四川)대학에서 가르쳤다.

1946년 말 곤명을 떠나 항주를 거쳐 고향에 돌아왔다. 이것이 고향을 떠난 후 두 번째 귀가이자 마지막이었다. 얼마 지나지 않아 1947년 집을 떠나 항주의 천축사(天竺寺)에 은거하면서 절강성성립도서관 소장의 문연각(文淵閣) 『사고전서(四庫全書)』와 『고금도서집성(古今圖書集成)』을 자세히 읽었다. 이어 강서성 여산(廬山)의 천지사(天池寺) 곁에 오두막을 지어 수행하였다.

1948년 대만에 갔다가 3개월 후에 돌아왔다.

1949년 봄 부모와 처자식을 남겨두고 책 보따리만 지닌 채 다시 단신으로 대만에 갔다. 이때가 31세였다.

30세 이전의 남선생의 경력은 전기적인 색채가 상당히 짙었다. 주목할 점이 두 가지가 있는데, 그 하나는 벼슬길에 나아가지 않았다는 점이고, 또 하나는 불문(佛門)으로 출가하지 않았다는 점이다. 심지어 20여세 때 장개석의 비서로 추천되었지만 하지 않았다. 그렇게 오랫동안 불법과 선종을 배웠을 뿐만 아니라 20대의 젊은 나이에 도를 얻고 깨달은 사람으로 인정되었지만 불문으로 출가하지는 않았다.

1949년 2월 28일 대만에 도착하여 1985년 7월 4일 떠나기까지 줄곧 36년간 대만에 살았다.

대만 기륭(基隆)에 정착한 남선생은 세 척의 선박으로 해운업을 시작하여 몇 달간은 순조로웠으나 선박들이 뜻밖에 대만으로 퇴각하는 국민당 정부에게 강제 징용되는 바람에 하루아침에 알거지로 변했다.

1950년대 남선생은 해운업을 했던 몇 개월간 이외에는 일생 중 생활이 가장 어려운 시기였다. 해운업에 실패한 후 대북시로 이사하여 한 채소 시장 근처에 집을 얻어 살았다. 몹시 빈궁한 가운데도 문화 방면에 온 힘을 쏟아 중화문화의 발전을 위해 묵묵히 씨앗을 뿌리고 김을 맸다.

1960년대에서 70년대 중기까지는 남선생의 사업공로가 빛나고 왕성하던 시기였다. 이른 바 저작이 키 만큼이나 되고 제자들이 천하에 가득한 국면이 바로 이 시기에 형성된 것이다.

1963년 중국문화대학에 교수로 초빙되었는데 대만에서 처음 가진 정식 일자리였다. 뒤에는 보인(輔仁)대학에서도 초청하여 철학과 선종(禪宗)을 강의했다.

이 기간은 비교적 안정된 생활환경을 가졌다고 할 수 있다. 대학에서 강의하는 한편 사회단체 여기저기에서 강의 요청이 들어왔다. 하지만 남선생은 그런 현실상황에 만족하지 않고 더욱 큰 무대 더욱 큰 범위에서 전통문화를 널리 보급함으로써 자신의 머릿속에 들어있는 좋은 것들을 더욱 많은 사람들에게 전해주고 싶었다. 남선생의 강의 특징은 강의 원고가 없다는 점이다. 지금까지 그의 40여종의 저작들은 대부분 강의 녹음테이프를 기록 정리하여 출판된 것이다. 그의 일부 저작은 오늘날 영어 · 불어 · 네덜란드어 · 스페인어 · 포르투갈어 · 이탈리아어 · 한국어 · 루마니아어 등 8개 국어로 번역 유통 되고 있다.

1969년 8월 외국 국적의 학자전문가들과 남선생의 제자들이 계획하여 미국캘리포니아에 동서정화협회(東西精華協會)를 설립하였다. 동년 11월 대북에 동서정화협회 본부를 창립하고 남선생이 회장을 맡았다. 또 11월에는 중일문화방문단의 일원으로 일본을 방문했다.

1971년 4월 『인문세계(人文世界)』 잡지를 창간하여 거의 10년간 운영했다. 자신의 여러 저작들을 먼저 동 잡지에 발표했다.

1976년 노고(老古)문화사라는 출판사를 설립하여 자신이 발행인이 되었다.

1976년 말 남선생은 시끄러운 도심에서 3년간의 폐관에 들어갔다. 이번이 일생 중 두 번째 폐관수행이었다.

1979년 말 폐관을 마치고 출관했다.

1980년 1월 시방총림서원(十方叢林書院)을 개원했다. 이미 정간된 『인문세계』 잡지를 이어 『지견(知見)』 잡지를 창간했다.

이후 『역경』 · 『장자』 · 『사서(四書)』 등 강좌를 개설하고 강의하였는데 많은 사람들이 수강했다. 그리고 매주 목요일 저녁 특별반을 두어 『사기(史記)』 · 『장단경(長短經)』 · 『전국책(戰國策)』 · 『소서(素書)』 · 『음부경(陰符經)』 등에서 발췌한 자료로 역사철학적인 면에 비중을 두고 4년 남짓 강의했다. 참가자 대부분은 정관계 · 경제계 · 방송계 · 교육계 등의 고위층 인사들이었다.

1985년 7월 미국으로 떠나 2년 반 동안 머물다 1987년 12월 31일 떠나 홍콩으로 이주 은거하면서 학문을 강의하는 한편 중국의 통일을 위해 힘썼다.

한편 중국 절강성의 금화(金華)에서 온주(溫州) 간 251km의 철도건실 난공사를 수장, 절강성 정부와 총공사비 인민폐 30억 위안에 달하는 합작투자를 했다. 1992년 공사를 시작하여 1997년 4월에 완공 개통했으며 준비기간을 포함하여 10년이나 걸렸다. 과거에 7번이나 시도했으나 이루지 못한 이 난공사(터널 66개 총길이 31km, 교량 123개 총길이 14km, 배수로 970개)를 성공시킴으로써 그 지역 2천만 주민의 반세기 숙원을 풀어주고, 자신은 초연히 물러났다.

그 밖의 활동을 소개하면, 미국 버지니아주에 동서방문화학원, 캐나다 토론토에 중국문화서원, 홍콩에 국제문교기금회를 설립하였다. 중국 온주에 남씨의약과학기술기금회 · 농업과학기술기금회를 설립하고, 낙청현의 고향 자택을 중건하여 지방정부로 하여금 노유문강중심(老幼文康中心)으로 활용하도록 넘겨주었으며, 마카오의 남보타사(南普陀寺)에 선당(禪堂)을 건립해주었다. 미국워싱턴대학은 남회근학원을 설립하였다. 한 문하생 박사가 거액의 자금을 내어 그의 명의로 중국내 광화(光華)장학기금회를 설립하여 30여 개의 저명한 대학과 연구소등에 장학금을 지급하고 있다. 근년에는 중화문화의 단층(斷層)을 다시 이어주고 아동지력개발을 위해 아동독경(兒童讀經)운동을 전개하여 수백 만 명의 어린이가 참가하고 있다. 또한 대륙의 학자들의 촉구로 황하강의 흐름을 끊어 남북지역간 수리조절을 위해 참천수리자원공정연고회(参天水利资源工程研

考会)를 주창 설립하여 과학적인 연구를 선도하며 노고를 아끼지 않았다. (보다 자세한 내용은 『중용강의』 부록에 수록된 「남회근 선생의 간단한 연보」를 참고하기 바람)

선생의 성취

남선생은 위진남북조 시대의 양(梁)나라 부대사(傅大師)에 비유할 수 있다. 부대사가 무제(武帝)를 만날 때 머리에는 도관(道冠)을 쓰고 몸에는 승복을 입었으며 발은 유자(儒者)의 신발을 신었었다. 남선생은 국학(國學)대사로 일대의 대유(大儒)이며 불교 선종의 대사요 도가 인물로서 당대의 대은(大隱)이라고 할 수 있다. 남선생은 유불도 삼가의 학문에 정통하고 유불도를 떠받들지만 그의 일생의 행의(行誼)는 어느 한 가에 구속되지 않고 삼가 학문의 정화를 소화 흡수한 후 자유롭게 운용한 분이라고 할 수 있다.

남선생을 50여 년 동안 따랐던 장상덕(張尙德) 교수는 남회근 선생의 성취에 대하여 다음과 같이 말했다.

"사회와 각계 인사들이 남회근 선생의 성취에 대해 부르는 칭호는 여러 방면이다. 종교가 · 불학대사 · 선학대사 · 교육가 · 실업가 · 밀교대사 · 의학대가라거나 국학대사라는 등 한 두 가지가 아니다. 그에 대한 이런 찬탄 호칭은 모두 마땅하다.

중국전통에서는 한 인간의 성취를 삼불후(三不朽)의 관점에서 평론한다. 즉 입덕(立德) · 입공(立功) · 입언(立言)이 그것이다.

입덕의 입장에서 보면 남선생은 일생동안 어느 때나 좋은 일을 해왔다.

입공의 입장에서 보면 그는 대만에서는 중국고유 정화(精華) 문화에 참여 보존 보급했으며, 미국에 머문 후 홍콩으로 돌아와서는 남몰래 일부 친구들과 함께 대륙 양안간의 한 시대를 전환시켰다.

입언 면에서 보면 그는 저작이 아주 많다. 뿐만 아니라 글짓기나 내용 · 문자 · 언어는 그 구성이 사람들을 황홀하게 하고, 저작 마다 말에는 일리가 있고 내용이 있다. 빈말이거나 그저 높은 이론이나 늘어놓는 것이 절대 아니다. 미래에 틀림없이 길이 전해져 갈 것이다. 그러므로 그는 일생에 삼불후를 성취했다고 할 수 있는 것이다. 나는 50여 년 동안 그를 따랐던 학생으로서 이상의 말이 물론 사실이지만 더욱 중요한 것은 그가 어떤 심경(心境) 아래서 어떤 시간과 공간 속에서 그러한 성취를 했는가야말로 더욱 중요하다고 본다. 총괄적으로 말해 그의 성취는 다음과 같다.

평범[平實] 속에서 '도리에 어긋나지 않아 마음이 편안한[心安理得] 일'을 함으로써, 자기에게 본래 있어야 할 '적정(寂淨)'으로 돌아간다.

'적정' 속에서 일상의 평범한 일을 거둠으로써, 자기에게 마땅히 있어야 할 '도리에 어긋나지 않아 마음이 편안함'을 보여준다.

또한 그의 학문은 지극히 깊고 넓으면서 구체적 사실로써 표현되었다. 그는 정말 역사상 극히 보기 드문 잡학(雜學)대사이기도 하다. 참위학(讖緯學)이나 운명감정, 점술 · 관상 등 제자백가에 대한 지식, 각파의 무술에 정통하다. 그러므로 남선생은 정통학문 이외에도 잡학을 깊이 알고 크게 성취한 분이다. 남선생은 매사를 배울 뿐만 아니라 늙어갈 수록 더욱 배우는 분이다."

연성건(練性乾)이 쓴 남선생의 전기 『아독남회근(我讀南懷瑾)』은 말한다. "남회근 선생이 읽은 책은 몇 권이나 될까? 아마 그 자신도 모를 것이다. 내가 판단하기는 30세 이전에 이미 중국전통문화의 중요한 저작을 다 읽었다. 그렇게 많은 고서를 읽었고 기억하고 있고 말할 수 있다. 뿐만 아니라 독창적인 견해를 가지고 있다. 선생은 자주 학생들에게 말한다. "여러분들의 오늘날 그 정도도 독서라고 하는가! 몇 권이나 보았는가? 내가 읽은 책은 모두 전생에 읽은 것이다." 그러면서도 그는 일생동안 책을 읽고 있다. 언제나 책이 손에서 떠나지 않으며 무슨 책이든 본다. 머리를 식히기 위해 읽은 무협소설만 해도 10만 권이 넘는다고 했다. 뿐만 아니라 그렇게 많은 책을 읽었지만 한 번 보면 잊지 않는다. 남선생의 장서는 거의 작은 대학 도서관 수준이다. 그는 날마다 책을 읽고 있다."(장서량은 32만 권 정도라고 한다)

2004년 대륙으로 이주한 선생은 중국의 강소성 오강(吳江)에 태호대학당(太湖大學堂)을 창건하여 교육문화 연구 등의 활동을 해오다 세연이 다하여 2012년 9월 29일 향년 95세로 세상을 떠났다. 다비 후 온전한 두개골과 혀 사리, 그리고 1백여 과의 사리자를 거두었다. (두개골과 혀 사리의 사진은 『나무아미타불이 팔만대장경이다』 앞날개에 있으니 참고하기 바란다)

선생의 깨달음과 서원을 보현보살이 증명하다

남회근 선생이 26세 때에 사천성 아미산 대평사(大坪寺)에 올라 그가 폐관하고 『대장경』을 열람할 수 있도록 절에서 지원해주기를 바라고 어느 날 밤에 스님들 앞에서 다음과 같이 큰 서원을 했다.

"유불도와 제자백가를 널리 알리고 발전시킴으로써 중국문화의 단층(斷層)을 이어지게 하겠습니다. 이를 위하여 청하오니 보현보살님께서 증명이 되어 주십시오. 저의 깨달음[證悟]이 맞는지요? 방금 한 시식(施食)과 항복(降服) 방법이 맞는지요? 아미산에 올라 폐관하고 『대장경』을 열람하여 장래에 세상에 나아가 유불도 삼교와 제자백기를 널리 알리고 발전시켜 중국문화의 끊어진 층을 이어지게 하는 것이 옳은 일인지요?"

말이 끝나자마자 깜깜한 밤 허공 아래의 아미산이 갑자기 대낮처럼 밝아지면서 동시에 허공이 찢어지는 듯한 메아리가 울렸다. 그 한 덩이 광명은 아미산을 20여분 동안이나 뒤덮고 있었다. 현장에 있던 스님들은 놀라지 않는 자가 없었으며 남선생의 깊고 큰 서원에 대하여 찬탄하고 경복하지 않는 자가 없었다.

당시 남선생은 현장에 있던 분들에게 엄숙히 당부하기를, "이 비밀을 꼭 지켜주십시오. 그렇지 않으면 반드시 천벌을 받을 것입니다." 라고 했다. 왜냐하면 당시에 만약 이 사실이 널리 알려졌다가는 남선생이 우상화되거나 요괴라고 비난받아 평범하게 문화를 널리 알리고 발전시키는 사업에 불리하고, 모두들 자기 자신을 반성하고 자립(自立) 자각(自覺) 자강(自强)하는 데 모두 불리할 것이기 때문이었다. 이제 선생이 이미 세상을 떠났기에 이일을 대중에게 공개할 수 있게 되었다.

이와 관련하여 역자가 남회근 선생 자신이 90여세가 되었을 때야 좀 더 자세하게 말씀한 당시의 이야기를 『전통신심성명지학적탐토(傳統身心性命之學的探討』에서 번역하여, 『생과 사 그 비밀을 말한다』 제4판을 발행하면서 다음과 같이 보충한다.

우리들의 현존의 생명은 바로 한 번의 숨[一口氣]을 호흡하는 것입니다. 이 한 번의 숨은 표면이고 호흡할 수 있는 후면은 무엇일까요? 아리송한데, 그것은 안나반나입니다. 당신은 호흡을 관찰하는 것이 수행이라고 생각합니까? 기억해 두십시오, 욕계의 모든 중생의 생명은, 심지어 식물 광물을 포함하여 모두 한 번의 숨[一口氣]인데, 이 한 번의 숨의 기(氣)는 무엇일까요? 불학은 풍대(風大)를 말하는데, 한 번 내쉬고 한 번 들이쉼은 모두 생멸법입니다. 생멸이 끊어지지 않고 연속됩니다. 그래서 이 생명이 살아있는 것은, 실물처럼 보이는 거짓 현상인 가상(假象)입니다. 실제로는 그것은 수시로 끊어지는 것입니다. 이 한 호흡이 들어왔다 나가지 못하는 것이 바로 사망입니다. 나갔다가 들어오지 못하는 것도 사망입니다. 생명은 그렇게 짧으며, 당신의 이 신체가 아닙니다! 신체가 이 기에 의존하고 있음은 어떤 기기(機器)가 전기에 의지하고 있는 것과 다름없습니다. 전기가 찰나에 멈추자마자 이 기기는 작용을 일으키지 못하게 됩니다. 이 도리를 이해해야 비로소 안나반나를 이해합니다 ...... 중략 ......

그날 저는 원(袁) 선생님과 함께 하산했습니다. 아마 지금 계절이었을 겁니다. 갑자기 하늘이 변했습니다. 저는 군관학교에 마지못해 두 달 간의 휴가를 요청하고 얼른 돌아가 학생들에게 수업하고자 했습니다. 학생들은 모두 전선에서 돌아온 군관들이었습니다. 하늘이 갑자기 비를 내리기 시작했습니다. 사천(四川)의 지진은 많이 일어나서 수시로 이 산이 무너져 내리면 우리는 끝장납니다. 특히 천서(川西) 지역에서 가까운 서강(西康)에서 청해(青海)까지 이 일대는 수시로 위험이 발생할 수 있었습니다. 갑자기 하늘의 색깔이 칠흑이 되고 뇌성이 치면서 비가 쏟아졌는데, 상상할 수 없을 정도의 뇌성과 빛소리였습니다. 그런 다음 하늘에서 한 덩이가 흩어졌습니다. 마치 상자 하나가 열린 것 같았습니다. 저는 거기서 멍하게 서있었습니다. 몸은 온통 물이었습니다. 정말로 천인(天人)이 있습니다. 여러분은 이런 것을 믿지 않는데, 저는 어안이 벙벙해졌습니다. 정말로 이런 일이 있습니다. 당시에 생각했습니다, "이것은 무엇을 표시하는 것일까? 제일 좋기로는 우리가 일본인들과의 전쟁에서 승전하고 일본인들이 패전할 것이라고 상징하는 것이다. 저는 그렇게 생각했습니다. 그런데 그러함에 그치지 않고 자연스레 나의 사상학문도 사라져버렸습니다. 마음속으로 자신의 존재가 너무나 미미하다고 느끼면서, 단지 공경합장만 했습니다. 당시 저는 이미 원 선생님의 인증을 받았고 심성을 알게 되었습니다. 뒷날 저는 불법의 수행을 위해서 또 참학(參學)하러 갔습니다. 일반인들이 말하듯이 깨달았고 심신으로 몸소 깨달음에 모두 도달했다고 말 할 수 있었습니다. 그렇지만 하나의 문제가 있었습니다! 생사는 바로 이렇게 마치는 것일까요? 그렇다면 옛사람은 말하기를 하나를 깨달으면 천 가지를 깨달아서 모조리 꿰뚫어버린다고 했으니, 깨달은 뒤로는 무슨 학문이든 책이든 읽을 필요 없이 응당 다 알게 되어버렸겠지요? 일반적으로 불법을 배우는 사람들의 생각처럼 도를 깨닫고 난 뒤에는 영어든 러시아어든 모든 언어를 다 말할 줄 알게 되고, 적어도 불법의 3명6통(三明六通)도 다 할줄 알아야겠지요? 하지만 저도 확실히 안통이 일어난 적이 있었지만 곧바로 원 선생님께 한바탕 꾸지람을 당하고는 다시는 그길로 향하여 걸어가지 않았습니다. 신통을 구하면 당신은 빠져 들어가 버립니다. 천인을 보고 길을 걸어가는 것도 바로 안통(眼通)인데, 이것은 자연히 일어난 겁니다. 뒤에 성도(成都)에 도착하여 자신이 불법의 증거를 찾고 싶었습니다. 왜냐하면 아직은 의문점이 있었기 때문입니다. 그래서 아미산에 올라가서 3년간 폐관(閉關)한 채 팔만대장경을 연구하며 읽기로 결심했습니다 ...... (중략) ......

산에서의 폐관은 정말 쉽지 않은 일이었습니다. 불문(佛門) 내면은 번거러웠고 시비가 많았습니다. 저 혼자 군복을 입고 산에 올라갔는데, 전쟁 중이라 입을 옷이 없으니 이 한 벌 군복만 있었고 옷을 살 돈도 없었습니다. 온 나라가 백성은 빈궁하고 재물은 바닥이 났으니 군복만을 입고 산에 올라갔습니다. 물론 저는 앞 당겨 안배를 해놓았습니다. 사천의 성장(省長)에게 편지를 써서 안부를 물었습니다. 당시에 아미산 아래에는 현재 대만 고궁박물관 안의 모든 문물(文物)을 숨겨놓고 1개 연대병력이 거기서 지키고 있었는데, 모두들 강소성이나 절강성 고향사람들이었으며 저의 호법(護法)이라고 말할 수 도 있었습니다. 그러나 절의 오랜 규범은 젊어서 출가하여 수십 년을 소임을 맡아 일하면서[執事] 서서히, 손님을 접대하는 지객(知客) 직책으로부터 사원을 감찰하는 감원(監院) 직책에 이르기까지 여러 해를 수고해서 큰 스님의 자격에 이르고, 그러고도 선정(禪定) 공부가 있어야 비로소 폐관할 수 있고 비로소 대장경을 열람해도 되었습니다. 그 당시의 장경(藏經)은 여러분이 오늘날 복이 좋아 거금을 들여 한 질을 사서 화장실과 이어진 곳에 옮겨놓아도 되는 것처럼 그러지 않았습니다. 그 때는 그렇게 하지 못했습니다.

제가 폐관하러 와서, 스님 노릇을 하루도 한 적이 없고 산에 군복을 입고 올라와 승복으로 갈아입고 머리 빡빡 깎고 말하기를 폐관하겠다고 말하니 폐관하는데, 당신이 뭘 근거로 하고 무슨 배경이 있습니까? 하며 스님들은 수긍하지 않았습니다! 절의 수십 명의 스님들이 늙은 분이나 젊은 분이나 모두 받아들이지도 않았고 감히 말하지도 않았습니다. 군인을 두려워하며, 이 녀석이 절강 사람이고 아마 관직이 높은 사람인지 모르겠다는 생각이 들었기 때문입니다. 아무리 이치에 통달한 서생이라도 무력 앞에서는 이치고 도리고 따질 형편이 못되는 격이었습니다. 그런 다음 모두 승낙하기에 제가 말했습니다, "한 가지 조건이 있습니다. 저의 관방(關房)은 곧바로 목수를 오라고 해서 수리해서 문을 좀 고쳐주십시오. 관방에 들어간 이후 스님이 경을 읽어 주고 나서 관방을 봉쇄하되, 세 개의 자물쇠를 잠그고 세 장의 봉쇄 메모를 붙여 봉쇄해서, 1년이 되면 메모지 하나씩 뜯어내고 자물쇠 하나씩 열어주십시오. 문의 아래에는 구멍을 하나 두어 변기통을 출입시키고 한 분의 호관(護關) 스님이 청소를 담당해주십시오. 위에 구멍을 하나 두어 음식을 들여보내게 합니다. 이건 바로 자기가 감옥살이를 하는 것입니다. 이것을 관방전수(關房專修)라고 하기 때문입니다."

불가에서는 자기가 도를 깨닫고 난 이후에 다시 전문적으로 수행을 합니다. 도가는 '백일 동안 기초를 쌓고, 열 달 동안 태아를 임신하며, 삼년 동안 젖 먹여 기른[百日築基, 十月懷胎, 三年哺育]' 정도의 경지가 있어야 비로소 폐관해도 됩니다. 도가에서는 이것을 입관판도(入關辦道)라고 하는데, 즉 폐관입니다. 폐관이라는 두 글자는 『역경』의 '선왕이지일폐관(先王以至日閉關)'이라는 말에 나옵니다. 무엇이 '지일'일까요? 동지나 혹은 하지입니다. 또 다른 해석은 당신의 수행 공부가 어느 정도에 도달하면 지일에 폐관을 해도 됩니다. 멋대로 하는 것이 아닙니다. 폐관은 전문적인 수행입니다. 오늘날도 어떤 사람이 전문적인 수행을 한다는 말이 들리는데, 당신은 무슨 자격으로 전문적인 수행을 합니까? 초선(初禪)에도 도달하지 못했으면서 무슨 관을 폐합니까?

저는 절 안의 스님들이 받아들이지 않으며 그들도 감히 말을 하지 않는다는 것을 알고 있었습니다. 그분들은 대체로 마음속으로 생각하기를, '이 사람은 중앙에서 온 군관으로 출가 폐관한 척 하려할 뿐만 아니라『대장경』전부를 관방 안으로 옮기고자 하다니 미워 죽을 지경이다.' 라고 하였을 것입니다. 그 노스님들은 7,8십 세가 되는 분들로서 출가한지 일생이 되도록 하지 못하는 것이었습니다. 하지만 그가 다리 아래 사람, 즉 절강 출신이라는 것을 한번 들었습니다. 장개석도 절강 사람입니다. 훗날 제가 어떤 기회를 만났는데, 딱 알맞기도 했습니다. 아미산은 아주 위험한 곳입니다. 전설에 따르면 산에는 여우가 수천 년 동안 도를 닦아 신선이 된 여우 신선[狐仙]이 하나 있는데, 그 스님들은 저더러 여우 신선을 항복시키라고 요구했습니다. 이것은 그래도 가장 위험한 것이 아니었습니다. 천지간에 가장 큰 마구니는 무엇일까요? 인사마(人事魔)입니다. 당신은 주의하십시오, 관료가 되던 아니면 사람 노릇을 하던지 간에 인사의 마장은 마귀보다 훨씬 두렵습니다. 그때는 때마침 가을이었기에 폐관에 들어가기로 했습니다. 절에서 어느 날 전체 대중이 외로운 영혼들을 위한 몽산천도(蒙山薦度)가 있었습니다. 저도 참여했습니다. 그러나 소리 내어 외울 줄은 몰랐습니다. 여러분들을 따라 거기서 그냥 나무...... 나무......하며 마음속으로 아미타불을 외웠습니다. 그분들이 법사(法事)를 마치자 저녁 7,8시가 되어서 날이 어두워졌습니다. 그 대평사(大坪寺)는 연꽃턱잎[蓮花苞]과 비슷합니다. 주위가 모두 높은 산들이고 한 송이 연꽃의 중심 같습니다. 오직 두 가닥의 길로 오르내리는데, 한 쪽 길은 후자파(猴子坡)로 통합니다. 즉, 원숭이라도 기어서 올라가야 하는 길입니다.

다른 한 쪽 길은 홍춘평(洪椿坪)으로 통하는데, 뱀도 뒤로 물러난다는 뜻의 사도퇴(蛇倒退)라고 불렀습니다. 당시의 국가 주석 임삼(林森)이 아래의 홍춘평에서 머물고 있었습니다. 그래서 저는 당시에 임 주석과도 의사소통이 있었습니다. 이 길은 뱀이 올라가다가도 뒤로 물러난다는 길입니다. 현재는 황폐한 산이지만 당시에는 검은 호랑이를 하나 모신 산왕묘(山王廟)가 하나 있었는데, 저와는 깊은 인연이 있었습니다.

저는 그 당시 이렇게 큰 소리를 쳤습니다, 사부님들이 고혼야혼(孤魂野魂) 몽산천도제를 올리면 될까요? 일부 노스님들은 입을 삐쭉이며 가버렸습니다. '너 이 젊은 녀석, 싸대기를 때릴 수 없는 것이 한스럽다'는 듯이 말입니다. 일부 사람들은 그대로 서 있으면서 물었습니다, "무슨 일이오?" 제가 말했습니다, "증험이 없지 않습니까! 아무것도 보지 못했습니다. 제가 천도하여 여러분들에게 보여드리겠습니다." 통영(通永) 사형도 그 자리에 있었습니다. 그는 지금 97세인데 여전히 아미산에 계십니다. 훗날 제가 폐관할 때 내내 그가 짊어지고 온 쌀을 먹었고 제가 먹고 싶은 것을 메모지로 건네주면 모두 그가 사왔습니다. 보세요, 이렇게 한 가닥 길을 그는 아주 수고롭게 쌀을 짊어지고 올라왔습니다. 저는 그에게 감사하며 영원히 그에게 진 빚을 갚을 수 없습니다. 지금 통영 법사님은 아미산의 보배입니다. 그때 저는 말했습니다, "담력이 있는 분 누가 계시면 저와 시식하러 가시지요." 여러 명의 노스님들이 따라서 갔습니다. 통영 법사는 젊은이 중에 하나였습니다. 그밖에도 벙어리 사형이 있었습니다. 모두 십여 사람이 저를 따랐습니다. 제가 말했습니다, "제가 산왕묘에가서 시식(施食: 죽은 영혼을 천도薦度하기 위하여 법식法食을 주면서 법문法門을 말해 주고 경전을 독송하며 염불하는 따위의 의식을 행함. 또는 그 법식/역주)하겠습니다." 그러자 다들 그것은 엄중한 일이라고 했습니다. 왜냐하면 대평사로부터 산왕묘까지는 한 구간의 길이 있고 밤에는 황량하기에 다들 저 산왕인 검은 호랑이가 나올까 두려웠고, 산에는 독사가 한 마리가 있는데 모두 절의 호법이었기 때문입니다. 마지막에 그분들은 말했습니다, "좋습니다! 당신이 가니 따라가겠소." 다들 시식할 쌀과 술잔을 가지고 산왕묘에 도착해서 앉았습니다. 저는 곧 시식하기 시작했습니다. 간단명료하게 행하고 쌀은 한번 뿌렸습니다. 당시에 온 산과 하늘이 칠흑 같았습니다. 저는 순간적인 충동으로 말했습니다, "제가 시식함에는 증명이 있어야 합니다. 그렇게 행하지 않았다면 끝장입니다. 여러분의 몽산천도와 마찬가지여서 증험을 보지 못하면 안 됩니다." 저는 딱 한 가운데 앉아있고 그 선배님들은 두 줄로 양쪽에 앉아있었습니다. 제가 손으로 땅 바닥을 한 번 쳤습니다. 그건 정말로 한 번의 충동이었습니다. 제가 말하기를, "제가 아미산에 와서 폐관하고자 합니다. 아미산은 보현(普賢)보살의 도량입니다. 보현보살님께 청합니다. 제가 여기서 3년 동안 폐관 수행하겠습니다. 제불(諸佛) 산신 용천(龍天) 호법께도 접촉합니다. 만약 제가 증오한 불법이 진짜라면 당신들은 증명을 하나 주십시오. 만약 가짜여서 저에게 증명을 주시지 않으면 내일 저는 하산하겠습니다. 불법이 영험하지 않음을 알 수 있습니다." 제가 말했습니다, "제가 폐관을 마치고 나면 한 가지 바람이 있습니다. 출가하든 재가하든 정법을 홍양(弘揚)하는 동시에 한 손으로는 유가(儒家)를 부축하고 한 손으로는 도가(道家)를 부축하면서 인류 문화를 홍양하겠습니다. 저는 세세생생 모두 이 바람입니다. 만약 해내지 못하면 지옥에 떨어지겠습니다. 저에게 증명을 하나 주실 수 있는지요?" 그러고는 이 손바닥으로 한 번 내려쳤습니다. 그러자 희한한 일이 일어났습니다. 여러분은 조명탄을 본적이 있습니까? ...... 중략 ...... 그 때 제가 이렇게 한번 손바닥으로 탁하고 치자 모두들 공중에서 찌~익 하는 소리를 들었습니다. 노스님들은 모두 놀랐습니다. 모두들 합장했습니다. 마치 조명탄 하나가 동시에 소리가 나는 것 같았습니다. 그러나 아미산에는 일본 비행기가 오지 않았습니다. 갑자기 비단을 찢는 소리[聲如裂帛] 같았습니다. 정말로 큰 천이 찢어지는 것 같았으며 산 전체가 온통 광명에 덮였습니다. 오래 오래 그러했는데 20여분 동안이나 온 아미산이 모두 환히 밝았습니다. 제가 말했습니다, "여러분 보셨지요! 불법은 진짜입니다." 그 노스님들은 모두 무릎을 꿇었습니다. 그 광명에 절한 것이 아니라 돌아서 저를 향하여 절하며 가벼운 소리로 말하기를 "육신보살님께 정례합니다." 라고 했습니다. 저도 얼른 무릎 꿇고 노스님들을 향해 정례했습니다. 자, 이러자 저도 감사의 합장을 했습니다. 저에게 이런 일이 있음을 증명해주었으니 여기서 폐관해도 되었습니다. 그런 다음 저는 당시에 말했습니다, "자리에 계신 십여 분이 만약 내일 한 마디라도 누설하면, 이 일을 말한 사람은 누구든 당장에 죽습니다. 누설을 허락하지 않습니다." 지금 통영법사는 저를 보고도 공경할 뿐입니다. 저는 그를 이끌고 정좌수행하고 있으며 그는 곧 1백세가 되는데도 감히 말하지 않습니다. ...... 중략 ...... 이렇게 하고나서야 폐관할 수 있었습니다. 그러나 저는 3년을 다 채우지 못하고 몇 개월이 부족할 때, 산 아래서 사람이 와서 저에게 경고했습니다, "빨리 하산해서 장소를 바꾸십시오. 그 스님들은 신뢰할 수 없고 당신을 질투할지 모릅니다. 우리도 아래서 병사를 파견해서 당신의 관방 밖을 지킬 수 없습니다." 이런 인사는 성가십니다. 그래서 저는 하산하여 다시 오통교(五通橋)에 가서 계속 폐관했습니다. 준제법(准提法)은 바로 오통교에서 얻은 것입니다 (문수보살이 나타나 전해 주었다고 한다/역주).

시식에서 이 말을 한지 며칠 뒤에 아미산 대평사의 부 주지도 하산했습니다. 왜냐하면 대평사는 밖으로 미산(眉山)에 이르기까지 세(稅)를 준 농토가 많았습니다. 미산은 소동파(蘇東坡)의 고향입니다. 부 주지는 매년 가을이면 언제나 하산하여 미산으로 가 세를 거두어서 돌아와 절의 비용에 충당했습니다. 그 사람은 대단히 성실했고, 저의 시식하는 일에도 참여해서 당시에 이 경계를 보았으며, 무릎 꿇고 정성스럽게 절을 했었습니다. 그는 하산하여 세를 거두러 갔었는데 1주일 뒤에 산 아래 소작농이 몹시 두려워하며 산에 올라와서 말하기를 부주지가 그 집에서 죽었다고 했습니다. 대평사 전체가 놀랐고 의아했습니다. 60여세의 사람이 평소에 신체도 튼튼하고 정신도 좋았는데 왜 죽었냐는 것입니다. 그 사람이 말하기를, "그는 우리 집에서 저녁 식사를 하고 우리들과 얘기를 했는데 의자에 앉아서 기대고 죽었다."고 했습니다. 저는 듣자마자 틀림없이 가서 이 일을 얘기했을 것임을 알았습니다. 제가 말했습니다, "이것은 저의 잘못입니다." 그러나 제가 당시에 말했듯이 이 소식을 누설하면 누구든 죽지 않으면 안 되는 이런 일이었습니다. 오늘 저는 이 일을 말해 밝혔고 깨뜨려버린 것이기도 합니다. 불법은 공(空)을 말하면 일체가 다 공하고, 유(有)를 말하면 일체가 다 유입니다. 여러분은 잘 수행하고 노력해서 공부하십시오.

제가 이 이야기를 하는 게 미신이든 불법이든 간에 저는 지금 90여세로서 자신의 세 가지 원력을 완성하지 못해서 두렵습니다. 지금까지도 한 사람은 커녕 반쪽 계승자도 찾지 못해서 돌아가신 스승의 예언에 떨어질까 두렵습니다! 원 선생님이 예전에 말씀하시기를 "회근아! 나는 떠나가도 될 수 있겠다." 하시기에 제가 왜냐고 물었습니다. "나는 네가 있는 것으로 충분하기 때문이다. 내가 보니 너는 장래 일생동안 너 같은 사람을 반쪽도 찾지 못할 것이니 너는 참담하겠구나." 당시는 보통의 대화였는데 지금 저는 정말로 넘겨주지 못할까 두렵습니다.

서원을 타고 다시 오소서!

2012년 10월 7일 어느 중국인이 남회근 선생을 그리워하는 글을 지어 인터넷에 올렸다. 역자를 포함한 한국의 수많은 애독자들도 작자와 같은 마음이리라 생각하면서 번역하여 여기에 올린다.

남회근 선생님의 은혜에 감사드리며
어르신께 석 잔의 맑은 차 공양을 올립니다

옛날부터 지금까지 이런 사람은 하나도 없었습니다.
살아있을 때는 십억 명의 사람들에게
행복을 마련하도록 영향을 미치고
왕생할 때는 수십 억 사람들에게
영향을 미쳐 감동시킬 수 있었던 사람...
옛날부터 지금까지 이런 사람은 하나도 없었습니다.
관직도 없고 권세도 없고
심지어는 졸업장 비슷한 것 하나도 없고

오직 '남선생님(南老師)' 이라는
친근한 호칭 하나만 가졌으면서도
천하 사람들로 하여금
비할 바 없이 우러르게 하고
비할 바 없이 존경하며
비할 바 없이 은혜에 감사하게 하는 사람...
옛날부터 지금까지 이런 사람은 하나도 없었습니다.
"천하 사람을 자기 자녀로 여기고
자기 자녀를 천하 사람으로 여기며
두 발로 풍진의 인간세상을 밟고 넘으며
한 어깨에 고금의 근심을 다 짊어지겠다" 발원하고
지고무상한 도덕적 교화를 위하여 일체를 버리고
그 빛이 천추를 비추는 사람...
옛날부터 지금까지 이런 사람은 하나도 없었습니다.
인생이 그처럼 다채롭고
지혜를 통달함이 비할 바 없으며
인정세태에 훤하고 자비롭고 사랑스러우며
유머가 있고 재미있어
국적 종족 당파 나이 성별이
다른 각양각색의 사람들로 하여금
좋아하고 친근하게 하는 사람...
옛날부터 지금까지 이런 사람은 하나도 없었습니다.
그의 육신이 세상을 떠나가려 할 때
특별한 호칭도 필요 없고
일부러 꾸밀 필요도 없고
선전할 필요는 더더욱 없으면서

인연 있는 사람들로 하여금
모두 마음속으로부터 우러나와
진실로 몹시 애석애하고
마음 아파하고
통곡하게 하고
뼈저리게 후회하게 하고
이별을 슬퍼하게 하는 사람...
옛날부터 지금까지 이런 사람은 하나도 없었습니다.
중국의 상하 오천년 역사와
가로세로 십만 리 강토를 꿰뚫고
유불도 삼교를 빗질하여 회통시키고
제자백가 사상에 넘나들고
경사자집, 현대문명에 해박정통하고
실제로 수행하고 실제로 증득(證得)하면서
일생동안 교화할 수 있었던 사람...

이와 같은 분이 우리들의 남선생님이요
남공(南公)회근 선생님이었는데
2012년 9월 19일 병을 보이고
곧 깊고 깊은 선정에 들어가시더니
9월29일(오후 4시 26분)에 원적(圓寂)을 보이셨습니다...
2012년9월30일 저녁
남선생님이 몸소 창건하신 태호대학당에서
친우와 학생들이 남선생님을 위하여
다비의식을 거행하였습니다...
그날 밤 달은 밝고 바람은 맑으며

구름 없는 하늘엔 뭇 별들이 모두 숨었습니다.
1백여 명의 오랜 학생들은
너나할 것 없이 눈물을 흘리면서
장중하고 깊은 정으로
가장 친근하고 가장 경애하는
남선생님을 송별하였습니다.
선생님의 영구가
나무본사석가모니불 염불소리 속에
가족들에 의해 호송되어 나올 때
모든 사람이 눈물을 줄줄 흘리면서
슬픔을 억누르지 못했습니다.
특히 확성기를 통해
남선생님의 육성 염불이 흘러나올 때는
그 목소리 그 얼굴 그 웃는 모습이
곧바로 눈앞에 다가와
모든 사람들은 더욱 슬피 흐느꼈습니다.
그 자리에 있던 사람은 저마다
남선생님의 사심 없는
큰 은혜를 입었던 사람들이지만
오직 학생들이 더욱 잘 성장하고
더욱 잘 도(道)를 증득하며
더욱 잘 중생을 이롭게 하라는 것 밖에는
남선생님은 지금까지 학생들에게
무엇을 하라고 바란 적이 없었습니다.
온가보(溫家寶) 총리의 조의전문(弔意電文)은
몇 마디 말이었지만 지극히 숭배존경하고

남선생님이 중화민족 전통문화를
한층 더 발전시킨 공로에 대하여
대단히 위대하다고 매우 높이 평가하셨습니다...
주서금(周瑞金) 노 선배님이 말문을 열기를,
"우리들이 가장 경애하고
가장 친근한 '남선생님" 이라 하자
사방에서 온통 울먹였습니다.
남일붕(南一鵬) 선배가 한 감사의 말은
더욱 더 사람을 감동시켰습니다.
"부친은 온 세상 사람을 자기 자녀로 여기고
자기 자녀를 온 세상 사람으로 여겼습니다."
남선생님의 가족들은 평소에
남선생님을 뵐 기회가 극히 드물었지만
남선생님은 모든 사람을 자기의 자녀로 여기며
다정하고 자비로웠습니다.
논어에 자공(子貢)이 공자(孔子)에 대하여 말하기를
"선생님은 온유하시고 선량하시며
공경하시고 검소하시며 사양하신다" 고 하였는데
남선생님이 바로 그런 분이었습니다...
화장 의식은 성도(成都) 문수원(文殊院)의
종성(宗性)대화상께서 주관하였습니다.
대중들이 반야바라밀다심경을 일곱 번 외운 뒤
불교의식에 따라 다비를 진행하였습니다.
대중들은 연이어 무릎 꿇어 절하며 부처님 명호를 외우면서
불속의 남선생님을 향하여 절하였습니다...
이때 씻은 듯이 맑은 하늘엔 달이 밝고

모든 것이 뜻대로 원만했습니다.
종성대화상은 말했습니다.
"남선생님의 일생은 오늘 밤 밝은 달처럼 원만합니다!
남선생님의 소원은 모든 사람이 이처럼 원만하기를 바랍니다."
그러자 또 모든 사람이 감동했습니다…
정말 홍일(弘一)법사의 유언 그대로였습니다.
"군자의 사귐은 담담하기가 물과 같나니
모습에 집착하여 구하면 지척이 천리라네
내게 어디로 갈 것인가 물으니
텅 비어서 할 말이 없네
꽃가지에는 봄이 가득하고
하늘 가운데는 달이 둥글다오."
하늘 가득한 달빛은 남선생님의 자상한 눈빛인양
이렇게 당부하고 있는 듯했습니다.
"모습에 집착할 필요 없나니
이 남씨 노인은 이미 상적광(常寂光) 속에서
모든 부처님들과 함께 있다오!
슬퍼할 필요 없나니
이 남씨 노인은 이미 육신을 버리고 갔지만
크나큰 서원은 영원히 있다오!
걱정할 필요 없나니
이 남씨 노인은 이미 봄바람과 비였으니
가을의 열매만을 기다리고 있다오.
공적(功績)은 당대에 있지만 이익은 천추에 있다오!
망설일 필요 없나니
이 남씨 노인은 이미 정신이 불후하고

늘 채찍질 하고 자나 깨나 생각하면서
항상 함께 있다오!"
남 어르신 감사합니다!
남 스승님 감사합니다!
은혜를 베푸신 스승님이시여,
서원을 타고 다시 오소서!
나무본사석가모니불!
나무아미타불!
나무시방삼세제불보살마하살!

2012년10월7일
작자 liunian11

선생의 저술

1. 선해려측(禪海蠡測, 선에서 바라본 동서철학) (1955)
2. 능엄대의금석(楞嚴大義今釋, 능엄경 대의풀이) (1960)
3. 능가대의금석(楞伽大義今釋, 능가경 강의) (1965)
4. 선여도개론(禪與道概論, 선종과 도가의 개론) (1968)
5. 유마정사총서(維摩精舍叢書, 유마정사법문집) (1970) 원환선(袁煥仙) 남회근 합저
6.정좌수도여장생불로(靜坐修道與長生不老,정좌수도 강의) (1973)
7. 선화(禪話, 선 이야기) (1973)
8. 습선록영(習禪錄影, 참선법어집) (1976)

9. 논어별재(論語別裁, 논어 강의)(상,하) (1976)

10. 신구적일대(新舊的一代, 신세대 구세대) (1977)

11. 정혜초수(定慧初修, 선정과 지혜 수행입문) (1983) 원환선 남회근 공저

12. 금속헌시사영련시화 합편(金粟軒詩詞楹聯詩話合編, 남회근선생 시사집) (1984)

13. 맹자방통(1)(孟子傍通, 맹자와 양혜왕) (1984)

14. 역사적경험(1) (歷史的經驗, 역사의 경험) (1985)

15. 도가밀종여동방신비학(道家密宗與東方神祕學, 도가 · 밀종과 동방신비학) (1985)

16. 관음보살여관음법문(觀音菩薩與觀音法門, 관음보살과 관음법문) (1985)

17. 역사적경험(역사의 경험)(2) (1986) 남회근 강술 (출판 잠정 중지)

18.중국문화범언(中國文化泛言一序集,중국문화를 말한다) (1986)

19. 일개학불자적기본신념(一個學佛者的基本信念, 불자의 기본신념) (1986)

20. 선관정맥연구(상) (禪觀正脈研究: 선비요법경 강의) (1986)

21. 노자타설(상) (老子他說, 노자타설 상) (1987)

22. 역경잡설(易經雜說, 역경잡설) (1987)

23.중국불교발전사략술(中國佛教發展史略述,중국불교발전사) (1987)

24.중국도교발전사략술(中國道教發展史略述,중국도교발전사) (1987)

25.금속헌기년시초집(金粟軒紀年詩初集, 남회근 시사집) (1987)

26. 여하수증불법(如何修證佛法, 불교수행법 강의) (1989)

27. 역경계전별강(易經繫傳別講, 주역계사 강의)(상, 하) (1991)

28. 원각경략설(圓覺經略說, 원각경 강의) (1992)

29. 금강경설삼마(金剛經說什麼, 금강경 강의) (1992)

30. 약사경적제세관(藥師經的濟世觀, 약사경 강의) (1995)

31. 원본대학미언(原本大學微言, 대학 강의)(상,하) (1998)

32. 현대학불자수증대화(現代學佛者修證對話, 현대불교수행자와의 대화)(상,하) (2003)

33. 화우만천 유마설법(花雨滿天 維摩說法, 유마경 강의) (상,하) (2005)

34. 장자남화(莊子諵譁, 장자 강의) (상,하) (2006)

35. 남회근여피득·성결(南懷瑾與彼得聖吉, 남회근과 피터 센지) (2006)

36. 남회근강연록2004-06(南懷瑾講演錄)(2006)

37. 여국제과영역령도인담화(與國際跨領域領導人談話, 국제CEO들과의 대화) (2007)

38. 인생적기점화종참(人生的起點和終站, 생과 사 그 비밀을 말한다) (2007)

39. 답문청장년참선자(答問青壯年參禪者, 청장년 참선자와의 문답) (2007)

40. 소언황제내경여생명과학(小言皇帝內經與生命科學, 황제내경과 생명과학) (2008)

41. 선여생명적인지초강(禪與生命的認知初講, 선과 생명의 인지 강의) (2008)

42. 만담중국문화(漫談中國文化, 중국문화 만담) (2008)

43. 아설참동계(我說參同契, 참동계 강의) (상,중,하) (2009)

44. 노자타설(속집)(老子他說續集, 노자타설 하) (2009)

45. 습선산기(習禪散記, 참선수련기) (1986)

46. 열자억설(列子臆說, 열자 강의 (상,중,하) (2010)

47. 맹자여공손추(孟子與公孫丑, 맹자와 공손추) (2011)

48. 유가사지론성문지강록(瑜伽師地論聲聞地講錄, 유가사지론 강의) (상,하) (2012)

49. 21세기초적전언후어(二十一世紀初的前言後語, 21세기전후 강연록) (상,하) (2012)

50. 맹자여이루(孟子與離婁, 맹자와 이루) (2012)

51. 맹자여만장(孟子與萬章, 맹자와 만장) (2012)

52. 종경록략강(宗鏡錄略講, 종경록 대의 강의 (1,2,3) (2013)

53. 맹자여진심편(孟子與盡心篇, 맹자와 진심) (2014)

54. 맹자여등문공,고자(孟子與滕文公, 告子, 맹자와 등문공 고자) (2013)

55. 태극권여정좌(太極拳與靜坐) (2014)

56. 화설중용(話說中庸, 중용 강의) (2015)

57. 대원만선정휴식간설(大圓滿禪定休息簡說, 밀교대원만선정 강의) (2016)

58. 공자화타적제자문(孔子和他的弟子們 공자와그제자들) (2016)

59. 아적고사아적시(我的故事我的詩,나의 이야기 나의 시) (2015)

60. 동산지월(洞山指月, 동산 지월) (2018)

61. 선해려측어역(禪海蠡測語譯)상, 하 (2014)

62. 남사소강호흡법문정요(南師所講呼吸法門精要, 호흡법문 핵심 강의) (2014)

63. 중의의리여도가역경(中醫醫理與道家易經, 중의학 이론과 도가 역경) (2018)

63. 전통신심성명지학적탐토(傳統身心性命之學的探討, 전통 심신 성명학 탐구) (2021)

(이상은 2022년 12월말 현재이며 괄호안의 한글 제목은 잠정적으로 풀어본 것이며 이미 번역 출판된 책의 제목은 그대로 표시하였다)

번역자 **송찬문(宋燦文)**

1956년생으로 금융기관에서 20년 근무하였다. 대학에서 중어중문학을 전공했으며 1990년 대만담강대학 어학연수, 1991년 대만경제연구원에서 연구하였다. 1998년 이후 유불도 삼가 관련 서적들을 번역중이다.

번역서로는 남회근 선생의 '논어강의', '생과 사 그 비밀을 말한다', '선정과 지혜 수행입문', '원각경 강의' 등이 있으며,

편역 저서로는 '21세기 2천자문', '삼자소학', '그림으로 배우는 한자 첫걸음', '나무아미타불이 팔만대장경이다'가 있다.

다음카페 유마불교학당 (http://cafe.daum.net/youmawon)

e-mail : youmasong@naver.com

마하연의 책들

1. **나무아미타불이 팔만대장경이다** 송찬문 엮음

참선법문과 염불법문은 어떻게 다른가? 나무아미타불의 심오한 의미는 무엇인가? 극락세계는 어떤 곳인가? 왜 염불법문이 뛰어난가? 등 염불법문의 기본교리를 이해하도록 이끌어 준다.

2. **생과 사 그 비밀을 말한다** 남회근 지음, 송찬문 번역

생사문제를 해설한 기록으로 사망에 대해서부터 얘기를 시작하여 사람의 출생을 설명한다. 인간의 정상적인 생명의 윤회환생 변화를 기준으로 말한 것으로, 불법의 원리에서 벗어나지 않지만 종교의식에 물들지 않고 순수하게 생명과학의 입장에서 한 상세한 설명이다. 진귀한 자료로서 자세하고 명확하여 독자의 마음속에 있는 적지 않는 미혹의 덩어리를 풀어준다.

3. **원각경 강의** 남회근 지음, 송찬문 번역

원각경은 인생의 고통과 번뇌를 철저히 해결해주는 경전으로서, 어떻게 수행하여 성불할 것인가를 가리켜 이끌어 주는 경전이다. 남회근 선생의 강해는 쉽고 평이하면서도 어떻게 견성할 것인가와 수행과정에서의 문제들을 분명히 가려 보여준다. 참선을 하려거나 불교를 연구하고자 하는 사람이 반드시 보아야 할 책이다.

4.. **논어 강의** (상, 하) 남회근 지음, 송찬문 번역

논어로 논어를 풀이함으로써 지난 2천년 동안 잘못된 해석을 바로잡은 저자의 독창적인 견해가 담긴 대표작이다. 동서고금과 유불도 제자백가를 넘나들면서 흥미진진한 강해를 통해 고유문화의 정수를 보여주어 현대인들로 하여금 전통문화를 이해하게 하고 나아가 미래를 창조하게 하는 교량 역할을 한다.

5. **역사와 인생을 말한다** 남회근 지음, 송찬문 번역

논어별재(論語別裁), 맹자방통(孟子旁通), 노자타설(老子他說) 등 남회근 선생의 여러 저작들 가운데서 생동적이며 유머가 있고 뛰어난 부분들을 골라 엮은 책으로 역사와 인생을 담론하고 있다

6. **선(禪)과 생명의 인지 강의** 남회근 지음, 송찬문 번역

생명이란 무엇일까요? 당신의 생명은 무엇일까요? 선은 생명 가운데서 또 어떠할까요? 당신은 자신의 지성(知性)을 이해합니까? 당신은 자신의 생명을 장악할 수 있습니까? 범부를 초월하여 성인의 영역으로 들어가고 싶습니까? 그 가장 빠른 길은 무엇일까요? 등, 선과 생명과학과 인지과학에 대한 강의이다.

7. **선정과 지혜 수행입문** 원환선 남회근 합저, 송찬문 번역 원환선 선생과 그 문인인 남회근 선생이 지관수정(止觀修定)에 대하여 강의한 기록을 모아 놓은 책이다. 선 수행자나 정토 수행자에게 올바른 지견과 진정한 수행 방법을 보여 주는 것으로 초학자에게 가장 적합하다.

8. **입태경 현대적 해석** 남회근 지도, 이숙군 역저, 송찬문 번역

사람이 모태에 들어가기 전에 자기의 부모를 인식할까요? 모태에 있을 때 어떤 과정을 거칠까요? 모태에 있을 때 교육을 받아들일 수 있을까요? 모태에 있을 때 심신은 어떻게 변화할까요? 이런 문제 등을 논술하고 있는 입태경은 인간 본위의 생명형성의 심신과학을 내포하고 있으며 범부를 뛰어넘어 성자가 되는 관건을 언급하고 있음에도 1천여 년 동안 마땅한 중시를 받지 못했습니다. 그래서 저자는 남회근 선생의 치밀한 지도 아래 입태경을 현대의학과 결합하는 동시에 전통 중의학 개념과도 일부 결합하여 풀이합니다. 태교부분에서는 3천여 년 전부터 현대까지를 말하면서 동서의학의 태교와 태양의 정화를 융합하고 있습니다. 그러므로 이 책은 부모 되는 사람은 읽지 않으면 안 되며 심신과학에 흥미가 있는 사람이라면 더더욱 읽어야 합니다.

9. **장자 강의**(내편) (상, 하) 남회근 강술, 송찬문 번역

장자 내7편에 대한 강해이다. 근대에 많은 학자들이 관련된 주해나 어역(語譯)이나 주석 같은 것들을 참고로 읽어보면 대부분은 문자적인 해석이거나 다른 사람의 주해를 모아 논 것일 뿐 일반 독자들의 입장에서 보면 사실 그 속으로부터 이익을 얻기가 어렵다. 남회근 선생은 청년 시기에 이미 제자백가의 학문을 두루 연구했고 30대에는 경전 도법(道法)에 깊이 들어가 여러 해에 걸쳐서 몸소 힘써 실

제 수증하였다. 그러므로 그의 장자강해는 경사자집(經史子集)에서 노닐고 있다. 또 통속적인 말로써 깊은 내용을 쉽게 풀어내서 독자 청중을 위하여 문을 열어주고 있다. 남선생의 강의가 따로 일가의 품격을 갖췄다고 일컫더라도 과분한 칭찬이 되지 않을 것 같다.

10. **능엄경 대의 풀이** 남회근 술저, 송찬문 번역

옛사람이 말하기를 "능엄경을 한 번 읽은 뒤로부터는 인간세상의 찌꺼기 책들을 보지 않는다" 고 했듯이, 이 경은 우주와 인생의 진리를 밝히는 기서(奇書)이며, 공(空)의 이치를 깨달아 들어가는 문이자, 단계적인 수행을 거쳐 최후에 부처의 과위에 이르기까지 거울로 삼아야 할 경전이다. 옛날부터 난해하기로 이름난 이 경전을 현대적 개념으로 대의만 풀이했다.

11. **유마경 강의** (상, 중, 하) 남회근 강술, 송찬문 번역

어떤 사람은 말하기를, 유마경을 조금 읽고 이해하고 나면 마음의 크기가 자기도 모르는 사이에 확대되어서, 더 이상 우리들이 생활하는 이 사바세계에 국한하지 않고, 동경하는 정토세계에도 국한하지 않으며, 무한한 공간에까지 확대될 것이라고 합니다. 또 어떤 사람은 말하기를, 이 경전은 온갖 것을 포함하고 있어서 당신이 부처님을 배우면서 어떻게 해야 할지 모를 때에는 당신에게 줄 해답이 본 경전에 들어있으며, 당신이 사리(事理)를 이해하지 못할 때에는 당신에게 줄 해답도 본 경전에 들어있다고 합니다. 남회근 선생이 1981년에 시방서원에서 출가자와 불교도를 위주로 했던 강의로 수행방면에 중점을 두었기 때문에 일반적인 불경강해와는 다르다. 유마경은 현대인들에게 원전경문이 너무 예스러운데 남선생은 간단명료한 말로써 강해하였기에 독자들이 이해하기 쉽다.

12. **호흡법문 핵심 강의** 남회근 강의, 유우홍 엮음, 송찬문 번역

남회근 선생은 석가모니불이 전한 가장 빠른 수행의 양대 법문이 확실하고 명확함을 얻지 못한 것이 바로 수행자가 성공하기 어려웠던 주요 원인이라고 보고 최근 수년 동안 남선생님은 수업할 때 항상 '달마선경(達磨禪經)' 속의 16특승안나반

나(特勝安那般那)법문의 해설과 관련시켰다.

이 책은 남회근 선생님의 각 책과 강의기록 속에 여기저기 흩어져 보이는 안나반나 수행법을 수집 정리하여 책으로 모아 엮어서 학습자가 수행 참고용으로 편리하도록 한 것이다.

13. **중용 강의** 남회근 저 송찬문 번역

자사(子思)가 『중용(中庸)』을 지은 것은 증자의 뒤를 이어서 「곤괘문언(坤卦文言)」과 『주역』「계사전(繫辭傳)」으로부터 발휘하여 지은 것입니다. 예컨대 『중용』이 무엇보다 먼저 제시한 '천명지위성(天命之謂性)'으로부터 '중화(中和)'까지는「곤괘문언」에서 온 것입니다. 이런 학술적 주장은 저의 전매특허입니다."

남회근 선생의 강해는 '경문으로써 경문을 주해하고[以經註經]', 더 나아가 '역사로써 경문을 증명하는[以史證經]' 방법으로 『중용』을 융회관통(融會貫通)하고 그 심오한 의미를 발명하여 보여주고 있다.

14. **도가 밀종과 동방신비학** 남회근 저 송찬문 번역

본서의 각 편은 비록 남선생님의 40여 년 전의 저술이지만, 오늘날 다시 읽어보면 그 문자가 간략하면서 내용이 풍부하고 조리가 분명하여서 사람들로 하여금 밀종과 각 방면에 대해서 마음이 확 트이는 느낌을 갖게 합니다. 문화를 배우고 밀법(密法)을 배우고 불법을 배우는 독자들에게 이 책은 아마 없어서는 안 될 것으로 여겨도 될 것입니다.

15. **중의학 이론과 도가 역경** 남회근 지음 송찬문 번역

강의 내용은 중의학의 여러 문제들을 탐구 토론한다. 음양(陰陽)·오행간지(五行干支)·팔괘(八卦) 등은 본래 후인들이 중의학에다 끼워 넣은 것이니, 음양의 보따리를 내버리고 구체적이며 이해하기 쉬운 방식으로 설명하여 중의학의 특수 기능을 발휘하자며, 적극적으로 제시하기를, "만약 사람마다 활자시(活子時)와 기경팔맥(奇經八脈)의 도리를 파악하여 일련의 새로운 침구(鍼灸) 법칙을 연구해내고, 한 걸음 더 나아가 불교 유식학(唯識學) 중의 '의식(意識)' 연구와 배합할 수 있다면, 병 상

태를 판단하고 치료하는 데 대해 진일보하는 돌파가 될 수 있다."고 한다. 모두 14강의 내용 중에서 학술 이론적 탐구 토론 분석이외에도 중의약의 실제 응용, 그리고 양생수양 방면에 대해서 발휘하고 실례를 해설하는 것도 많기에 내용이 극히 풍부하다. 수행자를 위한 의학 입문서이기도 하다.